古代の祭祀構造と伊勢神宮

塩川哲朗　著

吉川弘文館

目次

第三部　古代神祇伝承と古典解釈の研究

序章　本書の目的と方法

本書の目的は古代祭祀構造の基本を明らかにすることである。古代からの日本人が神をどのように信仰していたのか、そのあり方を考える上で有効なのは、日本人の世俗の歴史の中に神祇信仰を見出すことである。神道の歴史は世俗の歴史の中に見出される、というのが神道史研究の基本態度であり[1]、経典宗教と違って経典・教義が存在しない日本の神祇信仰を考える上では『古事記』や『日本書紀』の神話を読むだけでは不十分なのである。むしろ、実際に古代の人々が祭祀を行うその行動の中にこそ実体的な神祇信仰が表れ、記紀などに描かれた神の物語は二次的な生産物であったのではないだろうか。

つまり、実際に古代人が行っていた祭祀の構造を実証的に明らかにすることは、当時の人々の神祇信仰の様態を明らかにすることであり、古代人の神観念を考える上での基本的視座を提示することが可能であると考えられる。

古代における祭祀は古代の神と人との関係性を示すものであり、その関係性は時代における様々な変化を受け、分化しながらも、現代の神信仰にまでつながっていった。各地に存在する神社には『延喜式』にまで遡るものが少なくないばかりか、令制以前に淵源をもつ神社も存在する。また、天皇は令制以前の大王であった時代から現在までつながる存在であるが、宮中における天皇祭祀も一時の中断がありながら古代から現代に結ばれていった。古代から現代までの時代の変遷には多様なものがあり、変化したものと変化しなかったものが存在する。しかし、古代祭祀から古代の神信仰・神観念を考えることは、現代における神・神社のあり方、また、現代の神信仰・神観念の基礎と原点が何であったのかを明らかにすることであると言い得られる。そういった意味では、日本における古代祭祀を考察することは、単に古い時代の遺物を考えることではなく、現代日本の神と人間のあり方を考察することでもあるのである。ここに日本の古代を考えることの基本的特徴が見出される。日本の古代を考えることは日本の始まりや原点・成立・淵源を考えることであり、それは日本の本質とは何であるのか、という問いと同期するものなのである。

古代の祭祀構造を実態面から考察する上で最も基本となる史料は、古代に記された祭儀の次第である。『貞観儀式』『延喜式』といった平安時代に朝廷側で編纂された儀式書・祝詞・法制史料はもちろんのこと、奈良時代以前の状況に関しては「神祇令」の各条文、『令集解』所収の「令釈」「古記」や六国史の記載を複合的に考察することが必要である。

また、これらの朝廷側で作成された史料が大半を占める中、延暦年間（七八二〜八〇六）に伊勢神宮において作成された『延暦儀式帳』の存在がきわめて重要であることが知られる。『延暦儀式帳』は古代の内外宮における祭儀の実態を在地の奉仕者が記したものであり、格式以前の伊勢神宮の実態を理解することができる貴重な史料である。この『延暦儀式帳』における祭祀構造を分析することで、伊勢神宮の事例ではあるが、神社側における古代祭祀のあり方を見出すことができる。本書では『延暦儀式帳』に基づく古代伊勢神宮祭祀の構造研究を基礎として、『延喜式』等の古代史料に基づく古代国家祭祀の構造を分析する。それによって国家側の祭祀構造と伊勢神宮側の祭祀構造を並立的に考察でき、その考察の結果として古代の国家と在地の祭祀構造の一端を実証的に明らかにすることができる。

実証的な古代神祇祭祀研究は古くは宮地直一、佐伯有義、西田長男、西山徳各氏らによって行われてきた。しかし戦後の古代史研究において重要な位置をもったのが岡田精司、早川庄八両氏の研究であった。岡田精司氏の研究(2)は古代国家による支配・統制・服属の構造に古代神祇や祭祀を組み入れたものである。氏の論証には実証性を欠いている部分があるとする指摘がなされたものの、(3)古代神祇政策や古代祭祀が各地の神祇を統制・服属するものであり、国家祭祀は国家の正当性を宣布するものであるという視角が古代神祇研究の基本的態度となった。また早川氏は古代の月次祭は大和国家が畿内政権であったその構造を反映したものであるとし、古代国家を考える上で古代神祇祭祀の問題が重要な位置をもちうるものであることが提示された。(4)この両氏の研究の後、古代神祇祭祀の研究が古代史研究における一つの視座として継続的に行われていくこととなるが、基本的視座は岡田精司氏以来の神祇統制・服属から大きく出るものではなかった。しかしその中でも、官社制度の実態を踏まえ、合わせて岡田精司氏以来の神祇祭祀研究を総括し、古代神祇政策が統制・服属、ないしは神々の序列化を図ったものではないとした小倉慈司氏の指摘があり、(5)また、古代において災害は神の祟りと捉えられ、災い（神の祟り）への対応が古代神祇祭祀の基本であるとした、岡田莊司氏の研究(6)などが立ち上がり、古代祭祀研究は新たな視座の下、さらに深化させていくべきものと考えられる。

今後、古代神祇の研究を進展させていくためには、これまでの古代史研究を踏まえることはもちろんであるが、古代祭祀・儀式そのものの研究を深めていくことと、その研究結果を踏まえながら神祇史（神道史）の理念の再構築が必要となると考えられる。その中でも、比較的史料が整った平安後期以降の儀式・儀礼研究への展開も視野に入れつつ、古代祭祀の構造研究を深めていくことが現状においてとくに重要である。本書の特徴である『延喜式』『貞観儀式』に基づいた「神祇令」祭祀の構造的研究や、古代伊勢神宮の『延暦儀式帳』に基づいた古代神宮祭祀構造の研究は、在地側の祭祀の実態と、中央における国家祭祀のあり方を対比して検討するものであり、新たな視角による古代神祇研究となるものと想定される。

第一部では、七世紀末以降に形成された「神祇令」祭祀のうち、祈年祭、月次祭（班幣）、広瀬龍田祭、相嘗祭を取り上げてその祭祀構造を分析する。

第一部第一章で取り上げる祈年祭は、古代律令祭祀の代表的な国家祭祀である。この祈年祭は朝廷側の理念で形成された祭祀であると考えられているが、儀式次第や祝詞の構造分析からこの点を実証し、国家側の祭祀と在地側の祭祀とが二重構造となっていた点を指摘して、祈年祭の淵源や、祈年祭に組み込まれた神の祟り＝災害と祭祀によるその克服を考える。

祈年祭とは班幣祭祀であったわけだが、令制祭祀には祈年祭の他に月次祭・新嘗祭にも班幣祭祀が存在する。この国家祭祀としての班幣祭祀の基本構造は、天皇親祭としての神今食・新嘗祭とは一線を画すものであり、国家祭祀は神祇官・太政官といった国政機構が行うものであるのに対し、天皇祭祀は天皇と内廷官司が行うものであった。第一部第二章では、月次祭・新嘗祭の班幣祭祀の構造を伊勢神宮における実態と合わせて考察する。

第一部第三章では広瀬龍田祭を取り上げるが、この祭祀は天武朝で成立したものと考えられており、また天武・持統紀にほぼ毎年祭祀記事が掲載されるという特徴を有している。広瀬龍田祭の祭祀構造を考えることは、律令国家における律令祭祀の位置づけの一端を明らかにすることであると考えられる。

第一部第四章では、相嘗祭を取り上げる。相嘗祭は神社の神主が行うものであるとされ、「令釈」にその対象神社とその執行氏族が明記されるという特徴をもつ。古代における神社祭祀の構造を考える上で、相嘗祭の祭祀構造は貴重な一事例となる。

第二部では、古代伊勢神宮の祭祀構造を考察する。神宮祭祀は天皇祭祀の延長線上に存在すると考えられている。古代神宮の恒例祭祀は三節祭であるが、この三節祭は禰宜以下在地神職が行う御饌祭と、その翌日に大神宮司・斎王が参列して執行される祭儀の二つから成り立っていた。第二部第一章ではこの古代伊勢神宮祭祀の全体構造について恒例祭祀を中心に考察し、神宮においては三節祭と神嘗祭例幣のみが天皇祭祀であること、神宮祭祀は伊勢に居住する人々の手で行うものが基本であって、そこに朝廷からの財源や奉幣が加わるという構造となっていたことを明らかにする。

第二部第二章では、古代神宮における「日祈」行事について考察を加える。内宮における「日祈」は主に四月（笠蓑奉献）、六月（夕御饌のさいに糸を奉献）、七・八月（大神宮司からの幣帛を受けて執行される）などが存在するが、その幣帛の出所元を分析すると、六月の夕御饌のさいに奉献される糸は禰宜や内人の自給的な生産に基づいて供出されるものであり、それは祭祀の旧態を示すものと考えられる。

第二部第三章では、古代外宮における御饌殿祭祀について詳述する。外宮は御饌殿の存在がその中核となっており、毎日天照大神に御饌を奉仕するためにその存在が生まれたことを実証する。御饌殿祭祀は朝大御饌夕大御饌と同様に、在地居住者の生業の中で収穫された物を奉るという古代祭祀の初源的形態が見出される。

第一部と第二部は、祈年祭などの国家祭祀と神宮祭祀の構造がいかなるあり方で存在していたのかを明らかにすることで、古代祭祀における国家祭祀と天皇祭祀の二重性を示すと同時に、国家祭祀と在地祭祀とが二重構造となって併存していたことを明らかにするものである。国家祭祀と重層的に行われていた天皇祭祀と、各地の氏族・共同体祭祀は互いの祭祀権に干渉しないように別構造で存在していたと考えられるのである。

第三部では『古事記』『続日本紀』『延喜祝詞式』などで頻出する「みこともちて」「よさし」という語についての考察を行う。この二つの語は上代における単なる常套句であったというだけでなく、天皇の天下（国家）統治を正統化するものとして「天つ神」と天皇との直接的な関係性を明示しているものと考えられる。その背景には天皇とその皇祖神への祭祀（天皇祭祀）が存在するであろう。第三部第一章では『古事記』『延喜祝詞式』『続日本紀宣命』における「みこともちて」「よさし」の用例の分析からこの両語の性質を考察し、日本における古代国家形成の特質を考える。

第三部第二章では「高橋氏文」における「よさし」の使用例を「高橋氏文」の史料性とともに考察する。「高橋氏文」における「よさし」の用例は、神に奉献する食膳はその神からもたらされたものであるという発想が反映されており、古代において生業と神（・神祇祭祀）との関係性が一体的なものであることが想定され、また高橋氏が天皇祭祀に供奉することをどのように考えていたのかを明らかにすることができる。

また、第三部には補論として、長く神道史研究に携わってきた西田長男氏の「みこともちて」と「よさし」に対する解釈がいかなるものであったのか、またそこから西田氏の学問研究の一端を明らかにした論考一篇を載せる。西田氏の「みこともちて」「よさし」解釈は研究史において一定の存在感をもつものであるが、その形成と西田氏の学問背景について考えることは、これからの神祇研究を考える上でも重要なものであろう。

本書は全体を通して、国家祭祀と在地祭祀の古代における基本的なあり方、そして古代祭祀の旧態や本来のあり方の一端を解明することにより、古代祭祀や古代の神観念の実像に実証的に迫るものである。また、古代日本社会のあり方を祭祀の側面から明らかにするものであり、日本人の生活（生業）と祭祀がどのように成立していたのかを考える一助とするものである。

註

（1）西田長男「総序」（『日本神道史研究』第一巻総論編、講談社、昭和五十三年三月）。

（2）岡田精司『古代王権の祭祀と神話』（塙書房、昭和四十五年四月）。

（3）種稲分与儀礼に関しては、森田悌「祈年・月次・新嘗祭の考察」（『解体期律令政治社会史の研究』国書刊行会、昭和五十七年三月。初出「古代宮廷祭祀の一考察」『風俗』第一六巻第一号、昭和五十二年十二月）、熊谷保孝「祈年祭奉幣について」（『政治経済史学』第二〇〇号、昭和五十八年三月）など。

また、新嘗祭の神事が服属儀礼である点は、岡田莊司「大嘗・新嘗の祖型」（『大嘗の祭り』学生社、平成二年十月。初出『大美和』第七七号、平成元年七月）、外宮が元々在地の太陽神であり神宮中島神事は服属儀礼であるとする点は、藤森馨「伊勢神宮内外両宮の祭祀構造―由貴大御饌神事に関する試論―」（『古代の天皇祭祀と神宮祭祀』吉川弘文館、平成二十九年十二月。初出『古代文化』第四三巻第四号、平成三年四月）によって否定された。

（4）早川庄八「律令制と天皇」（『日本古代官僚制の研究』昭和六十一年十一月。初出『史学雑誌』第八五編第三号、昭和五十一年三月）。

（5）小倉慈司「律令制成立期の神社政策―神郡（評）を中心に―」（『古代文化』第六五巻第三号、平成二十五年十二月）。

（6）岡田莊司「天皇と神々の循環型祭祀体系―古代の崇神―」（『神道宗教』第一九九・二〇〇号、平成十七年十月）。

第一部　古代国家祭祀の構造

第一章　古代祈年祭の祭祀構造

はじめに

祈年祭とは「神祇令」に春の恒例祭祀として規定された古代の国家祭祀である。「神祇令」の規定によると、祈年祭は百官を神祇官に集め、中臣が祝詞を宣り、忌部が幣帛を班つ、いわゆる班幣祭祀であったことがわかる。『令義解』では、年穀への災いを退け、その順調な生育のために神祇官において祭るものとされ、「令釈」には「於二神祇官一。惣祭二天神地祇一。百官々人集」（「古記」も同文）とあり、古代祈年祭の基本的な性質は、年穀の豊穣のために神祇官で天神地祇をすべて祭ることと解され、その具体的な手段は、祝詞を宣読して幣帛を頒布するものであった。幣帛が頒布される対象の神社は神祇官の帳簿に記載され、官社と称されたが、官社の数は『延喜式』では三一三二座（二八六一社）にのぼるものの、畿内の神社が中心であり、諸国においては段階的に増加していったものと考えられている。

祈年祭の研究は古くより積み上げられており、戦後早くに祈年祭に関する包括的な検討を行った西山徳氏の研究[1]は特筆すべきであるものの、戦後歴史学において大きな影響を与えたのは岡田精司氏の研究[2]であった。岡田氏は、祈年祭班幣を耕作の開始に合わせて大王の「稲魂」を授けて大王の支配を宗教的に裏づける種稲分与儀礼を淵源にもつものと解し、祈年祭幣帛を受けることは神祇官統制に服することを意味すると考えた。いわば岡田氏は、古代神祇祭祀研究を古代国家の研究において重要な柱であると捉え、古代国家の支配構造の中に神祇祭祀を位置づけた点で画期的なものであったと言うことができる。祈年祭が種稲分与儀礼の要素をもつことは現在では否定されているものの、祈年祭に代表される律令祭祀が服属儀礼、または神祇統制の要素をもつという視角は継承されていった(4)。しかし、諸国の官社数は不均等で、八世紀段階では官社の存在しない国々も多数あったであろう実態から、班幣制度は実効性に乏しく強制力も伴わないものであって、統制・服属を目的としたものとは言えない、との小倉慈司氏の指摘もある(5)。小倉氏は班幣制度を、国家による天神地祇奉斎という理念・建前に基づいて生み出されたものと解している。

祈年祭が天神地祇を祭るという理念に基づいて律令国家形成期に創出されたものであることは動かない見解であると考えられるが、その目的が神祇統制でないとするならば、いかなる理由・背景で成立したのか、という問題についてさらなる検討を加えていく必要があると考えられる。よって、本章では、祈年祭の研究状況を踏まえながら、祈年祭の祭祀構造と背景に検討を加え、古代国家祭祀の本質の一端を明らかにし、古代祭祀全般に関して一定の見通しを立てるための一助としたい(6)。

一　祈年祭の祭祀構造

祈年祭の儀式次第を『貞観儀式』と『延喜式』に基づいて確認する(7)。

神祇官での班幣儀より十五日前に、神祇官人の忌部の監督下で神に供える調度を神部の忌部、木工らが作製する。祈年祭当日の朝、頒布される幣物が神祇官斎院の案上・案下に陳列され、掃部寮は座を内外に設け、京職は白鶏を、近江国は白猪（豚）を準備する。この白鶏・白猪に白馬を加えた奉納物は、神祇官斎院の南舎の東側に安置された。

祭儀は神祇官人が御巫らを率いて参入し、西舎の座に就く次第より始まり、大臣以下の参議・諸大夫らは、まず北門内の座に就き、外記より庶事の弁備が完了した報告を受けて、皆北門内の座から北庁の座に移動する。大臣は召使を召して式部輔に百官（群官）を参入させるよう命じ、百官（群官）は式部輔に率いられて南門より参入、南舎の座に就く。

御巫は西庁を降りて西庁前の座に就き、左右馬寮は各々御馬十一疋を率いて南舎の東に立ち、神部は祝部を率いて南門より入り、西庁の南庭に立つ。神祇官人は西庁を降りて西庁前の座に就き、大臣以下諸司もそれに倣う。そして神祇官の中臣は祝詞座に就いて祝詞を宣読する。祝部は一段ごとに称唯し、祝詞を読み終わって中臣は退出する。神祇官人は拍手を両段行い、続いて大臣以下・五位以上、諸司主典以上、祝部、の順序で拍手を両段行う。

皆本座に復して、神祇伯が史に命じて班幣が始まる。史二人は札を持って神祇官斎院中央にある幣帛の案の横に立ち、忌部二人は神部二人を率い、案を挟んで立つ。史は順番に御巫や諸社の祝部を呼び、皆それぞれ称唯して神部より幣帛を受け取る。伊勢神宮への幣帛はこれとは別に使いを遣わして奉ることとなっていた。班幣が終わって大臣以下諸司は退出し、祈年祭儀は終了する。

祈年祭の儀式次第を概観すると、祈年祭は大臣以下太政官の監督下で中臣忌部らの神祇官が主体となって行われる祭儀であり、祈年祭儀の中核は祝部に対する祝詞の宣読と、祝部等への幣帛の頒布であったことが確認される。また、祈年祭の儀式に天皇の出御は存在せず、(8) 祈年祭は太政官・神祇官が執行する国家祭祀であって、天皇祭祀ではなかったことが注意される。

ここで、祈年祭儀で宣読される祝詞を見てみたい。祈年祭祝詞は以下の構成となっている。

一、序（参集した神主・祝部等に以下の祝詞を宣読することを述べる詞）
二、天社国社の皇神等の前に白す詞
三、御年の皇神等の前に白す詞
四、大御巫の祭る皇神等の前に白す詞
五、座摩の御巫の祭る皇神等の前に白す詞
六、御門の御巫の祭る皇神等の前に白す詞
七、生島の御巫の祭る皇神等の前に白す詞
八、伊勢に坐す天照大御神の大前に白す詞
九、御県に坐す皇神等の前に白す詞
十、山口に坐す皇神等の前に白す詞
十一、水分に坐す皇神等の前に白す詞
十二、結（神主・祝部等に幣帛を捧げ持つよう宣読する詞）

ちなみに、祈年祭と同様の儀式次第で行われる月次祭の祝詞は、祈年祭祝詞の第三段（御年の皇神等への詞）がなく、第二段における以下の詞に違いがある他はほぼ全く同一の詞である。

今年二月尓御年初将賜登為而、皇御孫命宇豆能幣帛乎、朝日能豊逆登尓称辞竟奉久登宣、（祈年祭）

今年能六月月次幣帛〈十二月者、云二今年十二月月次幣帛一〉明妙、照妙、和妙、荒妙備奉弖、朝日能豊栄登尓、皇御孫命乃宇豆乃幣帛乎、称辞竟奉久登宣、（月次祭）

祈年祭と月次祭の祝詞には、その催行時期の表現にしか違いは見られない。『令義解』においても月次祭を「与二祈年祭「同」（「令釈」、「古記」も同文）としている。『延喜式』に見る祈年祭と月次祭の違いは、幣帛が奉られるのが祈年祭は全官社であるのに対し、月次祭は祈年祭幣帛の案上官幣のみであること、祈年祭では神宮、高御魂神、大宮女神、山口、水分の計二十一社に馬一匹が加えられるのに対し、月次祭では神宮と高御魂神、大宮女神のみになっていることであり、神祇官で行われる祭儀そのものは同一のものである。『延喜式』の制からは、月次祭は祈年祭の縮小版であり、班幣祭儀としては基本的に変わりがないとしてよい。両祭は班幣祭儀としてほぼ同時期に成立したのではないだろうか。(9) 本章において、班幣祭祀とする場合は祈年祭・月次祭を含んだ幣帛頒布祭儀のこととする。

さて、祈年祭祝詞において、「序」「結」は参集した神主・祝部に対する宣読文であり、それ以外の十段は幣帛を奉納する神々への詞である。祈年祭祝詞は基本的に幣帛を各官社に奉納する祝部等に宣るものであることが確認される。

ここで祈年祭祝詞の語構成がいかなるものとなっているのかを見てみたい。

第二段＝高天原尓神留坐皇睦神漏伎命、神漏弥命以、天社国社登称辞竟奉皇神等能前尓白久、「今年二月尓御年初将賜登為而」、皇御孫命宇豆能幣帛乎、朝日能豊逆登尓称辞竟奉久登宣、

第三段＝御年皇神等能前尓白久、「皇神等能依左志奉牟奥津御年乎、手肱尓水沫画垂、向股尓泥画寄弖取作牟奥津御年乎、八束穂能伊加志穂尓、皇神等能依左志奉者」、初穂乎波千頴八百頴尓奉置弖、瓺閇高知、瓺腹満双弖、汁尓母頴尓母称辞竟奉牟、大野原尓生物者甘菜辛菜、青海原住物者、鰭能広物、鰭能狭物、奥津藻葉辺津藻葉尓至弖尓、御服者明妙、照妙、和妙、荒妙尓称辞竟奉牟、御年皇神能前尓、白馬、白猪、白鶏、種種色物乎備奉弖、皇御孫命能宇豆乃幣帛乎、称辞竟奉久登宣、

第四段＝大御巫能辞竟奉皇神等能前尓白久、（神魂、高御魂、生魂、足魂、玉留魂、大宮乃売、大御膳都神、辞代主登御名者白而辞竟奉者）、「皇御孫命御世乎、手長御世登、堅磐尓常磐尓斎比奉、茂御世尓幸閉奉故」、皇吾睦

神漏伎命、神漏弥命登、皇御孫命能宇豆乃幣帛乎、称辞竟奉久登宣、

祈年祭祝詞の語構成は基本的に、〜の皇神等の前に白さく（……と御名をば白して）、「幣帛賛辞の理由」、皇御孫命の宇豆の幣帛を（朝日の豊逆登りに）称辞竟へ奉らく、となっていることに気づく。まず章句の対象である神を明示し、幣帛奉納の理由を示し、その神に奉る幣帛を賛辞するという構成である。「幣帛乎、称辞竟奉」という言葉で締めくくられ、第三段などは「初穂乎波千穎八百穎尓奉置弖（中略）御服者明妙、照妙、和妙、荒妙尓称辞竟奉牟（中略）種種色物乎備奉弖」として神に奉る供献品への賛辞で尽くされていることから、祈年祭祝詞の主眼は奉る幣帛を賛辞するということにあることがわかる。つまり、中臣の宣る祝詞の内容自体は神に奉る幣帛に向けたものであり、具体的には神祇官斎院に積まれ、各官社に奉られる案上・案下の幣帛に対するものであったと考えられる。神祇官に参集した祝部は祝詞の段ごとに称唯することとなっているが、その祝詞の内容が幣帛への讃辞であるため、祝部は幣帛が最高のものであることに対して了解の意を表していたとも解釈できる。祈年祭儀の中核が祝詞の宣読と幣帛の頒布である点にも鑑みて、祈年祭祝詞と祈年祭儀は神々に奉る幣帛を中心にして構成されていたと言うことができる。祝部は賛辞された幣帛を捧げ各官社に奉ることが責務であることは祈年祭祝詞の結の段に明記されており、各官社へ最高の幣帛を奉献することに祈年祭の目的が集中していたことは明白である。

では、各官社に幣帛を奉献することを命ぜられた「祝部」とはどういった存在であろうか。祝部とは、『令義解』職員令祝部条に「国司於二神戸中一簡定。即申二太政官一。若无二戸人一者通取二庶人一也」（『令集解』所引「古記」にも「取二神戸之内一。又无二神戸一所者。在二祝部一人身一。或国司選定進上也。或神祇官遣二使卜定一也」）とあり、官社に神戸が充てられている場合はその中より選ばれ、神戸がない場合は庶人より選定されていた。「職員令」には神祇伯が神戸とともに祝部の名籍を掌ることとされている。つまり、祝部は国家機構によって選定される在地神職であり、神祇官によって管

掌される点では、神祇官の地方末端官人とも言うことができる。

ちなみに、祈年祭祝詞では「神主・祝部等」に対して祝詞が宣読されるが、『貞観儀式』『延喜式』の規定条文に「神主」は一切登場しない。遠隔地からの上京には難が多かったため、祝部の神祇官不参は奈良時代より度々問題になっているが、これらの太政官符等[10]においても神主の神祇官不参を問題にする記述は存在しない。祈年祭祝詞では「神主・祝部等」に対して幣帛奉献が命ぜられているが、実際に幣帛を受けもって各官社に奉る責務を負っていたのは、主に神祇官によって管掌される祝部であったと言える。[11]

班幣祭祀において祝部に幣帛奉献の責務があったのに対し、神主が神祇官幣帛を奉るよう規定されている令制祭祀に相嘗祭がある。相嘗祭は、天武五年十月を初見（「祭二幣帛於相新嘗諸神祇一」）とし、「令釈」（「古記」も同文）に「大倭社大倭忌寸祭。宇奈太利。村屋。住吉。津守。大神社。大神氏上祭。穴師〈神主。〉巻向〈神主。〉池社〈池首。〉恩智〈神主。〉意富〈太朝臣。〉葛木鴨〈鴨朝臣。〉紀伊国坐日前。国県須。伊太祁曽。鳴神。已上神主等。請二受官幣帛一祭」とあって、各相嘗幣帛の対象社が列記されており、各神社の神主（氏族）が幣帛を奉ることとなっていた。『延喜式』の規定（「十一月上卯日祭之、其所レ須雑物、預申レ官請受、付二祝部等一奉レ班」）から、幣帛は各相嘗祭対象社の祝部が神祇官に参向して受け取り、各神社にて神主が奉ることとなっていたと考えられる。[12]相嘗祭は神主委託型の祭祀であり、[13]神主の関与が問題とならなかった祈年祭とは一線を画すものと考えられる。各神社の奉斎者に祭祀そのものを委託せずに、国家機構により選定され神祇官によって管掌される祝部に幣帛奉献を行わせ、その班幣そのものに重点を置いていた点で、祈年祭は国家機構内で自己完結した祭祀であったことが看取される。

では、在地における既存の祭祀・行事はどのような扱いとなっていたのであろうか。班幣は国家機構による幣帛奉納であり、不参の祝部に対する措置はあったものの、在地の神社や奉斎集団への直接的な関与・規定は存在していなかった。班幣祭祀のような国家の祭祀と在地における既存の祭祀・行事が別構造で併存していた可能性がある。この点は古代伊勢神宮の祭儀を見ることで傍証することができる。

伊勢神宮への祈年祭幣帛は特別に奉幣使を遣わして奉ることとなっており、[14]他の官社とは別格の扱いであった。『延暦儀式帳』によると神宮祈年祭は大神宮司が中心となって昼に執行されているが、[15]内宮への祈年祭幣帛の奉納場所を『延暦儀式帳』では記載せず、正宮に奉ることが明記された神嘗例幣との扱いの落差を看取させる。

また、古代神宮においては神宮祈年祭とは別に、御田の耕作開始行事が二月の初めの子の日に行われていた（内宮：「先始来子日、大神宮朝御饌夕御饌供奉御田種蒔下始」、外宮：「以二先子日一、二所太神乃朝御饌夕御饌供奉、御田種下始行事」）。行事の次第は『皇太神宮儀式帳』によると、禰宜・内人が山向物忌を率いて湯鍬山に登り、金人形・鏡・鉾等（忌鍛冶内人造奉）[16]を用いて山口神を祭り、山口祭と同様に櫟木本祭を行う。そして、木本を山向物忌が忌鈼で切り始め、続いて禰宜内人の戸人夫が切り、諸禰宜内人等が大神の御饌所の御田に到り、酒作物忌の父が忌鍬で大神の御刀代田を耕し始める。田耕歌、田舞が行われ、後、諸神田、諸の百姓の田を耕し始めることとなる。この最初に耕作を始める御田より収穫された稲は、三節祭の大御饌に供奉[17]されることとなっていた。

大神宮司より宛て奉られる祭料は忌鍬に使用する鉄と神田祭料稲二十束のみであり、実際の行事は忌鍛冶内人作製の物品を使用し、禰宜内人（とその戸人）と物忌とその父のみで行われていた。大神宮司は行事にも全く参加せず、その関与が限定的であるのは三節祭大御饌と同様であり、[18]大神宮司は二月十二日の祈年祭にて中核に位置することとは対蹠的である。

「御田種蒔下始」の行事は「始来子日」に行われており、[19]十二支による暦のサイクルに基づいて祭日が決定されていた。それに対して『延暦儀式帳』では、神宮祈年祭は二月十二日としており、「御田種蒔下始」行事と祈年祭で祭日の観念が異なっていたことが看取される。つまり、神宮での「御田種蒔下始」行事と祈年祭の祭日は連動していなかったのである。

この御田で収穫された稲が三節祭の朝夕大御饌に供進されるということは、御田の耕作開始行事は内宮で最大の重要度をもっていた三節祭における朝夕大御饌祭祀と連動する重要な年中行事であったと言うことができる。しかし、古代神宮における御田の耕作開始行事は国家の祈年祭幣帛の受け入れとは連動しておらず、禰宜以下伊勢の在地奉仕者を中心に彼らの手によっていわば自己完結的に行われていた。また、古代神宮に対して祈年祭幣帛を奉ることは、三節祭等の伊勢神宮諸祭儀とは連動しておらず、朝廷側の観念のみが先行し、実態的な年中行事と乖離したものであったことが看取される。

奉幣使が発遣されるほど特別な扱いであり、国家の関与がきわめて強かった伊勢神宮ですら、国家祭祀である祈年祭と在地の年中行事とが連動していなかったのであるから、他の官社においても神社側の祭祀体系と国家の班幣祭祀とが別構造となっていたことが想定できよう。

古代伊勢神宮の事例からも、祈年祭（班幣祭祀）は国家祭祀として自己完結した祭祀であって、在地の既存の祭祀・行事とは連動しておらず、あくまで国家の幣帛を各神祇に奉ることのみを目的としたものであったと言うことができる。祈年祭の祭祀構造から考えると、各神祇の統制・服属、ないしは国家の正当性の宣布といった要素は祈年祭においてはきわめて薄く、存在していても副次的な要素でしかなかったであろう。在地における既存の祭祀・行事は国家祭祀とは別構造で併存していたと想定され、祈年祭などの班幣祭祀は各地の神祇への幣帛奉献と各地の神祇の恩恵を国家にもたらす関係[20]が基本であり、その点に国家の関心が集中していたと考えられる。

各地の祭祀・行事と国家の祭祀が二重構造で併存していた理由は、既存の在地祭祀・行事や既存の氏族祭祀に国家、ないしは天皇が直接介入しないという不文律があったためではないだろうか。黒崎輝人氏は「天皇が他氏族の祭神を直接には祭りえないという思想」があり、「ある氏族の祭神はその氏族の人間によってしか祭れないという原則が存在していた」[21]とし、岡田荘司氏は「天照大神以外の個々の神社への天皇親祭はありえないという根本観念は不文律であり、「天皇祭祀と氏族祭祀とはお互いに不可侵の事柄」[22]としている。それぞれ相嘗祭と神社行幸のあり方を踏まえての指摘であるが、祈年祭の祭祀構造が形成された理由もこの点に求めることができるであろう。祈年祭には天皇の直接関与が存在せず、国家機構内で完結した祭儀であったことは、各氏族はその氏族の神を祭るものであり、また各地における祭祀・行事は各地の人々に任せ、国家が必要以上に干渉しないという古代祭祀における慣例に則ったためではないだろうか。国家の幣帛を奉るのは国家によって管掌される祝部であるが、その祝部があくまで在地の居住者から選ばれることも、各地の祭祀は原則各地の人々に任せるという慣例に従ったものと考えられる。

二　祈年祭祝詞の趣旨と内容の考察

祈年祭とは全官社に対して幣帛を奉る祭儀であったわけだが、祝詞においてそのことが明記されたのは第二段のみである。祈年祭祝詞第二段は「天社国社」の神々へ、耕作の開始にあたって幣帛を奉ることを宣るものである。この段は、明確に祈年祭と班幣祭祀の趣旨を宣布しているものである。

祈年祭祝詞第三段は「御年皇神等」への言葉であり、祈年祭がまさに祈年祭である所以であるが、この「御年皇神等」が単一の神を指しているのか複数以上の神々であるのかについて見解が分かれている[23]。第三段後半部で「御年皇神」に対する特別な文言が記されていること、そしてこの神がある特定の神社を指すものであると考えられるため、第三段の基本は天社国社に祭られる神々のうち「御年」の豊穣を恵む神々であると解するべきであろう。穀物の豊穣に直接間接を問わず関与しない奉斎神は少ないと思われるので、おそらく「御年皇神等」は社名に「年」が付くか付かないかで分別されるものではなく、天社国社に列せられる神々のほとんどが抽象的に対象となっていたのではないだろうか。

となると、祈年祭の趣旨は第二・第三段のみで尽くされているものと捉えられる。祈年祭祝詞の第四段以降の存在理由は何であったのであろうか。まず第四段から第十一段までの内容を確認してみたい。

第四段は大御巫の祭る「神魂・高御魂・生魂・足魂・玉留魂・大宮乃売・大御膳都神・辞代主」といった神祇官斎院八神殿の神々への詞章である。「皇御孫命御世」が「手長御世」「茂御世」となることが幣帛讃辞の理由として述べられている。御巫の祭る八神は『延喜四時祭式』鎮魂祭条にも見え、天皇を守護する神々であると考えられる。御巫は天皇の身体や居住空間の穢れを祓うために設定されたと指摘されている[24]。

第五段は座摩の御巫の祭る「生井・栄井・津長井・阿須波・婆比支」の神々への詞章であり、天皇の宮殿の安泰が述べられている。「生井・栄井・津長井」は井戸の神と考えられ、『古語拾遺』ではこの「座摩」を「大宮地之霊」としていることから、「阿須波・婆比支」も天皇の住まう宮の地を守護するものと考えてよいであろう。

第六段は御門の御巫の祭る「櫛磐間門命・豊磐間門命」への詞章であり、「四方乃御門」（天皇の住まう宮の御門）の守護が述べられている。

第七段は生島の御巫の祭る「生国・足国」への詞章であり、「皇神能敷坐嶋能八十嶋」（天皇の統治する国土）の安泰が述べられている。

第八段は伊勢神宮に坐す天照大御神への詞章であり、四方国・青海原の安泰・繁栄を皇大御神がもたらすこと、天皇の御世の繁栄が述べられている。

第九段は御県に坐す皇神等「高市・葛木・十市・志貴・山辺・曾布」への詞章であり、天皇の食事の安泰が述べられている。六の御県は高市御県神社、葛木御県神社、十市御県坐神社、志貴御県坐神社、山辺御県坐神社、添御県坐神社と考えられる。

第十段は山口に坐す皇神等「飛鳥・石村・忍坂・長谷・畝火・耳無」への詞章であり、天皇の宮殿の用材をもたらす山の守護、天皇が国土を統治する宮殿の安泰が述べられている。山口の神（六社）は飛鳥山口坐神社、石村山口神社、忍坂山口坐神社、長谷山口坐神社、畝火山口坐神社、耳無山口神社と考えられる。(25)

第十一段は水分に坐す皇神等「吉野・宇陀・都祁・葛木」への詞章であり、農耕に必要な水源の守護が述べられている。水分の神（四社）は吉野水分神社、宇太水分神社、都祁水分神社、葛木水分神社であると考えられる。(26)

第四段～十一段の詞章に記述された幣帛賛辞の理由はすべて天皇自身と天皇の生活に直結する内容であることが看取される。いわば第四段～十一段の内容は、天社国社の神々に幣帛を奉るという班幣祭祀の目的（第二段に記される）とは趣を異にしている。

早川庄八氏はこの祝詞の構造を、天皇を中心として「称辞を申す諸神の意味するものまたはその所在が、地理的に次第に拡大されている」とし、大和と伊勢神宮の神々への詞まで祝詞が終了していることを指摘し、日本の律令国家がヤマトを中心とする地域的権力の組織をそのまま残して成立したことを示すものとしている。(27)また、古川淳一氏は前代以来の祭祀を踏襲したものが班幣祭祀であったと指摘している。(28)

また、第二段冒頭には「高天原尓神留坐皇睦神漏伎命、神漏弥命以」として祈年祭執行の正統性が「高天原」という神話世界に由来をもつ男女の皇祖神に求められ、各神々に奉られる幣帛は「皇御孫命宇豆能幣帛」、つまり天皇の幣帛とされている。丸山裕美子氏は「「皇御孫の命」による正当な祭祀、祈年祭によって、天皇の権威による一元的支配が、諸国の祝部らを媒介にして可視的に表象される」としている。(29)

しかし、加瀬直弥氏は、祈年祭祝詞第八段天照大御神への詞章が、神宮祈年祭で実際に読まれる祝詞と全く一致していない点を踏まえて、班幣祭祀などの「宮中の祝詞は神前への願意奏上を命じておらず」「実情と照らし合わせると、祝詞が在地をつなぐツールたり得なかったことは明白である」と分析している。(30)確かに祝部は祝詞を拝聴し幣帛を受け取り奉る義務はあったものの、各神社での幣帛奉献儀に関する規定は祝詞にも各儀式書等にも一切存在していない。加瀬氏の指摘通り「対象祭神への願意伝達をせず、神社での執行を神社に委ねる形式が、律令祭祀の基本的なしくみであった」ことは確かであろう。つまり、神祇官での班幣と各地における幣帛奉納の執行は切り離されていたと考えられ、各地に天皇の権威を浸透させる機能を祈年祭はもっていなかったと考えられる。

第四段〜十一段の祝詞は早川氏の指摘通り、天皇を中心とし、天皇に直結する畿内の神々を同心円状に配置した構造となっていることは確かである。しかし、祈年祭の対象神社は第四段〜十一段に記載の神々を含む全官社であって、班幣祭祀の目的は祈年祭祝詞第二段に記された通り、あくまで天社国社の神々へ幣帛を奉献することであった。その班幣祭祀の祝詞のうち、大部分を宮中と伊勢神宮、大和の神々への言葉で占めた理由を問わねばならない。

まず考えられるのが、これらの神々が律令国家においても重要な神々であると認識されていた可能性である。第四〜七段は御巫の祭る宮中に坐す神々であり、天皇を直接守護し、天皇の住まう宮殿と天皇の統治する国土を守護する神々である。また、御巫が祭る神々には天皇や宮殿を守る神々だけでなく、国土を守護する神々（生国・足国）も含まれ、御巫の祭る神々の祈願範囲は全国を包み込むものとも言うことができる。

第四段の八神殿の神々に対する詞章では「皇吾睦神漏伎命、神漏弥命登、皇御孫命能宇豆乃幣帛」として皇祖神と天皇の名が列記されて丁重に幣帛の名称が読み上げられている。これは祈年祭祝詞において第四段と第八段のみであり、八神殿の神々と天照大御神に特別な配慮がなされていたことが看取される。また、『延喜四時祭式』では神宮（度会宮も含む）と、高御魂神・大宮女神・山口・水分神（計十九社）に馬一匹を加えるという規定が存在する。天社国社に列せられる官社の神々の中でもこれらの神々が重要視されていたことの証左である。天照大御神は神宮に祭られる皇祖神であり、天皇に直結する神であって、「神祇令」に伊勢の祭祀である神嘗祭や神衣祭が規定されるなど、国家にとっても重要な神であった。また、山口の神は祈年祭祝詞成立以後、『延喜式』規定成立までに、その対象神社の数が上昇している。山口の神への祈願が単なる前代的なものではなかったことが想定される。

第九～十一段は御県・山口・水分の神々への詞章であり、これらの場所は天皇の食事・宮殿の用材が調達される地であるとされ、その神々は農耕地・山、そして農耕に必要な水を守護する存在である。

つまり、第四段～十一段の神々は国家を統治する天皇とその生活を守護する神々であり、それらは律令国家においても国家統治の中心であり基盤である。律令国家への歩みを強めた天武天皇の時代に、大和の地の豊作のために広瀬龍田祭が創始されているが、(31)広瀬龍田祭の二つの祝詞には「親王等王等臣等天下公民能取作奥都御歳」（広瀬大忌祭に一例）や「天下乃公民乃作物」（龍田風神祭に五例、同様の表現が広瀬大忌祭に一例）といった表現が頻出している。この言葉は他の祝詞には容易に見出されない言葉であり（道饗祭と神宮月次祭に同種の表現があるのみ）、広瀬龍田祭が「天下公民」のために創始されたことは明確に表現されており、その祭祀が大和の土地に対するものであって、合わせて御県・山口の神々も祭っていることは注意される。祈年祭祝詞に登場する山口の神は城上郡・高市郡・十市郡に集中しており、祈年祭祝詞の御県・山口・水分の神は飛鳥浄御原宮を中心とした構造であることが指摘されている。(32)祈年祭と広瀬龍田祭ではその祭祀形態や系統に違いは存在するものの、(33)天武天皇の時代において、宮都の周囲の土地の豊作が重視され、それが「天下公民」と連動するとの観念が存在していたことは間違いない。律令国家を形成するにあたっても、この国家の中核を守護することは天社国社の神々を祭る班幣祭祀においてきわめて重要な存在であって、この具体化された国家の基盤的祭祀が、理念的に全国を包括する天社国社祭祀においても必要とされたのではないだろうか。

もう一つの視点は、第四段〜十一段の神々への祭祀は天皇の直轄的祭祀であった可能性が高い点である。これらの神々は古くより大和国家の祭祀に与っていたとも考えられるが、単に旧来の関係性のみで祝詞の詞章に登場しているわけではない。何故ならば古くより大和国家と関係の深かったと想定される三輪山の大物主神や、畿外ではあるが国譲り神話で重要な位置をもつ出雲の大国主神などが全く班幣祭祀の祝詞に登場しないからである。

祈年祭祝詞第八段〜十一段に示された大和のいずれの神々（高市御県神社、葛木御県神社、十市御県坐神社、志貴御県坐神社、山辺御県坐神社、添御県坐神社、飛鳥山口坐神社、石村山口神社、忍坂山口坐神社、長谷山口坐神社、畝火山口坐神社、耳無山口神社、吉野水分神社、宇太水分神社、都祁水分神社、葛木水分神社）も「御県」「山口」「水分」の神ないしは「御県」「山口」「水分」に坐す神と『延喜神名式』ではされており、これらは各土地の神々であると認識される。注意すべきは、これらの神社は相嘗祭に与るような有力氏族の奉斎神社、特定の古社ではない点である。「令釈」（「古記」）に列記され、神主（特定の氏族）が祭るとされた神々（大和においては、添上郡：宇奈太理坐高御魂神社、城上郡：大神大物主神社、穴師坐兵主神社、巻向坐若御魂神社、城下郡：村屋坐弥富都比売神社、池坐朝霧横幡比売神社、十市郡：多坐弥志理都比古神社二座、山辺郡：大和坐大国魂神社三座）などは祝詞に明示されないのである（祈年祭祝詞第三段に記された御歳神〈葛木鴨〉への特別な規定は例外）。先に述べた通り、これらの神々への祭祀は特定の氏族である神主によって国家の祭祀が執行されていたと考えられる。

つまり、「御県」「山口」「水分」の神社は氏族の奉斎神を祭る社ではなく、大和朝廷によって設定された祭祀場であったと推測される。そこにおける祭祀は、古くは「県主」などによって執行されていたとも想定されるが、(34) その祭祀の形態は、相嘗祭のように、各神を奉斎する氏族に行わせる形態ではなく、宮中の神々の奉斎を御巫（国家によって選定される）(35) に行わせるように、朝廷によって選定・認定された者による大和朝廷の幣帛奉献の代行であったのではないか。

祈年祭祝詞第七段に記される天照大御神への祭祀は天皇祭祀そのものである点で他の神への祭祀とは一線を画すものであるが、その祭祀や奉幣は天皇の代行的行為であることが指摘できる。神嘗祭への幣帛奉献は天皇の出御を伴い、天皇の使いとして王・中臣・忌部が発遣され、在地で三節祭の御饌奉仕等を行う禰宜・内人たちも大神宮司の管轄下で度会郡より選出される存在であった。『皇太神宮儀式帳』「供奉幣帛本記事」には「禁断幣帛。王臣家幷諸氏之不レ令レ進二幣帛一、重禁断」とあり、例幣を奉献する王・中臣・忌部や御饌を奉仕する禰宜等は当然ながら自らの幣帛を奉っていたのではなく、天皇の幣帛を奉っていたのである。禰宜等の三節祭御饌奉仕は、天照大御神を祭る天皇祭祀を伊勢で代行していたものと解釈できる。

祈年祭祝詞第四段〜第六段の八神殿や宮中の神々を祭ることは国家によって選定される御巫に行わせていること、氏族への委託祭祀の形態である相嘗祭の対象神社と「御県」「山口」「水分」の神社がほとんど一致しないことを合わせて考えると、「御県」「山口」「水分」の神々への祭祀は令制以前においても天皇（大和朝廷）の幣帛を奉る、代行祭祀であった蓋然性は高いと考えられる。

そもそも各官社への幣帛奉献も国家によって設定された祝部によって行わせていたのであり、班幣祭祀の祝詞に登場する神々や班幣祭祀の対象となる官社の神々の祭祀者（幣帛を奉献する役割を負っている者）は国家によって設定・認定された存在であるという点で一貫していたと言うことができる。祝詞の分析から考えても、班幣祭祀は国家機構内で完結させた祭祀であったと考えられるのである。加瀬直弥氏は、「神祇令」祭祀のうち朝廷の側が神社で神に直接対さない、神社側に比重が置かれた祭祀（相嘗祭、鎮花祭、三枝祭）には祝詞は存在しないことを「神祇令」と『延喜祝詞式』の対比で明らかにしている。[36]そういった点では神主（氏族）委託型でない班幣祭祀の祝詞に御巫の祭る神々や天照大御神、御県・山口・水分の神々が登場することは自然なこととも考えられる。これらの神々への幣帛奉献は天皇直轄的な色合いが濃く、特定の氏族である神主への委託ではないため、班幣祭祀成立以前より幣帛奉献に際する何らかの祝詞の前例が存在していたのではないだろうか。その祝詞の前例を踏襲・整備して祈年祭祝詞第四段〜十一段の祝詞が形成され、それを天社国社の神々と御年の神々への詞章に付け加え、全体の調子を整えて、祈年祭祝詞が成立したとの推測が成り立ちうるであろう。祈年祭祝詞は天智・天武朝において段階的に整備されていったものと推測される。[37]

三　祈年祭幣帛の原形に関して

『延喜式』によると、神祇官斎院に準備されて頒布される祈年祭幣帛（案上、神三百四座は月次祭の対象神と一致）は、絁・五色薄絁・倭文・木綿・麻・庸布といった布帛類や、倭文・絁・布でまいた纏刀形（木製模造刀）、四座置・八座置（木を束ねた物）、楯・槍鉾・弓・靫といった武具、鹿角、農耕具である鍬、鰒・堅魚・腊・海藻といった海産物、酒・塩、などで構成されている。祈年祭幣帛の品目の多くは他の令制祭祀の幣帛と同じく布帛類や海産物によって構成され、これらは律令国家によって全国より収取された調庸より供出されている。よって、祈年祭幣帛の成立は令制下の調庸制の成立と同期しているとも考えられる。

しかし、五世紀代の祭祀遺跡からは、鉄製の武器・武具、農・工具、布帛類を製造する紡績具が出土しており、笹生衛氏は「五世紀代の祭祀遺跡から出土する鉄製の武器、農・工具、鉄素材の鉄鋌、紡績具から想定できる布帛類で構成されるセットは、令制祭祀の祭料、特に神々へ供献する「幣帛」との共通点が認められ、令制祭祀の「幣帛」の原形となっていた」とし、それは「日本列島内で東国・西国を問わず、広範囲に分布する祭祀遺跡で確認できる」と指摘している。(38) 氏の指摘に従えば、『延喜式』に記された律令祭祀の幣帛の原形は五世紀代に遡る可能性が高い。また井上亘氏は祈年祭幣帛のうち、五色薄絁・倭文・木綿・麻・纏刀形・四座置・八座置・楯・槍鉾・弓・靫・鹿角は律令前代の伝統的な幣物であると指摘している。(39)

祈年祭幣帛の武具類と考えられる「供神調度」は『延喜式』によると、神祇官の忌部氏の監督下で神部の忌部と木工等が作製すると規定されている（『貞観儀式』では他に「鍛工」「共作」が関与する）。また部具類のうち楯の板と置座の木は五畿内諸国の神戸百姓から採り進られ、弓は甲斐・信濃国から進上される（『延喜臨時祭式』）。靫は特別に靫編氏が作成し、槍鉾の槍木は讃岐国から送られることとなっていた（『延喜四時祭式』）。靫は四時祭において祈年祭・月次祭にしか見ることができず、靫編氏作成の靫は祈年・月次祭を執行するにあたっての特別な幣帛であり、伝統性も高かったものと想定される。

祈年祭幣帛の武具類のうち、楯・槍鉾・纏刀形・四座置・八座置は、祈年祭と同じ班幣祭祀である月次祭・新嘗祭・大嘗祭・斎宮祈年祭等の班幣に類似した品目が見える他は、天武四年四月に成立したと考えられる広瀬大忌祭にしか見出されない。つまり、忌部氏の監督下で製造される武具類（楯・槍鉾・纏刀形・四座置・八座置）は、令制祭祀の中でも古く天武朝に成立したと考えられる祭祀か班幣祭祀のみにしか存在しないものであると言うことができる。以上のことを踏まえると、各地の官社に分与される祈年祭幣帛は、五世紀代にその原形が見出され、その古くからの供献品を踏襲しながら忌部氏の関与の下で七世紀末ごろに成立したと考えてよいであろう。

また笹生氏は、五世紀代の祭祀遺跡から門付き扉材、楣材、梯子材、板材等の建築部材が出土していること、石上神宮に四世紀代の七支刀と五世紀代の鉄楯が土中しないで伝世している点などを踏まえ、五世紀代には祭祀の場に高床倉が建てられ、供献品や祭祀で使用する食材や鉄素材が収納・管理されていた可能性を指摘している。(40) 祭祀遺物の組成が五世紀には列島内で共通していたことを踏まえると、古くより大和朝廷が貴重品の分与などを通して各地の祭祀に間接的に影響を与えていた可能性が考えられ、祭祀場に存在したであろう高床倉に大和朝廷からの貴重な鉄製品・鉄素材や供献品が納められていた可能性が示唆される。

この点に鑑みると、七世紀末以降に成立したと考えられる班幣祭祀は、律令国家成立期に突如として出現した祭祀ではなく、少なくとも五世紀代以来の大和朝廷による貴重品の分与や供献品の奉納に淵源をもつものと推測される。それを七世紀末以降に恒例の祭儀として全国への一律的な幣帛の頒布にシステム化したものが、祈年祭という班幣祭祀であったのではないだろうか。

また、「皇御孫命宇豆能幣帛」（天皇の幣帛）を奉る神々が坐す「天社国社」の「天」は天皇の統治下である「天下」（あめのした）の「天」と概念的には同じであり、「天社国社」の神々とは天皇の統治下の神々であるわけである。「天下」の語は五世紀末にはすでに日本に存在しており、(41) 五世紀から七世紀にかけて日本独自の天下概念と神話世界が天皇の系譜とともに段階的に形成・整備されていったものと想定される。(42)「皇御孫命宇豆能幣帛」や「天社国社」という語も七世紀末に突如として出現した語、ないしは概念ではなく、少なくとも五世紀代以降の大和国家の発展に応じて段階的に発展していったものであろう。

班幣の淵源に大和朝廷による貴重品の分与や供献品の奉納があると考えると、祈年祭の祭儀が祝詞の宣読と幣帛の頒布を中核とし、祝詞が神々に奉る幣帛の賛辞を目的として述べられていることの理由が看取される。祈年祭は祝詞に賛辞された幣帛の奉納を目的とするが、それは旧来からの大和朝廷の祭祀のあり方であったのではないか。祭祀のあり方を理念的に記述したと考えられる崇神朝の大物主神への祭祀に際しても、『日本書紀』崇神天皇七年十一月には伊香色雄を「神班物者」として、物部八十手が作成した「祭神之物」をもって祭祀が行われている。『古事記』では伊迦賀色許男命に「天之八十毘羅訶」を作成させて天神地祇の社を定め、宇陀墨坂神に「赤色楯・矛」を、大坂神に「黒色楯・矛」を祭っている。『古事記』に記された「天之」や「赤色」「黒色」は物品への美称でもあり、ここに登場する物品は単なる物ではなく、入手・作成できる最高の物であろう。(43) そしてそれらを使用し、またそれらを奉納することで祭祀の執行が記述されている。崇神朝の祭祀伝承はあくまで祭祀の理念を投影した伝承であろうが、大和朝廷の祭祀の形式は物品の作成・奉納であり、それによる神の恩恵・守護を期するものであったと言うことは可能である。律令国家祭祀である祈年祭は幣帛の作成・奉納という大和朝廷の伝統的な祭祀形式を引き継ぎ、それをもって全国の神々（官社の神々）への祭祀としたのではないだろうか。

四　葛木鴨と御歳神の祟り

祈年祭祝詞第三段に「御年皇神」に白馬・白猪・白鶏を奉るという特別な文言が存在し、『延喜四時祭式』にも「御歳社加㆓白馬、白猪、白鶏各一㆒」との規定が存在する。この「御年皇神」について『令集解』所引「古記」(44)には「別葛木鴨名為㆓御年神㆒。祭日。白猪白鶏各一口」とあり、「御年皇神」は「葛木鴨」とされていた。『古語拾遺』には以下の伝承が記されている。

一　昔在神代、大地主神、営レ田之日、以二牛完一食二田人一。于時、御歳神之子、至二於其田一、唾レ饗而還、以レ状告レ父。御歳神発レ怒、以レ蝗放二其田一。苗葉忽枯損似二篠竹一。於是、大地主神、令三片巫〈志止々鳥。〉・肱巫、〈今俗竈輪及米占也。〉占二求其由一、御歳神為レ祟。宜下献二白猪・白馬・白鶏一、以解中其怒上。依レ教奉レ謝。御歳神答曰、実吾意也。宜下以二麻柄一作レ桛々レ之。乃以二其葉一掃之、以二天押草一押之、以二鳥扇一々ヒ之。若如此不二出去一者、宜下以二牛完一置二溝口一、作二男茎形一以加之、〈是所三以厭二其心一也。〉以二薏子・蜀椒・呉桃葉及塩一、班中置其畔上。〈古語、以レ薏曰二都須玉一也。〉仍従二其教一、苗葉復茂、年穀豊稔。是今神祇官、以二白猪・白馬・白鶏一、祭二御歳神一之縁也。

『古語拾遺』によると、「御歳神」の祟りを解くために「白猪白馬白鶏」を献じたことが、神祇官で「御歳神」を祭る淵源であるとしている。「御年皇神」への特別な規定の背景には、耕作を掌る神の祟りを鎮めるという信仰が存在したことが看取される。西宮秀紀氏[45]によると、「葛木鴨」（『令集解』「天神地祇条」で「地祇」に分類）は「鴨都波八重事代主命神社二座」である。鴨都波神社付近一帯には弥生時代の遺跡が存在し、大集落が営まれていた。葛城川などの自然の恩恵を受けて古くから農耕が営まれていた鴨都波の地は、御年の豊穣を得る祭場としてふさわしかったものと想定される。

この「葛木鴨」の神である事代主神は『日本書紀』神武天皇・綏靖天皇・安寧天皇の即位前紀によると、神武天皇の正妃「媛蹈鞴五十鈴媛命」と綏靖天皇の皇后「五十鈴依媛」の父であり、綏靖天皇と安寧天皇の外祖父にあたる（事代主神の孫鴨王は安寧天皇の皇后渟名底仲媛命の父であり、懿徳天皇の外祖父〈懿徳紀即位前紀〉[46]）。神武天皇の正妃である媛蹈鞴五十鈴媛命は神代巻第八段第六の一書によると大己貴神の子ともしており、『古事記』では「美和之大物主神」の子ともしている。事代主神と大物主神は記紀の所伝において綏靖天皇の外祖父として位置づけられており、どちらも「三島溝橛媛」ないしはその娘との神婚説話が存在する。(47)事代主神は葛城に祭られ（『延喜神名式』鴨都波八重事代主命神社）、大物主神は三輪山に祭られており、どちらの地も大和朝廷にとって重要な地であった。また、どちらも杵築大社に祭られる大国主神の子か、大国主神と同体とみられていることも特徴である。そして事代主神を祭る賀茂氏と大物主神を祭る大神氏も大国主神（大物主神）の子孫であり、同祖とされている。(48)神武〜開化天皇の系譜には問題もあるが、(49)国譲り神話との関係も含めて、この両神が天皇にとって重要な存在として位置づけられていたことは確かであろう。

『古語拾遺』「御歳神」の伝承は、災害の原因を占によって御歳神の祟りと認識し、御歳神の求め通りに祭祀を行うことで災害を解決し、豊穣を得るという説話である。崇神紀においても災害の原因は大物主神へ「命神亀」（卜占）・「夢裏」（夢見）によって求められ、大物主神の求め通りに祭祀を行うことで災害を解決し五穀豊穣を得ている。災害の原因を占いなどによって判明させ、災害を鎮めるために神を祭り恵みを得るという「神祟」と祭祀の構造において、両説話は同型であると言うことができる。

また葛城氏は五世紀の天皇の外戚とされており（『日本書紀』仁徳天皇、履中天皇即位前紀）、葛城襲津彦の伝説的説話が『日本書紀』に記されるなど（神功皇后摂政前紀、応神天皇紀）、葛城氏は五世紀代に大王と重要な関係を構築していた。(50)葛城襲津彦の娘である磐之媛命は仁徳天皇の皇后となって履中・反正・允恭天皇の母となり、葛城円大臣の娘である葛城韓媛は雄略天皇の妃となって清寧天皇を生み、葛城蟻臣の娘荑媛は市辺押磐皇子の妃となって顕宗・仁賢天皇の母となっている。とくに磐之媛命が仁徳天皇の皇后となって履中・反正・允恭天皇を生んだことは、第二〜四代天皇である綏靖・安寧・懿徳天皇の母方の祖が事代主神（葛城に鎮座）とされた『日本書紀』の記述と関係している可能性もある。雄略天皇の時代に葛城氏は没落したと考えられ、その後葛城県は天王直轄地となっていたと想定され

ている。(51)

また、祈年祭において「葛木鴨」には白馬・白猪・白鶏が奉られるが、猪や鶏といった動物を神に奉る例は他の四時祭の祭料に見ることはできない。この奉納物は「御歳神」の祟りを解くための特別な奉り物であり、「白」は清浄なものであるという美称でもあろう。

祈年祭祝詞に記された穀物の神である「御年皇神」（『古語拾遺』では「御歳神」）が「葛木鴨」（事代主神）とされ、その神に対して他にはない特別な供献品を奉るということは、穀物への災害を解き、豊穣を得るための特別な祭祀の前例があったと想定され、それは葛城の土地の神に対するものであった。その神を祭ることは穀物の豊穣を得るために重要であると認識され、その祭祀（災害の解除と豊穣祈願）は大和朝廷にとってきわめて重要なものであったのではないだろうか。そしてその淵源は事代主神が天皇の外戚神であったことや、五世紀代の葛城氏と大王との関係性に求めることができよう。穀物への祟りを防ぐことは令制祭祀である祈年祭執行にあたっても当然重要なものであり、(52)葛城の神へ豊穣を期する祭祀の前例を踏襲して祈年祭における特別な規定が成立したものと想定される。

祈年祭祝詞の基本的な内容からは、直接神の祟りを窺わせる箇所は存在しないが、令制以前より存在していた穀物の神の祟りと豊穣という要素が確かに祈年祭に組み込まれていた。古代祭祀の基本的性質は、災害を神の祟りと認識して災いを鎮め、恵みを得るために祭祀を行うことであり、それは祈年祭も例外ではなかったことが確認される。

おわりに

本章では祈年祭の祭祀構造とその成立の背景を考察してきた。考察の結論を列記すると左の通りである。

・祈年祭の祭儀は祝詞の宣読と幣帛の頒布が中核であり、神祇官斎院に用意された幣帛を中心にして祝詞も儀式も形成されている。よって、祈年祭の目的とは全国の神々（天社国社の神々、全官社）に幣帛を頒布することにあった。その幣帛は国家によって選定される祝部によって行わせており、特定の氏族が担う神社の神主に委託して行わせるものではなく、国家機構内で完結させた祭祀であった。

・祈年祭（班幣祭祀）は国家祭祀として自己完結した祭祀であって、在地の既存の祭祀・行事とは連動しておらず、あくまで国家の幣帛を各神祇に奉ることのみを目的としたものであった。各神祇の統制・服属、ないしは国家の正当性の宣布といった要素は祈年祭においてはきわめて薄かった。在地における既存の祭祀・行事は国家祭祀とは別構造で併存していたと想定される。それは、各地における祭祀・行事は各地の人々に任せ、国家が必要以上に干渉しないという古代祭祀における慣例に則ったためであろう。

・祈年祭の趣旨は、祝詞第二・第三段に天社国社の神々と御年を掌る神々への幣帛奉献として明記されているが、祈年祭祝詞にて具体的な名前が挙げられている神々（第四段〜十一段）の祭祀は国家の基盤的な祭祀であったとも考えられ、また天皇の直轄的な色合いが濃く、これらの神々への幣帛奉献に際して何らかの祝詞の前例があったものと推測される。その祝詞を集めて整備し、天社国社の神々と御年の神々への詞章を作成し、それに付け加えて祈年祭祝詞が成立した可能性がある。

・班幣祭祀の幣帛は五世紀代にその原形が見出され、その古くからの供献品を踏襲しながら忌部氏の関与の下で七世紀末ごろに成立したと考えられる。班幣祭祀は貴重品の分与や供献品の奉納に淵源をもつものと推測され、それを七世紀末以降に恒例の祭儀として全国への一律的な幣帛の頒布にシステム化したものと考えられる。大和朝廷の祭祀の基本形は神への供献品の奉納であったものと推測される。

・祈年祭には御年の神（葛木鴨、鴨都波八重事代主命神社）への特別な奉り物（白馬・白猪・白鶏）の規定が存在し、それは穀物の神の祟りを鎮めて豊穣を得ることに淵源があった。これは古代祭祀の基本構造と同種のものであり、葛城の地の神の祟りを鎮めて穀物の豊穣を期する前例を踏襲して、祈年祭の規定が成立したものと想定される。

最後に付け加えて言えば、班幣祭祀そのものは七世紀末以降に理念的に制度化されたものであるが、その国家の理念ですら、祝詞においては具体的な門や井戸、農耕地、水源といった人間の生活にとって不可欠なものを掌る神々へ幣帛を奉ることとして具現化していた。これは日本における祭祀や祈りが具体的な生活に密着して存在してきたことの証左であると考えられる。

註

（1）西山徳「祈年祭の研究」（『神社と祭祀　上代神道史の研究』至文堂、昭和四十年六月。のちに『上代神道史の研究』国書刊行会、昭和五十八年十一月。初出は『日本学士院紀要』第七巻第二号・第三号、昭和二十四年六・十一月）。

（2）岡田精司「律令的祭祀形態の成立」（『古代王権の祭祀と神話』塙書房、昭和四十五年四月）、「古代における宗教統制と神祇官司」（『古代祭祀の史的研究』塙書房、平成四年十月。初出『歴史における国家権力と人民闘争―１９７０年度歴史学研究会大会報告―』歴史学研究会編集、青木書店、昭和四十五年十月）。

（3）森田悌「祈年・月次・新嘗祭の考察」（『解体期律令政治社会史の研究』国書刊行会、昭和五十七年三月。初出「古代宮廷祭祀の一考察」『風俗』第一六巻第一号、昭和五十二年十二月）、熊谷保孝「祈年祭奉幣について」（『政治経済史学』第二〇〇号、昭和五十八年三月）など。

（4）早川庄八「律令制と天皇」（『日本古代官僚制の研究』昭和六十一年十一月。初出『史学雑誌』第八五編第三号、昭和五十一年三月）、西宮秀紀「律令神祇官制の成立について」（『律令国家と神祇祭祀制度の研究』塙書房、平成十六年十一月。初出『ヒストリア』第九三号、昭和五十六年十二月）、大津透「古代天皇制論」（『古代の天皇制』岩波書店、平成十一年十二月。初出『岩波講座　日本通史』第四巻〈古代三〉、岩波書店、平成六年六月）、丸山裕美子「天皇祭祀の変容」（『日本の歴

史08　古代天皇制を考える』講談社、平成十三年六月）など。

（5）　小倉慈司「延喜神名式「貞」「延」標注の検討―官社の数量的変遷に関して―」（『延喜式研究』第八号、平成五年九月）、「八・九世紀における地方神社行政の展開」（『史学雑誌』第一〇三編第三号、平成六年三月）、「律令制成立期の神社政策―神郡（評）を中心に―」（『古代文化』第六五巻第三号、平成二十五年十二月）。

（6）　本章は、平成二十八年十一月の第七十回神道宗教学会学術大会（研究発表）におけるパネル発表「日本古代の儀礼・儀式と祭祀―古代祭祀の類型化を試考する―」における議論を前提としている（パネル代表者：小林宣彦氏、発表者：小林宣彦氏「古代祭祀の類型について」、塩川哲朗「古代祈年祭の性質に関する考察」、木村大樹氏「班幣行事にみる儀礼・儀式について」、藤森馨氏「古代国家の祭祀と諸相」、司会兼コメンテーター：加瀬直弥氏、コメンテーター：岡田莊司氏）。パネル発表の要旨は『神道宗教』第二四八号（平成二十九年十月）に掲載。

（7）　『神道大系　朝儀祭祀編一　儀式・内裏式』（昭和五十五年十二月）、虎尾俊哉編『訳注日本史料　延喜式』（集英社、平成十二年五月）を使用した。

（8）　この点は早く早川庄八氏が指摘している（註(4)前掲論文）。

（9）　西山徳氏（註(1)前掲論文）は、神宮月次祭や宮中で神今食が行われることから、祈年祭は本来月次祭であったとし、早川庄八氏（註(4)前掲論文）も月次祭のほうが祈年祭より月次祭のほうが古いとし、月次祭祝詞に御年の皇神等への文言を付加して祈年祭祝詞が成立したとした。しかし、祈年祭と月次祭の新旧関係を断定する点は森田悌氏（註(3)前掲論文）、加藤優氏（「律令制祭祀と天神地祇の惣祭」『研究論集』Ⅳ〈『奈良国立文化財研究所学報』第三二冊〉昭和五十三年三月）、古川淳一氏（「班幣祭祀の成立」『歴史』平成二年四月）等によって批判がなされた。私見においても、神宮月次祭（朝大御饌夕大御饌）や神今食と昼の奉幣儀や月次祭班幣儀はその祭祀構造を全く別にするのであり、班幣儀の成立は夜の御饌奉仕とは別個に論じる必要がある。

（10）　宝亀年間（七七〇～七八一）にすでに祝部の不参は問題となっており、不参の祝部を解任する対応が取られた（貞観十・六・二十八官符所引宝亀六・六・十三官符）。しかしそれでも諸社に頒布する幣帛が官庫に収められたまま放置されている状況（『類聚国史』神祇十、弘仁八年二月丙申〈六日〉）となり、国司の使節（貢調使・大帳使）に幣帛を付して送らせる対策（斉衡二・五・二十一官符）や、不参の祝部に祓を課す対応（貞観十・六・二十八官符）も取られたが、祝部の不参は畿内神社まで全国に一般化しており、朝廷の対策はほとんど奏功しなかった（貞観十七・三・二十八官符、寛平五・三・二官符、寛平六・十一・十一官符）。三善清行の『意見十二箇条』（延喜十四年〈九一四〉四月）によると、参集した祝部さえも幣帛を懐中に納め、神酒をその場で飲み干し、神馬を市に売って換金する有様であり、祭儀が形骸化していたことが記されている。班幣制度の崩壊は八世紀後半にはすでに始まり、九世紀以降、全国的に進展し、祭儀は神祇官内部での祭祀に縮小・衰退していった。祈年祭は国家祭祀の理念のみが先行した祭祀であって、実際の執行には多くの困難を伴っていたことがわかる。

(11)　ただし、「祝部」という語には神主と祝部が含まれるとする見解も存在する（岩橋小彌太「祝部」〈『神道史叢説』吉川弘文館、昭和四十九年九月〉、熊谷保孝「官社制度成立期の神職」〈『律令国家と神祇』第一書房、昭和五十七年六月。初出『國學院雑誌』第八二巻第一一号、昭和五十六年十一月〉）。この見解は『令集解』「職員令」神祇官祝部条所引「物記」に「今案二此等文一。可レ有二禰宜。神主一。唯挙二祝一色一。若約二祝部之句一哉」とあり、祝部には禰宜・神主・祝が含まれている可能性を示唆した解釈が一つの根拠となっている。しかし祝部と神主には明確な身分の差が存在することは確かであり（西宮秀紀「律令国家に於ける神祇職」『律令国家と神祇祭祀制度の研究』塙書房、平成十六年十一月。初出『日本史研究』第二七〇号、昭和六十年二月）、それらを「祝部」という語で一括呼称していたとは考えにくいのではないだろうか。「職員令」にて神祇官に名簿が存在する「祝部」は基本的に神戸から選定される存在とされ（「古記」「令釈」）、庶人から選定される場合もあった（『令義解』）。しかし神主は奉斎氏族から選ばれる存在であり（『類聚三代格』延暦十七年太政官符など）、その出身母体に差が存在していた。よって、「職員令」規程の「祝部」は神祇官管掌の神社下級奉仕者であり、各神社の上位祭祀者である神主（神社によっては禰宜〈賀茂社：鴨県主、伊勢神宮：荒木田氏・度会氏〉、祝部〈籠神社：海部氏〉などとも称される）とは区別すべきであろう。また、『延喜四時祭式』では「物忌」「祝」「禰宜」「神主」などの神職が書き分けられている例が多いことも傍証となろう。

　また、『続日本紀』大宝二年二月庚戌（十三日）に「大幣」を班つために「諸国国造等」を京に参集させている例が存在し、この国造を呼称するなら祝部ではなく神主がふさわしく、古くは祝部だけでなく国造など国家の管掌下にあり、かつ神主と呼称されるべき存在が神祇官に参集していた可能性を窺わせる。祝部制が全国に浸透する以前の呼称が祝詞に残存したのかもしれない（史料上、幣帛の受け取り者が祝部として記述されるのは奈良後期以降）。また、延暦十七年の太政官符

（『類聚三代格』）で神主の任期が六年交代制となるなど、神主への国家の関与が平安期以降強まった時代的変遷も考慮に入れる必要があるかもしれない。平安期以降も祈年祭祝詞に「神主・祝部等」と記されている以上、国家の管掌下にある神主が幣帛を取りに参集していた可能性はあるが、『令集解』「中臣宣二祝詞一」における注釈の「穴記」に「参集之社々祝部等」とあり、同「忌部班二幣帛一」における「或云」に「社々祝部」とあるように、幣帛の授受は基本的に「職員令」規程の「祝部」が行うべきものとされていたことには間違いがないだろう。

（12）菊地照夫「相嘗祭の祭祀形態について」（『延喜式研究』第一五号、平成十年十二月）。

（13）藤森馨「鎮花祭と三枝祭の祭祀構造」（『古代の天皇祭祀と神宮祭祀』吉川弘文館、平成二十九年十二月。初出は『神道宗教』第二一一号、平成二十年七月）、三橋正「仏教公伝と委託祭祀」（『日本古代の神祇制度の形成と展開』法蔵館、平成二十二年二月。初出は「仏教受容と神祇信仰の形成――神仏習合の源流」『宗教研究』第八一巻第二輯、平成十九年九月）。

（14）神宮祈年祭は神祇官での班幣日より五日後に外宮、内宮の順序で同日に行われていたものと想定される。鎌倉期成立の『皇太神宮年中行事』では神宮祈年祭は二月九日としており、『延喜式』での祈年祭祭日の二月四日より五日後であることが確認される。また、延暦年間成立の『止由気宮儀式帳』によると神宮での祈年祭は二月十二日であり、外宮で祈年祭儀が終了したのち即内宮に参ることが記されており、延暦期では神祇官での祈年祭の祭日は二月七日であったことが推定される。祈年祭の祭日はこれ以前の史料では確証できず、「神祇令」では「仲春」としかしていない。祈年祭の祭日が二月四日に固定したのは弘仁年間以後（『日本紀略』には弘仁十一年〈八二〇〉二月丁巳（四日）に、また『続日本後紀』に承和九年〈八四二〉二月己巳〈四日〉にそれぞれ祈年祭の記事）であろう。

（15）延暦期では大神宮司の祝詞しか存在せず、奉幣使の祝詞奏上はない。『延喜式』では大神宮司の神宮祈年祭祝詞とは別に奉幣使の神宮祈年祭祝詞が収録されている。弘仁年間以後に奉幣使の祝詞奏上儀が追加されたものと考えられる。藤森馨「古代の伊勢神宮祭祀」（『古代の天皇祭祀と神宮祭祀』吉川弘文館、平成二十九年十二月。初出は、遠藤基郎編『年中行事・神事・仏事』竹林舍、平成二十五年三月）も参照。

（16）忌鍛冶内人の職掌条には「毎年二月祈年祭忌鍬一口、忌鉾一口、神祭大刀八柄、鉾・前三十六枚、鏡三十六枚」とある。ここでいう「祈年祭」とは内宮の「御田種蒔下始」のことであり、令制祭祀である祈年祭ではない。

（17）『延喜伊勢大神宮式』には神田について以下のように規定されており、神田から収穫された稲は内宮三節祭と外宮御饌殿祭祀に供される御饌に用いられていた。

　神田三十六町一段
　　大和国宇陀郡二町
　　伊賀国伊賀郡二町
　　伊勢国三十二町一段〈桑名鈴鹿両郡各一町、安濃壱志両郡各三町、飯高郡二町、飯野郡十町五段、〉
　　右、神田如レ件、割二度会郡五町四段一、〈二町四段大神宮、三町度会宮、〉令二当郡司営種一、収穫苗子、供二用大神宮三時幷度会宮朝夕之饌一、自余依二当土估一賃租、充二供レ祭料一、

（18）　三節祭の大御饌に大神宮司の財政がほとんど関わっておらず、実際の奉仕に大神宮司が関与していない点に関しては、大関邦男「古代伊勢神宮の財政構造」（『國史學』第一二八号、昭和六十一年二月）などを参照。

（19）　藤森馨氏は「始子日は、十二日に一回であるから、祈年祭の前に執行された」（「伊勢神宮祈年祭と御田種蒔下始行事」『古代の天皇祭祀と神宮祭祀』吉川弘文館、平成二十九年十二月。初出『椙山林継先生古稀記念論集　日本基層文化論叢』雄山閣、平成二十二年八月）とし、中川経雅の「行事十三日の次にはしるせど、二月初子日なり」（増補大神宮叢書六『大神宮儀式解』後篇、吉川弘文館、平成十八年七月）の見解を引き、祈年祭が行われた後の子の日に行われたとする西山徳氏の見解を退けている。中村英重氏（『古代祭祀論』吉川弘文館、平成十一年八月）が祈年祭幣帛の到着後に「御田種蒔下始」行事が行われるとしたのは間違い。祈年祭は神祇官の出先機関である大神宮司が主体となって行われるものであるが、「御田種蒔下始」行事は内宮在地奉仕者の手で自己完結的に行われており、その性質は三節祭朝大御饌・夕大御饌と共通する。この行事は祭祀に供する御饌の調進に連動するものであり、一般的な在地の農事と共通する性質をもったものと看取される。

　また藤森馨氏は右論文において、「伊勢神宮では、朝使の参向こそ重視したが、三節祭のような扱いはしなかった」。「このことは諸社にも当てはまり、祈年祭は朝廷の設定した祭祀であり、南北に長いわが国では、二月に祈年祭を全国一斉に執行することは難儀なことであったにちがいない。伊勢神宮ですら祈年祭の前に春耕を始めていたのであるから、諸社で祈年祭がどれほど重視されたかは疑問である」と指摘している。

（20）　小林宣彦氏は国家祭祀の特徴を以下のように指摘している。「氏族や村落などの共同体で行われていた祭祀を、郡→国→国家へと開放することで、霊験の示現も拡大するのが霊験の構造である。つまり、班幣制度とは、氏族、村落などの範囲で

とどまっていた霊験の示現を、国家レベルに広げる手続きとして、律令期に新たに創設されたシステムなのである」（「日本古代の神事と神郡に関する基礎的考察」『國學院雑誌』第一一三巻第一一号、平成二十四年十一月。「律令期神祇制の再検討—霊験と祟りをめぐる神事のシステム化を中心に—」『國學院雑誌』第一一二巻第二号、平成二十三年二月）。

(21) 黒崎輝人「相嘗祭班幣の成立」（『日本思想史研究』第一三号、昭和五十六年三月）。

(22) 岡田莊司「古代〜の法制度と神道文化—天皇祭祀に関する不文の律、不文の法—」（『明治聖徳記念学会紀要』復刊第四六号、平成二十一年十一月）。

(23) 西山徳氏は単一の神を指すものとし（註(1)前掲論文）、鈴木重胤は相殿神を含む「御年皇神」とする（『延喜式祝詞講義』〈『鈴木重胤全集』第十〉鈴木重胤先生学徳顕揚会、昭和十四年五月）。本居宣長（『古事記伝』〈『本居宣長全集』第十巻、筑摩書房、昭和四十三年十一月〉）・高木敏雄（「素戔嗚尊神話に現われたる高天原要素と出雲要素」『増訂 日本神話伝説の研究』平凡社、昭和四十八年十月。初出は大正三年）は祈年祭に与る神々すべてとする。古川淳一氏は天社国社の神々の多くが対象となったと解する（「祈年祭・月次祭の本質」『ヒストリア』第一三四号、平成四年三月）。本章では古川氏の見解を妥当なものと考える。

(24) 野口剛「神祇官に仕える女性たち—御巫の祭祀—」（『古代貴族社会の結集原理』同成社、平成二十八年十月。初出『古代文化』第四四巻第八号、平成四年八月）。

(25) 『延喜四時祭式』には「甘樫・飛鳥・石村・忍坂・長谷・吉野・巨勢・賀茂・当麻・大坂・胆駒・都祁・養布」と十三社記載があり、『延喜神名式』には、夜支布山口神社、伊古麻山口神社、巨勢山口神社、鴨山口神社、当麻山口神社、大坂山口神社、吉野山口神社、長谷坐山口神社、忍坂山口坐神社、飛鳥山口坐神社、畝火山口坐神社、石村山口神社、耳成山口神社、都祁山口神社、と十四社ある（傍線部は祝詞と一致。畝火山口坐神社、耳成山口神社は『延喜四時祭式』には記載がない）。『延喜神名式』と『延喜臨時祭式』「祈雨神祭」記載の山口神社は一致する。「祈年祭祝詞」に比べて『延喜式』の制では八社も増加しており、八・九世紀の間に幣帛に与る山口の神が増加していることがわかる。しかし、御県と水分の神は「祈年祭祝詞」と『延喜四時祭式』ないしは『延喜神名式』で一致している。

(26) 『延喜四時祭式』に「吉野・宇陀・葛木・竹谿」とあり、祝詞と一致する。

(27) 早川註(4)前掲論文。

（28）古川註（23）前掲論文。
（29）丸山註（4）前掲論文。
（30）加瀬直弥「古代朝廷祭祀に携わる神社の人々」（杉本恒彦・高井啓介編『霊と交流する人びと』上巻〈宗教史学論叢21〉リトン、平成二十九年三月）。
（31）広瀬龍田祭は天武四年（六七五）四月に成立し、これ以後持統朝においてもほぼ毎年記事を見出すことができる。山口えり「広瀬大忌祭と龍田風神祭の成立に関する一試案―祝詞の検討を中心として―」（『史觀』第一五八冊、平成二十年三月）、同「広瀬大忌祭と龍田風神祭の成立と目的について」（『国立歴史民俗博物館研究報告』第一四八集、平成二十年十二月）、本書第一部第三章「広瀬龍田祭の祭祀構造」など参照。
（32）岡田莊司「天皇祭祀と国制機構―神今食と新嘗祭・大嘗祭―」（『平安時代の国家と祭祀』続群書類従完成会、平成六年一月。初出『國學院雜誌』第九一巻第七号、平成二年七月）。
（33）広瀬龍田祭では、広瀬大忌祭の祭日に御県と山口の神々を祭る規定が存在するが、広瀬大忌祭の祝詞は「神主・祝部」に対する宣読体で締めくくられており、広瀬大忌祭における御県と山口の神々への幣帛奉献は祈年祭と同様に祝部が行っていたものと考えられる。この広瀬龍田祭の特徴に鑑みて、佐々田悠氏は「場所は神社であるものの、班幣に酷似していることに気づく。祈年の性格からすれば祈年祭に相当する」、「広瀬・龍田祭が令制祈年祭の直接の前身ではないか」（佐々田悠「律令制祭祀の形成過程―天武朝の意義の再検討―」『史学雑誌』第一一一編第一二号、平成十四年十二月）と指摘している。広瀬龍田祭における御県・山口への祭祀が班幣祭祀と類似している点は佐々田氏の指摘通りである。
　しかし、宝亀三年（七七二）五月の太政官符には、「広瀬神社壱前　在大和国広瀬郡　右、被右大臣宣偁、件社自今以後宜預月次幣帛例者」（彌永貞三「大伴家持の自署せる太政官符について」『日本古代の史料と政治』高科書店、昭和六十三年十二月）とあり、広瀬社が月次祭幣帛に与る（ということは全官社対象である祈年祭幣帛にも自動的に与るであろう）のは宝亀年間であった。広瀬龍田祭が班幣（祈年祭）の直接的な原形であれば、当然祈年祭開始当初から広瀬社がその対象となってしかるべきと考えられるが、実際にはそうではなかったことがわかる。この点を踏まえると、班幣祭祀は広瀬龍田祭とは別系統に成立したと想定される。広瀬龍田祭と班幣祭祀（祈年祭、月次祭）の成立・整備は天武朝下で行われ、類似する要素・形式もあるが、広瀬龍田祭は王・臣を大和に発遣する遣使祭祀型であり、祈年祭とは別系統の祭祀とすべきであろう

（本書第一部第三章「広瀬龍田祭の祭祀構造」参照）。

(34) 葛城県以外の御県には「県主」の存在が確認されるが、その実態に関しては不明な点も多い。小林敏男氏は大和の県主は六県の祭祀儀礼に関与したとし、葛城を除く五県主は自己の服属儀礼として御県祭祀を行ったのではなく、大王家の祭祀儀礼を主掌した、としている（「県・県主制の再検討（二）」『古代王権と県・県主制の研究』吉川弘文館、平成六年七月。初出は『続日本紀研究』第一八七・一八八号、昭和五十一年十・十二月）。

(35) 御巫は「職員令」神祇伯の職掌条に見え、神祇官の管轄下にあると考えられる。また、『令集解』「官員令別記」に「御巫五人。倭国巫二人。左京生嶋一口。右京座摩一口。御門一口。各給二廬守一人一。又免二戸調役一也」とあり、野口剛氏（注(24)前掲論文）は「御巫が京・畿内の調布を出す階層の中から取られた事を意味し、『延喜式』の「庶女」の中から取るという規定と一致する」としている。

(36) 加瀬直弥「解題　兼永本『延喜式』巻八」（『日本書紀　古語拾遺　神祇典籍集』〈國學院大學貴重書影印叢書第四巻〉朝倉書店、平成二十八年二月）。

(37) 祈年祭の成立は、天智朝（天智九年〈六七〇〉三月壬午〈九日〉「於二山御井傍一。敷二諸神座一、而班二幣帛一。中臣金連宣二祝詞一」）、天武朝（天武四年〈六七五〉正月戊辰〈二十三日〉「祭二幣諸社一」）、持統朝（持統四年正月庚子〈二十三日〉に「班二幣於畿内天神地祇一。及増二神戸田地一」）、大宝二年（大宝二年三月己卯〈十二日〉「惣頒二幣帛於畿内及七道諸社一」）の各記事に求める諸説がある。「大宝令」で全国的な班幣制度が始まったと考える点は妥当性が高いが（渡邊晋司「大幣と官社制度」『神道及び神道史』第三一・三二号、昭和五十三年三月。加藤優「律令制祭祀と天神地祇の惣祭」『研究論集』Ⅳ〈奈良国立文化財研究所学報　第三十一冊〉昭和五十三年三月）、祈年祭の淵源は天智朝の記事に求めてよいであろう（岡田莊司「古代神祇祭祀体系の基本構想―「天社・国（地）社祭祀制」―」『神道宗教』第二四三号、平成二十八年七月）。西田長男の指摘（「「神社」という語の起源そのほか」『日本神道史研究』第八巻、講談社、昭和五十三年五月）に従えば、「天社国社」という用語は天武朝以前に使用されたと考えられるため（「飛鳥浄御原令」頒布以後「天神地祇」と改称）、祈年祭祝詞の成立は天智朝以降、天武朝以前であろう。祈年祭の形成は律令国家の形成と連動して段階的に行われたとすべきである。

(38) 笹生衛「古代の祭りと幣帛・神饌・神庫―古墳時代の祭祀遺跡・遺物から復元する祭具と祭式―」（『延喜式研究』第二七号、平成二十三年三月）。

(39) 井上亘「神祇祭祀と律令国家」(『日本古代の天皇と祭儀』後篇、吉川弘文館、平成十年十一月)。
(40) 笹生衛「古代祭祀の形成と系譜—古墳時代から律令時代の祭具と祭式—」(『古代文化』第六五巻第三号、平成二十五年十二月)。
(41) 稲荷山古墳・江田船山古墳出土の鉄剣銘・刀銘に見出され、東国と九州の出土物であることが注意される。『稲荷山古墳出土鉄剣金象嵌銘概報』(埼玉県教育委員会、昭和五十四年二月)、京都国立博物館『江田船山古墳出土　国宝　銀象嵌銘大刀』(吉川弘文館、平成五年八月)。
(42) 第三部第一章「「みこともちて」と「よさし」に関する基礎的考察」を参照。
(43) 西宮秀紀氏は神への捧げ物は「人と人との間の贈り物と基本的に相違」せず、「相手にとって、価値の高いものほど適切なものと思考された」と指摘している(「日本古代社会における「幣帛」の成立」『律令国家と神祇祭祀制度の研究』塙書房、平成十六年十一月。初出は、菊地康明編『律令祭祀論考』塙書房、平成三年二月)。
(44) 『神道大系』古典編五(昭和六十一年三月)。
(45) 西宮秀紀「葛木鴨(神社)の名称について」(『律令国家と神祇祭祀制度の研究』塙書房、平成十六年十一月。初出は、『奈良古代史論集』第二集、平成三年十一月)。従来、「葛木鴨」は「葛木御歳神社」という見解(鈴木重胤『延喜式祝詞講義』〈『鈴木重胤全集』第十、鈴木重胤先生学徳顕揚会、昭和十四年五月〉、井上光貞『日本古代の王権と祭祀』〈昭和五十九年十一月、東京大学出版会〉など)が存在するが、『令集解』相嘗祭条に「葛木鴨鴨朝臣」(「令釈」「古記」)とあり、西宮氏は、葛木御歳神社は相嘗祭には与らないなどの理由から、「鴨都波八重事代主命神社二座」が「葛木鴨」であるとした。
(46) 『日本書紀』記載の異伝には、五十鈴依媛(綏靖天皇の皇后)を「磯城県主女川派媛」または「春日県主大日諸女糸織媛」であるとし、渟名底仲媛命(安寧天皇の皇后)は「磯城県主葉江女川津媛」または「大間宿禰女糸井媛」であるとする。しかし『日本書紀』本文では五十鈴依媛を「天皇之姨」としており、『日本書紀』は神武天皇から三代の皇后を事代主神の子孫とする(二〜四代の天皇の母方の祖が事代主神となる)のを基本としていることは確かである。事代主神の鎮座する葛城を本拠とする葛城氏は五世紀代に天皇の外戚となっており、第二〜四代の天皇の母方の祖を事代主神とするのは、五世紀代における葛城氏の存在が大きいのではないだろうか。ちなみに、欠史八代の妃に関して、小林敏男「欠史八代の成立事情—県主后妃記載と天皇名—」(『古代王権と県・県主制の研究』吉川弘文館、平成六年七月。初出『日本歴史』第三五四号、昭和五十二年十一月）などに詳しい。

（47） 神武天皇の正妃（媛蹈鞴五十鈴姫命）は『日本書紀』神代上第八段第六の一書では「大三輪之神」の子とし、「又曰」で事代主神（八尋熊鰐と化す）が「三嶋溝樴姫、或曰、玉櫛姫」と婚姻して生まれた子とする。『日本書紀』「神武天皇」では事代主神が「三嶋溝橛耳神之女玉櫛媛」と婚姻して生まれた子としている。『古事記』中巻（神武天皇）では三輪の大物主神（丹塗矢に化す）が「三島湟咋」の娘である「勢夜陀多良比売」と婚姻して生まれた子とする。神武天皇の皇后を大物主神の子とする（『古事記』）ものと、事代主神の子とするものと二つの伝承が存在していた。

（48）『日本書紀』神代上第八段第六の一書には三諸山に鎮座した大己貴神の幸魂・奇魂を「大三輪之神」とし、「此神之子即甘茂君等・大三輪君等、又姫蹈鞴五十鈴姫命」としており、『新撰姓氏録』大和国神別賀茂朝臣の条には「大神朝臣同祖。大国主神之後也。大田田禰古命孫大賀茂都美命〈一名大賀茂足尼。〉奉斎賀茂神社也」としている。

（49） いわゆる欠史八代が後代に作成されたとの指摘には、和風諡号の後代性の観点（水野祐「諡号考」『増訂 日本古代王朝史論序説』小宮山書店、昭和二十七年十月。井上光貞「日本国家の起源」『古代国家の形成』〈『井上光貞著作集』第三巻〉岩波書店、昭和六十年十月）や婚姻形態（異世代婚）の観点（笠井倭人「記紀系譜の成立過程について」『古代の日朝関係と日本書紀』吉川弘文館、平成十二年一月。初出は『史林』第四〇巻第二号、昭和三十二年三月）などがある。しかし、坂本太郎、田中卓氏などは宮都名や后妃名に作為性は見出せず、史実を伝えているものとしている（坂本太郎『六国史』〈『坂本太郎著作集』第三巻〉吉川弘文館、昭和六十四年一月。初出、昭和四十五年十一月）。田中卓「日本国家の成立と諸氏族」〈『田中卓著作集』二〉国書刊行会、昭和六十一年十月〈初出『神道史研究』第五巻第五号、昭和三十二年九月〉。同「稲荷山古墳出土の刀銘について」『邪馬台国と稲荷山刀銘』〈『田中卓著作集』三〉国書刊行会、昭和六十年四月〈初出は『古代天皇の秘密』太陽企画出版、昭和五十四年二月〉）。

（50） 井上光貞「帝紀からみた葛城氏」（『日本古代国家の研究』〈『井上光貞著作集』第一巻〉岩波書店、昭和六十年十一月。初出は昭和四十年十一月）など。葛城地域と王権との関係について祭祀の観点から見たものに、菊地照夫「ヤマト王権の祈年祭と三輪・葛城の神」（『古代王権の宗教的世界観と出雲』同成社、平成二十八年九月）がある。

（51） 推古紀三十二年に「冬十月癸卯朔、大臣遣二阿曇連〈闕レ名〉・阿倍臣摩侶二臣一、令レ奏二于天皇一曰、葛城県者元臣之本居也。故因二其県一為二姓名一。是以冀之常得二其県一以欲レ為二臣之封県一。於レ是天皇詔曰、今朕則自二蘇何一出之。大臣亦為二朕舅一也。故

大臣之言、夜言矣夜不レ明、日言矣則日不レ晩、何辞不レ用。然今朕之世、頓失二是県一、後君曰、愚痴婦人臨二天下一以頓亡二其県一。豈独朕不賢耶。大臣亦不忠。是後葉之悪名、則不レ聴」とあり、蘇我氏による葛城県の領有権の主張とその却下が記されている。

(52)『令義解』には「謂。祈猶レ禱也。欲レ令二歳災不レ作。時令順レ度。即於二神祇官一祭之。故曰二祈年一」とあり、「歳災」(年穀の災い)を起こさないことが目的であると明記されている。

第二章　月次祭・新嘗祭班幣の構造

はじめに

七世紀から八世紀にかけて形成された律令国家の恒例祭祀のうち、最も大規模に行われていたのが祈年祭（二月）であった。祈年祭とは、京にある神祇官に各官社の祝部を参集させて、諸神に奉る幣帛を一斉に頒布するという班幣祭祀である。この「班幣」という方法は律令国家祭祀に見られる特徴的な祭祀方式であり、律令国家の理念に基づいて形成されたものと考えられている(1)。また、天皇の出御が存在しない点で、天皇親祭ではない国家の祭祀として執行されていた点も特徴的である。恒例の国家祭祀のうち、祈年祭と同じ「班幣」という方式は、祈年祭だけでなく月次祭（六月、十二月）と新嘗祭（十一月）にも見ることができる。

この月次祭・新嘗祭班幣に関しては、『延喜式』などの制によると、両祭とも天皇自ら神饌を神に奉る祭儀が当日の夜半に執り行われており、月次祭と新嘗祭の班幣は天皇祭祀が付随している点で祈年祭とは性質が異なる可能性がある。また、月次祭は朝廷だけでなく伊勢神宮でも六月と十二月に執行されている点は注目される。しかし、祈年祭の研究や天皇祭祀の研究に比べて、月次祭と新嘗祭班幣祭祀そのものの研究は必ずしも多くはなく、それぞれどのように位置づけられるのか、いまだに不明瞭な点を残している。とくに天皇親祭である夜の祭りは宮内省・中務省が所管する天皇の家政的内廷機構が中心となるのに対し、朝の班幣では神祇官といった外廷機構が中心となって執行され[(2)]、班幣儀に天皇が全く関与しない点で両祭の構造が異なっていることは明らかであるが、その中で班幣祭祀の位置づけと天皇祭祀との関係が曖昧になっているものと捉えられる。

よって、本章では月次祭・新嘗祭の班幣儀そのものの構造を考え、両祭儀の位置づけを明らかにすることを目的とする。月次祭班幣に関してとくに伊勢神宮における月次祭の事例から考察を加え、また新嘗祭班幣が古代においてどのように位置づけられるのか検討を行う。それによって、祈年祭だけでなく、月次祭・新嘗祭も含めた古代の班幣祭祀の諸相が明らかになり、古代律令国家祭祀の理念と実態の解明の一助となると考えられる。

一　先行研究の問題点

これまでの月次祭・新嘗祭班幣の基本的な捉え方について、古代国家と神祇について先駆的な業績を残してきた岡田精司氏、早川庄八氏と、古代祭祀に関する包括的な検討を行った中村英重氏の視角を取り上げて考えてみたい。

岡田精司氏[(3)]は、月次祭と新嘗祭班幣に関して次のように分析している。

月次祭は「天皇家における〝氏の祖霊祭〟」であり、「神今食こそは神饌を用意して祖神の来臨を迎える祭儀で、それに付随して班幣の行事があった」とし、月次祭班幣は「撤下した神饌の分与という意味をもつ」とする。

新嘗祭班幣に関しては、新嘗祭班幣が畿内中心の諸神であることに着目して「畿内の大豪族の氏神にのみ許された宗教上の優遇」であるとし、伊勢神宮へは、神宮の祠官たちに「新嘗祭の撤下した神饌を下賜する」意味合いがあったとしている。

しかし、月次祭祝詞の結びの句に「神主祝部等受賜弖、事不レ過捧奉登宣」とあるように、班幣は幣帛を天社国社の神々に「奉」る祭儀であることは祝詞にも明確に記述されている。また、祝詞中に見える幣帛の呼称は「皇御孫命乃宇豆乃幣帛」などと称されており、幣帛は天皇の幣帛と形容されながら、「宇豆」（うづ）、つまり貴重な幣帛として称え辞を奉っていた。その素晴らしい幣帛は祝部によって各神に奉られるものとして祝詞の詞章が結ばれているのであって、班幣は幣帛を一斉に頒布する祭儀ではあるものの、幣帛・神饌の下賜とは考えられないのではないだろうか。班幣は国家によって幣帛が各官社の神々に奉られる祭儀であると考えるのが妥当であり、この理解のもとで班幣を考察していく必要がある。

早川庄八氏(4)は、穢などによって神今食が中止されると月次祭も同時に中止される事例が多数存在することから月次祭班幣と神今食は不可分一体であるとし、月次・新嘗の二祭はヤマトを基盤とする地域的王権が古来執行してきた祭祀（祈年祭は新たな国家の祭祀として設けられた）であるとしている。

しかし、月次祭と神今食が並列して記載されるのは斉衡元年（八五四）十一月以降であり、それ以前の記事は神今食のみの記事しかなく、月次祭班幣と神今食が古くから日程的にも祭儀としても連動し合うものであったという保証はない。

また、祈年祭・月次祭の祝詞にはその催行時期しか違いが存在せず、班幣祭祀としての儀式は同一のものと考えられる（後述）。早川氏説ではこの点を説明できない。祈年祭も月次祭も律令国家が新たに設定した班幣祭祀と考えるべきではないだろうか。

この点に関して森田悌氏は、月次祭は律令整備過程の一環として天武朝に始まったとし、神今食とは切り離すべきとしている(5)。月次祭班幣の開始時期をいつとするかは難しい問題ではあるが、月次祭班幣に天皇が直接関与していない点に鑑みれば、月次祭と神今食を切り離して考える森田氏の見解に妥当性があると考えられる。

中村英重氏は、(6)月次祭は祖霊神であるカムロギ・カムロミ（月次祭祝詞冒頭に登場する）を迎え行う王権祭祀であるとし、新嘗祭もその点において同様のものと解している。

しかし、国家祭祀であり天皇の出御がない月次祭班幣と天皇親祭である神今食の祭祀構造の違いが考慮されておらず、月次祭を中村氏のように解すると、月次祭とほぼ同じ祝詞を使用する祈年祭（国家祭祀）も王権祭祀となってしまうという問題がある。

これらいずれの先行研究においても共通で問題となるのは、朝に行われる班幣（国家祭祀）と夜の天皇親祭との祭祀構造上の差異に注意が払われておらず、また祈年祭班幣と月次祭班幣、新嘗祭班幣のそれぞれの位置づけが不明瞭となっている点である。以下この点に留意して考察を進めていきたい。

二　祈年祭班幣と月次祭班幣

月次祭は、『延喜式』の制では朝の班幣が行われた日の夜に天皇による神膳親供が行われているものの、その主体と方式は執行の時間帯とともに対蹠的なものであった。ここではまず朝廷での月次祭班幣がいかなるものであったのか、『延喜式』の規定を基に、祈年祭と対比しながら確認してみたい(7)。

『延喜式』(8)二月祈年祭条と六月月次祭条を掲げ、祈年祭と月次祭の班幣規定の相違を列挙する。

　祈年祭神三千一百三十二座

大四百九十二座〈三百四座案上官幣、一百八十八座国司所レ祭、〉

小二千六百四十座〈四百三十三座案下官幣、二千二百七座国司所レ祭、〉

神祇官祭神七百三十七座

奠二幣案上一神三百四座〈宮中三十座、京中三座、畿内、山城国五十三座、大和国一百二十八座、河内国二十三座、和泉国一座、摂津国二十六座、東海道、伊勢国十四座、伊豆国一座、武蔵国一座、安房国一座、下総国一座、常陸国一座、東山道、近江国五座、北陸道、若狭国一座、山陰道、丹後国一座、山陽道、播磨国三座、安芸国一座、南海道、紀伊国八座、阿波国二座、〉

社一百九十八所

座別絁五尺、五色薄絁各一尺、倭文一尺、木綿二両、麻五両、庸布一丈四尺、倭文纏刀形、〈倭文三寸、〉絁纏刀形、〈絁三寸、〉布纏刀形、〈布三寸、〉各一口、四座置、八座置各一束、楯一枚、槍鋒一竿、弓一張、靫一口、鹿角一隻、鍬一口、酒四升、鰒、堅魚各五両、腊二升、海藻、滑海藻、雑海菜各六両、塩一升、酒坩一口、裏葉薦五尺、

前一百六座

座別絁五尺、五色薄絁各一尺、倭文一尺、木綿二両、麻五両、倭文纏刀形、絁纏刀形、布纏刀形各一口、四座置、八座置各一束、楯一枚、槍鋒一竿、裏葉薦五尺、

不レ奠二幣案上一祈年神四百三十三座〈並小、宮中六座、畿内、山城国六十九座、大和国一百五十八座、河内国九十座、和泉国六十一座、摂津国四十九座、〉

社三百七十五所

座別絁三尺、木綿二両、麻五両、四座置、八座置各一束、楯一枚、槍鋒一口、庸布一丈四尺、裏葉薦三尺、就中

六十五座、各加二鍬一口、靫一口一、二十八座各鍬一口、三座各靫一口、〈並見二神名帳一〉

前五十八座

座別絁三尺、木綿二両、麻五両、四座置、八座置各一束、楯一枚、槍鋒一口、裹葉薦三尺、

右、神祇官所レ祭、幣帛一依二前件一、具レ数申レ官、三后、皇太子御巫祭神各八座、並奠二幣案上一、但臨時加減、仍不レ入二恒数一、大神宮、度会宮各加二馬一疋一、〈籠頭料庸布一段、〉御歳社加二白馬、白猪、白鶏各一一、高御魂神、大宮女神、及甘樫、飛鳥、石村、忍坂、長谷、吉野、巨勢、賀茂、当麻、大坂、胆駒、都祁、養布等山口、幷吉野、宇陀、葛木、竹谿等水分十九社、各加二馬一疋一、其神祇官人以下鬘料安芸木綿一斤、中臣宣二祝詞一料庸布五段、短帖一枚、〈月次、大嘗鬘料、祝詞料、及短帖准レ此、〉前レ祭十五日、充二忌部八人、木工一人一、令レ造二供神調度一、〈但靫者靫編氏作、槍木者讃岐国送納、前レ祭五日、令二木工寮受一レ之、〉当曹忌部官一人監造、若曹内無二忌部官人一、及神部之中忌部不レ足二九人一者、兼二取諸司一充之、其潔衣料布、人別二丈七尺、〈官人細布一端、〉一人日米二升、酒六合、〈五位一升、〉鮨三両、〈五位五両、又加二東鰒、烏賊、煮堅魚各二両一、〉塩二勺、〈五位五勺、〉海藻二両、但木工者、不レ給二潔衣及食一、致斎之日平明、奠二幣物於斎院案上幷案下一、〈所司預敷二案下幣薦一、〉掃部寮設二座於内外一、〈諸祭設レ座准レ此、〉神祇官人率二御巫等一、入レ自二中門一、就二西庁座一、東面北上、大臣以下入レ自二北門一、就二北庁座一、〈大臣南面、参議以上就二庁東座一西面、王大夫就二庁西座一東面、〉御巫就二庁下座一、群官入レ自二南門一、就二南庁座一、北面東上、神部引二祝部等一、入立二於西庁之南庭一、既而神祇官人降就二庁前座一、大臣以下及諸司、共降就二庁前座一、中臣進就レ座宣二祝詞一、毎二一段畢一祝部称唯、宣訖中臣退出、大臣以下諸司拍レ手両段、不二称唯一、然後皆還二本座一、伯命云、奉レ班二幣帛一、史称唯、忌部二人、進夾レ案立、史以レ次、唱二御巫及社祝一、祝称唯進、忌部頒二幣帛一畢、〈大神宮幣帛者、置二別案上一、差レ使進之、〉史還レ座申二頒レ幣訖一、

諸司退出、〈月次祭儀准レ此、〉

国司祭祈年神二千三百九十五座

大一百八十八座〈東海道三十三座、東山道三十七座、北陸道十三座、山陰道三十六座、山陽道十二座、南海道十九座、西海道三十八座、〉

座別糸三両、綿三両、

小二千二百七座〈東海道六百七十九座、東山道三百四十座、北陸道三百三十八座、山陰道五百二十三座、山陽道百二十四座、南海道百三十四座、西海道六十九座、〉

座別糸二両、綿二両、

右、国司長官以下准レ例、散斎三日、致斎一日、共会祭之、〈祭日幷班レ幣儀並准二神祇官一〉其幣皆用二正税一、

『延喜式』六月月次祭

月次祭奠二幣案上一神三百四座〈並大〉

社一百九十八所

座別絁五尺、五色薄絁各一尺、倭文一尺、木綿二両、麻五両、倭文纏刀形、絁纏刀形、布纏刀形各一口、四座置一束、八座置一束、弓一張、靫一口、楯一枚、槍鋒一竿、鹿角一隻、鍬一口、庸布一丈四尺、酒四升、鰒、堅魚各五両、腊二升、海藻、滑海藻、雑海菜各六両、塩一升、酒坩一口、裹葉薦五尺、祝詞座料短畳一枚、

前一百六座

座別絁五尺、五色薄絁各一尺、倭文一尺、木綿二両、麻五両。四座置一束、八座置一束、楯一枚、槍鋒一竿、裹

葉薦五尺、

右、所レ祭之神並同二祈年一、其大神宮、度会宮、高御魂神、大宮女神各加二馬一疋一、〈但大神宮、度会宮各加二籠頭料庸布一段一〉前レ祭五日、充二忌部九人、木工一人一、令レ造二供神調度一、〈其監造幷潔衣食料、各准二祈年一〉祭畢即中臣官一人率二宮主及卜部等一、向二宮内省一、卜下定供二奉神今食一之小斎人上、

『延喜式』の段階で祈年祭は全官社三一三二座（二八六一社）を対象とし、そのうち中央の神祇官班幣に七三七座が与る。神祇官で頒布される幣帛は案上・案下に区分され、案上の幣帛は三〇四座に頒布され、案下の幣帛は四三三座に頒布される。案上の対象神は宮中・畿内の大社（二六四座）と全国の有力大社（四〇座）であり、案下の対象神は宮中・畿内の小社であった。残りの官社である畿外の大社（一八八座）・小社（二二〇七座）を合わせた二三九五座（二二八八社）は国司が祭る神々である。『延喜式』には「散斎三日、致斎一日」とあり、「祭日幷班レ幣儀並准二神祇官一」とあることから、国司の班幣も神祇官班幣と同じく「中祀」の扱いであり、祭日・祭儀も神祇官班幣に准じていた。官幣と国幣に分離されたのは延暦十七年（七九八）以降であり（『類聚国史』神祇十、延暦十七年九月癸丑〈七日〉）、幣帛を受領する諸国の祝部を一斉に上京させることには難が多かったためであった。畿内の全官社と畿外の有力数社のみ神祇官班幣に留め、それ以外の官社である畿外の神社（『延喜式』段階に至ると全体の八割）は国司に委託し、幣帛は正税より支出する方式を取ることとなった[9]。

祈年祭の対象神のうち、案上官幣の対象神三〇四座が月次祭の対象神に相当する。幣帛の品目・数量に関しては、月次祭対象神のうち、「社一百九十八所」はすべて祈年祭幣帛と一致し、「前一百六座」は祈年祭で纏刀形があるのに対し月次祭ではそれがない点が異なるものの、他は一致している。

祈年祭では神宮、高御魂神、大宮女神、山口、水分の神々に馬一匹が加えられる規定が存在するが、月次祭では神

宮と高御魂神、大宮女神のみの規定となっている。また、祈年祭では御年社に対し白馬・白猪・白鶏が特別に奉納されているが、この規定は月次祭にはなく、祈年祭のみの特別な規定である。(10)

また、『延喜式』祈年祭条に「月次祭儀准レ此」とあり、神祇官での儀式次第は、祈年祭・月次祭ともに同じ次第で行われていたことがわかる。

班幣儀においては祝詞が宣読されるが、月次祭の祝詞は、祈年祭祝詞の第三段（御年の皇神等への詞）がなく、第二段における以下の詞に違いがある他はほぼ全く同一の詞章である。(11)

今年二月尓御年初将賜登為而、皇御孫命宇豆能幣帛乎、朝日能豊逆登尓称辞竟奉久登宣、（祈年祭）

今年能六月月次幣帛〈十二月者、云二今年十二月月次幣帛一〉明妙、照妙、和妙、荒妙備奉弖、朝日能豊栄登尓、皇御孫命乃宇豆乃幣帛乎、称辞竟奉久登宣、（月次祭）

祈年祭と月次祭の祝詞には、その催行時期の表現にしか違いは見られない。祈年祭は「御年」（年穀）の耕作開始を念頭に置き、御年の神への詞章が存在する祝詞であるが、月次祭にはその文言がなく、「六月」と「十二月」という一年を二つに区切った班幣斎行時期にしか月次祭祝詞の特徴を見出せない。それ以外で、月次祭にしか存在しない要素は皆無なのである。『令義解』においても月次祭を「与二祈年祭一同」（「令釈」、「古記」も同文）としている。『延喜式』月次祭条に「所レ祭之神並同二祈年一」とあるように、対象祭神は祈年祭の案上官幣対象神とすべて一致していた。『延喜式』の制からは月次祭は祈年祭の縮小版であり、神祇官における班幣祭儀そのものは基本的に変わりがなかった。一年の初頭に行われ、「御歳社」への特別な規定が存在する祈年祭は、年穀の豊穣を祈って行われる全官社対象の一年に一度の班幣祭祀であり、月次祭班幣は畿内の神社と畿外の有力数社のみに規模を縮小させ、一年を二つに（六月・十二月）区切って行われる通常の班幣祭祀と言うことができる。神祇官班幣に限り、両祭の儀式次第も対象神も一致しているのであるから、その成立時期もほぼ同時期と考えるほうが妥当ではないだろうか。

西山徳氏[12]、早川庄八氏[13]などは月次祭が祈年祭より古いものとしているが、この点は森田悌氏[14]、加藤優氏[15]、古川淳一氏[16]らによって批判がなされている。祈年祭の成立は天智九年（六七〇）三月壬午（九日）「於二山御井傍一、敷二諸神座一、而班二幣帛一。中臣金連宣二祝詞一」の記事を淵源として[17]、天武四年（六七五）正月戊辰（二十三日）「祭二幣諸社一」[18]、「飛鳥浄御原令」[19]、「大宝令」[20]と段階的に形成・整備されたものとすべきであろう。よって、祈年祭と同じ祭祀形態の月次祭班幣も祈年祭と同じく七世紀末以降に段階的に整備され、「大宝令」に至ったものとすべきである。班幣そのものの構造から考えれば、ある特定の神社に対する幣帛頒布儀礼（班幣）が成立し、それが年の初頭に年穀豊饒を祈って行われる一年に一度の祈年祭と、年に二回行われる通常の班幣（月次祭）に分離したとの推測が成り立つのではないだろうか。

ここで、月次祭班幣儀を祈年祭に従って概観しておきたい[21]。『貞観儀式』『延喜式』の規定によると、神祇官斎院の北庁の座に大臣・参議・諸大夫らが就き、西舎の座に神祇官人が就く。群官は南舎の座に就き、幣帛を受け取る祝部は西舎南庭に立つ。頒布される幣帛は斎院中央の庭に安置されていたと考えられる。儀式は神祇官人の中臣が祝詞を宣読した後、忌部の監督下で幣帛が参集した祝部に受け渡されて終了する。伊勢神宮へはこれとは別に使いを立てて奉られることとなっていた。

班幣祭儀の特徴は、天皇の直接関与がなく、太政官の監督下で神祇官が主体となって執行される点にある。幣帛を受け取って各神社に奉るのは神祇官の管掌する祝部の役目であった。祝部は在地から選ばれるとはいえ、その名籍は神祇官によって管理され、いわば地方の神祇官末端官人とも解される。また、各神社への幣帛奉献の規定・次第は決められておらず、朝廷の関心はもっぱら中央での幣帛頒布のみにあったと言うことができる[22]。それに対して夜に行われる神今食は、内膳司などの宮内省・中務省被官の所司の官人が中心となって執行され、天皇自らが食事を神に奉り、自身も共食するという祭儀であった（新嘗祭も同様）。[23] 関与する主要な官司に大きな違いがあるだけでなく、夜の祭祀は御饌の奉仕という祭祀の旧態を継承したものであることが窺われ、祭儀自体にも大きな違いがあった。

この点、月次祭と新嘗祭の祭祀構造は伊勢神宮の月次祭・神嘗祭と同型であり、神宮の三節祭（六月・十二月月次祭、九月神嘗祭）は朝廷での天皇祭祀（六月・十二月神今食、十一月新嘗祭）の延長線上にあるとの指摘がなされている。[24] 事実、神宮の三節祭は朝の儀式（大神宮司が中心となって執行）と夜の御饌奉仕（在地奉仕者である禰宜・物忌・内人などのみで執行される）によって構成されており、[25] その点朝の班幣儀と夜の神膳親供によって構成される朝廷の月次祭・新嘗祭とその構成・一年ごとの回数（年三度）が共通している。しかし、注意すべきは、伊勢神宮においてはまず夜の御饌奉仕が行われた後に朝の儀式が行われるのに対し、朝廷では朝の班幣が行われてから夜の祭儀が行われる点で異なっていることである。単純に朝の儀式であり、かつ御饌奉仕に伴うとの理由で、朝廷での朝の班幣儀と神宮での朝の儀式を同一のものとするわけにはいかない。しかし、夜の御饌奉仕に関してはその場所こそ異なれ、対象が天皇の祖神（天照大神）であることは一致しているため、両者が同一の目的で行われていることは確実であり、その理由は天照大神が天皇の宮殿から伊勢に鎮座した伝承に求めることができる。

次節では、古代伊勢神宮における祈年祭と月次祭幣帛の位置づけを考えてみたい。

三　古代伊勢神宮における月次祭幣帛の取り扱い

1　延暦期の幣帛奉納儀

まず『延暦儀式帳』[26]に基づいて延暦期における伊勢神宮三節祭朝の祭儀を確認していきたい。

二月祈年祭

延暦のころは神宮での祈年祭は十二日に行われていた[27]。まず外宮での祭儀が行われ、終了したのち「即内宮参入」と記述されている。外宮（『止由気宮儀式帳』）では「年祈幣帛使参入弖、幣帛進時行事」として、内宮（『皇太神宮儀式帳』）では「以二十二日一、年祈幣帛使参入坐弖、幣帛進奉時行事」としてどちらも二月月記に儀式次第が記載されている。

儀式次第の概要は両宮共ほぼ同様である。禰宜（と宇治大内人）が先頭に立ち、大神宮司、幣帛を捧げ持つ内人、御馬飼内人が御馬を引き、幣帛使（中臣）、内人らが列立して参入する。大神宮司、禰宜、幣帛使らは正殿に向かって跪いて座し、まず大神宮司が告刀を奏上する。続いて物忌父をして太玉串の供進が行われ、両段再拝が終わって高宮（外宮）へ向かい（内宮は、正殿への両段再拝の後、使・大神宮司は外の直会殿の座に就き、禰宜・内人らは荒祭宮へ向かい、荒祭宮の正殿に幣帛を奉納する）、終わって直会がある。

ここで注意すべきは、幣帛使である中臣の参入はあるものの、祝詞を奏上するのは大神宮司である点と、祈年祭幣帛の正宮への奉納場所が全く明記されていない点である（内宮の第一別宮荒祭宮は正殿に幣帛が奉納されているが、あくまで別宮における取り扱いであり、正宮と同等には考えられない）(28)。ただし外宮では「時時勅使幣帛使参入弖、幣帛奉進行事弖、月次幣帛進時行事同。但幣帛物等波、正殿開奉弖進入」との記述がある。しかしこの記述だけでは正殿に奉納するときは月次祭なのか、それ以外のとき（臨時の奉幣など）なのか判然としない。だがおそらく臨時奉幣のさいは幣帛を正殿に奉るという意味であり、少なくとも、両宮共に祈年祭幣帛を正殿に奉納するものとして記述していなかったことは確実であろう(29)。

また、二月には三節祭で使用される稲の御田の耕作開始行事が「初子日」に行われている。この行事は、神宮祈年祭と祭日が連動しておらず、朝廷側の幣帛奉納儀と神宮側の既存の農耕行事が別構造で併存されていた(30)。

六月月次祭

外宮における十五日夜半の朝大御饌夕大御饌（二度の御饌供進）が終わって、十六日に斎内親王（斎王）が参入し、太玉串の奉納がある。続いて禰宜、大神宮司、神郡所進の赤曳調糸を持った内人らが参入し、大神宮司の告刀奏上があって、太玉串の供進、東宝殿に御調糸の奉納があり、両段再拝の後、第一別宮へも拝礼が行われ、直会へと移る。十六日夜半には内宮で朝大御饌夕大御饌が行われ、十七日に右と同様の儀式が内宮でも行われる。

ここで問題なのが、神祇官で用意された月次祭班幣の幣帛を奉納する所作が神宮月次祭の儀式次第に全く記述されていない点である。外宮では、六月月記の末尾に「六月月次幣帛使参入、幣帛奉進時行事二月月次幣帛進奉時同行事」とあり、内宮でも、六月月記の末尾に「供二奉月次幣帛一使参入弖、幣帛供奉時行事、具如二月月次幣帛供進時行事同」とある。この内宮の条文に関し、中川経雅は「延暦の比は定《サダマ》る日無く参宮あり。仍今日十七日斎王御参、神宮行事而已にて、月次ノ御使参る事注さず[31]」としている。

つまり、延暦のころ、月次祭班幣の神宮に対する幣帛は神宮月次祭（十六・十七日）に届いていなかった[32]。また、届く祭日も明記されておらず、延暦のころ、月次祭へ幣帛の届く日付は定まっていなかったと考えられる[33]。その幣帛の奉納も二月の祈年祭幣帛と同様であると記述され、古代神宮にとって祈年祭幣帛と月次祭幣帛は同程度の扱いだったことが明らかである。藤森馨氏は、月次祭幣帛奉納儀は朝廷の班幣儀に応じた祭祀に過ぎず、神宮月次祭そのものに朝廷からの使者は参加していなかったと指摘している[34]。

ただし、内宮十九日月読宮祭、二十三日瀧原宮祭、二十五日伊雑宮祭には「朝廷幣帛」が明記されており、六月十九日以前には朝廷からの使者が参入していた可能性がある。

九月神嘗祭

九月神嘗祭も六月月次祭と同様の日程で行われる。儀式次第は、斎王の太玉串奉納があり、禰宜、大神宮司、忌部（幣帛を捧げ立つ）、御馬、使の中臣、使の王、内人らが列立して参入し、中臣の告刀奏上、大神宮司の告刀奏上があり、太玉串供進の後、朝廷幣帛、御衣（禰宜らが織り奉る）を正殿に奉納し、御馬鞍具を東宝殿（外宮では西宝殿）に奉納する（傍線部は神嘗祭のみに見られる記述）。

神嘗祭が月次祭と相違する点は、王・中臣・忌部が参列し、朝廷からの幣帛奉納が神宮神嘗祭の儀式に組み込まれていることである。二月祈年祭に存在しなかった使の中臣の祝詞奏上があり、さらに朝廷幣帛は正殿に奉納されており、祈年祭幣帛の取り扱いとは対蹠的である。

つまり、九月神嘗祭には延暦のころから例幣の奉納が連動していた。例幣発遣は天皇の出御を伴うものであり、六

月月次祭班幣とは一線を画すものであったことがわかる。(35)

『延暦儀式帳』に基づくと、神祇官幣帛である祈年祭幣帛と月次祭幣帛は伊勢神宮にとっては特段変わりのない幣帛であり、その奉納儀は神宮側に備わった体制で行われる既存の二月御田耕作開始行事や六月神宮月次祭御饌奉仕・赤引糸奉納とは別構造であった。御田の稲は神宮月次祭・神嘗祭にて天照大神に奉るものであり、神宮における月次祭・神嘗祭（三節祭）は天照大神を伊勢の地にて祭る行為であった。このうち、年に一度行われる神嘗祭は月次祭に比してより重要であり、天皇からの幣帛奉納儀が連動していたのである。

2　『延喜式』規定の幣帛奉納儀

続いて『延喜式』規定を見ていきたい。

二月祈年祭

『延喜式』では二月四日に神祇官での班幣があり、二月九日が神宮での祈年祭の祭日であろう（鎌倉期の『皇太神宮年中行事』でも二月九日）。『日本紀略』弘仁十一年（八二〇）二月丁巳（四日）に祈年祭の記事があり、これが二月四日祈年祭の初見である。祈年祭の祭日が二月四日に固定したのは「弘仁式」編纂が契機となっていると想定される。

『延喜式』所収の神宮二月祈年祭祝詞は、奉幣使の奏上する祝詞のみが収録されている。『延暦儀式帳』と『延喜式』における相違点は、祝詞奏上者が大神宮司から朝使に変更されていた点である。また、「高宮、荒祭宮使自進奉、余宮令二禰宜等奉一」との注記が『延喜伊勢大神宮式』にあり、延暦のころ、内宮では正宮での儀式の後直会殿に大神宮司と使は移り、禰宜以下のみで荒祭宮の儀式を行っていたのが、その後、幣帛使自ら幣帛を奉るよう規定がなされるようになっていた。延暦に比べて『延喜式』では幣帛使の役割が強まっていることが看取される。

六月月次祭

日程は延暦のころと変わらない。儀式次第は、斎王が参入して太玉串を奉り、禰宜、大神宮司、幣物・馬、朝使が列立し、まず使の中臣が祝詞を奏上し、次に大神宮司が祝詞を奏上する。幣帛は内財殿（東宝殿）に奉納される（傍線部は延暦のころはなかった次第。また、『延喜式』の儀式次第には省略されているが、太玉串、赤引糸の準備は記述・規定され、その奉納は存在する）。

『延喜式』においては、神宮月次祭に月次祭班幣の幣帛奉納儀が組み込まれていた。二月祈年祭で祝詞奏上者が大神宮司から幣帛使（中臣）に変更されていたことを合わせて考えると、延暦から『延喜式』の規定に至るまでの間に朝廷発遣の奉幣使の位置づけが上がったものと捉えられる。『続日本後紀』嘉祥三年（八五〇）三月辛巳（三日）に大中臣淵魚の卒伝記事があり、淵魚は弘仁六年から承和九年（八四二）まで「兼掌二伊勢大神宮祭主一」とされている。奉幣使の位置づけの上昇は使となる中臣氏の職責の増大を意味し、弘仁六年の祭主設置は神宮祈年祭・月次祭における幣帛奉納の重視と連動するものと考えられる。(36) また、「弘仁式」は延暦二十年（八〇一）ごろに一度編纂が開始され、中断を経て弘仁十一年に奏進されており、「弘仁式」編纂が奉幣使重視の背景にあったものと想定される。

九月神嘗祭

九月神嘗祭は『延喜式』においても延暦のころとほぼ同一の次第で行われている。

小　結

延暦のころ、神宮月次祭と神祇官での月次祭班幣は連動していなかった。この点は神嘗祭と例幣が連動していた点と対蹠的である。『延暦儀式帳』では、月次祭幣帛の奉納は「具如二月月次幣帛供進時行事同」（内宮）としており、月次祭幣帛は、天社国社の神々へ一律に幣帛を頒布するという国家の理念に基づいて設定された祈年祭幣帛と同様であると認識されていた。弘仁年間以後、神宮月次祭と月次祭奉幣は連動するようになるが、それは奉幣使の位置づけが上がった結果であり、神宮月次祭と月次祭班幣は別種の祭祀であることが本来的な姿であったと考えられる。(37)

つまり、神宮月次祭に月次幣帛の奉納が連動するものでないとすれば、古代の伊勢神宮からしてみれば、単に朝使の到る日が一定でなかっただけではなく、祈年祭班幣も月次祭班幣も同様に朝廷側の都合で幣帛が発遣されるものであり、神宮独自の祭儀とは別構造で併存する形が本来のものであったと考えられる。天皇の皇祖神を祭る伊勢神宮においてすら上記の構造であったのだから、他の神社においても同様なものであったと想定できるであろう。

『延喜式』における祈年祭と月次祭の規定からも、両班幣祭祀はその規模と斎行時期にしか相違は見出されず、神祇官班幣儀そのものに全く違いは存在しなかった。祈年祭と月次祭の班幣祭祀は同一の理念と構造の下で執行され、同種の祭祀と扱われていたことは間違いがない。

四　新嘗祭班幣

ここからは、新嘗班幣について検討を行っていきたい。

『延喜四時祭式』

新嘗祭奠二幣案上一神三百四座〈並大〉

社一百九十八所

座別絁五尺、五色薄絁各一尺、倭文一尺、木綿二両、麻五両、四座置一束、八座置一束、楯一枚、槍鋒一竿、社別庸布一丈四尺、裏葉薦五尺、

前一百六座

座別幣物准二社法一、但除二庸布一、

右、中卯日、於二此官斎院一、官人行事、〈諸司不二供奉一〉但頒レ幣及造二供神物一料度、中臣祝詞料准二月次祭一、

新嘗祭班幣の対象神社は月次祭班幣と一致する。しかし、「社一百九十八所」に対する幣帛の品目は祈年祭・月次祭に比べ纏刀形、弓、靫、鹿角、鍬、酒、鰒、堅魚、海藻、滑海藻、雑海菜、塩、酒坩が減っている。海産物や酒が幣帛に存在せず、布帛類・武具類などで幣帛が構成されている点に特徴がある。新嘗祭班幣における「社一百九十八所」の幣帛は、結果として、月次祭「前一百六座」の幣帛に「庸布一丈四尺」を加えたものとなっている。新嘗祭班幣は月次祭班幣より規模を縮小した幣帛構成を取っていたのである。

また、『延喜四時祭式』の規定（傍線部）から、新嘗祭班幣は神祇官人によって行われ、「諸司不二供奉一」とあるので、大臣・百官等の供奉は存在しないが、祭神の数や、幣帛の準備等は月次祭と同様であったことがわかる。

以上から、新嘗祭班幣は月次祭班幣よりも小規模で行われるものであるが、準備・儀式次第の基本は月次祭班幣に準じたものであると言える。

注意すべきは、『延暦儀式帳』十一月月記に新嘗祭幣帛の記事は存在しないことである。『延暦儀式帳』十一月例には、当月の宿直のことと、晦日の大祓（翌月が十二月月次祭のため）の記事しか存在しない。古代伊勢神宮では新嘗祭も新嘗祭幣帛奉納儀も行われていなかった。

『皇太神宮年中行事』においても、十一月中辰日に斎王の新嘗会の直会に供奉するため斎宮に参る記事はあるが、

新嘗祭幣帛の記事は延暦と同様に存在しない。『延喜伊勢大神宮式』にも十一月新嘗祭に関する規定は存在していない。よって、新嘗祭班幣の神宮に対する幣帛は神祇官にて準備されていた可能性はあるが、神宮への奉幣使は発遣されていなかったとすべきである。

では、新嘗祭班幣の意義とは何であったのであろうか。

『延喜祝詞式』大嘗祭

集侍神主・祝部等諸聞食登宣、

高天原尓神留坐皇睦神漏伎神漏弥命以、天社国社登敷坐留皇神等前尓白久、今年十一月中卯日尓、天都御食能長御食能遠御食登、皇御孫命能大嘗聞食牟為故尓、皇神等相宇豆乃比奉弖、堅磐尓常磐尓斎比奉利、茂御世尓幸閇奉牟尓依弖志千秋五百秋尓平久安久聞食弖、豊明尓明坐牟皇御孫命能、宇豆能幣帛乎、明妙、照妙、和妙、荒妙尓備奉弖、朝日豊栄登尓、称辞竟奉久乎、諸聞食登宣、

事別、忌部能弱肩尓太襁取挂弖、持由麻波利仕奉礼留幣帛乎、神主・祝部等請弖、事不レ落捧持弖奉登宣、

新嘗祭班幣に当たって中臣が宣読する祝詞において、「皇御孫命能大嘗聞食牟為故尓」とあり、天皇が「大嘗」を聞こし食すことを理由に祝詞が祝部に宣読されていたことがわかる。この記述は「大嘗祭祝詞」(毎年の新嘗祭で宣読される)独自のものであり、月次祭祝詞(ほぼ祈年祭と同文)に天皇親祭を窺わせる箇所は存在しない。

また、祝詞の詞章には「皇神等相宇豆乃比奉」とあり、この「あひうづのひ」という言葉は、『万葉集』巻十八の陸奥の国より金が産出したさいの詔書を賀す大伴家持の歌(四〇九四)、『続日本紀』和銅元年(七〇八)正月乙巳(十一日)の宣命(第四詔)、天平勝宝元年(七四九)四月甲午(一日)の宣命(第十三詔)に「あひうづなひ」として見える。これらの用例はすべて、銅・金の産出は「天地乃神」(『万葉集』)「天坐神地坐祇(神)」(宣命)が「あひうづなひ」、

福《さきわ》へ奉ったことによる、という文脈で使用されている。「うづなひ」とは「うづ」（貴・珍）の動詞形「うづなふ」であり、直訳すれば「貴重なものとする」という意となる。意訳すれば、天神地祇の神々が共に喜ばしいものとし、栄えさせることによって銅・金が産出された、という意になるだろう。

「大嘗祭祝詞」においては、天皇の新嘗に際し、皇神たちが共に貴いものとして斎い、天皇の御世の繁栄を奉ることにより、御世が長久となり、新嘗祭翌日の豊明節会で良い顔色となる天皇の幣帛（皇神たちに奉献される）の賛辞を申す、という文脈で使用されている。「大嘗祭祝詞」の文意に鑑みれば、新嘗祭班幣で諸神に幣帛を奉るのは、天皇の新嘗祭の成功と天皇の御世の繁栄のためであることが明瞭である。つまり、新嘗祭班幣は天皇親祭の前段行事として執行されていたのである。この点、「大嘗祭祝詞」の詞章（傍線部）に相当する箇所が祝詞に全く存在しない祈年祭・月次祭班幣と、その目的が明瞭に異なっていたことがわかる。つまり、「天社国社」へ幣帛を頒布して奉ること自体を目的とした祈年・月次班幣に対して、天皇親祭の付属行事としての班幣祭祀という位置づけを新嘗祭班幣はもっていたのである。その規模が月次班幣よりも縮小されていたことは、あくまで新嘗祭の目的は班幣そのものではなく、天皇が自ら天照大神を祭ることであったからであろう。

新嘗祭は、臣下との直会である豊明節会が付随し[38]、鎮魂祭も連動する[39]、一年に一度の「嘗」祭である。一年に二度行われる神今食は、新嘗祭とほぼ同じ天皇親祭であるが、豊明節会と鎮魂祭はその前後に行われていない[40]。新嘗祭は年三回行われる恒例の天皇親祭のうち、最重要であり、神今食に比して国家との連動性が高く規模を拡大した天皇親祭であったと想定される。新嘗祭班幣が天皇親祭の前段行事として位置づけられたのもこの点に理由があると考えられる。

ここでさらに注意すべきは、新嘗祭班幣の行われた日のすぐ夜半に新嘗祭が行われており、頒布された幣帛が各神社に届いているかどうかが全く問題になっていない点である。朝廷の関心がもっぱら班幣儀にのみあったことは祈年祭・月次祭班幣と同様であるが、それは天皇親祭前段行事であった新嘗祭班幣も同じであった。朝廷側としては、天皇の新嘗にあたって諸神に幣帛が頒布されていればそれでよかったのであり、各神社側での幣帛奉納は問題にならなかった。新嘗祭班幣が天皇親祭の前段行事であっても、班幣自体は朝廷側の理念に基づき、神祇官で自己完結的に行われていたのであった。

新嘗祭班幣に際して伊勢神宮へ幣帛使が立てられなかったことは、おそらく、伊勢神宮の「嘗」祭である九月神嘗祭に対してすでに例幣が発遣済みであるために、天皇の「嘗」祭である十一月新嘗祭に伴う班幣では、神宮へ奉幣を立てる必要性が認識されていなかったからであろう。天照大神を祭る「嘗」祭は九月の伊勢神嘗祭と十一月の宮中新嘗祭で完結しており、両者は斎行時期こそ異なるものの、意義・意味は同じものであったことが、この点の背景にあるものと考えられる。

新嘗祭班幣の成立に関し、管見に入った唯一の専論である黒崎輝人氏の「新嘗祭班幣の成立」(41)は、祈年祭班幣と月次祭班幣こそが同一種の祭祀であって、新嘗祭班幣のみが異質であり、新嘗祭班幣は天皇の神事を予め神々に承認させる行事として桓武朝に設定され、令制当初においては相嘗祭班幣こそが後代の新嘗祭班幣の位置を与えられた、としている。

黒崎氏の班幣に関する見解は筆者と同じ視点に立つものであるが、新嘗祭班幣の設置時期には検討が必要であろう。相嘗祭は対象社の神主が幣帛を受け取って祭祀を執行する形態をとり(42)、大和を中心とした氏族奉斎社・古社への委託祭祀であった(43)。天社国社の神々へ祝部を介して班幣を行う新嘗祭班幣とは別構造の祭祀である。よって、新嘗祭班幣が令制当初から月次祭班幣の儀式に倣って行われていた可能性を否定する根拠にはならないと考えられる。しかし、新嘗祭班幣の実施例に関する史料は存在せず、新嘗祭班幣の成立時期を推測するのは困難である。

新嘗祭班幣と同じく、践祚大嘗祭においても十一月卯日に班幣が行われている。

『践祚大嘗祭式』

卯日平明、神祇官班㆓幣帛於諸神㆒、〈謂㆘祈年奠㆓幣案上㆒者㆖〉座別絁五尺、五色薄絁各一尺、倭文一尺、木綿二両、麻五両、四座置一束、八座置一束、楯一枚、槍一竿、裏葉薦六尺、庸布一丈四尺、〈前神除㆑布、〉

大嘗祭に際する班幣の幣帛は、裏葉薦が新嘗祭より一尺増えている他は新嘗祭班幣と一致する。大嘗祭卯日の班幣は、毎年の新嘗祭班幣と同形式で行われたものとしてよいであろう。

大嘗祭に際しては、この卯日の班幣とは別に、天神地祇への奉幣、伊勢への由奉幣の発遣が行われている。これらの各奉幣儀は、即位後の天神地祇奉幣、即位前の伊勢由奉幣と連動して形成されたものと考えられ、即位後・大嘗祭前の天神地祇奉幣は平城天皇の代に創出された可能性があり(44)、伊勢由奉幣は桓武朝から淳和朝にかけて形成されたものと考えられている(45)。いわば、桓武天皇以後、即位・大嘗祭に関する奉幣儀が新たに制度化されていったものと言える。それは格式編纂とも同期するものであり、先に触れた神宮奉幣使の役割が上昇したこととも連動し、七世紀末より形成された律令祭祀も平安初期に新たな局面を迎えたものと考えられる。その中で、伊勢奉幣の制度が即位・大嘗祭に付加されたことなどに鑑みると、より朝廷と伊勢との結びつきを強めるものとして制度化されたものとも推測される。元々、朝廷での国家祭儀と各神社での祭儀はそれぞれで自己完結的に行われるのが基本であったが、それが朝廷側からの直接の使者として奉幣が行われることで、より朝廷側の祈願意思が神社側に伝わることとなったものと看取される。桓武天皇以後、格式編纂が開始されると同時期に、奉幣使を通して伊勢神宮などとの距離を理念的に縮めようとした働きがあったものと推測される。

天神地祇への奉幣は『貞観儀式』では八月の大祓使の発遣の後、八月下旬に行われている。その使は『貞観儀式』に基づくと、伊勢使三人（王・中臣・忌部）、山城・大和・摂津各一人、河内・和泉一人、七道各一人、であり、『延喜式』『北山抄』においても人数に若干異なる点はあるものの、伊勢神宮・畿内・七道という奉幣使の区分は同じである。この天神地祇奉幣の方式は、『貞観儀式』などの儀式書を見る限りでは、各使を発遣して幣帛を奉るものと推測される。しかし、即位後の天神地祇奉幣に関しては『小右記』長和五年（一〇一六）三月八日条において、京畿内の神社へは神祇官において幣帛が準備され、禰宜・祝に付して幣帛が頒布されている。そしてその先例は、天慶九年（村上天皇）の例に求められており、そのさいには「天皇我詔旨登、皇神等広前仁称辞言奉申給久、高天原尓神留坐皇親神漏伎・神漏美乃命以、事寄給部流豊葦原瑞穂乃国乃天の日副〔嗣カ〕高御座乃政之次と」で始まる祝詞が読まれている。『小右記』の記事を見ると、即位後の天神地祇奉幣において、畿内は旧来の班幣の形式に則って行われ、それに伊勢と七道への使が組み合わされていたことがわかり、大嘗祭前の天神地祇奉幣も同様なものであったと推測される。

この天慶九年の例の祝詞は、新嘗祭班幣の祝詞とは文章が異なり、祝詞の末尾も「天皇御命を申給久と申」となっており、基本的には奉幣の祝詞であると解され、平安時代以降に新たに作成されたものと推察される。それは、平安時代初期以降の即位・大嘗祭に関わる各種奉幣制度の創出に伴うものと想定されよう。この時代の流れの中で、新たに新嘗祭・大嘗祭の十一月卯日班幣が創出されたとは考えにくい。即位・大嘗祭に際する天神地祇奉幣と比較して、新嘗祭・大嘗祭の十一月卯日班幣は旧来型であると考えられ、とすると、新嘗祭班幣は奈良時代以前成立の制度であるとすべきであろう。

おわりに

新嘗祭班幣は、祈年祭・月次祭班幣とは目的が異なり、天皇の新嘗が行われるにあたっての班幣行事であったことが祝詞の内容から想定される。祈年祭は、春に全官社への幣帛奉納を目的として設定された律令国家祭祀であり、月次祭は祈年祭より規模を縮小し、六月と十二月に畿内を中心とした官社に幣帛を奉納すること目的としていた。月次祭とはおそらく尋常の祭りの意であり、一年に一度の全国班幣に比して通常の規模の祭祀であるという意味であって、伊勢神宮においても一年に一度の神嘗祭に比して年二回の尋常の祭祀という意で月次祭とされていたのであろう。[46]また、神宮においては、元々月次祭班幣（神祇官）と神宮月次祭は連動しておらず、月次祭幣帛は祈年祭幣帛と同等の扱いであり、天皇の出御があって神嘗祭に発遣される例幣奉納とは質が格段に異なるものであった。

新嘗祭班幣に際して、神宮への幣物は神祇官にて準備された可能性はあるが、神宮への奉幣は行われず、神宮の新嘗祭は存在しなかった。その理由はすでに神宮の「嘗」祭である神嘗祭が斎行され、そこに例幣が奉納済であったためと推測される。その背景には、天皇の「嘗」祭（新嘗祭）と神宮の「嘗」祭（神嘗祭）が、その対象と目的を一にしているとの理解があったものと考えられる。

天皇の神今食と対応すると考えられる神宮月次祭と、神祇官での月次祭班幣が連動していないとすると、天皇の神今食と月次祭班幣も連動したものでなかったことが推測される。『延喜式』では同一日（十一日）に行われることとなっているが、延暦のころ十六日の外宮月次祭（朝）に幣帛奉納が行われていなかったことを考慮すると、古くは祭日が十一日に固定化されていなかったことは確実で、[47]両祭が同一日であったことの根拠もない。神今食は令制以前からの御饌供進儀を引き継いだ祭祀であるのに対し、月次祭班幣は律令国家形成期に創出された班幣祭祀であり、その淵源も祭祀構造も、さらにはその目的も異なるものであった。月次祭祝詞と大嘗祭（新嘗祭）祝詞が全く異なる以上、月次祭班幣は神今食の前段行事として設定されたものではなく、祭祀の目的は祈年祭に准じたものであったのではないか。

古代において、朝廷の国家祭祀や天皇祭祀、また伊勢神宮を含む各神社祭祀は、それぞれが別構造で併存していたものと推察される。各祭祀は各祭祀の担当者が行うべきものとされ、古くからの形式や主体は基本的に変わらずに維持されてきたのであろう。それらに対し、律令国家形成期などにおいて段階的に新しい祭儀・要素が付加されていったものと考えられる。しかし、その中でも各地域における祭祀は自己完結的に行われるのが基本であった。平安時代初期において神宮奉幣使の役割が増大し、朝廷から発遣された月次祭幣帛が神宮月次祭に連動するようになったことには、桓武天皇以後の流れの中で、朝廷と伊勢神宮との距離を理念的に縮めようとした働きがあったものと推測される。

註

（1）「令釈」「古記」には「於㆓神祇官㆒惣祭㆓天神地祇㆒百官々人集」とあり、国家内の神祇を朝廷が祭るという理念を見出すことができる。朝廷の理念と官社制度の実態、律令神祇祭祀の研究史に関して、小倉慈司氏の論考に詳しい（「延喜神名式「貞」「延」標注の検討―官社の数量的変遷に関して―」『延喜式研究』第八号、平成五年九月。「八・九世紀における地方神社行政の展開」『史学雑誌』第一〇三編第三号、平成六年三月。「律令制成立期の神社政策―神郡（評）を中心に―」『古代文化』第六五巻第三号、平成二十五年十二月）。

（2）岡田荘司「天皇祭祀と国制機構―神今食と新嘗祭・大嘗祭―」（『平安時代の国家と祭祀』続群書類従完成会、平成六年一月。初出『國學院雑誌』第九一巻第七号、平成二年七月）。

(3) 岡田精司「律令的祭祀形態の成立」(『古代王権の祭祀と神話』塙書房、昭和四十五年四月)。
(4) 早川庄八「律令制と天皇」(『日本古代官僚制の研究』昭和六十一年十一月。初出『史学雑誌』第八五編第三号、昭和五十一年三月)。
(5) 森田悌「祈年・月次・新嘗祭の考察」(『解体期律令政治社会史の研究』国書刊行会、昭和五十七年三月。初出「古代宮廷祭祀の一考察」『風俗』第一六巻第一号、昭和五十二年十二月)。なお、祈年祭と月次祭の新旧関係などに関して、古川淳一氏も早川氏を批判している(「班幣祭祀の成立」『歴史』平成二年四月)。
(6) 中村英重『古代祭祀論』(吉川弘文館、平成十一年八月)。
(7) 祈年祭の祭祀構造に関しては、本書第一部第一章「古代祈年祭の祭祀構造」において詳述した。
(8) 虎尾俊哉編『訳注 日本史料　延喜式』(集英社、平成十二年五月)。
(9) 官幣と国幣に分離したことは、「於二神祇官一。惣祭二天神地祇一。百官々人集」と古記が記した祈年祭の理念自体の完全な喪失とも捉えられるが、班幣祭祀そのものが当初より朝廷側の理念のみが先行した祭祀であった。諸国の官社数の上昇、官幣・国幣の分離の意義とその後の展開などに関して、小倉註(1)前掲論文他、早川万年「律令制祭祀における官幣と国幣」(虎尾俊哉編『律令国家の政務と儀礼』吉川弘文館、平成七年七月)などを参照。
(10) この「御歳社」に対する規定と祈年祭の淵源に関して、岡田莊司「古代の国家祭祀―祈年祭の淵源を探る―」(『神道史研究』第六五巻第二号、平成二十九年十月)、および本書第一部第一章「古代祈年祭の祭祀構造」参照。
(11) 祈年祭祝詞の構成・構造に関しては、早川註(4)前掲論文、本書第一部第一章「古代祈年祭の祭祀構造」、岡田註(10)前掲論文などを参照。
(12) 西山徳「祈年祭の研究」(『神社と祭祀　上代神道史の研究』至文堂、昭和四十年六月。のちに『上代神道史の研究』国書刊行会、昭和五十八年十一月。初出は『日本学士院紀要』第七巻第二・三号、昭和二十四年六・十一月)。
(13) 早川庄八註(4)前掲論文。
(14) 森田悌註(5)前掲論文。
(15) 加藤優「律令制祭祀と天神地祇の惣祭」(『研究論集』Ⅳ〈『奈良国立文化財研究所学報』第三三冊〉昭和五十三年三月)。

(16)　古川淳一註(5)前掲論文。

(17)　天智朝に祈年祭が始まったとする見解は、岡田精司氏（註(3)前掲論文）、井上光貞氏（『日本古代の王権と祭祀』東京大学出版会、昭和五十九年十一月）、岡田莊司氏（「古代神祇祭祀体系の基本構想—「天社・国（地）社祭祀制」—」『神道宗教』第二四三号、平成二十八年七月）らが述べている。「諸神座」「班幣帛」「宣祝詞」といった班幣祭儀特有の言葉が使用されている点は注目すべきものであり、岡田莊司氏は班幣の初見記事としてふさわしいと解している。

(18)　『年中行事秘抄』所引「官史記」に「天武天皇四年二月甲申祈年祭」とあり、天武朝で祈年祭が始まったとする見解は西山徳氏（註(12)前掲論文）、西宮秀紀氏（「律令神祇官制の成立について」『律令国家と神祇祭祀制度の研究』塙書房、平成十六年十一月。初出『ヒストリア』第九三号、昭和五十六年）、森田悌氏（註(5)前掲論文）、中村英重氏（註(6)前掲論文）などの論考がある。天武朝では天武四年（六七五）以外にも天武十年の同じく正月（壬申、三日）に「頒二幣帛於諸神祇一」といった記事があり、年初めの幣帛頒布祭儀が度々執行されていた可能性を窺わせる。

(19)　持統四年（六九〇）正月庚子（二十三日）に「班二幣於畿内天神地祇一」との記事がある。この「班幣」は持統三年六月の「飛鳥浄御原令」班賜以後の記事であるが、持統四年正月に持統天皇が即位したことを受けての班幣とも考えられている。しかし、天皇即位に対する班幣は「神祇令」には確かに規定されてはいるものの、その確実な実施例は天平宝字二年（七五八）八月戊午（十九日）淳仁天皇即位に際する例以外に見出すことは難しく（大宝二年三月の「大幣」頒布記事は文武即位後四年経過しているため、即位に際しての班幣と断定できない）、持統三年六月に班賜された「飛鳥浄御原令」に基づいた恒例の班幣祭祀であった可能性もある。持統朝では持統四年七月戊寅（三日）、持統十一年六月甲申（十九日）にも「班幣」の記事があり、この両記事が六月、七月であることからして、月次祭班幣の記事である可能性がある。持統四年の正月と七月の記事は「飛鳥浄御原令」に基づく祈年祭と月次祭の班幣記事ではなかったか。少なくとも、持統朝では恒例の班幣が整備され、「大宝令」規定の前身となっていた可能性は高い。

(20)　大宝二年（七〇二）三月己卯（十二日）に「鎮二大安殿一大祓。天皇御二新宮正殿一斎戒。惣頒二幣帛於畿内及七道諸社一」の記事が見え、全国的な班幣の確実な初見である。天皇が正殿で「斎戒」し、「班大幣」として記述され、諸国の国造が入京している点で祈年祭と相違し、「神祇令」規定の即位に際する「惣祭天神地祇」とする見解もある（矢野建一「律令国家の祭祀と天皇」『歴史学研究』第五六〇号、昭和六十一年十月。中村英重註(6)前掲論文）。しかし、文武即位後の班幣としては四年以上経過している点が不審であり、天皇の斎戒は班幣儀への天皇の直接関与とは言えず（『延喜式』で中祀とされた祈年祭で諸司も斎戒中であるはずである）、国造の入京も祝部の設置が全国に間に合っていない時期の措置であったとも解され、即位に際しての班幣よりも祈年祭の記事であった可能性が高いと考えられる。大宝二年の記事を祈年祭の成立とする見解は、田中卓氏（「造大幣司―「祈年祭」の成立―」『壬申の乱とその前後』〈『田中卓著作集』五〉国書刊行会、昭和六十年九月）、渡邊晋司氏（「大幣と官社制度」『神道及び神道史』第三一・三二号、昭和五十三年三月）など。

（21）班幣祭祀の次第については、木村大樹「班幣祭祀の復元的考察」（『國學院大學大學院紀要　文学研究科』第四九輯、平成三十年三月）を参照。

（22）本書第一部第一章「古代祈年祭の祭祀構造」、および「日本古代の儀礼・儀式と祭祀―古代祭祀の類型化を試考する―」（平成二十八年十二月第七十回神道宗教学会学術大会〈研究発表〉におけるパネル発表、パネル代表者：小林宣彦氏。『神道宗教』第二四八号、平成二十九年十月）を参照。

（23）岡田莊司氏註（2）前掲論文、木村大樹「神今食の神饌供進儀に関する考察―大嘗祭卯日神事と関連して―」（『神道研究集録』第三一輯、平成二十九年三月）。

（24）藤森馨「神宮祭祀と天皇祭祀―神宮三節祭由貴大御饌神事と神今食・新嘗祭の祭祀構造―」（『古代の天皇祭祀と神宮祭祀』吉川弘文館、平成二十九年十二月。初出『國學院雑誌』第九一巻第七号、平成二年七月）。

（25）大関邦男「古代伊勢神宮の財政構造」（『國史學』第一二八号、昭和六十一年二月）、本書第二部「古代伊勢神宮の祭祀構造」など。

（26）『神道大系　神宮編一』（昭和五十四年三月）。

（27）平安京から伊勢神宮へは五日かかると例幣の事例から想定されるので、延暦のころ、神祇官班幣は二月七日であったであろう。

（28）藤森馨「伊勢神宮祈年祭における御扉の開閉をめぐって」（『古代の天皇祭祀と神宮祭祀』吉川弘文館、平成二十九年十二月。初出は『大倉山論集』第二一輯、昭和六十二年三月）。

（29）『皇太神宮儀式帳』「供奉幣帛本記事」には「供二奉皇大神一勅幣帛遠、即朝廷使告刀申、正殿進納畢。其正殿院参入、大神宮司、禰宜、内人、物忌、〈但使不二参入一〉其行事祈年使同」とある。この記事には奉幣使の祝詞奏上が記されており、大神宮司が祝詞を奏上する延暦期の神宮祈年祭のことではなく、神嘗祭の例幣や、それに准じた臨時奉幣の規定と考えられる。そのさいには正殿を開けて幣帛を奉るものと規定されていた。

（30）藤森馨「伊勢神宮祈年祭と御田種蒔下始行事」（『古代の天皇祭祀と神宮祭祀』吉川弘文館、平成二十九年十二月。初出『椙山林継先生古稀記念論集　日本基層文化論叢』平成二十二年八月）、本書第一部第一章「古代祈年祭の祭祀構造」。

（31）『大神宮儀式解』（臨川書店、昭和五十一年九月）。

（32）月次祭幣帛奉納儀が省略して記述されたわけではないことは、六月月次祭と九月神嘗祭における太玉串行事が同様であるにもかかわらず省略して記述されてはいないことが傍証となる。神宮祈年祭と月次祭幣帛奉納儀が同一の儀であっても、六月月次祭で儀式を省略したとは考えにくい。

（33）『神宮要綱』（神宮皇學館、昭和四年）も、延暦のころは朝使の到る日は定まっていなかったとする。また、月次祭赤引糸奉献は神宮の古儀であり、後に神祇官の月次祭が成立して官幣の奉納が加わったとしている。

（34）藤森馨註(24)前掲論文。

（35）例幣と祈年祭・月次祭奉幣の相違、また奉幣使の構成・変遷などは、藤森馨「神宮奉幣使考」（『改訂増補　平安時代の宮廷祭祀と神祇官人』原書房、平成二十年十二月。初出は『大倉山論集』第一九輯、昭和六十一年三月）、奉幣使に関しては、西宮秀紀「律令国家と奉幣の使」（『律令国家と神祇祭祀制度の研究』塙書房、平成十六年十一月。初出は岡田精司編『祭祀と国家の歴史学』塙書房、平成十三年四月）、奉幣儀に関しては、三宅和朗「古代奉幣儀の検討」（『古代国家の神祇と祭祀』吉川弘文館、平成七年九月）に詳しい。

（36）藤森馨「平安時代前期の大中臣氏と神宮祭主―祭主制度成立に関する一試論―」（『改訂増補　平安時代の宮廷祭祀と神祇官人』原書房、平成二十年十二月。初出は、二十二社研究会編『平安時代の神社と祭祀』国書刊行会、昭和六十一年十一月）、同「神宮月次祭への祭主参加時期の検討」（『古代の天皇祭祀と神宮祭祀』吉川弘文館、平成二十九年十二月。初出は『文化史史料考證―嵐義人先生古稀記念論集―』平成二十六年八月）など。

（37）熊田亮介氏は、持統六年閏五月丁未（十三日）条にある伊勢の二神郡からの赤引糸三十五斤の記述は神宮月次祭の祭料であると指摘しながら、「伊勢神宮の月次祭は、この「月次」班幣の祭祀（中略）が、神宮本来の祭祀たる朝夕大御饌奉献・赤引糸奉献の祭祀に付加されたものである」と述べており、首肯されるべき見解である（「伊勢神宮の月次祭と祭祀体系」

『文化』第四六巻第三・四号、昭和五十八年二月）。
(38)　藤森馨註(24)前掲論文。
(39)　拙著「鎮魂祭の祭祀構造に関する一考察」（『神道研究集録』第三二輯、平成三十年三月）。
(40)　ただし、「御体御卜」は六月と十二月のみに行われ、十一月には行われていない。「御体御卜」が天皇親祭に伴うものとの見解もあるが、淵源を異にするとの見解もある。詳しくは木村大樹「神今食を中心とした祭儀体系への一試論」（『神道宗教』第二四三号、平成二十八年七月）を参照。
(41)　黒崎輝人「新嘗祭班幣の成立」（『日本思想史研究』第一四号、昭和五十七年三月）。
(42)　菊地照夫「相嘗祭の祭祀形態について」（『延喜式研究』第一五号、平成十年十二月）。
(43)　藤森馨「鎮花祭と三枝祭の祭祀構造」（『古代の天皇祭祀と神宮祭祀』吉川弘文館、平成二十九年十二月。初出『神道宗教』第二一一号、平成二十年七月）。
(44)　高森明勅「大祀と大嘗祭について」（『神道宗教』第一二五号、昭和六十一年十二月）、同「神祇令即位条の成立」（『神道宗教』第一四〇・一四一号、平成二年十月）。
(45)　岡田莊司「即位奉幣と大神宝使」（『平安時代の国家と祭祀』続群書類従完成会、平成六年一月。初出は『古代文化』第四二巻第一号、平成二年一月）。
(46)　この点は、徳田浄「延喜式祝詞四篇」（徳田浄・徳田進『上代文学新考』〈研究選書23〉昭和五十五年三月）、藤森馨註(24)前掲論文においても、同様の指摘がなされている。
(47)　平安京から伊勢までの奉幣使到着には五日かかっており、神宮月次祭六月十六日（外宮）に間に合うには十一日に神祇官での班幣が行われていなければならない。『延暦儀式帳』では十六日（外宮）十七日（内宮）に幣帛奉納の記載がないのであるから、延暦のころ、神祇官での月次祭班幣は十三日以降か、あるいは十日以前となる。

第三章　広瀬龍田祭の祭祀構造

はじめに

律令国家祭祀は、七世紀末より段階的に発展・整備されてきたものと考えられている。(1)祈年祭などの班幣祭祀は天智朝を淵源として天武朝、持統朝、「大宝令」と、官社制度も含めて段階的にその規模・形式が整えられていった。(2)また、毎年の新嘗祭・一世一度の大嘗祭といった天皇祭祀も天武・持統朝で整備されたと考えられる。(3)律令国家における天皇と国家の祭祀は天武・持統天皇の時代にその基礎が形成されたのであった。

この律令国家祭祀形成期である天武・持統期にほぼ毎年祭祀記事が見出されるのが広瀬大忌祭と龍田風神祭である。この両祭はセットで同日に行われているが、恒例の祭儀については基本的に省略する国史の記述方式からして、この二祭の天武・持統紀における記載は異例のものと考えられる。広瀬・龍田の祭祀を考えることによって、律令祭祀形成過程の一側面を抽出することが可能であろう。そしてそれは天武・持統天皇の時代に何が重視されたのかを理解することと同義であり、また、他の祈年祭といった同時期に形成・整備されていった律令祭祀の中における広瀬・龍田祭の位置づけを考察することでもある。

広瀬大忌祭と龍田風神祭の研究史を振り返ると、両祭に関して断片的な論及に留まる論考が多い中、専論として最もまとまっているのが青木紀元氏の論考である。(4) 青木氏は祭神の意味や神社の立地など両祭の概要を幅広く検討して妥当な見解を導いている。青木氏に次いで両祭の構造と意義を詳しく検討したのが佐々田悠氏であった。(5) 佐々田氏は広瀬大忌祭に大和六御県と山口の神社が合祭されていることに着目、その合祭を「班幣」と捉え、広瀬・龍田祭は祈年祭の前身であったとする見解を提示した。佐々田氏の祈年祭と広瀬龍田祭を比較した視点は重要であり、本章もその視点は継承したいが、広瀬龍田祭を祈年祭の前身とする点には疑問が残る。

他の広瀬龍田祭に関する論考としては、風位・風神の観点(6)や祭神に関するもの(7)の他、福島好和氏が天武・持統朝における「祈雨」との関係を論じ、(8) 西宮秀紀氏は広瀬龍田祭への使が伊勢神宮の例幣使よりも丁重な側面があったことを指摘している。(9) また、山口えり氏は、祝詞と『日本書紀』の記事を広瀬社・龍田社の立地に着目しながら祭祀の成立と目的について総合的に分析しており、(10) 近年では加瀬直弥氏が広瀬龍田祭において実際に幣帛を奉献するのは神社側の神職に任されていたことを指摘し、祭祀における神職の重要性について述べている。(11)

諸論において、広瀬龍田祭が豊穣祈願のために行われたこと、両社の立地が大和国の豊穣と相関していること、天武・持統朝の神祇政策の一環として形成されたことは一致し、間違いないと思われるが、他の律令祭祀、とくに広瀬龍田祭と同じ豊穣祈願を目的とした祈年祭との比較検討に関してはまだ問題が残っている。とりわけ祭祀の形式と祭祀設定の理由に関してさらに深く検討することで、広瀬龍田祭の特質が浮かび上がってくるのではないだろうか。本章では、広瀬大忌祭と龍田風神祭の祭祀構造を考察し、七世紀末に形成されていった他の律令祭祀と比較しながら広瀬龍田祭の位置づけと成立の意義について考察してみたい。

一　広瀬龍田祭の概要

まず、広瀬龍田祭の基礎的な特徴について、先行研究を振り返りながら確認しておく。

祭神

広瀬大忌祭の祭神は「広瀬坐和加宇加売命神社」（『延喜式』神名帳、『延喜祝詞式』では「若宇加能売能命」）である。青木紀元氏[12]によると、この「ワカウカノメノミコト」は「若々しい穀物の女神」であり、『日本書紀』で「大忌神」とするのは、「大いに忌み清めて祭る神の意で、神徳を賛美した抽象的な神名」である。

龍田風神祭の祭神は「龍田坐天御柱国御柱神社二座」（『延喜式』神名帳、『延喜祝詞式』では「天乃御柱乃命、国乃御柱能命」）である。青木氏はこの二神の神名に冠せられた「天」「国」は、「祭神を男性・女性二神に分かつ必要から」付けられたとし、「柱」は「神の象徴であって、神を数えるのにも二柱とか三柱とか言われる。その柱をもって神の名とした「ミハシラ」は、尊い神ということを強調し賛美した名称」である、とする[13]。

ちなみに、『延喜祝詞式』「龍田風神祭」の後半部に「比古神」「比売神」にも幣帛を奉る旨の記述が存在し、『神名式』に「龍田坐天御柱国御柱神社二座〈並名神大、月次新嘗〉」とは別に「龍田比古龍田比女神社二座」が存在する。あるいは祝詞後半部に登場する比古神・比売神は天御柱神・国御柱神とは別の神で、同じく龍田の祭りにも与る神々とも考えられるが、あくまで『延喜四時祭式』の規定では「風神祭二座」となっており、祝詞中で「比売神」に奉る物として明示された金の麻笥・タタリ・桛も、その『延喜四時祭式』における「風神祭二座」の祭料に「多多利一枚、麻笥一合、加世比一枚、〈已上三物、並金塗、〉」として明確に含まれている。「風神祭二座」は龍田坐天御柱国御柱神社二座であるのだから、龍田風神祭祝詞の後半部に登場する「比古神」「比売神」は天御柱神・国御柱神のことであるとすべきである。

祭　日

両祭は『延喜式』では四月四日・七月四日とし、『本朝月令』[14]所引「弘仁太政官式」逸文にも「大忌風神二社者、四月、七月四日祭之」とあるが、天武・持統紀に見える両祭の日付において、四月と七月に行われることは一定しているが、日にちは一定しておらず、四月四日・七月四日に定まったのは「弘仁式」以後である可能性が高い。

祭日が四月と七月である理由を青木氏は、田植え前の四月と収穫前の七月にあたって水の平安と風の無事とを祈るためであるとする[15]。

『令集解』「假寧令給休暇条」の「古記」に、「其郷土異レ宜。種収不レ等。通随レ便給。謂添下郡。平群郡等四月種。七月収。葛上。葛下。内等郡五月六月種。八月九月収之類是[16]」とあり、広瀬龍田祭の祭日は大和の農耕期に合わせて設定されたのであろう（龍田社は平群郡）。

立　地

広瀬社は現在、奈良県北葛城郡河合町川合にあり、『日本書紀』天武四年（六七五）に「広瀬河曲」、『延喜祝詞式』に「広瀬能川合」とあるように大和の諸川が合流して西へ流れる地点に坐し、ここは大和の諸川にとって、いわば扇の要にあたる地点であり、その諸川は六御県の耕地をうるおしてきた[17]。『延喜式』の規定から、広瀬大忌祭には、六御県（高市・葛木・十市・志貴・山辺・曾布）と山口の神（「祈年祭祝詞」では飛鳥・石村・忍坂・長谷・畝火・耳無。『延喜式』では十四座：夜支布山口神社、伊古麻山口神社、巨勢山口神社、鴨山口神社、当麻山口神社、大坂山口神社、吉野山口神社、長谷坐山口神社、忍坂山口坐神社、飛鳥山口坐神社、畝火山口坐神社、石村山口神社、耳成山口神社、都祁山口神社）を合わせて祭っていたことがわかるが、それは広瀬社の立地と相関するものであった。

また、平林章仁氏は、広瀬郡は敏達天皇に始まり、押坂彦人大兄皇子・舒明天皇・天武天皇・高市皇子・長屋王に至る王族が広瀬郡から葛下郡北部に進出し、彼ら敏達天皇系王族の政治的、経済的基盤であったとし、広瀬郡北部には大和川を遡って王権のもとに輸送されてきた貢献、徴収の品々を収納、加工するナガクラが置かれていたことを指摘している。[18]

龍田社は現在、奈良県生駒郡三郷町立野南にあり、『日本書紀』天武四年に「龍田立野」、『延喜祝詞式』にも「龍田能立野乃小野」と社地が表記されている。龍田は大和から河内へ越える要衝の一つであり、大和川が生駒・信貴の連山と葛城・金剛の連山との間を割って西へ流れる大和側の口にあたり、その割れ目から吹き通す風の力は強風となる風の要所であった。[19]『延喜祝詞式』「龍田風神祭」には、龍田の神が「悪風荒水」によって作物を傷つけたため、龍田の神を祭るようになったことが記されており、山口えり氏は、龍田の神は「祟る」ことで祭祀を要求する神であって、この点は広瀬大忌祭の祝詞とは異なる（災異をもたらす神に奉られる鹿皮が、龍田祭の祭料にのみ見える）、と指摘している。[20]龍田の立野より吹く風が農作物を損害させた経験の蓄積に基づいて龍田祭の祝詞が作成されたと推測される。

ちなみに、広瀬・龍田社は飛鳥浄御原宮や藤原京から見て西北の方位にあたり、この点に祭祀の理由を求める見解もあるが、[21]この点は山口えり氏により否定された。[22]それは、平城京・平安京に都が移って後も広瀬龍田祭は同地において祭祀が行われたこと、祈雨神である丹生川上社と貴布禰社の例から、司水神としての要素は方位よりも立地条件に起因していると考えられるためである。

祭祀の目的

広瀬大忌祭の目的は、『令集解』所引「令釈」(「古記」も同文)によると「広瀬幷龍田祭。自二山谷一下水。変甘水成。而為レ令二五穀成熟一祭也。差二五位以上一充レ使」とあり、『令義解』にも同様の趣旨が記載されている(「広瀬龍田二祭也。欲レ令下山谷水変成二甘水一。浸二潤苗稼一。得中其全稔上。故有二此祭一也」)。ここでは、広瀬の祭りの目的を、山谷より流れ来る水によって五穀の成熟を成すことであるとしている。

ただ、「令釈」や『令義解』に記された「水」の守護に関しては、広瀬大忌祭の祝詞後半部に記されている。祝詞後半部では、広瀬の神と同時に大和の六御県と山口の神々にも幣帛を合わせて奉る理由を「皇神等乃敷坐山山乃自レ口、狭久那多利尓下賜水乎、甘水登受而、天下乃公民乃取作礼留奥都御歳乎、悪風荒水尓不二相賜一、汝命乃成幸波閉賜」とし、山より流れ来る水の守護は六御県・山口の神々への祭祀により行われていた。山口えり氏は、広瀬の「若宇加売命」や「大忌神」には「水神」という直接的な意味はないが、広瀬が六御県の神と水に関わる山口神とを合わせて祭る場所、多くの河川が合流する交通上の要所にあったことに起因して、水神の性質が加わった[23]、としている。

龍田風神祭の目的は、「令釈」(「古記」も同文)に「広瀬龍田祭也。世草木五穀等。風吹而枯壊之。此時不レ知二彼神心一。即天皇斎戒。願レ覚。夢中即覚云。龍田小野祭。一社同日共祭二妹妋之神一。亦五位以上充レ使」とあり、『令義解』に「亦広瀬龍田二祭也。欲レ令二沴風不レ吹。稼穡滋登一。故有二此祭一」とあるように悪しき風を防ぎ農作物が茂り稔るためであった。また、「令釈」(「古記」)に天皇の夢見によって神の意志を知り、祭祀が始まったことは、『延喜祝詞式』「龍田風神祭」にも見ることができる。祝詞には祭祀の目的を「天下能公民能作作物乎、悪風荒水尓不二相賜一、皇神乃成幸閉賜」ためであるとし、風・水が農作物にとって良いものであらしめるために龍田の神に幣帛を奉っていた。

以上から、広瀬と龍田の祭祀の目的はその立地と相関し、大和の地の豊穣をもたらすために行われたことが明らかである。この二祭が同日に行われる理由について、山口氏は広瀬大忌祭を国家の統合を意味する象徴的な祭祀であるとし、龍田は壬申の乱以後、交通上の要衝としての性格が強まり、広瀬と龍田の二地域を同時一対に祭ることによって、神祇を介する国家支配は効果的に示された(24)、とする。確かに、天武朝において中心性と統制のある律令国家体制の形成が進展し、その一側面に広瀬・龍田祭があることは事実であろうが、何故その手段として祭祀が用いられたのか、祭祀執行の意義と、他の律令祭祀との相違点について更なる考究が必要であろう。

二　広瀬龍田祭の祭祀形式

ここからは、広瀬龍田祭の祭祀方式を確認しながら考察を進めていきたい。

『四時祭式』(25)

大忌祭一座〈広瀬社、七月准レ此、〉

絁一疋八尺、糸二絇、綿五両、五色薄絁各一丈五尺、倭文一丈三尺、調布一端一丈、庸布一段一丈四尺、木綿二両、麻二斤五両、〈五両祭料、二斤祓料、〉四座置、八座置各一束、楯一枚、鉄三斤五両、鞍一具、米三石、酒二石五斗、稲十束、鰒、堅魚、烏賊各八斤、鮭八隻、腊八斗、比佐魚一斗五升、海藻十二斤、滑海藻十斤、雑海菜十六斤、塩二斗、裹葉薦二枚、馬一疋、祝料庸布二段、

是日以二御県六座、山口十四座一合祭、其幣物者、座別五色薄絁各一尺、倭文五寸、木綿二両、麻五両、槍鋒一口、

〈料鉄用二社分一〉四座置、八座置各一束、楯一枚、庸布一丈四尺、裏葉薦二尺、其酒肴共用二社料一、但御県六座、別加二絁三尺一、

風神祭二座〈龍田社、七月准レ此、〉

絁二疋、糸四絇、綿一屯四両、五色薄絁各二丈、倭文一丈三尺、布一端一丈、庸布五段、木綿一斤十両、麻六斤九両、〈五斤二両祭料、一斤七両祓料、〉枲八両、弓四張、篦一連、羽二翼、〈已上二種大和国所レ送、〉鹿角二頭、鹿皮四張、鉄六斤十両、鞍二具、多多利一枚、麻笥一合、加世比一枚、〈已上三物、並金塗、〉漆一升、金漆一升、黄蘗三斤五両、茜十六斤九両、黒葛二十斤、米、酒各一石五斗、稲五束、鰒、堅魚、烏賊各七斤、鮭七隻、腊七斗、比佐魚一斗五升、海藻八斤、滑海藻十斤、雑海菜十四斤、塩一斗、裏葉薦三枚、馬二疋、祝料庸布二段、

右二社、差二王臣五位已上各一人、神祇官六位以下官人各一人一充レ使、〈卜部各一人、神部各二人相随、〉国司次官以上一人、専当行事、即令三諸郡別交易、供二贄二荷一、其直并米酒稲、並用二当国正税一、自外所司請供、但鞍随レ損供進、

広瀬龍田祭の祭祀構造を特徴づけているのが、王・臣五位以上と神祇官人が使となって各社に赴いている点である。『本朝月令』所引「弘仁太政官式」逸文に「定二五位以上卜食者四人一。〈社別王臣各一人。式部録レ名封移二神祇官一令レ卜。〉赴レ社監レ祭。〈事見二神祇式一。〉」とあり、広瀬社と龍田社それぞれに王・臣が赴き、それぞれの祭祀を監督していたことがわかる。神祇官人は祝詞を社前で読み、卜部や神部は用意された幣帛を神社へ運搬するなどの業務にあたっていたものと推測される。

また、『延喜四時祭式』「大忌祭」の末尾には、広瀬龍田祭の祭日に御県六座、山口十四座を合祭せよ、との規定がある。このことは「広瀬大忌祭祝詞」に、「倭国能六御県乃山口尓坐皇神等前尓母、皇御孫命能宇豆能幣帛乎、明妙、照

妙、和妙、荒妙、五色物、楯、戈至万弖奉」とあって、広瀬社だけでなく、御県と山口の神にも幣帛を奉る旨が述べられている。

また、この祝詞の末尾には「王等臣等百官人等、倭国乃六御県能刀禰、男女尓至万弖、今年某月某日諸参出来弖、皇神前尓宇事物頸根築抜弖、朝日乃豊逆登尓称辞竟久乎、神主祝部等諸聞食止宣」とあり、単に御県や山口の神に幣帛を奉るだけでなく、六御県の人々（在地居住者）の参集もあったことがわかる。王・臣以下と御県の人々は「皇神前尓宇事物頸根築抜弖」とあるので、神に丁重な敬意を払うことが求められていた。祝詞は神主・祝部への宣読体で締めくくられており、広瀬社の社前において、朝廷より発遣された王・臣の監督下で神祇官人が御県の人々と、広瀬社を含む各御県と山口神社の祝部に祝詞を宣読していたことが理解される。おそらく祝詞を宣読し終わって、神部等から各社の祝部へと幣帛が渡され、各祝部が各社へと幣帛を奉献するのであろう(26)。王・臣は祭祀の監督、神祇官人は祝詞の宣読と幣帛の授受、祝部は幣帛の奉献、御県の人々は神へ敬意を表するために参集していたと解される。

六御県の人々の参集は広瀬社だけでなく、龍田社でも行われた。「龍田風神祭祝詞」には「王卿等百官能人等、倭国六県能刀禰、男女尓至万弖尓、今年四月〈七月者云二今年七月一〉諸参集弖、皇神能前尓宇事物頸根築抜弖、今日能朝日能豊逆登尓、称辞竟奉流皇御孫命乃宇豆能幣帛乎、神主祝部等被賜弖、惰事無奉礼登宣命乎、諸聞食止宣」とあり、龍田社にも御県の居住者が参集し、神に敬意を表していた。龍田祭の祝詞も神主・祝部への宣読体であるので、龍田社への幣帛奉献は、祝詞が読み終わってから祝部によって行われていたと考えられる。

この広瀬龍田祭の祭祀形式に関して、佐々田悠氏は「場所は神社であるものの、班幣に酷似していることに気づく。祈年の性格からすれば祈年祭に相当する」、「広瀬・龍田祭が令制祈年祭の直接の前身ではないか(27)」と指摘している。確かに、広瀬社・龍田社で行われる祭儀には御県・山口諸社の祝部への幣帛頒布が組み込まれており、祈年祭などの神祇官班幣のさいに参集する百官のごとく、御県の刀禰・男女が各社に参列している。そして両者とも豊穣祈願を目的としていた。広瀬龍田祭を律令祭祀制度の形成過程に位置づけた佐々田氏の視点は重要ではあるが、広瀬龍田祭を祈年祭班幣の前身とする佐々田氏の見解が妥当でないことは以下の三つの点から明瞭である。

・広瀬龍田祭には五位以上の使が発遣され、「弘仁太政官式」逸文から神祇官の卜定を伴っていたことがわかる。広瀬龍田祭の重要な要素として卜定された大夫層の発遣が存在するが、祈年祭においてこの要素は皆無である。

・広瀬龍田祭は後述する祝詞の概要からも明白なように、あくまで広瀬の神と龍田の神を祭ることが中心である。このことは祭祀の規定が『延喜四時祭式』に「大忌祭一座」「風神祭二座」として立項されていること、天武・持統紀の当該記事には広瀬と龍田の神を祭る記述しかないことからも明白である。御県と山口の神々の合祭はあくまで広瀬社への祭祀に付帯するものであった。

・宝亀三年（七七二）五月の太政官符には、「広瀬神社壱前　在二大和国広瀬郡一　右、被二右大臣宣一偁、件社自レ今以後宜レ預二月次幣帛例一者」(28)とあり、広瀬社が月次祭幣帛に与る（ということは全官社対象の祈年祭幣帛にも与る）のは宝亀年間であったことがわかる。広瀬龍田祭が班幣の直接的な原形であるのであれば、当然班幣祭祀開始当初から広瀬社がその対象となってしかるべきと考えられるが、実際はそうではなかった(29)。

広瀬龍田祭が神祇官班幣である祈年祭の前身であるとするならば、神祇官が成立した持統朝(30)や、祈年祭が「神祇令」祭祀として成立した時点（「大宝令」「養老令」）で広瀬龍田祭は祈年祭に収斂して解消されても良かったはずである。しかしそうはならずに「神祇令」規定祭祀として継続していったことは、広瀬龍田祭に祈年祭とは異なる願意・目的があったからに他ならない。以上の点から、広瀬龍田祭と祈年祭は別系統の祭祀と位置づけるべきであると考えられる。

しかし、広瀬龍田祭と祈年祭に共通点が存在することは確かである。まず幣帛において、広瀬龍田祭の幣帛のうち、「四座置、八座置各一束、楯一枚」(御県・山口)といった品目が祈年祭幣帛と共通する。とくにこの四座置・八座置・槍鋒などは、四時祭の祭料には班幣祭祀(祈年祭・月次祭・新嘗祭)と広瀬龍田祭にしか見えない。これらの物品は幣帛の古形とも想定される物品である。

また、『延喜祝詞式』「広瀬大忌祭」では「若宇加能売能命」に幣帛を奉る理由を「皇神能御刀代乎始弖、親王等王等臣等天下公民能取作奥都御歳者、手肱尓水沫畫垂、向股尓泥畫寄弖、取将作奥都御歳乎、八束穂尓皇神能成幸賜」ためであるとしているが、祈年祭祝詞にもこれと同様の文句が存在し、広瀬の祭りの目的は祈年祭と同様五穀の豊穣であることが理解される。広瀬の祭りと祈年祭の祭祀目的が重なる点については、『令集解』所引「跡記」に「祈年祭。祭二甲神一。大忌祭。祭二乙神一之類。依二別式一也」と記されているように、両祭は祭る対象の諸神が異なるものの、祭祀の目的はどちらも豊穣祈願と認識されていたことがわかる。そしてどちらも大和の六御県と山口の神を祭っていた(祈年祭祝詞に六御県と山口の皇神等への詞章が存在し、山口神には馬一匹加増されている)。

ただし相違点も存在する。幣帛に関しては祈年祭に見えない鉄・稲などが大忌祭に見え、大忌祭と同日の風神祭に供出される「鹿皮」や「多多利一枚、麻笥一合、加世比一枚、〈已上三物、並金塗、〉」(紡績具)などは祈年祭には見えない風神祭独特の幣帛である。鹿皮は狭井社(大物主神の荒魂)への幣帛や、大祓、道饗祭、霹靂神祭、疫神祭などに見え、荒ぶる神の力を鎮めるための祭料と考えられる。タタリ・オケ・カセヒは風神祭祝詞で「比売神」へ奉る物品として見え、龍田の神への特別な奉り物であろう。また、祈年祭に供出される「靫」や御年神(葛木鴨)への白馬・白猪・白鶏は広瀬龍田祭には存在しない。また、祈年祭では山口神と水分神に馬一匹が加増されていたが、広瀬龍田祭では逆に六御県の神々に絁三尺が加増されている点も相違する点である。

幣帛の観点からみると、広瀬大忌祭は御県・山口の神々への幣帛を含むため祈年祭と類似する側面をもつが、広瀬龍田祭そのものは広瀬大忌神と龍田風神を祭ることが中核であり、独自の幣帛の組成が見える。祈年祭と祭神が異なることが幣帛の組成に影響を与えていたと言い得る。

ちなみに、龍田神への幣帛にタタリ・オケ・カセヒといった紡績具が見えるが、これらは伊勢神宮への神宝にも見える。祈年祭・月次祭の班幣にも楯や弓、槍鉾といった武具類が見え、こちらも伊勢神宮では神宝に含まれるものである。神宮へは神宝として供献されるものが龍田祭では幣帛の中に含まれていたことは、祈年祭・月次祭も同様、幣帛から神宝が分離する以前の古い様相を呈していると見られる。(31) 広瀬龍田祭に祈年祭と類似する班幣が組み込まれ、広瀬龍田祭と祈年祭の幣帛が古形を残した側面を有していることは、両祭の方式とその幣帛が同時期（天武朝下）に形成されていったためではないだろうか。

ここからは、広瀬龍田祭と祈年祭の比較検討をさらに進めてそれぞれの祭祀の特徴を抽出してみたい。願意の相違点は両祭の祝詞を比較すると明瞭である。まず広瀬龍田祭の祝詞の構成を見てみたい。

広瀬大忌祭

第一段＝広瀬の神の名（御膳を掌る若宇加の売の命）を明示し、この神に皇御孫命の宇豆の幣帛を奉るために王・臣を使として、賛辞する詞を神主・祝部に聞くよう宣読する。

第二段＝広瀬神に、奉る幣帛の賛辞を白す詞。皇御孫命の長御膳の遠御膳を聞食すこと、皇神の御刀代（広瀬神社の神田）や親王等王等臣等天下公民の取り作る御歳の豊穣とその報賽（秋）が述べられる。

第三段＝ヤマトの六御県・山口の神々に奉る幣帛の賛辞、神々のもたらす水の恩恵と暴風雨の予防、王等臣等百官人等・六御県の刀禰・男女の参集が述べられる。

龍田風神祭

第一段＝龍田神社創建の由来が示される。崇神天皇の御代、多年にわたって天皇の食す五穀や天下公民の作物に災いを為す神の名を卜事（うらごと）で示そうとするができず、天皇が「うけい」をし、天皇の夢に天御柱命・国御柱命が出現、その神を龍田に祭れば天下公民の作物は豊穣となる。よって社を創建し、王・臣等を使として龍田神の前に賛辞を奉る、という。

第二段＝此古神・比売神（この場合は龍田の天御柱命・国御柱命のことか）に奉る幣帛の賛辞、天下公民の作物が豊穣となれば秋に報賽を行うこと、王卿等百官人等・六県の刀禰・男女の参集と祝部による幣帛の奉納が述べられている。

広瀬龍田祭の祝詞は、広瀬と龍田の神を祭ることを主眼に形成されており、広瀬大忌祭のみ六御県・山口の神々への幣帛賛辞が組み込まれ、龍田風神祭には六御県の人々の参集が語られている。祭祀の目的は天皇の食膳や親王以下天下の人々の作る五穀の豊穣であると明記されている。祝詞の特徴としては、龍田風神祭祝詞で龍田社創建の由来が述べられ、祭祀対象となった理由が明確に述べられており、どちらの祝詞にも祭祀の目的が明瞭に語られ、何故、何のために祭祀が行われるのかが具体的に示されている。

それに比して祈年祭の祝詞は、様々な要素が織り交ぜられた内容となっている。

祈年祭

一、序（参集した神主・祝部等に以下の祝詞を宣読することを述べる詞）
二、天社国社の皇神等の前に白す詞（天社国社の神々へ耕作の開始にあたって幣帛を奉ること）
三、御年の皇神等の前に白す詞（御年の神々へ、五穀の豊穣）
四、大御巫の祭る皇神等の前に白す詞（神祇官斎院の八神へ、天皇の守護）
五、座摩の御巫の祭る皇神等の前に白す詞（天皇の住む宮の地の守護）
六、御門の御巫の祭る皇神等の前に白す詞（天皇の住まう宮の門の守護）
七、生島の御巫の祭る皇神等の前に白す詞（天皇の統治する国土の守護）
八、伊勢に坐す天照大御神の大前に白す詞（天皇の皇祖神への詞）
九、御県に坐す皇神等の前に白す詞（天皇の食事の安泰）
十、山口に坐す皇神等の前に白す詞（天皇の宮殿の用材をもたらす山の守護）
十一、水分に坐す皇神等の前に白す詞（農耕に必要な水源の守護、天皇の食事の安泰）
十二、結（神主・祝部等に幣帛を捧げ持つよう宣読する詞）

祈年祭祝詞は右に示したように、様々な祈願内容が寄せ集められており、とくに第四〜十一段は天皇に直結する内容となっていることが注意される。この祈年祭祝詞をどのように解釈するかは問題も多いが(32)、広瀬龍田祭の祝詞と比べて多様な要素をもっていること、複数の神々への個別の祝詞が集積されていること、広瀬龍田祭と同様の祈願内容があるのは第三段と第十一段のみであること、などは間違いがない。祝詞の構成と内容は、祈年祭と広瀬龍田祭で大きく異なっていたことがわかる。むしろ祈年祭祝詞の対象神と朝廷との関係は広瀬龍田の神より古い可能性が高く

（例えば八神や宮の地・井戸・門などの神々や天照大御神）、元々あった個別の祝詞を取り込んで作られている可能性がある。

広瀬龍田祭と祈年祭の差異として大和の水分社が広瀬龍田祭の対象とはなっていない点も重要である。広瀬社は大和の諸川が合流する地点に位置し、合祭する六御県六社と、山口十四社の多くもその合流する諸川沿いに位置している。しかし祈年祭祝詞で読み上げられる水分社の立地は葛城郡の神社以外は大和中心部の平野に流れ込んでは来ない。広瀬大忌祭において水分社が合祭されてはいないことは、この理由によるのであろう。広瀬龍田祭は大和地方の中でも中心部である六御県の地に特化していることが看取されるのである。広瀬大忌祭で御県・山口が祭祀の対象とされたのは国家の統合や国家の中心性を示すためとは言いがたい。

祭祀の成立に関しても、祈年祭は、天智九年（六七〇）三月壬午（九日）「於二山御井傍一、敷二諸神座一、而班二幣帛一。中臣金連宣二祝詞一」の記事に淵源が求められるが(33)、広瀬龍田祭は天武四年（六七五）四月癸未（十日）の初見記事より前には見出されない。天智九年では「班幣」という言葉が使用され、「祝詞」が宣られているなど、後の班幣祭祀に類似する形式で祭祀が行われていたことがわかる。

以上から、広瀬龍田祭と祈年祭では祭神や目的の規模・範囲に大きな違いが存在し、祭祀の淵源も異なるものであったことがわかる。両祭で共通する要素があるのは、どちらも天武天皇の時代以降の同時期に大きく整備されていったためであると考えられる。祈年祭が全国的な班幣祭祀として進展していくには天智朝以降、天武朝、「飛鳥浄御原令」、「大宝令」の段階を経なければならなかったが、王・臣を使として大和の祭場に発遣する広瀬龍田祭と、神祇官内での班幣で完結する祈年祭では、その祭祀の対象と形式に元々ずれがあったわけである。

三　広瀬龍田祭の創始と国家の関与

広瀬龍田祭には王・臣がそれぞれの社に発遣されたわけだが、その位階は『延喜式』では「五位已上」とされ、「弘仁太政官式」逸文でも同様であった。また、「弘仁式」段階では神祇官における卜定によって最終的に決定されていたことも知られる。『延喜式』では式部省が使を定めて弁官に申し送り、弁官が大和国に下知することとなっている（『太政官式』六十九条）のみであり、神祇官卜定は行われなくなっていたが、広瀬龍田祭への使は祭祀のたびに選定されるものであったことは変わっていない[34]。五位以上の者が使となる点は、『令集解』所引「令釈」「差二五位以上一」（広瀬大忌祭）「五位以上充レ使」（龍田風神祭）が「古記」と同文であることから奈良初期まで遡ることは確実である。

広瀬龍田祭の初見記事（『日本書紀』天武四年〈六七五〉四月癸未〈十日〉）には「遣二小紫美濃王・小錦下佐伯連広足一、祠二風神于龍田立野一。遣二小錦中間人連大蓋・大山中曽禰連韓犬一、祭二大忌神於広瀬河曲一」とあって発遣された使が明記されている。龍田祭に発遣された美濃王が小紫（従三位相当）で最も位が高く、美濃王とともに龍田社へ発遣された佐伯連広足が小錦下（従五位下相当）、広瀬社への使は間人連大蓋が小錦中（正五位下・従五位上相当）、中曽禰連韓犬が大山中（正六位下・従六位上相当）となっており、中曽禰連韓犬以外は「五位以上」という「古記」の記事に符合する。各社に王・臣五位以上二人が発遣されるという「弘仁式」の規定ほど整ったものではないが、広瀬龍田祭の開始当初から、大夫を中心とした使者二名が両社にそれぞれ発遣される形式であったとしてよいと考えられる。

ちなみに、伊勢神宮の神嘗祭の使は五位以上の王と、中臣・忌部であった（『延喜伊勢大神宮式』「凡神嘗祭幣帛使、取二王五位已上卜食者一充之、其年中四度使祭主供之」、『延暦儀式帳』でも神嘗祭に王・中臣・忌部の参行が明記されている[35]）。広瀬龍田祭と神嘗祭の使の特徴を踏まえて西宮秀紀氏は、「伊勢神宮の神嘗祭の使より「臣五位以上一人」多い分だけ丁寧であり、律令神祇祭祀の中で大忌祭（広瀬神社）と風神祭（龍田神社）の「常祀」としての重要性と特異性が注目される」と指摘している。[36] 何故広瀬龍田祭は神宮への例幣よりも丁重な遣使の構成となっていたのであろうか。それには広瀬龍田祭の創始が関係していると思われる。

広瀬龍田祭の初見は天武四年であるが、その記事には「祠㆓風神于龍田立野㆒」「祭㆓大忌神於広瀬河曲㆒」と両社の祀る様子が記述されており、このとき広瀬社と龍田社が初めて官祭に与っただけでなく、[37] 両社自体の創建がこのときであった可能性がある。初見記事に神を祭る場所が「龍田立野」と「広瀬河曲」と特別に明記されたことは、この地にて風神と大忌神を祭る社がこの天武四年になって初めて建てられたことを示しているのではないだろうか。とくに龍田社に関しては龍田風神祭祝詞に「吾宮者朝日乃日向処、夕日乃日隠処乃、龍田能立野乃小野尓吾宮波定奉弖」と具体的に神の坐す「宮」（神殿）が「立野」に定まったことが語られており、その蓋然性は高い。ただし、広瀬大忌祭の祝詞には宮の創建は語られず神の坐す場所が「広瀬能川合」と明示されるのみである。これは、広瀬大忌祭の祭場である「川合」には、祭祀の開始当初、いわゆる神殿がなかったことを意味するのではないだろうか。川の合流地点に坐す神を「若宇加能売能命」と名付けて祭祀を行っていた可能性がある。このことは、社殿を伴う神社での例祭（春日祭、平野祭、神宮）に読み上げられる祝詞には必ず宮を表現する文句があることが傍証になろう。いずれにしても、広瀬の「河曲（川合）」を祭場として国家祭祀が行われるようになったのは天武四年が最初であろう。

もちろん古くから大和に位置する神祇への祭祀が行われなかったわけではない。『日本書紀』崇神天皇九年三月には天皇の夢に「神人」が現れて祭祀を要求するという後述する龍田祭の祝詞と類似する伝承が見え、墨坂神に赤楯・赤矛を、大坂神に黒楯・黒矛を奉ることを要求している（『古事記』に夢の話はないが、『書紀』と同様に二神を祭り、疫病がやみ国家が安平となっている)。墨坂神は大和の宇陀郡椿原町西峠の坂に祭られていたもので、大坂神は葛下郡の大坂山口神社であろう。注意すべきは赤と黒の楯・矛を奉っていることである。楯・矛の奉献は大和朝廷による貴重品の奉献という伝統に根差したものであろうが、『延喜臨時祭式』祈雨祭神条に黒毛の馬と白毛の馬を奉る規定が見え、『北山抄』巻六「祈ㇾ晴」に霖雨のときには赤馬、祈雨のときは黒馬を奉るという記述が存在し、崇神朝の赤・黒という供献品の色は天候を順行にする祈りが込められていた可能性がある。(38) 記紀の記述には奉献の願意が明確には記述されていないため右の解釈を断定することはできないが、少なくとも朝廷が大和の地の安泰・豊穣のために祭祀を行ってきた伝統は存在するであろう。しかし龍田と広瀬の地にて国家祭祀を行った記述はなく、天武四年に見える祭祀は新たに創出された祭祀とするのが妥当である。

また、広瀬龍田祭が大夫を派遣する形で国家祭祀が執り行われたことに鑑みると、両社は国家によって創建された神社であり、広瀬龍田祭は国家の直轄的な神社祭祀であったことが理解される。

このことは、広瀬社と龍田社の鑰・匙(かぎ)は神祇官で管理され、祭祀に際して出納されることとなっていた(『延喜臨時祭式』八十六条)(39)点と関係するものと考えられる。つまり、両社には既存の奉斎氏族はおらず、(40)祭祀に応じて臨時に使が選定・発遣され、同時に神祇官から祝詞師(神祇官人)が派遣される形式で祭祀が執行されていたのであった。そういった意味では、古来よりの氏族性に由来する神社とは異なる形式の神社であった。それに対して、大物主神を祭る大神神社と狭井神社で執行される「鎮花祭」や、率川神社で行われる「三枝祭」は、各神社で祭祀が執行される点に重点が置かれ、三枝祭は「大神氏宗定而祭」(「令釈」、「古記」も同文)と氏族性が考慮された祭祀であった。(41) これらの祭祀と同じく「神祇令」祭祀であった「相嘗祭」も「神主」が執行する祭祀であると規定され(『令義解』)、「令釈」(「古記」)には相嘗祭対象神社が列記されるとともに注記で「神主」や担当氏族名(「太朝臣」など)が記され、相嘗祭の対象神社は氏族性が考慮される畿内の古社であった。広瀬龍田祭は神社の奉斎形態からも、祭祀の特性からも、鎮花祭・三枝祭・相嘗祭とは異なる、朝廷直轄型の律令祭祀であったと言える。

四　広瀬龍田祭創始の背景と目的

広瀬龍田祭が朝廷直轄型の祭祀であり、在来の氏族や奉斎集団が存在しなかったが故に、朝使の発遣による祭祀形式を取ることになったと考えられるわけだが、祭祀が創始された理由をさらに追究してみたい。

広瀬大忌祭の祝詞には創始の理由をとくに明記はしていないが、龍田風神祭の祝詞には具体的にその創始の理由が記されている。

龍田尓称辞竟奉皇神乃前尓白久、志貴嶋尓大八嶋国知志皇御孫命乃遠御膳乃長御膳止、赤丹乃穂尓聞食須五穀物乎始弖、天下乃公民乃作物乎、草乃片葉尓至万弖不レ成、一年二年尓不レ在、歳真尼久傷故尓、百能物知人等乃卜事尓出牟神乃御心者、此神止白止負賜支、此乎物知人等乃卜事乎以弖卜止母、出留神乃御心母無止白止聞看弖、皇御孫命詔久、神等乎波、天社国社止忘事無久遺事無久、称辞竟奉止思志行波須乎、誰神曽、天下乃公民乃作作物乎不レ成傷神等波、我御心曽止悟奉礼止宇気比賜支、是以皇御孫命大御夢尓悟奉久、天下乃公民乃作作物乎、悪風荒水尓相都都、不レ成傷波、我御名者天乃御柱乃命、国乃御柱能命止御名者悟奉弖、吾前尓奉牟幣帛者、御服者明妙、照妙、和妙、荒妙、五色乃物、楯、戈、御馬尓御鞍具弖、品品乃幣帛備弖、吾宮者朝日乃日向処、夕日乃日隠処乃、龍田能立野乃小野尓吾宮波定奉弖、吾前乎称辞竟奉者、天下乃公民乃作作物者、五穀乎始弖、草能片葉尓至万弖、成幸閉奉牟止悟奉支、是以皇神乃辞教悟奉処仁、宮柱定奉弖、此能皇神能前乎称辞竟奉尓、皇御孫命乃宇豆乃幣帛令二捧持一弖、王臣等乎

為レ使弖、称辞竟奉久止、皇神乃前尓白賜事乎、神主祝部等諸聞食止宣、

祝詞によると、崇神天皇の御代（「志貴嶋尓大八嶋国知志皇御孫命」）、多年にわたって天下公民の作物の災いをなす神の名を卜事で示そうとするができず、天皇が「うけい」をし、天皇の夢に天御柱命・国御柱命が出現、その神を龍田に祭れば天下公民の作物は豊穣となると告げられ、よって社を創建し、王・臣等を使として龍田の神の前に賛辞を奉る、という。

ここで注意されることが二点ある。一点は崇神天皇に祭祀の淵源を求めていること、もう一点は占いではどの神かはわからず、天皇の夢見で神名と祭るべき場所を特定していることである。

崇神天皇に関しては『日本書紀』崇神天皇七年に、災害の原因となる神の名を卜（倭迹迹日百襲姫命の神憑り）によって大物主神と知ったが、祭るに霊験なく、天皇の夢見（臣下三人も同じ夢を見ていた）によって大物主神の子大田田根子をもって祭るべきことを知り、大物主神への祭祀と合わせて倭大国魂神（市磯長尾市〈倭直の祖〉を祭主）と、八十万の群神を祭ることで災害が鎮まり、五穀が豊穣となった伝承が存在する。『古事記』にも同様の伝承が存在するが、『古事記』では天皇の夢見のみによって大物主神の心を知る伝承となっている。注意すべきはどちらも「天社・国社」（紀）、「天神・地祇社」（記）を定めていることである。記紀における崇神天皇の伝承には、神の子孫（神と由来のある氏族）が神を祭るべきこと、天下の災害に天皇が責任をもつこと、などが示され、これは古代祭祀の基本形として令制下でも継承され、そのことが相嘗祭などで祭祀の執行者に氏族性が考慮される理由となったと考えられる。そして崇神天皇の時代に天社国社が定められたとするのは、崇神天皇に律令祭祀の理念が投影されたことを意味している。(42)

広瀬龍田祭は初見記事の検討から天武四年に両社が創建され、祭祀が創始された可能性が高く、その淵源が崇神天

皇の時代に求められたのは、記紀において天社国社の設定が崇神天皇に求められたのと同型の発想に基づくであろう。とすると、祭祀の理念を崇神朝に求める形態は天武朝が大きな契機になっている可能性がある。もちろん天武天皇より前から崇神天皇を「御肇国天皇」（紀）、「所知初国之御真木天皇」（記）（ハックニシラススメラミコト）として国家の理念的な祖形を見出していたであろうが、それが明確に定まって記紀に記されることとなったのは天武天皇の時代であることを龍田祭の祝詞は傍証しているものと考えられる。

龍田祭の祝詞でもう一つ注意すべきは、天皇の直接の夢見でしか神の意志がわからなかった点である。祝詞では、物知る人等の卜事をもって卜《うらな》えども、出ずる神の御心も無しと白したことを聞き、自ら「うけひ」をして、天下公民の食物を傷つける神の意志を探ろうとしたのである。この伝承は崇神紀の伝承とも相通ずるものがあり（倭迹迹日百襲姫命の神憑り〈卜〉では祭祀の方式まではわからず、天皇の夢見によるしかなかった）、崇神紀の伝承は天武朝下で形成された可能性を示唆すると同時に、天下の人々の食物を守るための天皇の強い意志を感じさせる。臣下の卜ではなく、天皇が夢を見ることで神の意志が示され、神の名と祭祀場所、祭祀の方式が明示されるという伝承は、天皇の直接の意志によって祭祀が始められたことを意味していると解される。つまり、龍田神社創建と祭祀の開始は天武天皇の御願であったのである。そしてこのことは崇神天皇の伝承とも共通し、天武天皇が天下の公民の生産や天下の災害に対して責任を負っていたことを示す。龍田祭の祝詞にのみ創建の由来が述べられたことは、天武四年（六七五）の初見記事に龍田社へ発遣された美濃王が、他の使に比べて高位であったことと関係するとも推測される。広瀬社は大和川の合流地点として大和の六御県・山口の神々を祭り、大和川上流域の豊穣を祈願するのにふさわしい場所として、龍田社の創建の由来に准じて創始されることとなったのであろう。広瀬社の立地に関しては、平林章仁氏が指摘している通り、広瀬郡が敏達天皇系統の王族（天武天皇も含む）の基盤であったこととも関連している可能性がある。(43)

この天皇の御願で使を発遣することは、平安時代に始まる「臨時祭」と類似していることが岡田莊司氏によって指摘されている(44)。賀茂・石清水・平野などの臨時祭はいずれも天皇の御願で臨時に始められた奉幣形式の祭祀であり、賀茂祭・平野祭といった「公祭」とは区別される天皇個人の信仰に根差した祭祀であった(45)。平安時代の各臨時祭は平安時代中期の神祇信仰を反映しており一概に七世紀末と比較はできないが、広瀬龍田祭は毎回使が選定され、恒例的に行われながら天武・持統紀に記事が頻出する、まさに「臨時」奉幣の様相をもっていたと言うことができる。祭祀の使が伊勢神宮の神嘗祭への使よりも丁重な側面をもち、天武・持統紀にほぼ毎回記事が掲載されていたのは、広瀬龍田祭が天武天皇の意志で臨時に始められたためではないだろうか。他の恒例祭祀は初見などの特徴的な記事のみ掲出されていたのに対し、広瀬龍田祭は恒例的に行われながら「臨時」祭の扱いが『日本書紀』編纂時まで続いていたと考えられる。「飛鳥浄御原令」に恒例祭祀として規定されていたかは不明であるが、仮に祭祀の規定があったとしても、天皇の御願で臨時的に始められた祭祀のあり方とその取り扱いは持統朝でも踏襲されたのであろう。

広瀬龍田祭の位置づけを考える上で重要なのが、大和国の関与である。『延喜四時祭式』には「国司次官以上一人、専当行事、即令㆔諸郡別交易、供㆓贄二荷㆒、其直幷米酒稲、並用㆓当国正税㆒、自外所司請供」と記され、大和国司が行事を行い、大和国の各郡より贄が供され、その直や米・酒・稲は大和国の正税より供出されていた。広瀬龍田祭に際し、大和の六御県・山口だけでなく、大和国によって弁備される幣帛が奉献されることは、広瀬龍田の祭りが大和国の豊穣を祈願する祭祀であることを明瞭に示している。

六御県と山口の神々は祈年祭（月次祭）祝詞に明示される存在であるが、祈年祭祝詞では天皇の食事、天皇の宮殿の用材に関わって幣帛を奉る由が述べられていた。それに対して広瀬大忌祭祝詞に見える六御県と山口の神々に幣帛を奉る由は、

如レ此奉者、皇神等乃敷坐山山乃自レ口、狭久那多利尓下賜水乎、甘水登受而、天下乃公民乃取作礼留奥都御歳乎、悪風荒水尓不二相賜一、汝命乃成幸波閉賜者、

と述べられ、山々の口より流れ来る水が良き水であり、天下の公民の作る穀物を悪しき風・荒き水にあわせないようにするためであるとしており、祈年祭祝詞の内容とは異なり、天下の公民の作物であることを明確に示している。ここに広瀬龍田祭の特質がある。広瀬龍田祭の祝詞には「天下公民」の語が頻出し、天皇の食事だけでなく天下公民の作る穀物の豊穣が強く求められている。その手段としてとられたのが朝使の発遣による丁重な祭祀の執行と、広瀬・龍田社を含む大和の御県・山口の社への祝部による幣帛奉献であり、大和国による奉献品の一部負担であった。この手段も大和国下の作物に豊穣をもたらすために国家によって考案された形式であり、天武天皇が強い意志をもって大和国の豊穣を国家によって祈願させていたのである。また、『日本後紀』延暦十八年（七九九）六月戊子（十五日）には、「勅。祭祀之事。在二徳与一レ敬。心不レ致レ敬。神寧享レ之。広瀬龍田祭。所下以鎮二弭風災一。禱中祈年穀上也。而大和国司。触レ事怠慢。都無二粛敬一。差二遣史生一。祗二承朝代一。祀無二報応一。職此之由。自今以後。守介一人。斎戒祗承。若有二事故一。聴レ遣二判官一」とあり、広瀬龍田祭執行の目的は年穀の祈禱であり、大和国司の関与も重要であったことを示している。この記事からも広瀬龍田祭の目的は年穀の豊穣に特化しており、祭祀執行の理由はその点に尽きていたと考えられる。

五　御県への祭祀の淵源

また、大和川の上流域には六御県と山口の神社が存在するが、その多くは大和の南部に集中している。六御県のう

ち四つと、山口神のうち祈年祭祝詞に明示された六座の神々が葛下郡・城上郡・高市郡・十市郡に集中している。六御県の神々へ幣帛を奉献する理由について祈年祭祝詞は「甘菜・辛菜」といった天皇の食膳がもたらされるためと述べている。つまり大和の六御県は天皇の食膳の供給地であったと推察されるのである。令制下で供御の蔬菜・果樹を管轄していたのは「園池司」（宮内省）であったが、令制以前にその役割は「御県」（ミアガタ）にあったのであろう。さらに令制官田（宮内省）である「屯田」は『倭国正税帳』に記載が存在する十市郡・城下郡・添上郡だけでなく、城上郡出雲庄にも存在し、纏向遺跡の西側に存在するこの「屯田」は古くから天皇直轄の御田であった可能性がある。[46]

　そのように考えると、朝廷と大和の六御県との関係性の古さが想定される。祈年祭祝詞に見える六御県への詞章はその反映であると想定され、同様のことが山口に坐す神々、水分に坐す神々など、祈年祭祝詞において具体的に示された神々も同様であることが推察される。[47]おそらくは何らかの形で朝廷の祭祀が幣帛の奉献という形で行われたことがあり、そのさいに使用された祝詞を寄せ集めて祈年祭祝詞が形成された可能性がある。令制官田からは天皇の常食だけでなく新嘗・神今食など天皇親祭で用いられる稲・粟が供給されており（『延喜大炊寮式』）、その背景には、御県内の生産物が天皇に貢献され天皇祭祀にも供されて来た歴史があるのではないか。朝廷への貢納が御県から継続的にあったのならば、その御県に坐す神に生産の安泰を祈る祭祀が幣帛（貴重品）の奉納という形式で行われていたとしても不思議ではない。

　令制以前にいかなる祭祀が御県などで行われていたか、詳細は史料がないためわからない。[48]しかし孝徳紀、大化元年（六四五）八月の東国国司への詔の中に「其於二倭国六県一被レ遣使者、宜下造二戸籍一、并校中田畝上」とあり、六御県の令制的な管理への途が開かれている。天皇への供御のシステムが完全に律令制へと移行するのは「大宝令」以降であろうが、天武朝より前にその切り替えが始まっていたことは注意される。天武朝は前代的な御県の貢納から律令制への過渡期に相当する。

ならば天武朝で大和の地の豊穣に特化した広瀬龍田祭が始まったことをどう位置づけるべきか。天武朝では天武紀四年（六七五）正月や天武紀十年正月に幣帛を諸社・諸神に頒布していたことを窺わせる史料が存在し、班幣制度が少なからず整えられたことは否定できない。だが同時に天武紀四年に広瀬龍田祭が始まり、天武紀十年には畿内の古社に対する祭祀である相嘗祭の初見記事を見ることができる。孝徳朝では畿外の要所に位置する神社に神郡（評）が設置されたと考えられ[49]、天智朝では全国の諸神を念頭に置いた班幣の淵源が見られ、天武朝より前は畿外が意識され、天武朝では畿内が重視されていたことが見てとれる[50]。天武朝で畿内の神祇が重視されたことは、全国の神々を祭る神祇祭祀は理念的なものであり、実際には朝廷と近接してきた地や諸神の祭祀を行うことが現実的な方策であったからであろう。

六御県・山口・水分に坐す神の社への班幣は畿内神祇を重視した天武朝（飛鳥岡本宮、飛鳥浄御原宮）で企図され、祈年祭祝詞に詞章が組み込まれたとして良いだろうが[51]、その淵源は大化以前からの天皇供御や、大和の地の豊穣に関係してきたのであろう。このうち六御県と山口に坐す神社は広瀬龍田祭にも組み込まれたが、広瀬龍田祭では天皇供御のことは述べられず公民の生業を安泰にすることが願意であった。祈年祭と広瀬龍田祭は天武朝で同時期に整備・形成されたものであるが、祈年祭は古くからの由縁をもつ祭祀を全国規模の国家祭祀の中に取り込んで成立させたもので、広瀬龍田祭は大和の地で実際に農耕を行う人々の生業に寄り添ったものと言うことができる。律令国家体制への移行を背景にしながら、同時並行的に方式を異にした豊穣祈願の祭祀が形成・整備されていったのである。

おわりに

広瀬龍田祭の祝詞に頻出する「天下公民」の語は他の祝詞には容易に見出されない言葉であり、道饗祭祝詞に「天下公民」、神宮月次祭（大神宮司奏上）祝詞に「天下四方国乃百姓」とある以外は皆無である。この点からも広瀬龍田祭の特質性が窺える。

広瀬龍田祭の特異性は、広瀬龍田祭の祝詞の冒頭句に、「高天原尓神留坐皇睦神漏伎命、神漏弥命以」（祈年祭、月次祭、大殿祭、大祓、鎮火祭、大嘗祭、鎮御魂斎戸祭、遷却祟神に同種の詞）といった、神話世界に由来するカムロキ・カムロミ（男女の皇祖神）の「みこともちて」による祭祀執行の根拠が述べられる祝詞の常套句が存在しないことにもある。これは広瀬龍田が遣使祭祀の形式をとり、朝廷内での祭祀ではないためでもあろうが、祭祀の執行の起点が龍田の神の託宣によるためではないだろうか。祝詞内の伝承では天皇の夢に直接龍田の神が出現し、意思を示したとされており、この伝承を宣読する祝詞の冒頭にカムロキ・カムロミの「命」を据えてしまうと、神の「命」が重複してしまうからである。広瀬龍田祭の祝詞にカムロキ・カムロミの「みこともちて」が存在しないことは、その祭祀が大和国に創始され鎮座した神の命により、大和国の豊穣をもたらすために行われていること、そして祭祀執行の目的が天皇自身だけでなく、むしろ大和に居住する公民のためである点が祝詞に特記されていることと関係し、これらの点は広瀬龍田祭の性質を如実に示すものである。

また、天武・持統朝において律令体制が整備されていくが、その律令体制は「公民」と「公田」を基礎とし、実際に耕作を行う百姓を「公」の民として律令体制に統合するものであった(52)。天武朝で創始された広瀬龍田祭は、律令体制の整備を背景にしながら、大和国の「公民」の作る作物の豊穣のために開始された国家祭祀であり、それは天皇が「公民」（おおみたから）の生産や天下の災害に責任を負う天皇観の確立とも相関する。

広瀬龍田祭の祭祀構造は王・臣二名を各社に発遣し、そこで神祇官人が大和国の人々を前に祝詞を読み、祝部が幣帛を奉献するものであった。その幣帛の一部は、大和国下で供出される贄・米・酒・稲が含まれていた。広瀬龍田祭は大和国に居住する公民の作る穀物の豊穣のために行われ、大和国の国司が行事し、郡より贄がもたらされることは、その点と表裏一体のものであろう。

祭祀の構造の分析からは、広瀬龍田祭が朝廷によって創始され、朝廷直轄的な祭祀・神社であったこと、祈願対象が大和国の作物であることに由来して祭場への遣使方式がとられたことが理解される。広瀬龍田祭は、神祇官内での全国班幣で完結する祈年祭と祭神・祭場・方式に違いが存在した。また、畿内の古社を対象とする相嘗祭や、大神神社での祭祀に重点が置かれた鎮花祭、大神氏の氏族性が考慮された三枝祭といった他の「神祇令」規定の神社祭祀とも異なる性質をもった祭祀であった。広瀬龍田祭は特定の古社での祭祀や、全国規模への一律的な幣帛頒布とは異なる形態をとる祭祀であり、その理由は祭祀の目的が大和国の公民の作る作物の豊穣に特化していたためと考えられる。大和国の豊穣のために国家が祭祀を執行するということは、大和国の公民の生産が豊穣となることが公民の生活を潤すだけでなく、国家の安寧と直接相関するという発想に基づく。大和の地を豊穣にすることは国家の行政行為の一種でもあった。

そして、その祭祀の創始は天武天皇の御願に基づいていた。それは祝詞や「令釈」に、天皇が災害を克服すべく祭るべき神を自ら夢を見ることによって特定して祭祀が始まり、龍田社が創建されたと記されていることや、大夫（王・臣）を二人ずつ神社に発遣する形式をとること、天武・持統紀にのみほぼ毎年祭祀記事が見出されることが根拠としてあげられる。他の恒例祭祀に比して異例であるこの『日本書紀』の記載方式は、天武・持統天皇の特別の意志の下で広瀬龍田祭が創始・維持されたことを示し、広瀬龍田祭は毎年行われる臨時祭とも形容できる。そしてその天皇の御願は人々の作る穀物の豊穣に特化していた。天皇は災害とその克服に責任を負う存在であり、その責任を果たす手段として祭祀の執行が求められた。祭祀を行うことは、その形式・構造や背景がいかなるものであったとしても、実際に営まれる生業のために行われるものであり、その生業を基礎として国家が形成されることが明瞭に示されたのが広瀬龍田祭であったと結論づけることができる。

註

（1）岡田精司「律令的祭祀形態の成立」（『古代王権の祭祀と神話』塙書房、昭和四十五年四月）、西宮秀紀「律令国家の神祇祭祀の構造とその歴史的特質」（『律令国家と神祇祭祀制度の研究』塙書房、平成十六年十一月。初出は『日本史研究』第二八三号、昭和六十一年三月）など。

（2）岡田荘司「古代神祇祭祀体系の基本構想―「天社・国（地）社祭祀制」―」（『神道宗教』第二四三号、平成二十八年七月）。

（3）天武朝では、国郡卜定を伴う「大嘗」が天武二年（六七三）十二月丙戌（五日）に、同じく国郡卜定を伴う「新嘗」が天武五年十一月、天武六年十一月己卯（二十一日）に見える。持統朝では、国郡卜定や中臣の天神寿詞を伴う「大嘗」が持統五年十一月戊辰朔に行われている。天武朝では国郡卜定を伴う天皇親祭の形式が整えられたが、大嘗祭と新嘗祭の形式の区分が未確立であり、持統朝の記事が一世一度の大嘗祭の初例と推測される。

（4）青木紀元「広瀬・龍田考」（『福井大学学芸部紀要　第一部人文科学』第一四号、昭和四十年三月）、「祭祀」（『日本神話の基礎的研究』風間書房、昭和四十五年三月）。

（5）佐々田悠「律令制祭祀の形成過程―天武朝の意義の再検討―」（『史学雑誌』第一一一編第一二号、平成十四年十二月）。

（6）柳田國男「風位考」（『定本　柳田國男集』第二十巻、筑摩書房、昭和四十五年一月。初出は『風位考資料』国学院大学方言研究会、昭和十年十二月）、平野孝國「竜田・広瀬の祭り、二元的祭祀の世界」（『季刊どるめん』第七号、昭和五十年十月）、山上伊豆母「風神考」（『日本文化史論叢』柴田實先生古稀記念会、昭和五十一年一月）。

(7) 三谷栄一「竜田・広瀬の神の性格—イザナギ神話に関連して—」(『神道宗教』第七五～七九号、昭和五十年三月)。

(8) 福島好和「天武持統朝政治の一考察」(『関西学院史学』第一二号、昭和四十五年三月)。

(9) 西宮秀紀「律令国家と奉幣の使」(『律令国家と神祇祭祀制度の研究』塙書房、平成十六年十一月。初出は、岡田精司編『祭祀と国家の歴史学』塙書房、平成十三年四月)。

(10) 山口えり(A)「広瀬大忌祭と龍田風神祭の成立に関する一試案—祝詞の検討を中心として—」(『史観』第一五八冊、平成二十年三月)、(B)「広瀬大忌祭と龍田風神祭の成立と目的について」(『国立歴史民俗博物館研究報告』第一四八集、平成二十年十二月)。

(11) 加瀬直弥「平安時代の神職と神社修造」(『平安時代の神社と神職』吉川弘文館、平成二十七年三月)。

(12) 青木紀元註(4)前掲論文。

(13) 青木紀元註(4)前掲論文。

(14) 清水潔『新校　本朝月令』(皇學館大學神道研究所　平成十四年三月)。

(15) 青木紀元註(4)前掲論文。

(16) この「古記」の記事を基に佐々田悠氏は、広瀬龍田祭の対象となる地域では、七月が収穫時期にあたり、広瀬・龍田祭の七月の祭りは祈年の祭りでありながら報賽の意もあったと指摘している(註(5)前掲論文)。ただ、祈年に報賽の意味もあった可能性はあるが、広瀬龍田祭はあくまで豊穣祈願を目的としていた。というのも、『延喜式』所収の広瀬龍田祭の両祝詞(四月と七月もほぼ同文で宣られる)には、神が豊穣をもたらせば初穂を「秋祭尓奉牟登」と記されているが、この「秋祭」は広瀬龍田の七月の祭りとは解しにくいからである。七月に行っている祭祀において、「秋祭尓奉牟登」(秋の祭りに奉ります)と言うのであるから、この「秋祭」は広瀬龍田祭とは別の祭祀であると考えるべきであろう。とすると、広瀬龍田祭はあくまで豊穣祈願の祭祀であったということになる。国家祭祀として設定された広瀬龍田の祭りに、直接対応する秋の祭りは国家祭祀として設定されることはなかった。国家としては豊穣がもたらされればそれでよかったのであろう。

(17) 青木紀元註(4)前掲論文。

(18) 平林章仁「敏達天皇系王族と広瀬郡」「王家と古代の広瀬郡」他(『七世紀の古代史——王宮・クラ・寺院』白水社、平成十四年二月)。

(19) 青木紀元註(4)前掲論文。
(20) 山口えり註(10)前掲論文（A）。
(21) 柳田國男、平野孝國註(6)前掲論文。三谷栄一註(7)前掲論文。
(22) 山口えり註(10)前掲論文（B）。
(23) 山口えり註(10)前掲論文（A）。
(24) 山口えり註(10)前掲論文（B）。
(25) 虎尾俊哉編『訳注　日本史料　延喜式』（集英社、平成十二年五月）。
(26) 朝廷からの使が直接幣帛を奉献するのではなく、あくまで在地神職を介して幣帛が奉納されていた点は注意される。加瀬直弥註(11)前掲論文参照。
「祝部」は、その「名籍」が神祇官によって管理される、在地の神祇官末端官人であった。その祝部は国家の幣帛を各神社へと持っていく責務を各律令祭祀で受け持っている。
(27) 佐々田註(5)前掲論文。
(28) 彌永貞三「大伴家持の自署せる太政官符について」（『日本古代の史料と政治』高科書店、昭和六十三年十二月）。
(29) もちろん、祈年祭の対象社ではあったが、月次祭の対象社ではなかった、とも想定できるが、『延喜式』の規定で「名神大、月次新嘗」とされている広瀬社（龍田社も同じ）が畿内の官社中心の月次祭に与らないまま、祈年祭には与っていた、ということは考えにくいのではないだろうか。
(30) 天武朝の「神官」と持統朝の「神祇官」における画期に関して、西宮秀紀「律令神祇官制の成立について」（『律令国家と神祇祭祀制度の研究』塙書房、平成十六年十一月。初出『ヒストリア』第九三号、昭和五十六年十二月）を参照。
(31) 『延喜式祝詞』「春日祭」には「貢流神宝者、御鏡、御横刀、御弓、御鉾、御馬尓備奉理」と春日祭での神宝奉献を述べるが、『延喜四時祭式』の祭神料には含まれていない。笹生衛「古代祭祀の形成と系譜―古墳時代から律令時代の祭具と祭式―」（『古代文化』第六五巻第三号、平成二十五年十二月）など参照。
(32) 早川庄八「律令制と天皇」（『日本古代官僚制の研究』昭和六十一年十一月。初出は『史学雑誌』第八五編第三号、昭和五十一年三月）、古川淳一「班幣祭祀の成立」（『歴史』第七四輯、平成二年四月）など。また本書第一部第一章「古代祈年祭の祭祀構造」を参照。

(33) 岡田精司「律令的祭祀形態の成立」(『古代王権の祭祀と神話』塙書房、昭和四十五年四月)、井上光貞『日本古代の王権と祭祀』(東京大学出版会、昭和五十九年十一月)、岡田莊司「古代神祇祭祀体系の基本構想―「天社・国(地)社祭祀制」―」(『神道宗教』第二四三号、平成二十八年七月)。

(34) 佐々田悠氏は『北山抄』巻七「都省雑事」に、神祇官が広瀬龍田祭に向かう五位のことについて読み申す、という記事があることに着目し、神祇官は使を卜定後、その結果を官政の場で報告していたことを指摘し、卜定という手続きは『延喜式』段階ではほとんど行われなくなっていた、としながら、「読申という古い形態を存続させた官政において行われていることからすれば、奈良時代においても同様の方法がとられていたと推測される」と考察している(佐々田註(5)前掲論文)。

(35) 五位以上の王が例幣使として神嘗祭に発遣されることは、令制当初まで遡るとされる(藤森馨「神宮奉幣使考」『改訂増補 平安時代の宮廷祭祀と神祇官人』原書房、平成二十年十二月。初出は『大倉山論集』第一九輯、昭和六十一年三月)。

(36) 西宮秀紀「律令国家と奉幣の使」(『律令国家と神祇祭祀制度の研究』塙書房、平成十六年十一月。初出は岡田精司編『祭祀と国家の歴史学』塙書房、平成十三年四月)。

(37) 西田長男「『延喜式祝詞』の製作年代」(『神道大系　古典註釈編六』付「神道大系月報　三」昭和五十三年八月)。

(38) 本居宣長は、崇神記紀に見える墨坂、大坂神への祭祀を広瀬龍田祭と同じく年穀のためと解し(『古事記伝』〈『本居宣長全集』第十一巻〉筑摩書房、昭和四十四年三月)、鈴木重胤は同時に広瀬大忌神も祭っていたとしている(『延喜式祝詞講義』七之巻〈『鈴木重胤全集』第十〉、鈴木重胤先生学徳顕揚会、昭和十四年五月)。重胤は、広瀬龍田祭は龍田祭の祝詞に書かれた文字通り崇神天皇の御代に始まり、時代によって変遷したものと解しているが、そうなると天武・持統紀にのみ両祭の祭祀記事が見られる理由が説明できなくなるため成立しがたいであろう。

(39) この条には、広瀬社・龍田社と並んで春日社の鑰・匙も神祇官の官庫に収め、祭りのさいに使の神祇官人が受け取っていたことが知られる。『貞観儀式』春日祭条からも、春日祭には神祇官人が「神主」(祝詞師)を率いて参向しており、春日社に常駐の神主はいなかったことがわかる。

(40) 弘仁十二(十三ヵ)年に大和国に下した太政官符(貞観十年六月二十八日太政官符所引)には、農耕や旱に際して豊穣や雨を祈り験のある「部内名神」として「大和。大神。広瀬。龍田。賀茂。穴師等大神」を例に挙げ、近年の不祥は神主によるとしている。西宮秀紀氏は、この官符から広瀬社・龍田社を含む例に挙げた六社には神主が存在したとしている（「祝・祝部に関する基礎的考察」『律令国家と神祇祭祀制度の研究』塙書房、平成十六年十一月）。ただ、広瀬龍田祭は天武四年に開始された国家祭祀でありながら、その神社が相嘗祭（神主が祭祀を執行する令制祭祀）の対象神社ではないことが注意される。弘仁官符で例に挙げられた他の四社は、神主が祭祀を執行する相嘗祭の対象社（「古記」「令釈」）となっており、広瀬社と龍田社が古くより神社と由縁のある氏族によって祭祀が執行される神社ではなかったことは間違いないであろう。

（41）藤森馨「鎮花祭と三枝祭の祭祀構造」（『神道宗教』第二一一号、平成二十年七月）。

（42）崇神天皇の伝承と律令祭祀の理念に関しては、岡田莊司「天皇と神々の循環型祭祀体系―古代の崇神―」（『神道宗教』第一九九・二〇〇号、平成十七年十月）、同「古代の天皇祭祀と災い」（『國學院雑誌』第一一二巻第九号、平成二十三年九月）、同「神道祭祀考―新・神道論―」（『國學院雑誌』第一一三巻第一一号、平成二十四年十一月）、小林宣彦「律令期における災異への対処とその思想的背景に関する基礎的考察―神・仏・天のうち神祇の対処を中心に―」（『神道宗教』第一九九・二〇〇号、平成十七年十月）、同「律令期神祇制の再検討―霊験と祟りをめぐる神事のシステム化を中心に―」（『國學院雑誌』第一一二巻第二号、平成二十三年二月）などで触れられている。

（43）平林章仁註(18)前掲論文。

（44）岡田莊司「古代の国家祭祀―祈年祭の淵源を探る―」（『神道史研究』第六五巻第二号、平成二十九年十月）。

（45）三橋正「天皇の神祇信仰と「臨時祭」―賀茂・石清水・平野臨時祭の成立―」・「「臨時祭」の特徴と意味」（『平安時代の信仰と宗教儀礼』続群書類従完成会、平成十二年三月。初出『平安時代の神社と祭祀』国書刊行会、昭和六十一年十一月）。

（46）岸俊男「「額田部臣」と倭屯田」（『日本古代文物の研究』塙書房、昭和六十三年一月。初出『末永先生米寿記念献呈論文集』昭和六十年六月）、岡田莊司「大嘗・新嘗の祖型」（『大嘗の祭り』学生社、平成二年十月。初出『大美和』第七七号、平成元年七月）。

（47）註(32)前掲論文参照。

（48）「県主」には祭祀者としての性格が濃厚であるとされてきたが（上田正昭「古代国家の政治構造」『日本古代国家成立史の研究』青木書店、昭和三十四年十二月。小林敏男「県・県主制の再検討（二）」『古代王権と県・県主制の研究』吉川弘文館、平成六年七月。他多数)、各「県主」史料に見られる祭祀的行為は一般の氏族であっても行いうるものであり、「県主」のみの特性とは言いがたい。県主が大和で朝廷祭祀を行っている史料は存在せず、御県で祭祀が行われていたとしても、個別・分節的なもので体系的なものではなかったであろう。

(49) 小倉慈司「律令制成立期の神社政策—神郡(評)を中心に—」(『古代文化』第六五巻第三号、平成二十五年十二月)など参照。

(50) 岡田莊司註(2)前掲論文。

(51) 岡田莊司註(44)前掲論文。

(52) 吉田孝「「律令国家」と「公地公民」」(『律令国家と古代の社会』岩波書店、昭和五十八年十二月)。

第四章　相嘗祭の祭祀構造と古代神社祭祀の基本形態

はじめに

相嘗祭は「神祇令」に仲冬の祭りとして規定された律令国家祭祀であり、『日本書紀』天武天皇五年（六七六）十月丁酉（三日）「祭二幣帛於相新嘗諸神祇一」の記事を初見とする。相嘗祭の主要史料は初見記事の他に『令義解』および『令集解』に記された各注釈記事、『延喜式』の規定、「大倭国正税帳」（天平二年〈七三〇〉）の断片記事のみしかないにもかかわらず、多くの研究が積み重ねられてきた。それはひとえに新嘗祭と同じ「嘗」祭と「神祇令」に表記されながら、その意義が同じ「神祇令」祭祀である神嘗祭や新嘗祭に比して不明瞭なことと、「令釈」に相嘗祭対象神社が具体的に列記されるとともにその奉斎者が氏族名や「神主」として注記されるという特徴を有するためであろう。

相嘗祭の字義について、[1]相嘗祭の包括的な検討を早くに行った佐伯有義氏は、「相新嘗」を略して「相嘗」と称したとし、相嘗祭は特別の由緒ある神々が「相共に」新嘗を聞こしめす義であるとした。[2]田中卓氏は佐伯氏説に賛同しながら、新穀を神に供える新嘗が指定神社においては「相嘗祭」、伊勢神宮においては「神嘗祭」、宮中においては「新嘗祭」と呼称されたのだと整理している。[3]

相嘗祭の成立期に関しては、祭祀の対象社が畿内に分布しているため、薗田香融氏が「相嘗祭は、大和の勢力が畿内と紀伊にのみ限られた時代、そしてまだ伊勢が皇太神宮と考へられてゐない頃の設定」とし、[4]二宮正彦氏は天武紀五年以前であるとした。[5]しかし、田中卓氏や西宮秀紀氏は他の律令祭祀の成立時期からして、律令制祭祀としての相嘗祭の成立期は天武朝であるとしている。[6]その中でも西宮氏は、律令制下の相嘗祭に先行する令制以前の「原相嘗祭」が存在するとしたが、異論も呈されている。[7]相嘗祭と同じ「嘗」祭である新嘗祭・大嘗祭の整備が天武朝以後において行われている[8]点に鑑みれば、その淵源は別として、国家祭祀である相嘗祭の設定そのものは初見記事のある天武朝に行われたことは間違いないであろう。

また、相嘗祭の祭祀形態に関しては菊地照夫氏の論考が存在し、[9]相嘗祭の神社における執行主体が神主であること、狭義の国家祭祀としての相嘗祭は国家側で行われる荷前の幣帛供進にあることが指摘されている。「貞観講書私記」(藤波本『神祇令』〈令義解〉仲冬条頭注)は相嘗祭について「上卯先祭㆓調庸荷前及当年新穀於諸神㆒」とし、上卯日相嘗祭は調庸荷前と新穀を諸神に奉ることと解しており、菊地氏の指摘には一定の妥当性はあるが、国家からの供出そのものは他の律令祭祀も同様であり、相嘗祭のみの特徴とは言いがたい面がある。また、祭祀の意義についても菊地氏は、岡田精司氏の律令祭祀制への理解[10]を前提として国家支配を宗教的に保障するものであるとしている。[11]しかし黒崎輝人氏により氏族祭祀権への不介入性がすでに指摘されており、[12]祭祀権の二重構造の観点から相嘗祭を大きく捉え直す必要があると考えられる。

以上から、相嘗祭は天武天皇の時代に設定された国家祭祀であり、畿内の神社を対象として国家から新穀・荷前を諸神に奉る「嘗」祭であったことは間違いない。しかし、相嘗祭の祭祀構造が国家による幣帛の供進と神社側での祭祀とによって構成されているとして、その神社側での祭祀が神主の執行するものと規定された理由や事情は何であったのであろうか。律令祭祀としては祈年祭などの班幣祭祀が存在し、国家から使いを遣わして幣帛を奉納する奉幣などの形式も存在したはずである。(13)国家祭祀の主体はあくまで国家であるのにもかかわらず、何故神主を介在させた国家祭祀として設定されたのか。この点をさらに深めて考察することは、古代の神社祭祀と国家祭祀のあり方を考える上で重要な視角を提示できるのではないだろうか。本章では相嘗祭の対象社や幣帛の特徴と、その祭祀形式の問題を再検討しつつ、国家と神社の祭祀構造の基本の一端を考察してみたい。

一　対象社と幣帛の組成における相嘗祭の特徴

相嘗祭の対象社は『延喜式』では四十一社（七十一座）存在する。相嘗祭と同じ「嘗」祭で十一月に行われる新嘗祭には班幣儀礼が存在するが、(14)その対象社は「天社国社」の神々と称され、月次祭班幣の対象社と一致し、畿内を中心にしながら全国にまたがる百九十八社（三百四座）であった。それに対して相嘗祭の対象社は畿内のみであり、その畿内の中でも特定の神社四十一社を対象としていた。天皇の統治下の神社の総称とも解釈できる「天社国社」(15)を対象とした祈年・月次・新嘗班幣とは異なった選定基準で相嘗祭の対象社が選定されていたことが窺われる。

『延喜式』規定の四十一社のうち十五社（大和社、大神社、宇名足社、村屋、穴師社、巻向社、池社、多社、葛木鴨、恩智社、住吉社、日前社、国懸社、伊太祁曽社、鳴神社）が「令釈」（「古記」も同文）に記された対象神社である（表1「相嘗祭対象四十一神社表」参照）。これらのうち大和国九社中の七社（大和社、大神社、宇名足社、村屋、穴師社、池社、多社）に関しては「大倭国正税帳」（天平二年〈七三〇〉）に「神嘗酒料」として酒料稲の数が記載されており、この七社が祭祀の対象であったことは天平二年時にまで遡る（葛木鴨社〈鴨都波八重事代主命神社〉の鎮座する葛上郡は「大倭国正税帳」で欠損しているため、葛木鴨社も当時から対象社であった可能性がある）。(16)また、『延喜四時祭式』にも「酒料稲」が神税より支出される規定が存在するが、これも奈良時代初期からの規定であったことがわかる。「令釈」と「古記」が同内容のため、「古記」成立（天平十年ごろ）から「令釈」成立期（延暦六～十四年〈七八七～七九五〉ごろ）まで先にあげた十五社（大和国九社、河内国一社、摂津国一社、紀伊国四社）が祭祀対象社であり、それ以外の神社は延暦年間以後に順次祭祀に与ったと考えられる。奈良時代は大和国の神社が半数以上を占める「令釈」記載の十五社が長く祭祀対象であったこととなる。

「令釈」記載の十五社のうち半数以上を占める大和国の九社の鎮座地は、宇名足社と葛木鴨社を除き、山辺郡（大和社）・城上郡（大神社、穴師社、巻向社）・城下郡（村屋社、池社）・十市郡（多社）に集中し、初期大和朝廷の基盤のあった三輪山近辺に坐す神社であることが指摘されている。[17]古くから大和朝廷と近接し、関係性を構築していた神社が優先的に相嘗祭の対象社となっていたと考えられる。

大和社の祭神である大国魂神は当初天皇の殿内で祭っていたとの伝承をもち（崇神紀六年）、天下太平のために「市磯長尾市」（倭直祖）を祭主として祭祀が求められていた（崇神紀七年）。その異伝が垂仁紀二十五年に記載されており、そこでは大国魂神を祭ることが天皇の寿命を延長することと天下太平に直結するとの記述がある。

大神社においても、祭神である大物主神をその神の子大田田根子をもって祭主として祭ることで災害を解決する伝承（崇神紀七年）が存在し、鎮座地である三輪山は皇嗣決定の夢占に登場し（崇神紀四十八年）、蝦夷首領綾糟が大和朝廷への帰順を誓うさいにも登場している（敏達紀十年）。三輪山が大和朝廷を象徴する場所であり、その祭神を祭ることは国の安泰をもたらすことであるとの認識が存在していたことが看取される。

他の神社においても、村屋社は壬申の乱にて託宣を行って「神之品」が上げられて祭祀に与っている（天武紀元年〈六七二〉）。巻向社には、天皇が天降るさいに共にあった三鏡と子鈴のうち一鏡と子鈴が巻向社の祭神であるとの伝承

国8社，紀伊国4社）

備　　　　　　考	名神	祈雨神
太詔戸命神の本社は大和国添上郡と対馬国下県郡に，久慈真智命神の本社は大和国十市郡にあるとする（九条家本・吉田家本『延喜式』巻9頭注）		
・「山城鴨」は天神に分類（「神祇令」） ・「禁山背国賀茂祭日会衆騎射」（文武天皇2年） ・賀茂別雷命は賀茂建角身命の娘玉依日売と丹塗矢（乙訓郡社坐火雷命）の子であるとする（「山背国風土記逸文」） ・鴨祭は「今鴨氏為禰宜奉祭」（「秦氏本系帳」） ・「奉幣祈禱賀茂松尾等神社」（天平17年9月癸酉）	○	○
・賀茂建角身命は神武天皇を先導した後，賀茂別雷命の外祖父となって伊可古夜日売・玉依日売とともに蓼倉里三井社に坐す（「山背国風土記逸文」） ・賀茂県主は「神魂命孫武津之身命之後也」（『新撰姓氏録』山城国神別）	○	○
・延喜元年12月28日太政官符で「是御祖別雷両神之苗裔之神也」，「奉大神幣帛之時。先奉此神」として相嘗祭に与る（『本朝月令』「奉河合神幣帛事」） ・賀茂行幸で叙位に与る下賀茂社司5人の内に「川合禰宜」として鴨県主経貞が見える（『中右記』嘉保2年4月15日）	○	
・「亦名，山末之大主神。此神者，坐近淡海国之日枝山，亦，坐葛野之松尾，用鳴鏑神者也」（『古事記』） ・秦氏の女子と矢（松尾大明神）の子が賀茂別雷命とする（「秦氏本系帳」） ・「旧記云，大宝元年，秦都理，始造神殿，立阿礼居，斎子供奉，天平二年預大社者」（「天暦三年神祇官勘文」） ・「勅。従三位松尾大神社禰宜祝等。並預把笏之例」（嘉祥2年2月壬辰） ・「松尾神社物忌一人充月粮。立為永例」（貞観12年6月27日）	○	○
現在，下賀茂神社楼門内西にある比良木社，本殿東の御手洗社（井上社）などに比定		
・饒速日尊の九世孫玉勝山代根古命が「山代水主雀部」の祖とする（『先代旧事本紀』天孫本紀） ・水主直は「火明命之後也」とする（『新撰姓氏録』山城国神別）		○
・「以山城国片山神列於官社。兼預相嘗祀」（斉衡3年5月戊辰） ・賀茂別雷神社の第一摂社		
・神稲を中臣氏に給う（大宝元年4月丙午） ・天安2年8月7日四度官幣に，寛平5年9月15日相嘗祭に与り，これ以後社の祝が祭りに仕えるとする（「天暦三年神祇官勘文」）	○	○
・当初天皇の殿内にて天照大神とともに祭るが渟名城入姫に託す（崇神紀6年） ・「市磯長尾市」（倭直祖）を祭主とする（崇神紀7年） ・垂仁紀25年に別伝記事あり（倭大神は「親治大地官」）	○	○

表1　相嘗祭対象41神社表(左京1社，山城国8社，大和国17社，河内国3社，摂津

所在国	神社名(『四時祭式』相嘗祭条)	所在郡	祭　神	奉斎者	酒稲	規　定
左京	太詔戸社二座	二条	太詔戸命神，久慈真智命神		神税	延喜式
山城国	鴨別雷社一座	愛宕郡	賀茂別雷命	賀茂(鴨)県主	神税	延喜式
	鴨御祖社二座	愛宕郡	賀茂建角身命，玉依日売	賀茂(鴨)県主	神税	延喜式
	鴨川合社一座	愛宕郡	(鴨川合坐小社宅神社)	賀茂(鴨)県主	神税	延喜式(延喜元年)
	松尾社二座	葛野郡	大山咋神，中津嶋媛命	秦忌寸	神税	延喜式
	出雲井上社一座	愛宕郡	(出雲井於神社)	賀茂(鴨)県主	神税	延喜式
	水主社二座	久世郡	天照御魂神，山背国大国魂命神	水主直	神税	延喜式
	片山社一座	愛宕郡	(片山御子神社)	賀茂(鴨)県主	神税	延喜式(斉衡3年)
	木島社一座	葛野郡	天照御魂神		正税	延喜式(寛平5年)
大和国	大和社三座	山辺郡	大国魂神	大和宿禰(忌寸，直)	神税	古記

備　　　　考	名神	祈雨神
・椎根津彦(珍彦。『新撰姓氏録』では神知津彦命)が「倭直部始祖」とされる(神武即位前紀)		
・邇芸速日命の子宇麻志麻遅命が物部連の祖とされる(神武記) ・五十瓊敷命が剣1000口を作って石上神宮に奉納し，五十瓊敷命に石上神宮の神宝を管理させる(垂仁紀39年，異伝では物部首の始祖「春日臣族，名市河」に治めさせたとする) ・神宝の管理は五十瓊敷命からその妹大中姫に，そして物部十千根大連に託され「故物部連等至于今治石上神宝，是其縁也」(垂仁紀87年) ・神宝を磨かしめて諸家の神宝を返却する(天武紀3年8月庚辰) ・門(鑰・匙)・正殿・伴佐伯二殿の匙は神祇官庫に納める(『臨時祭式』)	○	○
・大己貴神の幸魂・奇魂(大三輪神)が三諸山に鎮座(神代巻上第8段第6) ・大物主神の子大田田根子を祭主とし，大田田根子は三輪君の「始祖」とされる(崇神紀7，8年) ・皇嗣決定の夢占の中で三諸山に登る(崇神紀48年) ・蝦夷首領綾糟が三諸岳に向かって帰順を誓う(敏達紀10年)	○	○
・大夫を遣わして新羅調を奉る5社(伊勢・住吉・紀伊・大倭・菟名足)に含まれる(持統紀6年12月甲申) ・正暦2年・寛弘9年のころは大中臣氏が神主(平安遺文2-350，467)		
壬申の乱のさい村屋神が祝にかかりて託宣する。勅により「神之品」を上げ，祀る(天武紀元年)		
神戸が大和国5戸・和泉国8戸・播磨国39戸あり(「大同元年牒」)，和泉国神別に「穴師神主」(「天富貴命五世孫古佐麻豆智命之後也」)がみえる(『新撰姓氏録』)	○	
・振魂尊の児に天忍立命がおり，纏向神主等祖とされる(『先代旧事本紀』「神代本紀」) ・天皇が天降るさいに共にあった三鏡と子鈴のうち「一鏡及子鈴者，天皇御食津神，朝夕御食夜護日護斎奉大神，今巻向穴師社宮所坐解祭大神也」とする(『釈日本紀』「大倭本紀一書」)		
封戸は大和国に3戸(大同元年牒)		
神八井耳命を多臣(朝臣)の始祖とする(綏靖紀，『新撰姓氏録』左京皇別)	○	○
・「賀茂朝臣 大神朝臣同祖。 大国主神之後也。 大田田禰古命孫大賀茂都美命〈一名大賀茂足尼。〉奉斎賀茂神社也」(『新撰姓氏録』大和国神別) ・大己貴神と高津姫神の子として「都味歯八重事代主神」(『先代旧事本紀』地祇本紀)	○	
・紀伊国国懸神・住吉大神と共に「飛鳥四社」に奉幣の記事(朱鳥元年7月癸卯) ・高市郡の太玉命神社4座，櫛玉命神社4座，加夜奈留美命神社，飛鳥川上坐宇須大伎比売命神社は飛鳥神の苗裔(貞観10年6月28日官符)	○	○

所在国	神社名(『四時祭式』相嘗祭条)	所在郡	祭　　神	奉斎者	酒稲	規　　　定
大和国						
	石上社一座	山辺郡	布留御魂神	物部連，布留宿禰(物部首)	神税	延喜式
	大神社一座	城上郡	大物主神	大神朝臣(三輪君)氏上	神税	古記
	宇奈足社一座	添上郡	高御魂神		神税	古記
	村屋一座	城下郡	弥富都比売神		神税	古記
	穴師社一座	城上郡	兵主神	穴師神主	神税	古記
	巻向社一座	城上郡	若御魂神	纏向神主	神税	古記
	池社一座	城下郡	朝霧横幡比売神	池首	神税	古記
	多社(大社)二座	十市郡	弥志理都比古神	多朝臣	神税	古記
	葛木鴨社二座	葛上郡	鴨都波八重事代主命	鴨(賀茂)朝臣	神税	古記
	飛鳥社四座	高市郡	(飛鳥坐神社四座)	飛鳥直	神税と正税	延喜式

備　　　　考	名神	祈雨神
・「飛鳥直　天事代主命之後也」(『新撰姓氏録』大和国神別) ・「飛鳥山口坐神社」とは別神社		
『四時祭式』祈年祭条にある山口神13社のうちに「甘樫」がみえるが，『神名式』には「甘樫山口」として記載はない		
・「今謂迦毛大御神」(『古事記』) ・「御魂乎葛木乃鴨能神奈備尓坐」(「出雲国造神賀詞」) ・「復祠高鴨神於大和国葛上郡」(天平宝字8年11月庚子)このとき進言を行った賀茂朝臣田守と，賀茂朝臣諸雄・萱草は高賀茂朝臣を賜姓される(神護景雲2年11月丙申)	○	
「大和国葛上郡正四位上高天彦神預四時幣帛。縁吉野皇大后願也」(大同元年4月己未)	○	
「以大和国金峯神。預於相嘗月次并神今食祭也」(斉衡元年6月甲寅朔)	○	
・雄略天皇が葛城山で一言主神と遭遇し物品を拝献する説話(雄略記)一言主神とともに猟をする説話(雄略紀4年)が存在 ・土佐国土佐郡に「有土佐高賀茂大社。其神名為一言主尊。其祖未詳。一説曰，大穴六道尊子，味鉏高彦根尊」(「土佐国風土記逸文」)	○	○
・「笛吹　火明命之後也。吹田連　火明命児天香山命之後也」(『新撰姓氏録』河内国神別) ・本殿背後には笛吹神社古墳(6世紀ごろ)がある	○	
・香取郡伊波比主命と鹿島郡建御賀豆智命とともに河内国河内郡天児屋根命と比売神が「四所大神」と称される(承和3年5月丁未) ・「勅。河内国平岡神主一人。給春冬当色軾絹糸等。一如平野梅宮神主。又春秋二祭。差神祇官中臣官人一人。校祭事。兼付幣帛。又差琴師一人。供事祭場。立為恒例」(貞観7年12月17日) ・「勅。河内国平岡神四前。准春日大原野神。春冬二祭奉幣。永以為例」(貞観7年12月17日)	○	○
・「恩智神主　高魂命児伊久魂命之後也」(『新撰姓氏録』河内国神別) ・旧社地を中心とする地域は縄文～弥生時代の遺跡が存在	○	○
・「弓削宿禰　天高御魂乃命孫天毘和志可気流夜命之後也」(『新撰姓氏録』河内国神別)		
・底筒男命・中筒男命・表筒男命はイザナキノミコトが禊をして生まれた神で「住吉大神」(『神代巻』第5段第6)「墨江之三前大神」(『古事記』)とする ・「津守連之祖田裳見宿禰」(神功皇后摂政前紀)「津守宿禰　尾張宿禰同祖。火明命八世孫大御日足尼之後也」(『新撰姓氏録』摂津国神別) ・神祇官人が住吉社に参向して祝詞を読み「開遣唐船居祭〈住吉社〉」を行う(『臨時祭式』『祝詞式』) ・「解除船上，祭住吉大神」(円仁『入唐求法巡礼行記』承和6年3月22日)	○	○

所在国	神社名(『四時祭式』相嘗祭条)	所在郡	祭　神	奉斎者	酒稲	規　定
大和国						
	甘樫社四座	高市郡	(甘樫坐神社)		正税	延喜式
	高鴨四座	葛上郡	阿治須岐託彦根神	高賀茂朝臣	正税	延喜式
	高天彦社一座	葛上郡	高天彦神		神税	延喜式
	金岑社	吉野郡	金峯神		神税	延喜式(斉衡元年)
	葛木一言主社一座	葛上郡	一言主神		神税	延喜式
	火雷社二座	忍海郡	(葛木坐火雷神社二座)	笛吹氏	神税	延喜式
河内国	枚岡社四座	河内郡	天児屋根命，比売神	平岡連(平岡神主)	正税	延喜式
	恩智社二座	高安郡	恩智大御食津彦命神，恩智大御食津姫命神	恩智神主	神税	古記
	弓削社二座	若江郡	弓削神	弓削宿禰	正税	延喜式
摂津国	住吉社四座	住吉郡	底筒男命，中筒男命，表筒男命	津守宿禰(連)	神税	古記

備　　　考	名神	祈雨神
・依網池が崇神記紀，仁徳記，推古紀 15 年に見える ・開化天皇の子建豊波豆羅和気王を依網之阿毘古の祖とする(開化記，『新撰姓氏録』では開化天皇皇子彦坐命の後とする) ・依網屯倉阿弭古が初めて鷹を捕えて天皇に献上する(仁徳紀 43 年) ・依網吾彦男垂見を住吉神の「祭神主」とする(神宮皇后摂政前紀) ・「摂津国住吉郡人外従五位下依羅我孫忍麻呂等五人。賜依羅宿禰姓。神奴意支奈。祝長月等五十三人依羅物忌姓」(天平勝宝 2 年 8 月辛未) ・「大依羅神十八戸〈津国八戸，備前十戸，天平神護元年奉充〉」(「大同元年牒」)	○	○
・「尊仏法，軽神道。〈斮生国魂社樹之類，是也。〉」(孝徳紀) ・生島御巫の祭る生国・足国神(天皇の統治する国土を守護する神，祈年祭祝詞)と同神か	○	○
・天之日矛の妻(赤玉より化成)が逃げて難波(「此者，坐難波之比売碁曽社，謂阿加流比売神者也」)に留まる(応神記) ・都怒我阿羅斯等の得た神石が童女に化成したが去りて難波に到る「為比売語曽社神，且至豊国国前郡，復為比売語曽社神。並二処見祭焉」(垂仁紀 2 年)	○	
新屋社 3 座の内天照御魂神 1 座が相嘗祭に与る(『神名式』)	○	○
・天照大神の託宣により荒魂を広田国に坐し「山背根子之女葉山媛」に祭らせる(神功皇后摂政元年 2 月) ・広田・生田神社へ奉幣の告文(貞観 10 年 12 月 10 日)	○	○
稚日女尊の託宣により活田長峡国に坐し海上五十狭茅に祭らせる(神功皇后摂政元年 2 月)	○	○
事代主神の託宣により長田国に坐し葉山媛の弟長媛に祭らせる(神功皇后摂政元年 2 月)	○	○
・石凝姥の図造した天照大神の象が紀伊国坐す「日前神」(神代巻第 7 段第 1) ・紀伊大神に奉幣(持統紀 6 年 5 月庚寅)紀伊に新羅調を奉る(持統紀 6 年 12 月甲申) ・「紀伊国日前国懸大神社」に奉幣(嘉祥 3 年 10 月甲子，貞観元年 7 月 14 日：従五位下紀朝臣宗守を日前国懸両社使)	○	
・「大倭本紀一書曰，天皇之始天降来之時，共副護斎鏡三面子鈴一合也，注曰，一鏡者天照大神之御霊名天懸神也，一鏡者天照大神之前御霊名国懸大神，今紀伊国名草宮崇敬解祭太神也」(『釈日本紀』巻 7) ・「居紀伊国国懸神」に奉幣(朱鳥元年 7 月)	○	

所在国	神社名(『四時祭式』相嘗祭条)	所在郡	祭　神	奉斎者	酒稲	規　　定
摂津国	大依羅社四座	住吉郡	大依羅神	依羅宿禰(我孫)	正税	延喜式
	難波大社二座	東生郡	生国咲国魂神		正税	延喜式
	下照比売社一座〈或号比売許曽社〉	東生郡	下照比女神(『日本三代実録』貞観元年条)		正税	延喜式
	新屋社一座	島下郡	天照御魂神		正税	延喜式
	広田社	武庫郡	天照大神荒魂(撞賢木厳之御魂天疎向津媛命)	山代直	神税	延喜式
	生田社	八部郡	稚日女尊(於尾田吾田節之淡郡所居神)	海上氏	神税	延喜式
	長田社	長田郡	事代主神(於天事代於虚事代玉籤入彦厳之事代神)		神税	延喜式
紀伊国	日前社一座	名草郡	日前神	紀直(紀伊国造)	神税	古記
	国懸社一座	名草郡	国懸神	紀直(紀伊国造)	神税	古記

備　　　　考	名神	祈雨神
・素戔嗚尊の子五十猛神が新羅に降った後大八州に樹種を播殖して青山にし「紀伊国所坐大神」とされる（神代巻第8段第4，同様の説話は同段第5にもあり） ・五十猛命と妹大屋姫命・抓津姫命は紀伊国に渡り「此国所祭之神是也」とする（『先代旧事本紀』地祇本紀） ・「分遷伊太祁曽。大屋都比売。都麻都比売三神社」（大宝2年2月己未） ・「先師説曰，伊太祁曽神者五十猛神也」（『釈日本紀』巻7）	○	
兵庫寮が立てる神楯矛を祝と氏人が造進（『永享二年大嘗会記』）	○	

がある（『釈日本紀』巻七所引「大倭本紀」）。添上郡にある宇奈足社においては、持統紀六年（六九二）（十二月甲申）に新羅調を奉る五社に伊勢・住吉・紀伊・大倭とともに含まれており、伊勢神宮を含む有力社に准じた扱いがなされている。葛上郡にある葛木鴨社の祭神は事代主神であり、事代主神は『日本書紀』によると神武天皇の正妃「媛蹈鞴五十鈴媛命」の父であり、第二〜四代天皇である綏靖・安寧・懿徳天皇の母方の祖となっている。また葛城鴨は、祈年祭において白馬・白猪（豚）・白鶏を特別に奉る「御年神」でもある(18)。

大和国以外の神社にも、摂津国の住吉社や紀伊国の日前社・国懸社・伊太祁曽社など、大和朝廷から見て西方の海上ルートの窓口にあたる神社が選定されており、大和朝廷にとって重要な地の神々が祭祀対象となっていた。

住吉社の祭神は神功皇后の新羅親征に際して皇后の身を守り船を導く底筒男・中筒男・表筒男神であり（神功皇后摂政前紀）、遣唐使船の船居を開くさいには住吉社で神祇官人が参向して祭祀が行われている（『延喜臨時祭式』『延喜祝詞式』「遣㆓唐使㆒時奉幣」）。紀伊国の日前社の神は天岩戸神話にて天照大神を岩戸から出すために製作された神（天照大神の「象」を図造したもの）であるとされ（『日本書紀』神代巻第七段一書第六）、

所在国	神社名(『四時祭式』相嘗祭条)	所在郡	祭　神	奉斎者	酒稲	規　定
紀伊国	伊太祁曽社一座	名草郡	五十猛神	紀直(紀伊国造)	神税	古記
	鳴神社一座	名草郡	鳴神(『日本三代実録』貞観元年条)		神税	古記

※古代における奉斎者が必ずしも明確に特定できない社はそれを空欄としている。
※名神，祈雨神は『臨時祭式』に社名があるものに○を付した。
※出典（備考欄）が六国史の場合はそれを省略した。

国懸神は天皇が天降るさいに共にあった三鏡のうちの一つ（「天照大神之前御霊名国懸大神」）であるとの伝承がある（『釈日本紀』巻七所引「大倭本紀」）。伊太祁曽社の神は五十猛神とされ（『釈日本紀』巻七）、五十猛神は大八州に樹種を播殖した神とされる（『日本書紀』神代巻第八段一書第四・第五）。

住吉・紀伊の神は中国大陸との交通や貴重品・物資の流通上欠かせない場所に鎮座する神々であり、朝廷から丁重な扱いを受けていたと想定される。また、河内国の恩智社の旧社地は縄文から弥生時代の遺跡が存在しており、恩智社も古くよりの由縁をもつ社であったと想定される。相嘗祭は天武五年に始まった律令祭祀ではあるが、その対象社は令制以前からの大和朝廷との関係性に基づいて決定されていた可能性が高い。

「令釈」から『延喜式』規定では、左京一社、山城国八社、大和国八社、河内国二社、摂津国七社が増加しており、紀伊国では増加はない。「令釈」十五社から『延喜式』四十一社への増加は大きく、都が平安京に移ったことを契機として相嘗祭の対象が拡大していったと考えられる。「古記」成立（天平十年ごろ）から「令釈」成立（延暦年間）まで長く大和中心の十五社でほぼ変わりなかった点を考えると大きな変化であるが、平安時代以降追加された諸社も、賀茂社・松尾社・牧岡社・高鴨社のように、畿内に存在する由縁の古い古社や有力社であった。

とくに山城国の神社が新たに対象社となったのは、都が平安京に移ったことと関係があるであろう。賀茂上下社・松尾社は平安京の鎮守神としての性格があり、山城国愛宕郡の他の三社は賀茂社に関係する神社と想定される。鴨川合社は鴨上下社祭神の「苗裔之神」とされ、賀茂神に奉幣する前に奉幣することが求められており、延喜元年（九〇一）十二月二十八日太政官符で相嘗祭に与っている（『本朝月令』「奉河合神幣帛事」）。出雲井上社の比定社にはいくつかあるが、[19]そのうちの二社は現在下賀茂神社境内に存在する。片山社（片山御子神社）は賀茂別雷神社の第一摂社で斉衡三年（八五六）五月に相嘗祭に与っている（『文徳天皇実録』）。

鴨川合社と片山社以外で相嘗祭に与った時期が特定できる神社に木島社（山城国葛野郡）と金岑社（大和国吉野郡）があり、それぞれ寛平五年（八九三）九月十五日（「天暦三年神祇官勘文」）、[20]斉衡元年六月甲寅朔（『文徳天皇実録』）に祭祀対象となっている。この点から考えて相嘗祭対象社は平安遷都以後順次拡大されていったのであろう。その神社は、その時々に国家が重んじた神が段階的に追加されていったものと想定されている。[21]

山城国の賀茂社は文武天皇二年（六九八）に賀茂祭での「会衆騎射」を禁じる記事があり（『続日本紀』三月辛巳）、早くから賀茂社での祭祀が行われていたことがわかる。松尾社の祭神大山咋神は『古事記』に「亦名、山末之大主神。此神者、坐二近淡海国之日枝山一、亦、坐二葛野之松尾一、用二鳴鏑一神者也」と記され、葛野郡松尾に坐す山の「大主神」として早くから知られていたと考えられる。天平十七年には賀茂社とともに奉幣の対象となっている（『続日本紀』九月癸酉、聖武天皇の不予に際して）。

大和国で加増された対象社のうち、飛鳥社は朱鳥元年（六八六）に紀伊国国懸神と住吉大神とともに奉幣の対象社となっていた。高鴨社の祭神阿治須岐託彦根神は『古事記』に「今謂二迦毛大御神一」と記され、「出雲国造神賀詞」

では「御魂乎葛木乃鴨能神奈備尓坐」と宣られる神である。葛木一言主社の一言主神は雄略天皇と葛城山で遭遇し物品を拝献する説話や神とともに猟をする説話がそれぞれ雄略記・雄略紀に記されている。葛城に鎮座するこの二社は大和朝廷との由縁の深さが看取される。

河内国の枚岡社が加わったのは春日社の祭神でもある天児屋根命・比売神が祭られており、枚岡の二神は香取郡伊波比主命と鹿島郡建御賀豆智命とともに「四所大神」と称されている（『続日本後紀』承和三年〈八三六〉五月丁未）。『延喜式』所収「春日祭祝詞」でも「枚岡坐天之子八根命、比売神」とされており、春日社に祭られる天児屋根命・比売神は枚岡に坐す神を祭ったものと考えられる。春日社を相嘗祭の対象とはせずに、中臣氏の祖神を祭る神社としては由縁の古い枚岡社のほうを対象とした点は、相嘗祭神社の選定基準を考える上で示唆的である。

摂津国の大依羅社に関しては「依羅」の別表記である「依網」池が崇神紀六十二年、崇神記、推古紀十五年に見え、大依羅神の奉斎者であった依羅氏の記事が仁徳紀四十三年（鷹狩の創始譚）、神功皇后摂政前紀（住吉神を祭る神主とする）に見える。同じ摂津国の難波大社（難波坐生国咲国魂神社）に関しては孝徳紀に「軽神道」の注記に「生国魂社樹」を伐ったことが記され、「祈年祭祝詞」には八神殿の生国・足国を祭る故を天皇の統治する国土の安寧としており、難波大社の生国咲国魂神の神格を暗示させる。下照比売社（比売許曽社）は祭神の由来が応神記や垂仁紀二年に見える。広田社・生田社・長田社は神功皇后紀にて登場する天照大神荒魂（撞賢木厳之御魂天疎向津媛命）・稚日女尊・事代主神（於レ天事代於レ虚事代玉籤入彦厳之事代神）が鎮座したとされる。

以上から、平安時代以後においても相嘗祭に与る神社の選定には由縁の古さや、古くからの大和朝廷との関係性が大きく影響していたことが看取される。また、出雲の杵築大社や鹿島・香取社、宗像社のような畿外にありながら大和朝廷と関わる古くからの由縁をもつ有力社が祭祀対象ではなく、あくまで畿内の神社のみを個別的に対象としていたことは、相嘗祭においては大和朝廷と近接していた立地関係が重視されていたことを物語る。

ちなみに、相嘗祭対象社四十一社の多くは『延喜臨時祭式』で祈雨神、名神に列する神社であった。このことは相嘗祭対象神の多くが、平安時代に朝廷から霊験の強い神として認知されていたことを示す。しかし、祈雨神や名神がすべて相嘗祭の対象となっているわけではなく、また祈雨神や名神に列せられない神社も存在する（太詔戸社、出雲井上社、宇奈足社、村屋、巻向社、池社、甘樫社、弓削社）。このことから相嘗祭に与る神社は霊験の強さ以上に、その神社の由縁が重視された可能性を示唆する。事実、相嘗祭には天武四年（六七五）に創始された広瀬・龍田社は与っておらず、平安時代に公祭に与り、後に十六社に数えられる平野社や石清水、稲荷なども対象社には入っていない。[22]相嘗祭は平安以前と以後でその規模を大きく変化させるが、神社が古社であることや古く大和朝廷との関係性が考慮されていた点は変わってはおらず、この点が相嘗祭の基本性質であったとしてよいであろう。その中でも「令釈」記載の十五社が基礎となっていたと考えられる。

次に相嘗祭の幣帛の特徴を見てみたい。『延喜四時祭式』に見える相嘗祭幣帛の構成は以下の通りとなっている。

・布帛類（絹・糸・綿・調布・庸布・木綿）
・海産物（鰒・堅魚・腊・海藻・凝海藻・塩）
・筥
・祭器（瓱・缶・水盆・山都婆波・小都婆波・筥瓶・酒垂・匜・等呂須伎・高盤・片盤・短女坏・筥坏・小坏・陶臼）
・酒稲

これら幣帛の分析に関しては菊地照夫氏の論考に詳しいため、[23]菊地氏の分析に従って相嘗祭幣帛で特徴的な点を列挙する。

・布帛類のうち絹は一座につき二疋が標準であるが、大神社・日前社・国懸社は数量が多く、鳴神社は少ない。
・綿は一座につき三屯が標準であるが、各社で多少差異が見られる。
・海産物では一座毎の標準数量を見出すことができない。
・筥は因幡・伯耆国が神税の交易により毎年進上していた。(24)
・祭器は一座・二座の社には二口、三座の社には四口、四座の社には八口供出するのが原則と見られる。
・紀伊国の四社には絹・糸・綿（日前社・国懸社のみ）・木綿・酒稲しか存在せず、海産物が幣帛に組み込まれていない。幣帛の品目に関しては、紀伊国の神社とそれ以外で大きな落差が存在していた。
・酒稲は一座につき五十束が基本だが、大神社は一座で二百束、日前・国懸・伊太祁曽は一座で百束と多く、多社は二座で五十束と少ない例も存在する。

また、布帛類のうち綿が幣帛に存在しない神社が十二社（大和社、大神社、宇名足社、村屋、穴師社、巻向社、池社、多社、葛木鴨、恩智社、伊太祁曽社、鳴神社）あり、これらはすべて「令釈」十五社に含まれる。また海産物の凝海藻が幣帛に存在しない神社は、海産物を幣帛に含まない紀伊国の神社を除いて十四社（宇奈足社、村屋、穴師社、巻向社、池社、多社、葛木鴨、飛鳥、甘樫社、恩智社、弓削社、広田社、生田社、長田社）存在し、そのうち八社が「令釈」十五社に含まれる。このことから菊地氏は、『延喜式』に見える幣物の構成は八世紀以来のあり方をそのまま引き継いでいるとする。菊地氏は、大和社と大神社へは「腊」の代わりに「鱐魚」（ほしいお）が供出されている点からも、古い相嘗祭対象社への幣物の内容は大きく改変は受けていないことがわかるとする。

他に神社個別の特徴として「与里刀魚」三斗が大神社に、「斎人潔衣絁」二疋が住吉社に、酒盞（杯）が鴨別雷社・片山社・石上社・飛鳥社・甘樫社・高鴨社・枚岡社に一座につき二口ずつ供出されている。

相嘗祭の幣帛を概観しその特徴的な点を指摘すると、幣帛の品目は布帛類・海産物・筥・祭器・酒稲という基本構成は全体でほぼ統一されてはいるが、幣帛の数量には各社で差異が存在し、海産物に至っては標準の基準が見出せないことがあげられる。三宅和朗氏はこの点を踏まえて、相嘗祭の幣帛は祈年祭以下の幣帛の画一性とはかなり異質であることを指摘している(25)。

相嘗祭の幣帛の基本構成は紀伊国以外、全体で共通しているために(26)、相嘗祭幣帛は国家によって規格化された物品であることは他の律令祭祀と変わりはない。その中で相嘗祭幣帛に各神社で差異が生じる所以は、相嘗祭においては各神社の個別性がとくに留意されたからであろう。そういった点では、相嘗祭は対象の官社を「案上」「案下」などに一括分類し、各官社の祝部を神祇官に集めて一斉に幣帛を頒布することに主眼が置かれた班幣祭祀（祈年祭・月次祭・新嘗祭班幣(27)）とは一線を画していた。相嘗祭は各神社個別に幣帛を奉るという意識が強い祭祀であったことが幣帛の特徴から看取される。全国的な班幣は大宝二年（七〇二）を初見とすると考えられており(28)、天武紀五年を初見とする相嘗祭は班幣祭祀より前代的な祭祀構造を継承した可能性がある。

また、相嘗祭の幣帛の別の特徴として、酒料稲が各社に供される点が挙げられる。これは、相嘗祭において新穀による神酒の供進が重視されたためであるが(29)、国家側で規定された供出でありながら神税・正税より支出している点と、あくまで酒を醸造する料としての稲が支出されるのみであった点に特徴がある。

菊地氏は酒料稲が神税もしくは正税による点に関して、『新抄格勅符抄』の神戸数を参照し、神戸の戸数が少ない場合、また神戸がある社においても畿内の封戸が少ない場合は酒料稲が正税から充てられていることを指摘している(30)。ということは、各社への酒料稲は神戸から供出することが基本であったこととなる。

しかし何故酒のみ国家から直接供出せずに各神社に充てられた神戸の稲を供出することを基本としたのか。相嘗祭は「嘗」祭であるため、新嘗祭（宮中）や神嘗祭（伊勢神宮）と同じく新穀を神に奉ることを原義としていると考えられる。よって、相嘗祭に供出される酒料稲は新穀でなければならず、その新穀を諸社に充てるのに各神社の神戸、もしくは各神社の鎮座する国の正税によるのが便宜的であったためとも解釈できる。また、他の四時祭で神税によって酒料稲がまかなわれている祭祀に三枝祭（孟夏、四月）があるが、三枝祭は「令釈」（「古記」）に「大神氏宗定而祭」とあって、大神氏への委託祭祀であったと考えられており、相嘗祭も『令義解』に「神主各受二官幣帛一而祭」とあって、三枝祭と同様に神主委託型の祭祀であったされている。[31]この点を踏まえて考えると、相嘗祭で酒料稲が神税から供出されることを基本とし、国家側は酒料稲の支出にしか関与しなかったことは、新穀から神酒を醸造する行為は各神社側にて行われるものであるという慣例があったためではないだろうか。神戸は基本的に国家によって設定され、神祇官によって管掌される各神社個別の財源であるが、そこから供出された新穀の醸造は各社に任されていたと考えられる。他の四時祭において祭神への酒は国家の財源から供出される例がほとんどである。[32]その中で神税によって得られた稲を各神社で醸造して神に奉るということは、新穀の醸造を各社にて行うことに一定程度以上の意味があったということを示す。つまり、相嘗祭において酒料稲を神税・正税から供出し、新穀を各神社側で醸造するということは、各神社にて祭祀が執行される点が重視され、各神社側の体制が少なからず尊重されていたことを意味すると考えられる。そしてこのことは、相嘗祭の祭祀形態とも関連するであろう。

二　相嘗祭の祭祀形態

相嘗祭の祭祀形式がわかる史料は三点のみのため、それらを掲出する。

「令釈」（「古記」）[33]

大倭社大倭忌寸祭。宇奈太利。村屋。住吉。津守。大神社。大神氏上祭。穴師〈神主。〉巻向〈神主。〉池社〈池首。〉恩智〈神主。〉意富〈太朝臣。〉葛木鴨〈鴨朝臣。〉紀伊国坐日前。国県須。伊太祁曽。鳴神。已上神主等。請二受官幣帛一祭。

『令義解』[34]

謂。大倭。住吉。大神。穴師。恩智。意富。葛木鴨。紀伊国日前神等類是也。神主各受二官幣帛一而祭。

『延喜四時祭式』[35]

右、預二相嘗祭一之社如レ前、十一月上卯日祭之、其所レ須雑物、預申レ官請受、付二祝等一奉レ班、酒料稲者、用二神税及正税一、

「令釈」『令義解』の傍線部から、相嘗祭は各対象社の神主が執行する祭祀であったことがわかる。また、菊地氏は『令義解』の傍線部から、相嘗祭は神主たちが神祇官より幣帛を受け取ってそれを各社で奉献する祭儀と解釈でき、『延喜四時祭式』の記載は、供神される国家の幣物を神祇官から受け取るために、神主は下級神職である祝に命じて中央に参向させた、とする。[36] また、田中卓氏は『延喜四時祭式』に「十一月上卯日祭之」とあるのは神祇官での班幣ではなく、各神社での祭祀であるとしている。[37]

つまり、相嘗祭は中央で準備された幣物を各社の祝部が各神社まで運び、十一月上卯日（天武紀では十月丁酉〈三日〉条に記事がある）に神主によって相嘗祭の幣物が奉られる祭祀であった。国家の用意した幣帛を頒布する点では祈年祭や月次祭などの班幣祭祀と同質とも考えられるが、実際はそうではない。何故ならば班幣祭祀は神祇官にて祝部を参集させて祝詞を宣り、幣帛を分配する祭儀に朝廷の関心が置かれた祭儀であったが、相嘗祭においては『延喜祝詞

式』に祝詞が存在しておらず、[38]幣帛を祝部に頒布するさいにその意図を宣読することはしていなかったからである。相嘗祭は各神社側で祭祀が執行される点に重点が置かれた祭祀であり、祈年祭などの班幣祭祀とはその祭祀構造を異にするものであった。

では「令釈」などで相嘗祭を執行するとされた「神主」とはどういった存在であったのか。「衛禁律逸文」「闌入大社門者」の注釈である「物記」の記述には「禰宜。破布里。是神部也。神主是為二監神一。仮二於多社一者多朝臣者[39]」とある。この記述によると神主は各神社での祭祀などを監督する立場であり、多社においては多朝臣が神主であり、禰宜・祝は神主の下で祭祀などに奉仕する部民のような存在となる。神主が禰宜・祝よりも上位の神職であることは明白であり、[40]その神主は氏族性が考慮される存在であった。[41]

「令釈」には相嘗祭対象社にその奉斎者が付されている神社がある。大倭社：大倭忌寸、住吉：津守、大神社：大神氏上、穴師：神主、巻向：神主、池社：池首、恩智：神主、意富：太朝臣、葛木鴨：鴨朝臣、である。このうち「神主」とあるのは神主姓氏族であり、神職の呼称としての神主ではないことが指摘されている。[42]つまり「穴師神主」「纏向神主」「恩智神主」といった氏族名を指すということである。とすると、他の「大倭忌寸」「津守」「大神氏」「池首」「太朝臣」「鴨朝臣」と同じく、「令釈」の記載は特定の氏族がその神社の祭祀担当者であることを示しており、その氏族を総称して「神主」と一括しているのである。

「令釈」に示された神社と特定の氏族の関係は、他の相嘗祭対象社においても見ることができる（前掲表1参照）。管見に入った史料の中で必ずしも奉斎者を特定できない神社もいくつかあるが、多くは特定の氏族が奉仕者となっていたことが知られる。相嘗祭は「神主」に祭らせる祭祀であると「令釈」・『令義解』の末尾は記しているが、賀茂上下社や松尾社のように、賀茂県主と秦氏が伝統的に「禰宜」として神社奉仕していた事例もある。[43]そういった者たちも含めて「神主」と総称しているということは、相嘗祭の執行主体者として称される「神主」は、各神社の伝統的奉斎者を指し、各神社の「嘗」祭である相嘗祭は、各神社独自の奉斎者が行うべきものとされていたと見ることができる。そしてこの点に相嘗祭の大きな特徴がある。前節における幣帛の分析から、各社ごとに幣帛の差異が存在し、酒料稲の醸造が神社側で行われていたことがわかり、各神社側の個別性と奉仕体制が考慮されていたことが看取された。祭祀形態の面も踏まえて考えると、相嘗祭は各神社の独自性や伝統性を残しながら国家の幣帛を奉納させる律令祭祀であったと言うことができる(44)。そして、その対象社の選定にも神社側における奉斎体制の存在が考慮されていたのであろう。

では何故祈年祭などの班幣祭祀のように、神祇官にて名籍が管理される祝部に幣帛の奉納を行わせる形式をとらず、また朝廷から使を発遣して奉幣する形式もとらずに、あくまで神社側の祭祀者によって祭祀を執行させたのであろうか。この背景には、氏族とその奉斎する神はきわめて強い関係性で結ばれていたことがあると考えられる。宮地直一氏は「氏神と氏人との間は、絶対的であると同時に、個別的である。氏神の威光は、氏人に対し絶対の権威を持つと同時に、その氏人だけに限らるゝといふ、厳重なる範囲の制限を受けたのである」と述べており、氏族の行う祭祀は元来氏族内で完結する性格をもっていた(45)。また、黒崎輝人氏は「天皇が他氏族の祭神を直接には祭りえないという思想」があり、「ある氏族の祭神はその氏族の人間によってしか祭れないという原則が存在していた(46)」と指摘している。各神社の祭祀は各神社に委ねるという祭祀の二重構造が朝廷側と各神社側とで存在し、各神社における祭祀権に朝廷側が介入することはなかった(47)。相嘗祭は国家の幣帛を奉納する国家祭祀であり、その恩恵は奉斎者のみならず国家規模に及ぼされると想定されるが、そういった相嘗祭においても、古代氏族祭祀の慣例を無視することはできなかったと考えられる。

三　相嘗祭の設定と神社祭祀の基本形態

相嘗祭対象社には住吉社や日前・国懸社など、西方の海上ルートの窓口にあたる神社が選定されているが、東方の海上ルートにあたり天皇の祖神を祭る伊勢神宮が祭祀対象となっていない。このことは「神祇令」に伊勢神宮を対象とした神嘗祭が相嘗祭とは別に設定されていたためではないだろうか。ここからは相嘗祭と神嘗祭との祭祀構造の相違点を踏まえながら、古代祭祀の基本形について考えてみたい。

相嘗祭と神嘗祭の類似点について菊地照夫氏は、相嘗祭が調の荷前を奉献する祭儀であることを、相嘗祭の幣帛の品目が伊勢神宮神嘗祭における大神宮司幣とほぼ一致している点（相嘗祭幣帛の布帛類〈絹・糸・綿・調布・庸布・木綿〉と海産物〈鰒・堅魚・腊・海藻・凝海藻・塩〉のうち傍線部が一致）を踏まえて論述し、相嘗祭の成立は律令的な調制の成立と並行するとしている[48]。

ただ、神宮神嘗祭における大神宮司幣は『皇太神宮儀式帳』に「供二奉大神宮一処々神戸荷前物」と記されるように、諸国の神戸より供出された幣物であり、この点は相嘗祭幣物の多くが国家より供進される点と相違する。また、神宮神嘗祭において大神宮司が用意する幣物には油や懸税稲、敷設具など相嘗祭幣帛に見えない物品も多く含まれており、すべてが一致しているわけではない。しかし、相嘗祭と神嘗祭とで荷前の品目が類似している点は、両祭の性質に類似している面があることを示している。

伊勢神宮神嘗祭において、大神宮司の用意する幣物は主に朝の祭祀（奉幣祭）に用いられ、夜半に行われる御饌祭に大神宮司はほとんど関与しない点が注意される[49]。夜の朝大御饌夕大御饌は禰宜以下度会郡の奉仕者による祭祀の旧態を継承したものであり、[50] 伊勢の神田で収穫された稲が大物忌たちによって御飯に炊飯され、また清酒作物忌とその父によって酒に醸造されて祭祀に供されていた。[51] いわば大神宮司が主体となって行われ、神戸などの律令国家財源に多く依存する朝の奉幣祭と、在地で伝統的に奉仕されてきた夜の御饌祭とで、二重の祭祀構造を形成していたのである。その大神宮司幣が相嘗祭の国家より供出される幣物と共通する要素をもち、夜半に行われる御饌祭では在地居住の奉仕者が醸造した酒を含む御饌が供えられていたことは、神宮において旧来型の御饌祭に大神宮司幣の供出が加わって神嘗祭を形成したように、相嘗祭においても、既存の神社奉仕の伝統を前提として（これが相嘗祭における各神社側の神酒醸造につながる）、そこに対して国家の幣物が供進されるという構造となっていたことを示すのではないだろうか。

宮地直一氏は相嘗祭に関して以下のように指摘している。「神主により官幣の奠せらるゝ社頭の儀を本体として（中略）祈年・月次・新嘗三祭の班幣期を一定するのと趣を異にし、どこまでもそれ〴〵の社の祭祀に即し、之に基因する由来を有つといはねばならぬ。即ち祈年等三祭は所謂奉幣祭であり、相嘗祭は本来一社の儀即ち所謂御饌祭であつたと解せらるゝのである」。[52] 宮地氏の解釈は、相嘗祭が宮中での祭祀を省き、社頭で行われる祭儀であったことに着目したものであり、各神社で行われる相嘗祭は神宮で行われる旧来型の祭祀である大御饌奉仕と類似する、神社側本来の祭祀形態を継承した祭祀であったと解する立場に立つものである。

もちろん、相嘗祭は天武朝で設定された律令国家祭祀と考えられ、諸社で祭祀が執行される日が十一月上卯日と一律的に決定されていることからも、相嘗祭は国家によって新たに設定された諸社の「嘗」祭であり、また神社独自の「嘗」祭が、相嘗祭設定以前から十、十一月に執行されていたことを示す史料は存在しない。しかし「令釈」において、相嘗祭の執行は「神主」という対象社の伝統的奉仕者が行うものとされていた点を踏まえると、相嘗祭の執行が各対象社における既存の奉仕体制の存在を前提としていたことは間違いがなく、国家によって設定された相嘗祭は、既存の奉仕体制に国家からの供出物を与え、彼らにそれを奉納させる祭祀であったと考えられる。

伊勢神宮の神嘗祭の祖型が令制以前に遡ることは間違いないだろうが[53]、神宮神嘗祭は旧来型の御饌祭を残しながら、大神宮司供出の幣物（諸国の神戸からの荷前など）や、国家からの奉幣（天皇の出御があって発遣される）が重層的に存在する祭祀であり、国家供出の幣物と神税により供出される酒料稲のみで構成される相嘗祭とは異なる面も多い。とくに伊勢神宮の祭神は天皇の祖神であり、度会郡居住の禰宜以下在地奉仕者による御饌奉仕は、天照大神が伊勢に鎮座したために設定されたものであり、宮中での天皇祭祀と対応関係にあったものと理解され、この点は各氏族が独自に奉斎する神社祭祀であった相嘗祭とは大きく異なる。しかし、既存の神社奉仕に対し、新たに幣物（荷前）を供進した点で大神宮司幣と相嘗祭の幣物は同じ位置づけをもつ。どちらも既存の神社奉仕を前提としながら、七世紀末以降、神宮では大神宮司幣が確立し、大和を中心とした古社では新たに十一月の「嘗」祭として相嘗祭が設定されたのではないか。

さて、各相嘗祭対象社の多くはそれぞれの奉仕者を特定できるわけだが、それぞれの氏族の祭る神は多くその氏族の「祖」ではないことに気づく。各氏族の「祖」として記紀や『新撰姓氏録』に記された者がそのまま氏族の祭神となっているわけではないのである。神社の奉仕者がその祭神と系譜で結びつく例は、賀茂県主の祖が賀茂建角身命（賀茂御祖神社の祭神）である例（『新撰姓氏録』山城国神別）、枚岡社の神が中臣氏（平岡連）の祖天児屋根命である例（『延喜祝詞式』春日祭）、大神朝臣（三輪君）が大物主神の子である大田田根子を「始祖」とし（『日本書紀』崇神天皇八年）、大神朝臣と同祖（大国主を祖とする）であるとされる鴨朝臣が大国主の子である事代主神を祭る例（『新撰姓氏録』大和国神別）、などの他には容易に見出されない。例えば大和社の祭神が、その奉斎者である大和宿禰の祖にあたる椎根津彦（珍彦、神知津彦命）ではなく、大和の地に鎮座する大国魂神であり、石上社の祭神が物部氏の祖である邇芸速日命や宇麻志麻遅命でもない布留御魂神であり、多社の祭神は弥志理都比古神であって多朝臣の始祖である神八井耳命ではないように、氏族の祭る神はその氏族の居住する地に鎮座した神であることが多く、自らの祭る祭神と系譜上で直接結びつく例はむしろ稀であった。

この点について太田亮氏は、氏族の祖神は祖霊社のような形で別に祭られており、氏族の奉斎する神は最初から神であって、時として自然に神霊を感じて祭ったものでより根本的なものであるとしている(54)。相嘗祭対象社に見られる奉斎者とその祭神との関係性は、必ずしも奉斎者の系譜によって結びつくものではなく、奉仕者の根拠地と神の鎮座した地の一致、つまり各神社の在地性に根差したものであったのではないか。

新嘗祭の祭神である天照大神と、その祭祀執行の主体者である天皇は系譜によって直接結ばれた存在であり、ここにおいては「祖」への祭祀と神祭りの対象が一致しているが、古代においてこういった例はきわめて稀であったと見られる。その天照大神への祭祀においても、伊勢の地にて天照大神を直接祭ることは在地の禰宜以下奉仕者たちによって行われていた。内外宮の禰宜・内人・物忌は度会郡の人でなければ任用されず(55)、神の鎮座した地でその神を奉仕することが古代神社祭祀の基本であったと考えられる。

とすると、崇神朝の伝承における三輪山大物主神への祭祀で、その祭主に大物主神の子ないしは子孫である大田田根子が選ばれた事例から、祭神と奉仕者が親と子で結ばれることが絶対的な祭主の資格では必ずしもなく、ある神を祭るに相応しい一条件を示すものであったと見做すことができよう。

古代伊勢神宮において在地居住の奉仕者が禰宜・内人・物忌となって奉仕していたことは、天照大神が伊勢に鎮座したためにその土地で生産した稲や海産物を奉献することが重要視されたために朝廷側によって設定された在地の奉仕形態であると考えられ、古代神社祭祀の基本形態の一つであった。禰宜以下の在地居住者による祭祀には、自ら漁をして得た海産物や、自家で養蚕して得た糸の奉献が存在し、祭祀奉仕者は元々生業を営む人々であり、その生業で得られた物品を神に奉ることが古代祭祀の旧態であったことが看取される。(56)古代伊勢神宮の事例から、古代における祭祀は古く神の鎮座地において自給自足的に行われていたものと推測され、神の奉仕者は一般に生業を営んで在地に生活する人々であったものと考えられる。神主においても、官人を兼任する例のあったことが知られ、(57)古代において神職は必ずしも神社奉仕にのみ専念する存在ではなく、生業を営む者が祭祀に当たって奉仕者となる例が一般的であったのではないだろうか。そういった意味では古代の神社祭祀は、神社の祭神を奉斎する氏族と、神社の鎮座地にて機能する生産共同体によって執行されるものであり、日常生活の構造の延長線上に位置づけられるものであったと考えられる。祭祀の構造とその執行目的も日常生活と常に相関し、神社奉斎者の人間組織や在地の生産を基礎として古代の神社祭祀が成立していたのである。そうなると、古代において祭祀の構造を考察することは古代人間社会の構造の考察と同義となると考えられる。

古代伊勢神宮の祭祀形態は天皇の祖神を伊勢の地で丁重に祭るために形成されたものであり、この形態すべてを直ちに普遍的で絶対の形態と言うことはできない。だが、五世紀代の祭祀遺跡からは中央から供給されたであろう須恵器だけでなく、鉄の素材である鉄鋌や石製品の未製品や剝片が検出されており（茨城県尾島貝塚祭祀遺跡、千葉県千束台遺跡祭祀遺構、愛媛県出作遺跡、沖ノ島二十一号祭祀遺跡、など）、祭祀場近くに鉄や石製品の素材が持ち込まれ、現地付近にて加工がなされていたことが想定されている。(58)これらの祭祀遺跡からは石製・土製の紡錘車も出土しており、布帛類も現地で製造されていたことを示す。つまり、五世紀代にすでに中央からの鉄や須恵器などの貴重品が各地の祭祀場に運ばれ、現地の奉仕者が祭祀場付近で加工・製造を行って幣帛を奉納する中央と在地との祭祀の二重構造が成立していたことが想定されるのである。(59)祭祀遺跡からは鉄製の加工品として鋤や穂摘具などの農工具が出土して、甕や高杯などの土器類も出土されているため、おそらく祭祀場近辺にて耕作された稲が炊飯ないしは醸造されて祭祀に供えられていたのであろう。祭祀場近辺にて在地奉仕者が幣帛を加工・製造する古代伊勢神宮の祭祀体制は、五世紀代の各祭祀遺跡出土物からの想定と一致し、古代神社において各神社在地の奉仕体制を前提として国家の供献品が機能する構造は古代において一定の普遍性を持っていたと言うことができるのではないか。

相嘗祭対象社においても既存の祭神と奉仕者との関係性を前提とし、各神社においてその神社の伝統的奉仕者が祭祀を執行する点に重きが置かれていた。相嘗祭からも神社祭祀の基本は各神の鎮座した地でその神の奉仕者が祭祀を行うことにあり、各神社の多くは強い在地性や個別性をもっていたことが見て取れる。このような神社側に本来備わっていた形態に則って令制相嘗祭は執行されたのであるから、神社の基本性質を維持しながら祭祀が行われなければ祭祀による恩恵を得ることはできない、という神社祭祀に対する古代人の思想を相嘗祭から看取することができよう。

そもそも相嘗祭と同じ「嘗」祭である新嘗祭は前代的な内廷的祭祀体制を温存させた祭祀であり(60)、神嘗祭も大神の鎮座地にて奉仕されてきた祭祀の旧態を継承しつつ形成されたものであった(61)。相嘗祭は古くより大和朝廷と近接してきた畿内の特定神社に対して新穀と荷前を奉る「嘗」祭を行うものであり、それ故に旧来からの神社の奉仕体制を一定程度温存させなければならなかったのであろう。

おわりに

相嘗祭は、伊勢神宮で行われる神嘗祭と天皇親ら行う宮中新嘗祭に准じて、大和中心の有力古社に設定された「嘗」祭であり、古くより大和朝廷と近接してきた神々に新穀を醸造した酒と荷前を奉ることで国家の安泰を導こうとしたものと推測される。畿内に古くから存在する神祇に対し、恒例的に新穀（神酒）、布帛類、海産物を奉献することは、天照大神に対するのと同様、天皇・国家の安寧に大きく寄与するものと考えられたのであろう。近代的な律令国家を形成するにあたっても、朝廷近隣の伝統的な神祇は無視できない霊験をもつと観念されていたと想定される。ただし、その祭祀の主体は国家でありながら、朝廷から使者を遣わして「奉幣」するのではなく、朝廷において祝詞を宣読して国家の幣帛を頒布する「班幣」祭祀でもなく、各対象社において各神社の奉仕者が神主として執行する祭祀形態をとった点にきわめて重要な点が存在する。諸社に国家が設定した「嘗」祭において各神社の伝統的奉仕者が祭祀を行うことが要請されたのは、各神社とその奉斎者の直接的な結びつきに国家が介入することはしないというのが古代祭祀の基本であり、各氏族の祭神はその氏族が祭るものであるとされていたことが理由であろう。相嘗祭にあたって供出される酒料稲（新穀）の醸造そのものが神社側にて行われていたことは、神社祭祀の執行が神社側に備わった体制で行われるべきものであったことに関連するものと考えられる。

相嘗祭の祭祀構造は神社側の奉仕体制に国家の幣帛（荷前）が供出されるものであり、それは伊勢神宮において御饌祭と大神宮司幣（荷前を含む）の供出が重層構造で存在する神嘗祭に類似する面をもっていた。それは在地神社側で旧くから執行されてきた祭祀形態に幣物が付加された点にある。相嘗祭は幣帛の頒布儀礼に重点が置かれた班幣祭祀とは異なり、各神社において祭神を伝統的に奉斎してきた氏族の存在を前提とし、神社側での祭祀に重点を置いて形成された祭祀であった。五世紀代の祭祀遺跡からも祭祀場近辺で鉄や石製品などが加工・製造された形跡を見ることができ、祭祀の場における奉仕体制を介在させて中央からの供献品が機能していたことが看守される。相嘗祭はこの中央と祭祀場側の二重体制という伝統的な祭祀構造を継承しつつ、神祇官からの幣帛の頒布、国家によって設定された神税供出が連動して成立した国家祭祀であった。相嘗祭は、祭神と奉仕者との伝統的な関係性と神社の在地性の中で祭祀が執行されることで、祭祀の恩恵が得られるという古代神社祭祀の基本形態を継承した祭祀と言うことができる。そこにおける国家からの幣帛は祭祀の恩恵をさらに高める機能を果たすこととなる。神に新穀を奉る「嘗」祭は元来各神社や氏族個別の例祭であり、令制以前の前代的な体制を温存させて執行されるものであった。国家の安泰を目的とした国家祭祀である相嘗祭においても、古代祭祀の同様の観念がその底流に流れていたことが見出されよう。

註

（1）「相嘗」の語意に関して谷川士清は、神嘗と新嘗の間に行われるため「間嘗」の義であるとし（「あひむべ」『倭訓栞』上、皇典講究所、明治三十二年八月）、本居宣長は、相嘗は天皇と相伴する意であるとしている（「玉勝間」『本居宣長全集』第一巻、筑摩書房、昭和四十三年五月）。しかし相嘗祭に天皇の関与は存在せず、また天皇自ら行う新嘗祭にて諸神に班幣が行われていることとの整合性が宣長の見解においてはあまり取れていない。『古事類苑』は相新嘗の略語とし、新嘗祭に先立ち新穀を神祇に供す祭儀であり伊勢神宮の神嘗と同じであるとし、また谷川士清の「間嘗」の義であるとする見解を『後漢書』の誤読を引証したものとして否定している。

（2）佐伯有義氏は「相嘗祭は大新嘗に先だち、神新嘗に次ぎて七十一座の神々に新嘗を奉らしめ給ふので、七十一座の神等が相共に新嘗を聞食す故に相新嘗と申すので、それを略して相嘗と称へるやうになつたのであらう。この七十一座は何れも特別の由緒ある神々であらせられることは、祈年月次新嘗に比して、その幣帛の分量が頗る多いので、此の祭の重んぜられたことが首肯出来ると思ふ」としている（「アイニエノマツリ　相嘗祭」『神道大辞典』平凡社、昭和十二年七月）。

（3）田中卓「神嘗・相嘗・新嘗・大嘗の関係について」（『神社と祭祀』〈『田中卓著作集』一一—一〉国書刊行会、平成六年八月。初出は『続・大嘗祭の研究』平成元年六月）。

（4）薗田香融「神祇令の祭祀」（『関西大学文学部論集』第三巻第四号、昭和二十九年）。また薗田氏は、伊勢神宮の祭神は元々神服部・麻績連（神衣祭に奉仕する氏族）の神であり、中央から派遣された神主がこれらの氏宗を圧倒した、ともしている。しかし伊勢の禰宜（荒木田氏・度会氏）・内人・物忌は度会郡の居住者であり、彼らの行う御饌祭には祭祀の旧態が色濃く継承されており、律令祭祀である神衣祭よりもその起源を古くすると考えられ、薗田氏の説には問題も多い。

（5）二宮正彦「相嘗祭の考察」（『古代の神社と祭祀—その構造と展開—』創元社、昭和六十三年七月。初出は「相嘗祭の一考察」『史泉』第一六・一七合併号、昭和三十四年十二月）。

（6）田中卓註(3)前掲論文、西宮秀紀「律令制神祇祭祀と畿内・大和国の神（社）」（『律令国家と神祇祭祀制度の研究』塙書房、平成十六年十一月。初出は「神々の祭祀と政治」山中一郎・狩野久編『新版 古代の日本』第五巻近畿1、角川書店、平成四年三月、「相嘗祭に関する二、三の問題」岡田精司編『古代祭祀の歴史と文学』塙書房、平成九年十二月）。

（7）丸山裕美子「斎院相嘗祭と諸社相嘗祭——令制相嘗祭の構造と展開」（『愛知県立大学文学部論集 日本文化学科編』第四八号、平成十一年）。

（8）「新嘗」そのものの淵源は各共同体や氏族の新穀収穫に伴う祭祀として古くに遡るであろうが（『日本書紀』皇極天皇十一月丁卯〈十六日〉に皇太子・大臣が各自新嘗をする記事があり、『万葉集』三四六〇番に新嘗に夫を送り出して忌み籠る様を詠った歌がある）、国家祭祀としての整備は七世紀末に行われたとするのが妥当であろう。天武朝では、国郡卜定を伴う「大嘗」が天武二年十二月丙戌（五日）に、同じく国郡卜定を伴う「新嘗」が天武五年十一月、天武六年十一月己卯（二十一日）に見え、後代の大嘗祭の形式の始原と考えられる。持統朝では、国郡卜定や中臣の天神寿詞奏上を伴う「大嘗」が持統五年十一月戊辰朔に行われている（すべて『日本書紀』）。天武朝では国郡卜定を伴う天皇親祭の形式が整えられたが、大嘗祭と新嘗祭の形式の区分が未確立であり、持統朝の記事が一世一度の大嘗祭の初例と推測される。

（9）菊地照夫「相嘗祭の基礎的考察—延喜四時祭式相嘗祭条の検討—」（『法政考古学』第二〇集、平成五年十一月（A））、「律令国家と相嘗祭—幣物の性格をてがかりに—」（虎尾俊哉編『律令国家の政務と儀礼』吉川弘文館、平成七年七月（B））、「相嘗祭の祭祀形態について」（『延喜式研究』第一五号、平成十年十二月（C））。菊地氏は相嘗祭の字義について従来の見解を整理した上で、「令釈」（神祇令仲冬条）・『令義解』（職員令神祇伯条）において新嘗祭班幣を指して「相嘗祭」と読んだ記事のあることを指摘し、相嘗の語義は国家から神社に幣帛を奉献することの総称であるとしている。

（10）岡田精司『古代王権の祭祀と神話』（塙書房、昭和四十五年四月）。

（11）菊地照夫註(9)前掲論文（B）。

（12）黒崎輝人「相嘗祭班幣の成立」（『日本思想史研究』第一三号、昭和五十六年三月）。

(13) 例えば『日本書紀』天武四年四月癸未（十日）を初見として王・臣を派遣して祭祀を行わせる広瀬・龍田祭が「神祇令」祭祀として存在し、また『日本書紀』朱鳥元年七月癸卯（五日）、持統六年五月庚寅（二十六日）、同年十二月甲申（二十四日）に相嘗祭対象社を含む特定の数社に対する奉幣の記事が存在する。

(14) 『延喜四時祭式』「新嘗祭奠二幣案上一神三百四座〈並大〉」条。

(15) 班幣祭祀の祝詞の冒頭には「高天原尓神留坐皇睦神漏伎命、神漏弥命以、天社国社登称辞竟奉皇神等能前尓白久」などと宣読され、『令集解』所引「令釈」（「古記」に別なし）の祈年祭条には「於二神祇官一。惣祭二天神地祇一。百官々人集」と記されている。記紀神話と畿内の「神郡」神社を基本構想として、全国の官社に幣帛を奉る「天社国社」祭祀制が七世紀末以降、編成されていったと考えられている（岡田荘司「古代神祇祭祀体系の基本構想—「天社・国（地）社祭祀制」—」『神道宗教』第二四三号、平成二十八年七月）。

(16) 当時の大和国における神嘗酒料の計六百五十束のうち、正税帳に記載のある七社を除くと欠損している葛上郡にある葛木鴨社は二百束となる。しかし『延喜式』での葛木鴨社の酒料稲は百束である。他の対象神社で酒料稲が増えた事例（大神、大倭）はあるが減った事例がないため、天平二年時でも葛木鴨社の神嘗酒料は百束であり、残りの百束は石上社と巻向社（『延喜式』の規定では両社とも神税から五十束）に充てられていたとの指摘もある（熊谷保孝「相嘗祭二、三の問題」『政治経済史学』第三七〇号、平成九年四月）。石上社と巻向社は正税帳には神嘗酒料の記載がなく、「令釈」（「古記」）に巻向社の記載はあるが石上社の記載はないため確証はないが、熊谷氏のように考えると、『延喜式』大和国対象神社の記載のうち上から十社は奈良初期にまで遡り、当時の規定にあった神社記載順序がそのまま後代の規定に引き継がれたとの想定と符合する。二宮正彦氏（註(5)前掲論文）や菊地照夫氏（註(9)前掲論文（A））は古く神祇官に存在した相嘗祭の対象神社や幣物の規定が「令釈」や「式」の原形となっており、『延喜式』の対象社記載順は、おおむね祭祀に与った順番に追記されていったものと想定している。

(17) 二宮正彦註(5)前掲論文、西宮秀紀註(6)前掲論文。西宮氏は倭の屯田が十市郡・城下郡にあったことを引き、「令釈」記載の大和国の神社の配置は、ほぼ狭義のヤマトの範囲と重なり、初期大和王権時代に穀倉地帯としてとりわけ重要視された地域の神社で、直接の経済基盤とでも言うべき地域としている。

(18) 西宮秀紀「葛木鴨（神社）の名称について」（『律令国家と神祇祭祀制度の研究』塙書房、平成十六年十一月。初出は『奈

良古代史論集』第二集、平成三年十一月）。
（19）『式内社調査報告　第一巻 京・畿内1』（皇學館大學出版部、昭和五十四年二月）。
（20）『年中行事秘抄』では「川合神」（鴨川合社）の条に記しているが、『本朝月令』と「天暦三年神祇官勘文」の文面から考えて、『年中行事秘抄』の誤りであると考えられる。
（21）丸山裕美子註（7）前掲論文。
（22）『日本書紀』天武四年（六七五）四月癸未（十日）「遣二小紫美濃王・小錦下佐伯連広足一、祠二風神于龍田立野一。遣二小錦中間人連大蓋・大山中曽禰連韓犬一、祭二大忌神於広瀬河曲一」。この初見記事は、場所を明記して神を祭るという特異な記述となっており、このとき初めて広瀬社・龍田社が国家祭祀の祭場となったものと想定される（本書第一部第三章「広瀬龍田祭の祭祀構造」参照）。
（23）菊地照夫註（9）前掲論文（A）。幣帛の一覧表は早く石黒捷雄氏の論考に掲出されている（「相嘗祭に関する一考察」『皇學館論叢』第一巻第二号、昭和四十三年六月）。
（24）『延喜臨時祭式』「凡因幡、伯耆両国所レ進相嘗祭料荒筥八十八合、〈国別四十四合、〉毎レ年以二神税一交易、十月以前差レ使進上」。
（25）三宅和朗「『延喜式』祝詞の成立」（『古代国家の神祇と祭祀』平成七年九月。初出は『日本歴史』第四五四号、昭和六十一年三月）、同「『延喜式』祝詞成立に関する諸問題」（『中部女子短期大学社会文化研究所研究年報』創刊号、昭和六十年）。
（26）紀伊国の四社にのみ海産物が存在しないことは、相嘗祭対象社が鎮座する郡のうち唯一紀伊国名草郡にのみ神郡が設定されていたことと関係があろうか。
（27）本書第一部第一章「古代祈年祭の祭祀構造」、木村大樹「班幣行事の復元的考察」（『國學院大學大學院紀要　文学研究科』第四九輯、平成三十年三月）。
（28）渡邊晋司「大幣と官社制度」（『神道及び神道史』第三一・三二号、昭和五十三年三月）、加藤優「律令制祭祀と天神地祇の惣祭」（『研究論集』Ⅳ〈奈良国立文化財研究所学報　第三三冊〉昭和五十三年三月）など。
（29）伴信友「神社私考」（『伴信友全集』巻二、ぺりかん社、昭和五十二年八月）、石黒捷雄註（23）前掲論文。
（30）菊地照夫註（9）前掲論文（A）。

(31) 藤森馨「鎮花祭と三枝祭の祭祀構造」(『古代の天皇祭祀と神宮祭祀』吉川弘文館、平成二十九年十二月。初出は『神道宗教』第二一一号、平成二十年七月)。古代祭祀の基本形として「委託祭祀」が存在することに関して、三橋正「仏教公伝と委託祭祀」(『日本古代の神祇制度の形成と展開』法蔵館、平成二十二年二月。初出は「仏教受容と神祇信仰の形成——神仏習合の源流」『宗教研究』第八一巻第二輯、平成十九年九月)も参照のこと。

(32) 『延喜四時祭式』では、三枝祭で酒料稲百束が神税による他は、平岡祭で河内国の正税が祭神料の多くに用いられている他、広瀬・龍田祭でも大和国の正税より米・酒・稲が供出されている。これ以外の酒もしくはその元となる稲は国庫より充てられている。

(33) 『国史大系　令集解』(吉川弘文館、昭和五十三年十一月)。

(34) 『国史大系　令義解』(吉川弘文館、平成二年四月)。

(35) 虎尾俊哉編『訳注　日本史料　延喜式』(集英社、平成十二年五月)。

(36) 菊地照夫註(9)前掲論文(C)。

(37) 田中卓註(3)前掲論文。また楠本行孝氏は、十一月上卯日相嘗祭は神祇官での班幣であり、十一月下卯日に天皇の新嘗と同日に諸社で相嘗祭が行われたとするが(「相嘗祭班幣と神事」『神道学』第一三四号、昭和六十二年八月)、田中氏の説のほうが妥当であろう。楠本氏説への評価・批判に関しては菊地照夫註(9)前掲論文(C)に詳しい。

(38) 加瀬直弥「解題　兼永本『延喜式』巻八」(『日本書紀　古語拾遺　神祇典籍集』〈國學院大學貴重書影印叢書第四巻〉朝倉書店、平成二十八年二月)、同「古代朝廷祭祀に携わる神社の人々」(杉本恒彦・高井啓介編『霊と交流する人びと』上巻〈宗教史学論叢21〉、リトン、平成二十九年三月)。

(39) 『令集解』職員令神祇官祝部条。

(40) 西宮秀紀「律令国家に於ける神祇職」(『律令国家と神祇祭祀制度の研究』塙書房、平成十六年十一月。初出『日本史研究』第二七〇号、昭和六十年二月)。

(41) 延暦十七年正月二十四日太政官符に、神主の補任は「簡㆘択彼氏之中潔清廉貞堪㆓神主㆒者㆖補任。限以㆓六年㆒相替」(『類聚三代格』)とあり、平安時代初期においても神主任用の条件に氏族性が考慮されている。これ以前の奈良時代においては神主はその規定が明確ではなく、氏族的性格(氏族との結びつきが強い性格)を有する職であったとされる(小林宣彦「八・九世紀における神社と神主の性格について」『神道宗教』第一九五号、平成十六年七月）。
(42) 高嶋弘志「神祇令集解相嘗祭条の検討」（『続日本紀研究』第二二四号、昭和五十七年十二月）。
(43) 『本朝月令』所引「秦氏本系帳」によると、賀茂祭は「今鴨氏為禰宜奉祭」とされ、『本朝月令』松尾祭条に引く「口伝」には「松尾社禰宜秦真足。祝秦興主」とあり、『続日本後紀』嘉祥二年二月壬辰（七日）には松尾社の禰宜・祝が把笏に与っており、賀茂社と松尾社の奉仕者は禰宜と称されていたことがわかる。
(44) 『中右記』天永三年十一月一日条に相嘗祭の記事が存在し、賀茂上下社においてすら両社の作法とその奉仕者が異なっていることが見え、各社で伝統的に奉仕されてきたことは別社の者では代行できないことがわかる。『中右記』天永三年条と斎院相嘗祭に関しては丸山裕美子註(7)前掲論文に詳しい。
(45) 宮地直一「上代神道史要義」（『神道史序説』〈宮地直一論集5〉桜楓社、昭和六十年二月。昭和十年度以降の東京大学における講義案を収録）。
(46) 黒崎輝人註(12)前掲論文。また、中野高行氏も黒崎氏の見解を受けて「相嘗祭は、天皇が直接に祭りえない在地有力神に対する新穀感謝祭を、奉斎氏族を媒介としながら王権の新穀感謝儀礼に取り込む形で体系化した宮廷儀礼である」としている（「相嘗祭の成立と天高市神話」黛弘道編『古代王権と祭儀』吉川弘文館、平成二年十一月）。
(47) 岡田莊司「古代〜の法制度と神道文化—天皇祭祀に関する不文の律、不文の法—」（『明治聖徳記念学会紀要』復刊第四六号、平成二十一年十一月）など。
(48) 菊地照夫註(9)前掲論文（B）。
(49) 大関邦男「古代伊勢神宮の財政構造」（『國史學』第一二八号、昭和六十一年二月）。
(50) 神宮祭祀の構造については、藤森馨「神宮祭祀と天皇祭祀—神宮三節祭由貴大御饌神事と神今食・新嘗祭の祭祀構造—」・「伊勢神宮内外両宮の祭祀構造—由貴大御饌神事に関する試論—」（『古代の天皇祭祀と神宮祭祀』吉川弘文館、平成二十九年十二月。初出、前者は『國學院雜誌』第九一巻第七号、平成二年七月、後者は『古代文化』第四三巻第四号、平成三年四月）など。
(51) 『皇太神宮儀式帳』「神田行事」条など。
(52) 宮地直一「相嘗祭異見」（『国史学論集　植木博士還暦記念』植木博士還暦記念祝賀会、昭和十三年十二月）。

(53) 笹生衛氏は「『儀式帳』祭式の伝統は五世紀まで遡る」としており、五世紀代に神宮祭祀が機能していたことは確実と思われ、その形式は延暦のころまでつながっていくと考えられる（「日本における古代祭祀研究と沖ノ島祭祀―主に祭祀遺跡研究の流れと沖ノ島祭祀遺跡の関係から―」『「宗像・沖ノ島と関連遺産群」研究法報告Ⅱ―1』「宗像・沖ノ島と関連遺産群」世界遺産推進会議、平成二十四年三月）。

(54) 太田亮「氏神」（『日本上代に於ける社会組織の研究』磯部甲陽堂、昭和四年十月）。

(55) 『延喜伊勢大神宮式』「凡二所大神宮禰宜、大小内人、物忌、諸別宮内人、物忌等、並任二度会郡人一〈但伊雑宮内人二人、物忌、父等、任二志摩国神戸人一〉」志摩国の伊雑宮も志摩国の神戸から任用されていたことがわかる。

(56) 本書第二部「古代伊勢神宮の祭祀構造」参照。

(57) 『類聚三代格』貞観十年（八六八）六月二十八日太政官符所引、弘仁十二年（八二一）正月四日太政官符。

(58) 笹生衛「古代祭祀の形成と系譜―古墳時代から律令時代の祭具と祭式―」（『古代文化』第六五巻第三号、平成二十五年十二月）、同「祭祀の意味と管掌者―五世紀の祭祀遺跡と『古語拾遺』「秦氏・大蔵」伝承―」（『中期古墳とその時代―5世紀の倭王権を考える―』〈『季刊　考古学』別冊二二〉平成二十七年四月）、同「古代祭祀の実態」（『神と死者の考古学　古代のまつりと信仰』吉川弘文館、平成二十八年正月）など。

(59) 笹生衛註(58)前掲論文。

(60) 岡田荘司「天皇祭祀と国制機構―神今食と新嘗祭・大嘗祭―」（『平安時代の国家と祭祀』続群書類従完成会、平成六年一月。初出は『國學院雑誌』第九一巻第七号、平成二年七月）。

(61) 大関邦男註(49)前掲論文、藤森馨註(50)前掲論文、本書第一部第一章「古代祈年祭の祭祀構造」など。

第二部　古代伊勢神宮の祭祀構造

第一章　古代伊勢神宮祭祀の基本構造

はじめに

伊勢神宮祭祀の研究は、神宮祠官による儀式書の編纂と伝来、また著述や註釈を中心として展開してきた。(1) その中でも延暦二十三年（八〇四）に解文として進上された『延暦儀式帳』（『皇太神宮儀式帳』『止由気宮儀式帳』）の伝来はきわめて貴重なものである。『延暦儀式帳』の古写本は欠損の多い数本しか残存しないという問題はあるものの、(2) 奈良時代の古態を残した史料とされ、(3) 格式編纂以前の伊勢神宮の実態を理解することができる。平安時代初期以前において、これほど詳細に古代神社祭儀の実態が記された史料は今のところ他には現存していない。この『延暦儀式帳』の読解・分析を進めていくことで古代祭祀の実像に迫ることができよう。本章では、この『延暦儀式帳』を基本テキストとし、(4) 古代伊勢神宮祭祀がいかなる構造で行われていたのか、とくに恒例祭儀を中心にその基本構造を明らかにしたい。

伊勢神宮の恒例祭祀中最重要とされるのが三節祭である。三節祭は六月・十二月の月次祭と九月の神嘗祭の総称であり、宮中における天皇祭祀（六月・十二月神今食、十一月新嘗祭）との密接な対応関係が存在すると考えられている。(5) また、三節祭は夜半に二度御饌供進が行われる朝大御饌・夕大御饌と、翌朝以後に幣帛を奉納する祭儀によって構成されており、それぞれの財政構造と奉仕主体が異なることが指摘されている。(6) この祭祀構造の相関性・差異に注意を払う視角は祭祀の質を考える上で有効な研究方法と考えられるが、さらに詳細に、多角的な視点から検証を重ねていくことで、古代伊勢神宮だけでなく、古代祭祀そのものの基本構造が実証的な形で明らかになっていくものと考えられる。

そこで本章では、とくに内宮の三節祭に焦点を絞り、祭祀に供される幣物の出所・調製者、祭祀の場（時間）と奉納先、奉納主体を明確にすることを分析の方法とし、種々の祭儀の質や系統、特徴などを明らかにしていきたいと考える。また、本章では三節祭夜半に行われる朝大御饌・夕大御饌を「御饌祭」、三節祭二日目の祭儀を「奉幣祭」とも呼称することとする。

一　三節祭における幣物・御饌の検討

1　月次祭・神嘗祭に供出される幣物の構成

まず、恒例祭祀中最重要とされる三節祭の祭祀構造の分析を、内宮月次祭（六月）・神嘗祭の幣物の構成の確認から始めていきたい。

『皇太神宮儀式帳』六月例の冒頭には、宿直事に続いて月次祭に使用される幣料が並べられているが、それらを列挙すると以下の通りとなる。

「六月例」（幣物）

①供奉赤引御調糸四十絇。〈依ㇾ例度会郡所ㇾ進、卜二食大神宮司一。〉

②祭料大神宮司宛奉用物。
酒作米十石、神祭料米三石三斗、木綿十斤、供給料米二十五石、塩一石、麻二十一斤六両、神酒二十缶、神御贄二十五荷、鉄一廷。
六月月次祭行事為二供奉一、大神宮司初宛奉神酒料、幷供給料米請弖、神酒、幷人給料酒造奉。
③禰宜、幷宇治大内人、日祈内人、已上三人、己之家養蚕乃糸一絇乎備奉弖、祭乃日仁告刀申、天下百姓作食五穀、平助給祈申。

このうち、①は度会郡より供出され、大神宮司が卜定するとある。細かい調達方法は『皇太神宮儀式帳』「御調荷前供奉行事」に記されている。

赤引生糸四十斤。〈神郡度会郡調先糸。〉
右以二五月三十日一、御調専当郡司、幷調書生、及郷長、服長等、為二大解除一忌慎侍。亦郡内諸百姓等、人別私家解除清弖、御調糸持、参二向大神宮司仁一、即大神宮司卜定弖、糸遠令二編定一、御調櫃入弖、塩湯持弖清弖、御調倉進納畢、以六月十七日朝時、従二御調倉一下弖、預度会多気郡司、幷調書生服長等、御前追持参入、大神宮供奉行事波、神服織神麻績御衣供奉行事止同。
亦御調荷前絹一百匹。
右絹勘備奉行事、赤引糸奉時止同。又荒祭宮、月読宮、瀧原宮、伊雑宮供奉荷前絹、具注二月記条一。

この史料によると、赤引御調糸は神郡である度会郡の百姓が祓え清めて供出した糸のうち、大神宮司の卜定に適った糸を編み定めて一旦御調倉に納め、六月十七日の祭儀に奉納された。そのさいには「御調専当郡司」（度会・多気郡の郡司）、「調書生」、「郷長」、「服長」たちが供奉している。赤引御調糸の供出は神郡の「郡司」や「郷長」の下で行われ、その管理は「調書生」（書記官）、調製は「服長」の下で行われていたと想定される。これらは卜定の主体である大神宮司の直接関与の下で行われていた。

内宮三節祭は十六日の夜半から二度行われる朝大御饌・夕大御饌（御饌祭）と、その翌朝（十七日）に行われる祭儀（奉幣祭）の二段構成となっているが、大神宮司の監督下で調製される赤引御調糸は二日目朝の祭儀にて奉納されたことが注目される。その奉納場所は『皇太神宮儀式帳』「六月例」の儀式次第には「東宝殿」とある。

幣物②は、大神宮司の用意する物品であると記されたものである。「酒作米十石」と「神祭料米三石三斗」は、「六月月次祭行事為二供奉一、大神宮司初宛奉神酒料、幷供給料米請弖、神酒、幷人給料酒造奉」とある「神酒」と「人給料酒」（直会用の酒）を醸造するために大神宮司から供出される米であった。この「神酒」は後述する「神酒二十缶、神御贄二十五荷」とともに十七日朝の祭儀にて祭庭に並べられた後、十八日に宮廻神や別宮等に奉られたと見られる。「木綿十斤」は宮飾る榊などに用いられ、この木綿には外宮内人である「木綿作内人」作製の木綿四百枚[7]が含まれているものと想定される。「供給料米二十五石」は「供給料」とあるので直会用と見られ、「麻二十一斤六両」は御饌祭前日の夜に行われる祓に使用されたものと見られる。「鉄一廷」は御饌祭に使用される忌鍛冶内人作成の御贄小刀の材料として供出されたものと考えられる。

「神酒二十缶」「神御贄二十五荷」は大神宮司が奏上する『延喜祝詞式』神宮月次祭（奉幣祭）祝詞に「三郡国国処処尓寄奉礼留神戸人等能常毛進留御調糸、由貴乃御酒御贄乎、如二横山一置足成天」とある、月次祭の奉幣祭において祭庭に積み置かれた「由貴乃御酒御贄」に相当し[8]、神郡・諸国神戸からの貢納品と考えられる。奉幣祭において祭庭に諸国神戸などからの貢納品が積み置かれたのは、これだけの貢納物が並べられるほど神威が高い、ということを表現するためであろう。

この幣物は「供奉幣帛本記事」に「春宮坊、幷皇后宮幣帛、幷東海道駅使之幣帛及国々処々之調荷前雑物等、納二外幣帛殿一、踰レ年禰宜給之」とあり、十七日朝の祭儀において祭庭に並べられた後、外幣殿に納められたものと考えられる。「六月例」には、

十八日行事。以二同日辰時一、神宮廻神祭百二十四前。祭料下レ従二外幣帛殿一。神酒二缶、神贄二荷。

右祭、御巫内人、幷物忌父等四人、共率班祭。

荒祭宮、神酒一缶、神贄一荷。瀧祭神社、酒一缶、贄一荷。月読宮、酒一缶、贄一荷。瀧原宮、酒一缶、贄一荷。伊雑宮、酒一缶、贄一荷。大歳社、酒一缶、贄一荷。

右所々神祭酒幷贄等宛班畢。

とあり、外幣殿に納められた幣物は十八日の「神宮廻神祭」に用いられ、別宮等にも頒布された。神嘗祭においても十七日の奉幣祭の祭庭に並べられた諸国神戸からの神酒・御贄は同様の経路を辿る。

③は禰宜・宇治大内人・日祈内人が自家で養蚕した蚕の糸である。「日祈内人」職掌条には「六月祭日之夕御食進時」に奉ると記述され、禰宜以下三人が自家で養蚕した蚕の糸奉献は夜の御饌祭（六月月次祭）に組み込まれていた。

これら六月月次祭の祭料規定のうち、直接神に奉られる幣物は①「赤引御調糸」（神郡供出）、②「神酒」（大神宮司供出米）・「神酒二十缶」・「神御贄二十五荷」（神郡・諸国神戸）、③禰宜・宇治大内人・日祈内人養蚕の糸、であり、大神宮司が直接調製に関与した幣物①や、大神宮司の用意する祭料とされる幣物②は十七日朝の祭儀以降に奉られ、禰宜以下が直接祭料を調達し調製した幣物③は夜の御饌祭に奉られていた。

では、九月神嘗祭において月次祭幣料①②③の記載に相当する箇所はいかなるものとなっていたであろうか。

「九月例」（幣物）

Ⅰ供奉織御衣料糸壱拾弐絇、供奉大神宮絹一百七匹二丈。〈調絹荷前料一百匹、御衣料三匹、五色料一匹、
御幌料三匹二丈、御門四、間別五丈。〉

Ⅱ管四所神宮調荷前絹四匹。〈荒祭宮一匹、月読宮一匹、瀧原宮一匹、伊雑宮一匹。〉

Ⅲ供奉大神宮処々神戸荷前物。

絹二匹、〈白一赤一。〉糸三絇、綿五十三屯、神衣料、白布一端、麻六斤、木綿三斤。

已上伊賀、尾張、三河、遠江四箇国神戸供進。

腊魚三十斤、熬海鼠十五斤、塩二石、堅魚二十斤、油六升、海藻根三十斤、鮑八十斤。

Ⅳ伊勢国司供進荷前絹一匹、中男作物、雑魚腊九十斤大、

Ⅴ祭日料物、

酒米十石、神祭料三石三斗、供給料米三十五石、木綿十斤、麻二十六斤、神酒弐拾参缶。〈伊勢国神戸十五缶、神服織神麻績二缶、度会宮根倉物忌供奉一缶、伊賀国神戸二缶、尾張、三河、遠江三国神戸各一缶。〉御贄卅七荷。

Ⅵ懸税稲千四百三十七束。〈之中、細税二百二十束、以一把号一束。大半斤百八十束、以五把号一束。大斤千三十七束。〉

度会郡九百二十束、多気郡二十束、神麻績百束、〈大半斤、細税百束。〉神服織八十束、〈大半斤、細税八十束。〉飯野神戸十一束、〈大半斤十束、細税十把。〉飯高神戸六束、壱志神戸六束、安濃神戸六束、鈴鹿神戸六束、河曲神戸六束、桑名神戸六束、伊賀神戸三十束、〈細税。〉尾張神戸二十束、三河神戸十束、遠江神戸二十束。

散用、大神宮千三百七十束、荒祭宮五十束、月読宮三十束、瀧原宮二十束、瀧祭社十束、小朝熊社十束。

右当祭之日、懸二御垣一尽畢。

Ⅶ鋪設、長茵二十帳、短茵二十帳、麻薦四張、縄薦二十張、麻簀三張、前簀二十張、蒲立薦三張。

以上宛二大神宮司一、以二祭日一敷用。

Ⅷ甕一口、瓱二口、陶水真利三具、陶酒杯三具、菓子佐良三具、酒壷三口、食単料調布一端、鉄一延、忌砥一面、

塩五斗。

已上宛二大神宮司一、以二祭祀一用之。

Ⅸ茵二枚、敷簀二枚。

已上神服麻績二氏神部仕奉。

Ⅹ賜二禰宜、内人、物忌一衣服絹六十匹、綿五十二屯。

ⅠとⅡは月次祭①と同じ御調の奉納物である。神嘗祭では別宮四所に対する御調荷前も規定されている。Ⅰのうちの「調絹荷前料一百匹」とⅡは、「御調荷前供奉行事」の末尾にも「御調荷前絹一百匹」「荒祭宮、月読宮、瀧原宮、伊雑宮供奉荷前絹」として規定されており、「御調荷前絹一百匹」の供出は「右絹勘備奉行事、赤引糸奉時止同」と記述されていた。つまり、Ⅰのうち荷前の絹は六月の赤引御調糸と同様に、大神宮司の直接関与の下で調進され、祭日まで御調倉に納められたものと考えられる。同様にⅠ「五色料一匹、御幌料三疋二丈」といった五色絹や四つの門に使用する絹も大神宮司から供進されたと見られる。

六月の赤引御調糸は東宝殿に奉納されたが、神嘗祭Ⅰ「調絹荷前料一百匹」は「九月例」に奉納場所はとくに記されていない。しかし「調絹荷前料一百匹」は右で指摘したように、六月の赤引御調糸と同様の扱いがなされていた。

延暦のころは月次祭における赤引御調糸と同様、東宝殿に納められていたのであろう(9)。ただし『延喜伊勢大神宮式』には「凡神封調絹一百疋、神嘗祭明日貢二進斎宮一」とあり、少なくとも『延喜伊勢大神宮式』規定成立時には神嘗祭の翌日に斎宮へと送られることとなっていた(10)。

[I]のうち「御衣料三匹」は神嘗祭十七日の奉幣祭にて「禰宜仕奉織御衣絹二匹、又宇治内人織御衣絹一匹」として正殿に奉られていた（「九月例」）。禰宜の職掌条には「毎年九月、己之家爾養蚕乃赤引生絁糸九絇織奉、太神御衣爾供奉。祭之日、其宛二度会郡丁九人之料一」とあり、正殿に奉られる御衣二匹は禰宜の家にて養蚕した蚕の糸を織ったものであった。宇治大内人の職掌条にはこの点に関して記載はないが、月次祭幣物③の蚕の糸は皆自家で養蚕したものであるため、宇治大内人の織る御衣も自家製の糸を使用することが本来的であったと考えられる。この御衣三匹の祭料は『延喜伊勢大神宮式』では「大神宮御衣三疋、〈禰宜預五月収二封戸調糸一、潔斎所二織備一〉」と規定され、自家製の糸から封戸調糸へと拠出元が変化していた。時代の推移によって自給生産的な幣物の供出形態が薄まっていったことが見て取れる(11)。

[III]は諸国神戸からの荷前であり、[IV]は伊勢国からの荷前である。[III]諸国神戸荷前物の品目は相嘗祭幣帛と類似していることが指摘されている(12)。つまり[III]絹、糸、綿、白布、麻、木綿、腊魚、熬海鼠、塩、堅魚、油、海藻根、鮑、のうち熬海鼠と油以外は相嘗祭幣帛の布帛類・海産物の品目とほぼ一致しているのである。相嘗祭は天武紀五年（六七六）十月丁酉（三日）「祭二幣帛於相新嘗諸神祇一」を初見とし、相嘗祭幣帛は国家から供出されていた(13)。相嘗祭自体は大和中心に鎮座する神社の神主が祭祀を執行する形態をとっており(14)、あたかも神社側の御饌祭に国家の幣帛が供出されるような構造となっていた(15)。この天武紀五年に成立したと考えられる相嘗祭の幣帛の組成が[III]諸国神戸荷前物と一致するということは、神嘗祭幣物[III]は天武朝下で相嘗祭の設定とともに整えられた可能性を示唆する。

Ⅴは月次祭②「祭料大神宮司宛奉用物」とほぼ同様の祭料である。異なる点は神嘗祭では塩・鉄がⅧに記載され、神酒が月次祭に比べて三缶増加し、御贄の数量も増加していることである。神酒の増加分は「神服織神麻績二缶、度会宮根倉物忌供奉一缶」が加わっているためである。神服織・神麻績氏は「神祇令」祭祀「神衣祭」に奉仕する「神部」であり、神嘗祭には両氏から神酒二缶とⅨ茵二枚・敷簀二枚が供進された。外宮「根倉物忌」は物忌父とともに、内外宮の神嘗祭と外宮御饌殿（日別朝夕大御饌）に根倉の「御刀代御田」を耕作して得られた稲を神酒にして奉っている。外宮の物忌が内宮の神嘗祭にも神酒を奉り、内外宮の月次祭には奉らない点で変則的な奉仕であった。『皇太神宮儀式帳』冒頭の鎮座伝承には「多気佐々牟迤宮坐只。彼時、竹首吉比古乎、汝国名何問賜只。白久、百張蘇我乃国、五百枝刺竹田乃国止白只。即櫛田根椋神御田進只」とあり、根倉の御田は多気郡の櫛田郷にあったものと見られ、立地の関係から外宮の物忌に編成されたのであろうか。

Ⅵ「懸税稲」は神郡や諸国神戸、神服織・神麻績氏より奉られ、十七日（奉幣祭）朝に御垣に懸けられる。この「懸税」は初穂の稲束であり、新穀を神に供する神嘗祭ならではの供え物である。Ⅶは鋪設具、Ⅷは祭祀の用具で、両者とも「已上宛二大神宮司一」と注記がなされている。Ⅹは禰宜、内人、物忌等に賜う衣服の料であり、ここには別宮の内人・物忌・物忌父や、禰宜と大内人三人計四人の妻への直会の舞の装束料も含まれている。Ⅶ・Ⅷ・Ⅹは月次祭には見えず、これらは神嘗祭を期に一新されるものと見られる。

ここに列挙された神嘗祭の幣料のうち、神前に奉られる幣物はⅠ・Ⅱ御調荷前、Ⅲ諸国神戸荷前、Ⅳ伊勢国荷前、Ⅴ神酒・御贄である。Ⅴに含まれる根倉物忌醸造の神酒のみ十六日夜の御饌祭に奉られ、それ以外は十七日以降に奉られた。根倉物忌の神酒を除くⅢ・Ⅳ・Ⅴの神酒・御贄等は「十七日辰時、国々所々神戸人夫等所進神酒、并御贄等乎、自二御厨一奉入」と記され、大神宮司の政庁に一括して集められてから奉幣祭の朝に神宮へと移されたと考えられる。これらの神酒・御贄は、月次祭と同様に十七日の祭庭に並べられた後、外幣殿に納められて十八日に宮廻神、別宮等の神社に奉られた。

2 朝大御饌・夕大御饌に供進される御饌の検討

続いて、朝大御饌・夕大御饌に奉られる御饌を見ていきたい。御饌祭に奉られる幣物は月次祭①②や神嘗祭Ⅰ～Ⅹのように物品が並べられて記載されてはおらず、御饌を調進する様子の記述に見ることができる。

「六月例」(御饌祭)

此禰宜、内人、物忌等、従二湯貴御倉一下宛奉朝大御饌夕大御饌、二時之料御田苅稲乎以、是禰宜、内人四人、大物忌、并物忌父引率、宮司所給明衣服縫服、又木綿蘰多須岐為之、件御饌稲乎大物忌子請弖、土師物忌作奉浄御碓、并杵、箕持舂備奉之、大物忌忌竈仁炊奉、御笥作内人作進上御饌笥仁奉納備進、又禰宜、内人等以二祭之月十五日一、退二入志摩国神堺海一、雑貝物満生雑御贄漁、并従二志摩国神戸百姓一進上干生贄、及度会郡進上贄乎、此御笥作内人作進上御贄机爾置之、忌鍛冶内人之作奉御贄小刀持切備奉、御塩焼物忌之焼備進上御塩乎会備奉、土師物忌、陶内人作進上御坏仁奉納満備進。又酒作物忌、清酒作物忌、陶内人作進上御酒缶爾、酒醸備奉酒乎、土師陶之御坏爾、奉納満備進之。此以二同十六日夜一、湯貴御饌祭供奉。

「九月例」(御饌祭)

志摩国神戸人夫等所進湯貴御贄、又度会郡諸郷百姓等所進雑御贄、禰宜、内人、物忌父等、志摩国与伊勢国神堺嶋村々罷行弖、漁雑御贄物等、御塩焼物忌乃焼進留御塩等乎、禰宜、内人等悉進集、自レ宮西川原爾大贄乃清乃大祓仕奉、幣帛殿爾進納畢、即供二奉御饌一。

以二同日夜亥時一、御巫内人乎第二門爾令レ侍弖、御琴給弖、以二十六日一、請二天照坐大神乃神教一弖、即所教雑罪事乎、自二禰宜館一始、内人物忌四人館別、解除清畢、即禰宜、内人、物忌等、皆悉自レ宮西方川原爾集侍弖、先向二神宮一、人別罪事乎明申畢、即向レ川御巫内人解除、告刀申畢、皆悉率、正殿院参入、掃清奉畢、即罷出之、宇治御田苅抜穂乎、大物忌、宮守物忌、地祭物忌、荒祭宮物忌、幷四人爾自二御倉一下宛奉、御笥器、忌鍛冶内人作忌小刀、陶内人作奉陶器、土師物忌作奉器、御塩焼物忌焼備奉御塩等乎、已上種々物忌等爾下宛奉、又志摩湯貴御贄種々下宛奉、上件器盛満弖、内院御門爾持参入弖、亥時始至二于丑時一、朝御饌夕御饌二度供奉畢。亦酒作物忌乃白酒作奉、清酒作物忌作奉黒酒、並二色御酒毛大御饌相副供奉畢。次根倉物忌乃仕奉礼留神酒供奉、即四段拝奉弖、内院御門閇奉弖、外院罷出、

内宮月次祭の御饌祭に奉られる幣物を列記すると以下の通りとなる。また、（　）内に神嘗祭の表記・幣物を記した。

④従二湯貴御倉一下宛奉朝大御饌夕大御饌、二時之料御田苅稲
（宇治御田苅抜穂）
⑤退二入志摩国神堺海一、雑貝物満生雑御贄漁
（志摩国与伊勢国神堺嶋村々罷行弖、漁雑御贄物）
⑥従二志摩国神戸百姓一進上干生贄
（志摩国神戸人夫等所進湯貴御贄）
⑦度会郡進上贄
（度会郡諸郷百姓等所進雑御贄）

⑧御塩焼物忌之焼備進上御塩
（御塩焼物忌乃焼進留御塩）
⑨酒作物忌・清酒作物忌、酒醸備奉酒
（酒作物忌乃白酒作奉、清酒作物忌作奉黒酒）
（根倉物忌乃仕奉礼留神酒）

④は度会郡に存在する二町四段の御田の稲であり、この御田は度会郡司によって耕作され、禰宜の監督下で御倉に納められていた（「九月例」）[16]。この稲は土師器作物忌・物忌父作製の碓・杵・箕によって舂き備えられ、大物忌の忌竈で炊飯され、御笥作内人作製の御笥に奉納されて奉られた。

⑤は禰宜・内人が御饌祭の前日に伊勢国と志摩国の堺の海にて調達した生の海産物であり、⑥は志摩国神戸の百姓から貢納された干した生贄で、『皇太神宮儀式帳』「供奉朝大御饌夕大御饌行事用物事」では「鮮蚫螺等御贄」とあり、アワビ・サザエが中心であった。⑦は度会郡の百姓から貢納された贄である。⑤⑥⑦は五十鈴川の中嶋に存在した石畳にて、御笥作内人作製の机の上で忌鍛冶内人作製の小刀で調理し、⑧御塩焼物忌が調進した御塩をあわせて、土師器作物忌・物忌父と陶器作内人作製の御坏に奉納して奉られた。この「石畳」は「止由気大神乃入坐御坐也」と記され、「造宮使」が作製することとなっており、中嶋に渡る御橋は度会郡司が造ることとなっていた（「供奉朝大御饌夕大御饌行事用物事」）。

⑨は酒作物忌と清酒作物忌がそれぞれの物忌父と醸造した酒を陶器作内人作製の缶に奉納し、土師器作物忌作製の御坏に入れて奉られた。神嘗祭ではそれぞれの酒が「白酒」「黒酒」となり、さらに外宮物忌である根倉物忌醸造の神酒も奉られた（神嘗祭幣料Ⅴにも見え、大神宮司を介して内宮に運ばれたものと想定される）。「白酒」「黒酒」は宮中の天

皇祭祀である新嘗祭・大嘗祭にも見えるが、神宮月次祭や外宮神嘗祭には奉られない。「白酒」「黒酒」は天照大神を祭る「嘗」祭に奉ることが本義であったと考えられる。

これら④~⑨の御饌と神酒は禰宜以下物忌（と物忌父）、内人等による共同奉仕によって行われていた。④「御田苅稲」は収穫された後「御倉」（御稲御倉）に納められ、⑤~⑧の御贄・御塩は調達・貢納された後「幣帛殿」（由貴御倉）に一旦納められていた。これらは十七日以降に使用される「御厨」より下ろす神酒・御贄とは区別されて神宮内に保管されており、禰宜以下在地奉仕者による自給的生産の色合いが濃いものであった。

大関邦男氏は、これら幣物の調達・調製に大神宮司が直接関わっておらず、月次祭①②や神嘗祭Ⅰ~Ⅴのような大神宮司を介して供出される幣物が主に二日目以降の祭儀に奉られていたことを指摘した。そして、古代神宮の財源は大神宮司を中核とするものと禰宜を中核とするものとの二重構造となっており、前者の財源は神郡が設定された孝徳朝より前には遡りえず、後者は神宮財政の初源的なものとしている。(17) 事実、④~⑨の幣物の調進は禰宜以下度会郡居住の在地奉仕者が分業して奉仕を行っており、御饌の調達・調進から御饌を備える器に至るまで、奉仕者集団による自給自足的な奉仕がその中核に存在していた。

また、禰宜、物忌と物忌父、内人等直接の奉仕者だけでなく、彼らの妻子も奉仕に助力していたことが義江明子氏によって指摘されており、義江氏は幣物③（禰宜・内人が自家で養蚕した蚕の糸）は禰宜・内人の自宅で彼らの妻子が養蚕していたと推定している。(18)『延暦儀式帳』では物忌と物忌父は親族関係にあり、物忌の御饌・神酒・御塩・土師器の奉仕に物忌父が介添えする形式をとっていた。また、月次祭における御饌祭の直会では禰宜、物忌、内人だけでなく「物忌父母等、戸人男女等」も参加し、翌日朝の祭儀の直会では「禰宜大内人等妻舞」もあり、十八日に行われる荒祭宮の祭りでは「禰宜、内人、并物忌父妻子」が参集して拝礼を行っている。

特筆すべきは「戸人」の奉仕である。内宮⑤の幣物は禰宜・内人の手で行われていたが、外宮においては「禰宜内人等我戸人夫乃志摩国与二伊勢国一神堺嶋嶋爾罷行弖仕奉礼留雑御贄」（『止由気宮儀式帳』「六月例」）と記され、禰宜・内人の「戸人」が調達した御贄が三節祭の御饌祭に奉献されていた。この「戸人」は単に律令行政によってあてがわれた労働者ではなく、禰宜・内人の行為を代行できる存在であり、おそらく禰宜・内人の親族ないしはそれに准じた存在であったと考えられる。

古代伊勢神宮の御饌奉仕は、在地における稲作・漁業・養蚕等を行う生産共同体によって営まれる構造をとっており、それは直接の神宮奉仕者である禰宜・物忌・内人を中核とする在地の親族集団であり(19)、在地居住者の生業によって得られた物品を神に奉献することがその基本となっていた。

では、⑥従二志摩国神戸百姓一進上干生贄、⑦度会郡進上贄はどのように位置づけられるだろうか。⑦度会郡進上贄は「九月例」では「度会郡諸郷百姓等所進雑御贄」と記され、度会郡の郡司ないしは郷長がその貢献に関与していたことが窺われる。しかし、注意すべきはこの⑥⑦の御贄は大神宮司が供出する祭料として記された②やⅢ・Ⅳ・Ⅴの御贄とは別立てとなっていたことである。「九月例」（御饌祭）の冒頭には、

志摩国神戸人夫等所進湯貴御贄、又度会郡諸郷百姓等所進雑御贄、禰宜、内人、物忌父等、志摩国与伊勢国神堺嶋村々罷行弖、漁雑御贄物等、御塩焼物忌乃焼進留御塩等乎、禰宜、内人等悉進集、自レ宮西川原爾大贄乃清乃大祓仕奉、幣帛殿爾進納畢、即供二奉御饌一。

とあって、御饌祭の前日に志摩国神戸からの御贄と度会郡の御贄、禰宜等が調達した御贄は一旦神宮域内の幣帛殿に納められ、翌日の夜に御饌として奉られることが記述されているが、「九月例」に見える奉幣祭の次第冒頭には、

十七日辰時、国々所々神戸人夫等所進神酒、幷御贄等乎、自二御厨一奉入。

と記され[20]、諸国神戸から奉られた御贄は御饌祭の翌日十七日に「御厨」（大神宮司）から奉入されていたのであった。御饌祭にて奉られる御贄は神戸からのものであっても神宮の域内に保管され、奉幣祭に奉られる御贄は大神宮司に保管されるという御贄の保管場所が、出所元の分別というより祭祀の質によって異なっていた点は注意される。

また、度会郡は神宮の鎮座地であり、神宮奉仕者も度会郡人の中から選定されていた[21]。志摩国も度会郡に隣接した地であり、「天照大神遙宮」（『延喜伊勢大神宮式』）とされる伊雑宮が鎮座している。志摩国からの贄は「六月例」に「干生贄」、「供奉朝大御饌夕大御饌行事用物事」では「鮮蚫螺等御贄」とあって鮮度の高い海産物が使用されていたことを窺わせる。出所が神戸のため、国司を介していたであろうが、隣国から鮮度の高い贄が直送されるような形で供給されていたのであろう。この点に志摩国からの贄の特質の一端が存在するのではないか。大神宮司供出の財源に含まれず、祭祀の旧態を色濃く残した御饌祭の御饌に含まれるという祭祀構造の観点、度会郡居住者を禰宜以下奉仕者とする神宮の在地性、隣国の御食つ国である志摩国からの生贄、といった点を考えると、⑥⑦に記された度会郡・志摩国からの幣物供出は、古くからの神宮に対する贄貢献に基づくものであったのではないだろうか[22]。度会郡と志摩国神戸からの贄は、延暦の時点では度会郡の郡司や志摩国の国司を介して神宮に届けられたのであろうが、その貢献の由縁は国家による神郡や神戸の設定より古く、そのために夜の御饌祭に組み込まれていたものと考えられる。

ただ、御饌奉仕で用いられる物品のすべてが現地調達であったわけではない。「供奉朝大御饌夕大御饌料地祭物本記事」によると朝夕御饌で使用する「箕」（ミノ）を作る材料の「竹原」と「藤黒葛」（フヂツヅラ）は「伊賀国名張郡」所産の物であり、朝夕御饌に奉る「年魚」（アユ）を取る「淵」（フチ）と「梁作瀬」（ヤナウツセ）や、栗の産地である「御栗栖」（ミクルス）は「伊賀郡」にあったと記され、これらは「伊賀国造等之遠祖奉地」とし、古くからの由縁に基づく地と認識されていた。また、御饌祭で御贄を調理する忌鍛冶内人作製の小刀の材料の「鉄」は、朝廷から大神宮司を介して届けられたと考えられる（月次祭②、神嘗祭Ⅷ）。

伊賀国から届けられる箕の材料などはいわば特産品であり、鉄も現地では調達できない貴重品であったと考えられ、在地で必ずしも調達できない物品や貴重品は各地からの貢納や朝廷からの支給によっていたと考えられる。これらの材料は神宮へ届けられてから物忌・内人の手で加工されて使用されるものであった。つまり、在地で調達・調進する自給的奉仕の存在を前提とし、そこに朝廷からの貴重品の支給や各地からの貢納が付加され、それらを在地奉仕者が加工・調理して御饌奉仕が形成・整備されていったと想定されるのである。

神嘗祭幣料Ⅶ「鋪設」から、御饌祭に使用する敷設具は大神宮司から供出されていたことがわかり、「供奉朝大御饌夕大御饌行事用物事」によると、御饌祭で調理を行う「石畳」は「造宮使」が作製し、中嶋に渡る御橋は「度会郡司」が造ることとなっていた。内宮において御饌祭に使用する稲の御田を耕作するのも度会郡司であり（「九月例」）、九月神嘗祭にて禰宜の自家で養蚕した蚕の糸を御衣に織って奉るさいにも、禰宜の職掌条には「祭之日、其宛二度会郡丁九人之料一」と記され、度会郡の丁があてがわれている。ここからも、御饌や御衣を調進して直接奉るのは在地の奉仕者であるが、それに神郡である度会郡や朝廷側からの助力や支給が付加されている構造となっていたことがわかる。

「初二神郡度会多気飯野三箇郡一本記行事」によると神郡の設定は孝徳天皇の時代とされ、大神宮司の成立もそれ以後であるとしている。神郡・大神宮司の設定以後も神宮の全幣物が大神宮司を介する財源に移り変わらず、御饌祭に在地奉仕者の自給的奉仕が色濃く残存し続けたのは、神郡や大神宮司を介する財源は、基本的に在地の神宮奉仕を支えるために設定されたものであったためであろう。御饌奉仕に対して度会郡や伊賀国の特産品、大神宮司を介する供給が間接的に機能していたのは、在地で直接奉仕を行うのはあくまで在地居住の禰宜・物忌・物忌父・内人等である、とされていたためと考えられる。

小　結

三節祭の夜半に行われる朝大御饌・夕大御饌は神宮の鎮座地における生産共同体を前提として成立していた。具体的には度会郡に居住する禰宜、物忌、内人を中核としてその親族集団が支える構造となっていた。朝大御饌・夕大御饌には在地奉仕者の生業（農耕、漁業、養蚕など）によって得られた物品と、近隣地からの貢納品が存在した。この古代祭祀の旧態を維持・継承した祭祀は、天照大神が伊勢の地に鎮座したことを背景とし、その大神の鎮座地で収穫された物品を大神に奉ることが神宮祭祀の基本であった。

神郡や大神宮司の成立などの朝廷側の関与は、在地奉仕者の御饌奉仕の存在を前提とし、その神宮奉仕を支え、祭祀をより充実させるために設定されたものと考えられる。

二　奉幣祭の次第と構造

1　月次祭と神嘗祭における奉幣祭儀の比較検討

ここからは、三節祭二日目の祭儀である奉幣祭の次第について、内宮を例にして確認していくこととする。

『皇太神宮儀式帳』「六月例」

斎内親王、以二十七日午時一参入坐弖、川原殿輿留弖、手輿仁移坐弖参入、到二第三重東殿一就二御坐一、即西殿波女嬬等侍。即大神宮司以二御蘰木綿一参入弖、正道同重跪、向二大神宮一侍。即命婦退出受取奉二親王爾一。即親王拍手弖取二木綿二着レ蘰。大神宮司復執二太玉串一弖参入弖、跪同侍。即命婦亦出受取奉二親王爾一。即親王拍手弖自執弖捧参二入内玉垣御門一、就二坐席一。〈命婦二人従之。〉即避レ席進前、再拝両段訖。即命婦一人進、受二太玉串一、授二大物忌子一。即大物忌子受立、瑞垣御門西頭進置畢、即親王還二本坐一就。然後禰宜着二明衣冠一、木綿多須岐左右肩懸弖、宇治大内人毛、又如二禰宜一装束、即蘰木綿、幷太玉串捧持。大神宮司跪、手一段拍給、次禰宜毛同給、宇治大内人毛同給留。已上三人波、太玉串給時爾、人別拍手弖給。先禰宜左立。次宇治大内人右立。次大神宮司立。次赤曳御調糸乎諸内人等持立。如是立列弖参入、到二三重一弖御調進。版位二丈許就列如二祈年祭一。版位。即大神宮司進二版位一跪、告刀申畢、即返二就本坐一。宮司之手捧持玉串、宇治大内人立、大神宮司大玉串取還二本坐一侍。即禰宜召二大物忌父乎一、即太玉串給即立御門東頭進置、還二本坐一侍。又宇治大内人立、禰宜太玉串受本坐還侍。即禰宜召二宮守物忌父乎一、太玉串給、即立御門西頭進置、畢本坐返侍。禰宜又召二地祭物忌父一。即宇治大内人太玉串四枝給、即立御門東頭進置、還二本坐 侍。即宇治大内人捧二太玉串乎一、自進御門西頭進置、畢本坐返侍。即禰宜御鎰給、大物忌乎先率立弖、内院参入。次大神宮司、次大内人等明曳御調糸参入。然即大物忌父開二東宝殿一、御調糸進入畢。即罷出就二本坐一訖。即四段拝奉、八開手拍弖、短手一段拍拝奉、又更四段拝奉、八開手拍弖、短手一段拍、即一段拝奉弖罷出。向二荒祭宮一、四段拝奉、短手二段拍、一段拝奉、短手二段拍、一段拝奉。〈但内親王不レ向二荒祭宮一。〉

『皇太神宮儀式帳』「九月例」

十七日辰時、国々所々神戸人夫等所進神酒、幷御贄等乎、自二御厨一奉入。

次二箇神郡、幷国々所々神戸所進懸税、幷神服織神部等所進懸税乎、内外重玉垣懸奉畢。

以二同日午時一、斎内親王参入坐、川原御殿爾御輿留弖、手輿坐弖、到二第四重東殿一就二御座一。即大神宮司御蘰木綿捧、向北跪侍。内侍罷出弖、受弖転二親王一奉。即親王手拍受。宮司又太玉串捧持、向北跪侍。又内侍罷出弖、受弖転二親王一奉、即親王手拍受弖、即内親王自発、内玉垣御門就二坐席一。〈命婦二人従之。〉即避レ席進前、再拝両段訖。即命婦一人進、受二太玉串一転二授大物忌子一、即大物忌子受立、瑞垣御門西頭進置、即親王還二本席坐一畢。即山向物忌作奉太玉串乎、大神宮司給、次禰宜給、次宇治大内人給畢。先禰宜前左立。次宇治大内人右立。次大神宮司、次忌部幣帛捧持立。次御馬、次駅使中臣、次王、次内人等、次斎宮諸司等。〈但斎宮諸司者、板垣御門内分頭侍。〉如是立列参入、然到二第三重一就訖。従二版位一一丈許進、忌部大幣帛捧跪侍。即駅使中臣進版位跪、告刀申畢就二本坐一。次大神宮司進版位跪、常例祭告刀申畢、宇治大内人立弖、宮司乃太玉串乎給、返二本坐一侍。即禰宜召二大物忌父乎一、即太玉串給、即受御門東頭進置、本坐還侍。即宇治大内人立、禰宜捧持玉串受、本坐還侍。禰宜即召二宮守物忌父一、玉串受御門西頭進置、即本座還侍。禰宜即召二地祭物忌父一、宇治内人玉串四枝受、御門東頭進置、還二本坐一侍。即宇治大内人捧二太玉串一、自立御門西頭進置、還二本坐一侍。禰宜先立、御鎰大物忌子持弖、前率立弖内院参入。次宇治内人、次大神宮司、次大内人。参持物波忌部乃進置留朝廷幣帛并御馬鞍具。然禰宜開二正殿一弖、幣帛物奉入畢。次織御衣服、此禰宜仕奉織御衣絹二匹、又宇治内人織御衣絹一匹。次大物忌父開二東幣帛殿一、御馬鞍具進上畢時、罷出弖到二付本坐一訖。即諸刀禰等共四段拝奉弖、八開手拍、即短手一段拍弖、一段拝奉、又更四段拝奉弖、八開手拍、次短手一段拍、一段拝奉畢。即罷出弖、向二荒祭宮一弖、四段拝奉、短手一段拍、拝奉畢。〈但親王不下向二荒祭宮一給上。〉即駅使、并斎宮諸司等、皆悉就二食坐一。但禰宜、内人等波、荒祭宮正殿開弖、朝廷幣帛、并神衣絹一匹進上畢。

内宮月次祭奉幣祭の次第は以下の通りとなっている（外宮でも十六日に同様の祭儀が執行[23]）。

・朝大御饌・夕大御饌（二度の御饌供進）が終わって、十七日に斎内親王が参入、太玉串を置く

・禰宜、大神宮司、神郡所進の赤曳御調糸を持った内人らが参入
・大神宮司の告刀奏上
・太玉串を置く
・東宝殿に御調糸の奉納
・両段再拝の後、荒祭宮へも拝礼が行われ、直会へと移る

ここでまず注意すべきは、朝廷神祇官で行われた月次祭班幣の奉幣が、延暦のころは神宮月次祭に組み込まれていなかったことである。六月月記の末尾には「供二奉月次幣帛一使参入弖、幣帛供奉時行事、具如二月月次幣帛供進時行事同」（外宮でも六月月記の末尾に「六月月次幣帛使参入、幣帛奉進時行事二月月次幣帛進奉時同行事」）とあり、月次祭奉幣は祈年祭奉幣と同様の扱いであったことがわかる。つまり、朝廷にて準備された月次祭幣帛の奉納は、神宮月次祭とは別構造となっていたわけである。(24)

よって、月次祭奉幣祭の核心部分は赤引（曳）御調糸の奉納であったと言える。赤引御調糸は先述したように、『皇太神宮儀式帳』「御調荷前供奉行事」から度会郡より供出され大神宮司の直接関与の下調製されたものであった。この赤引御調糸は、早く持統紀六年（六九二）閏五月丁未（十三日）に見出すことができる。

伊勢大神奏二天皇一曰、免二伊勢国今年調役一。然応レ輸二其二神郡一赤引糸参拾伍斤、於二来年一当レ折二其代一。

この記事には赤引糸が「二神郡」より供出されるとあり、また五月十三日の記事でもあるため、五月三十日に収取する『皇太神宮儀式帳』の日程とも符合している。よってこの持統紀の記事は、来る六月月次祭にて奉られる赤引御調糸の記事と解せられる。(25) そのため、持統天皇六年以前に赤引御調糸の奉献は成立しており、それは御調糸の奉献を中核とする神宮六月月次祭の奉幣祭が成立していることを意味する。この点に関し熊田亮介氏は、赤引御調糸奉献は

六月月次祭に欠くことのできないもので、神宮独自の祭祀であり、七世紀末には確実に実行されていると指摘しており、[26]妥当な見解と考えられる。

次に神嘗祭奉幣祭の次第を見てみたい。月次祭では中央からの月次祭班幣の幣帛奉納が次第に見られなかったのに対し、九月神嘗祭においては朝廷からの奉幣が祭儀へと明確に組み込まれていた。内宮神嘗祭奉幣祭の次第は以下の通りである（傍線部は月次祭に存在しない次第）。

・朝、神戸等所進の神酒・御贄を御厨より運び、懸税稲を御垣に懸ける
・斎内親王が参入、太玉串を置く
・禰宜、大神宮司、忌部（幣帛を捧げ立つ）、御馬、使の中臣、使の王、内人らが列立して参入
・中臣の告刀奏上
・大神宮司の告刀奏上
・太玉串を置く
・朝廷幣帛、御衣（禰宜らが織り奉る）を正殿に奉納し、御馬鞍具を東宝殿に奉納
・両段再拝の後、荒祭宮に向かい拝礼を行って荒祭宮の正殿に朝廷幣帛と神衣を奉る
・直会を行う

神嘗祭では王・中臣・忌部が参列し、朝廷からの幣帛奉納が神宮神嘗祭の儀式に組み込まれ、朝廷幣帛は正殿に奉納されていた。『貞観儀式』によると、例幣発遣は天皇の出御を伴うものであり、六月月次祭班幣（『貞観儀式』において祈年祭・月次祭班幣に天皇の出御は存在しない）とは一線を画すものであった。[27]

神嘗祭にて中臣が申上する祝詞は『延喜式』に以下のように所収されている。

『延喜祝詞式』九月神嘗祭

皇御孫御命以、伊勢能度会五十鈴河上尓、称辞竟奉流天照坐皇大神能大前尓申給久、常毛進流九月之神嘗能大幣帛乎、某官某位某王、中臣某官某位某姓名乎為レ使弖、忌部弱肩尓太襁取懸、持斎波理令二捧持一弖、進給布御命乎申給久止申、

中臣が申上する祝詞は、天皇の命令（「命以」みこともちて）により、天皇の「御命」（王・中臣を使となして、忌部に幣帛を捧げ持たしめて進る御命）を中臣が申す、という形式で読まれており、ここにおける中臣の「申す」という言葉は、八省院小安殿（大極殿後房）における天皇の勅語「好申天奉礼」（「よく申して奉れ」『貞観儀式』）の「申す」に対応している。つまり、使の中臣は天皇の「御命」を受け持ち、その言葉を直接大神の大前にて申上しているわけである。ちなみに『皇太神宮儀式帳』で正殿の開扉が記述されたのは神嘗祭奉幣と臨時奉幣のときのみであった。神嘗祭奉幣は天皇の意思を直接大神に伝える機能を果たしていたと言うことができる。

例幣の初見は『続日本紀』養老五年（七二一）九月乙巳（十一日）条であろう。(28)『政事要略』巻二十四所引「官曹事類」によると、この日、天皇が内安殿に御しまして、忌部と中臣に内宮と外宮への幣帛が付されている。天皇の出御が存在し、中臣・忌部が使として立っている点からして、(29)この記事は例幣のものと解せられる。少なくとも奈良時代初期には例幣の制が成立していたとしてよいであろう。

月次祭・神嘗祭の奉幣次第を比較検討すると以下の所見が導き出せる。

・月次祭においては大神宮司の直接関与の下で調製された赤引御調糸の東宝殿への奉納が中核であり、朝廷からの使は祭儀次第に登場せず、斎内親王、大神宮司、禰宜以下奉仕者など伊勢側の体制のみで完結していた。

・神嘗祭では赤引御調糸奉献はないが、禰宜らが織り奉る御衣の奉献が存在。また神嘗祭の奉幣祭には、天皇の出

御があって奉幣される例幣の奉納が中核に位置。神嘗祭は大神宮司中心の祭儀次第に例幣使が組み込まれる構造となっていた。例幣奉納を前提として奉幣祭が成立したとは考えにくく、大神宮司中心の奉幣祭儀の成立が先行していた可能性がある。

・六月月次祭赤引御調糸奉献は東宝殿に奉られるのに対し例幣は正殿に奉られていた。これは例幣が天皇の意思を直接大神に伝える機能をもっており、その例幣は正殿に奉られるべきものであったからであろう。その正殿奉納に付随するように禰宜・宇治大内人の織る御衣（延暦時では自家で養蚕した蚕の糸を使用、『延喜式』では封戸の糸を使用）も正殿に奉られている。

例幣とともに正殿に禰宜・宇治大内人の織る御衣が奉られていることは、神嘗祭が恒例祭祀中最重要であったため、正殿を開扉したと考えられる（他の恒例祭祀では正殿開扉は『皇太神宮儀式帳』に記述されない）。月次祭は神嘗祭に比して尋常の祭りとしての位置づけであったことがわかる。

2　奉幣祭の特徴とその形成

ここからは、奉幣祭の式次第の特徴を考えていきたい。

三節祭二日目の祭儀である奉幣祭の大きな特徴は、斎内親王の祭儀への参加と大神宮司を中核として祭儀が執行されていた点にある。斎内親王の祭儀への参加は恒例祭祀中この三節祭二日目の祭儀に限られており、この祭儀は大神宮司と朝廷側の強い関与の下で成立したものと考えられる。

延暦の時点では朝廷祈年祭・月次祭の幣帛奉納は三節祭と別構造となっていたわけだが、それは朝廷祈年祭・月次祭はあくまで朝廷側の祭祀であって、元々神宮側の祭儀と連動させるために設定されたのではなかったことに起因するものであり、神宮の「嘗」祭に合わせて発遣される神嘗祭奉幣とは性質が異なるものであった。ただ、祭儀の形式そのものは神宮祈年祭と三節祭で共通していた。

『皇太神宮儀式帳』「二月例」（神宮祈年祭）

以十二日、年祈幣帛使参入坐弖、幣帛進奉時行事。幣帛使与大神宮司共、神宮外院参入侍弖、即禰宜内人等候侍弖、山向物忌父我造奉留太玉串、宇治大内人二枝捧弖、大神宮司仁給。即宮司手拍給弖、禰宜生絹乃明衣并冠着、左右肩仁木綿多須岐懸弖、太玉串四枝手拍弖給弖捧持弖左方立、宇治大内人太玉串八枝捧持右方立。共発、禰宜先前左方立、宇治大内人右立。次大神宮司、次幣帛捧持内人等立。次御馬飼内人御馬曳立。次駅使、次内人等立。如此立列参入、第三重告刀之版位就、公進之東端、御馬進二丈許立。次駅使、次大神宮司、次禰宜、次宇治内人、次二人大内人、以上六人、正殿向跪列就版位侍。内物忌子等、御門腋東西頭侍。内物忌父四人、諸内人、物忌父等、以西玉垣門二丈許内方進、向東跪列侍。即大神宮司従版位進、告刀申、畢時仁波返就本坐。即宮司之手捧持太玉串二枝波、宇治大内人自版位発受取弖、同就本坐而捧持。即禰宜召大物忌父令進、第三御門之左置進。次召宮守物忌父、其禰宜捧持太玉串四枝進、同御門右方爾進置。次召地祭物忌父、此宇治大内人加捧持太玉串分四枝令進、同御門左方爾進置、即玉串進畢、四段拝奉弖、短手二段拍、一段拝奉、又更四段拝奉、短手二段拍弖、一段拝奉畢、即罷出弖、荒祭宮版位就坐、四段拝奉、短手二段拍畢、即使并大神宮司、外直会殿就坐。即禰宜内人、荒祭宮参入供奉行事、宇治大内人、太玉串四枝捧持弖、先其宮物忌父、御鎰持前立。次其宮内人立。次宇治大内人立。次禰宜立。次二人大内人并諸内人等立。即正殿幣帛奉入畢。即罷出弖、使并宮司直会給、手二段拍、物給畢弖、後手一段拍弖、罷出御厨仁。

神宮祈年祭の儀式次第は以下の通りである。

・禰宜・宇治大内人が先頭に立ち、大神宮司、幣帛を捧げ持つ内人、御馬飼内人が御馬を引き、幣帛使（中臣）、内人らが列立して参入
・大神宮司、禰宜、幣帛使らは正殿に向かって跪いて座す
・大神宮司が告刀を奏上
・物忌父をして太玉串の供進が行われ、両段再拝
・使・大神宮司は外の直会殿の座に就く
・禰宜・内人らは荒祭宮へ向かい、荒祭宮の正殿に幣帛を奉納
・直会

祈年祭の儀式次第も大神宮司を中核とした祭儀となっており、大神宮司の告刀奏上や太玉串の供進など、正殿を前にした中重のスペースを利用して祭儀が執行されている。これらの祭儀は禰宜・物忌を中核とした御饌奉仕とはその執行の時間帯や形式を異にしており、御饌奉仕に比してより新しく、また朝廷の祭儀の影響を色濃く受けていたものと考えられる。

それに対して御饌奉仕は、在地の農耕生産に依拠して形成されていた。古代神宮では二月に御田の種を蒔き始める行事（内宮：「先始来子日、大神宮朝御饌夕御饌供奉御田種蒔下始」、外宮：「以二先子日一、二所太神乃朝御饌夕御饌供奉、御田種下始行事」）が禰宜以下在地奉仕者の手で執行されている。この行事には御饌祭と同様大神宮司の関与は限定的であり、在地居住者による御田の耕作開始行事としての色合いが強い[30]。そしてこの行事によって開始された御田耕作の結果収穫された稲が三節祭朝大御饌夕大御饌に用いられるのであり、禰宜等による神宮奉仕は、御饌への奉仕を中核とし、在地の生産サイクルに基づいて形成されていったものと考えられる。

大神宮司は中央から派遣される行政官であり、神宮行政の長として神郡や諸国神戸からの貢納物を一手に管理し、行政システムに基づいて調進された幣物を奉っていた。その大神宮司を中核とする祭儀は、正殿前の儀礼空間を利用して行われ、正殿と正殿前の祭庭を中軸線として左右対称に配置される神宮の殿舎構成の成立[31]が大きな画期となっていたと考えられる。また、『皇太神宮儀式帳』「初二神郡度会多気飯野三箇郡一本記行事」において、その殿舎配置の初例と考えられる難波宮を都とした孝徳天皇の時代に神郡が設定され、大神宮司の淵源があるとされていることはきわめて示唆的である。この記事には一定の信頼性があるとされ、小倉慈司氏は、孝徳朝に神郡の設置が必要とされた背景には、天皇が国土を一律支配し、その国土に存在する神々を祭ることが天皇の責務であるとする意識が存在していたとする。[32]当時最新の行政制度である神郡の設定により神宮祭祀がより拡充・安定したものと想定される。

『常陸国風土記』「香島郡」によると、伊勢神宮と同じく鹿島神宮にも孝徳朝に神郡が設定され、天智朝に「神之宮」が創建されたという。『日本書紀』斉明天皇五年（六五九）「是歳」条には出雲国造に命じて「神之宮」が修されており、これは杵築大社（神郡が設定）のこととされる。[33]斉明〜天智朝に鹿島・出雲に「神之宮」が創建される中で、伊勢神宮に社殿の造営・修造がなされていなかったとは考えにくい。孝徳朝に神郡が設定されたことと社殿の整備はそこで行われる祭儀の整備・安定と相関し、その神祇政策の基本[34]は孝徳・斉明・天智と継承されたのではないだろうか。

そして、神宮への神祇政策は孝徳朝だけでなく天武朝にもう一つの大きな画期が存在するであろう。天武朝では神税の用途に関する勅が出され[35]、持統朝には神戸が整備されている。[36]天武朝以後、神祇政策は新たな展開を迎え、それは神宮祭祀にも当然影響を与えたであろう。

大神宮司を中核とする奉幣祭儀にのみ斎内親王が参列していたが、『日本書紀』天武二年（六七三）四月には、大来皇女を伊勢神宮へと派遣するために泊瀬斎宮での潔斎が開始され、大来皇女は天武三年十月に神宮へ向かい、朱鳥元年（六八六）まで在任した。大来皇女は後代に続く斎宮制度の実質的な初例である。また、大神宮司を介して神嘗祭に供出される諸国神戸荷前物は、相嘗祭にて国家より畿内の神社に供出される荷前の幣帛と類似しており、相嘗祭は天武五年を初見としている。天武朝における大来皇女の発遣や、神社へ国家の幣帛を供出する相嘗祭の成立と並行して、伊勢神宮においては大神宮司を中核とする祭儀の整備が行われた可能性が示唆される。また、斎内親王の参列があり、大神宮司を中核とする三節祭の奉幣祭は神宮祈年祭の祭儀と同型であり、一連の祭儀形式は班幣祭儀である祈年祭の形成とも軌を一にしていると考えられる。大神宮司を中核とする祭儀次第は一律的に同様の形式をとっており、朝廷における国家祭祀の整備と連動して形成されていったものであることは間違いないであろう。

奉幣祭儀において注意すべき点に、太玉串や幣帛の奉納が禰宜等の在地奉仕者の手によって行われていた点が挙げられる。六月月次祭では大神宮司の下で調進された赤引御調糸は内人等の手で捧げられ、大物忌父が東宝殿を開いて奉っていた。また神嘗祭では、忌部が捧げ持つ朝廷幣帛と御馬鞍具は、朝廷幣帛が禰宜によって正殿に、御馬鞍具は大物忌父によって東宝殿に奉られていた。大神宮司を介して供出される神酒・御贄は十八日に宮廻神や別宮等に奉られるわけだが、「六月例」には「御巫内人、并物忌父等四人、共率班祭」とあり、大内人（神主家守）の職掌条には「三節祭乃国々所々神戸百姓所進湯貴神贄神酒等検校散奉」とあり、内人や物忌父の手によって奉られていた。

内宮における太玉串供進は以下の次第で行われている（斎内親王の参与は三節祭のみ。他の次第は共通）。山向物忌・物忌父の作る太玉串は木綿を懸けられて、斎内親王（二枝）・大神宮司（二枝）・禰宜（四枝）・宇治大内人（八枝）に授けられる。斎内親王の太玉串は大神宮司より命婦（神嘗祭では内侍）を介して斎内親王に授けられ、両段再拝の後、命婦を介して大物忌に授けられて瑞垣御門の西に置かれる。大神宮司・禰宜・宇治大内人の持つ太玉串は、それぞれ大物忌父（二枝）、宮守物忌父（四枝）、地祭物忌父（四枝）によって第三御門の東西に置かれ、宇治大内人は自ら持つ残りの太玉串（四枝）を第三御門の西に置く（外宮では斎内親王の太玉串は斎内親王によって捧げられ、大神宮司と禰宜の太玉串のみ大物忌父によって置かれる）。

以上から、朝廷から奉られる幣帛や、大神宮司を介する物品であっても、直接神に奉るのはあくまで在地居住の奉仕者であったことがわかる。とくに内宮において斎内親王や大神宮司の捧げる太玉串が大物忌と大物忌父によって置かれていたことは注目される。大物忌は御饌奉仕に当たって稲を炊飯し天照大神に奉る役目を負っていた。宮守物忌は相殿神東方の天手力男神に、地祭物忌は西方の万幡豊秋津姫命に御饌を奉仕しており、この物忌が直接御饌奉仕を行う職掌に准じて、大物忌が斎内親王の太玉串を置き、それぞれの物忌父が太玉串を奉る役目を負うことになったのではないだろうか。そのように考えると、斎内親王が参列し、大神宮司を中核とする奉幣儀であっても、在地居住者の御饌奉仕を前提として成立していたことが推測される。

この太玉串の供進儀は神宮祈年祭や三節祭の奉幣祭儀においても同様に行われていた（斎内親王の太玉串供進は三節祭のみ）。太玉串は天八重榊とともに山向物忌・物忌父が作製するわけだが、その職掌条には以下のように記されている。

此太玉串幷天八重佐加岐乃元発由者、天照坐大神乃高天原御坐時仁、素戔嗚尊依二種々荒悪行事一、天磐戸閉給時仁、八十万神会二於天安河辺一、計二其可レ禱之方一時仁、天香山仁立留握二真坂樹一弖、上枝懸二八咫鏡一、中枝懸二八尺瓊乃曲玉一、下枝懸二天真麻木綿一弖、種々祈申支。此今賢木懸二木綿一太玉串止号之。以レ此天乃八重佐加岐幷禰宜乃捧持太玉串仁、大中臣隠侍弖、天津告刀乃太告刀乃厚広事遠多々倍申。玉串発由如レ件。

ここでは太玉串と天八重榊の起源を天磐戸神話に結び付けている。また、末尾には「天津告刀乃太告刀」「大中臣隠侍弖」といった『延喜祝詞式』神宮月次祭・神嘗祭祝詞（大神宮司奏上）に使用される慣用句も記されている。この「大中臣」とはその祝詞を奏上する大神宮司のことであろう。[37]賢木に鏡や勾玉などを取り懸けることや太玉串そのものの淵源は古くに遡るものであろうが、『延暦儀式帳』において、太玉串の供進は幣帛使参入時、三節祭二日目の祭儀、神衣祭のみしか見ることができず、「大中臣隠侍弖」という慣用句は大神宮司（大中臣氏）奏上の祝詞（天津告刀の太告刀）成立に合わせてその原型が形成されたのであろう。[38]

よって、太玉串の「進置」[39]（奉置）そのものの形成は大神宮司が祝詞を奏上する祭儀の成立と軌を一にする可能性が高いと考えられる。太玉串の起源譚からして、記紀の編纂に合わせて天磐戸神話が整備されたであろう天武朝が画期となっていた可能性がある。

3　外宮と内宮の相違点

外宮においても、三節祭や祈年祭の祭祀構造は基本的に同様なものであった。しかし相違点も存在する。内宮の朝大御饌・夕大御饌においては大神宮司の関与はきわめて間接的なものであったが、外宮の三節祭においては大神宮司の用意した庸米（神郡人夫の所進）を「火向神酒」に醸造して奉っていた（『止由気宮儀式帳』「六月例」「九月例」）。外宮は内宮に比して大神宮司の財政への依存度が高く、また三節祭にて御飯の供進が存在しなかったことが指摘されている。[40]事実、外宮の三節祭朝大御饌・夕大御饌にて物忌の奉仕は記述されていない。外宮の恒例祭儀中最大の重要度をもっていたのは御饌殿における日別朝大御饌・夕大御饌であり、外宮の鎮座は毎日天照大神に御饌を奉ることを目的としていたと考えられる。[41]外宮の第一別宮は豊受気大神の「荒御魂神」（『止由気宮儀式帳』）であるが、「高宮物忌」の職掌条によると高宮の朝御饌・夕御饌は「毎月六度供奉」と記されており、変則的な御饌奉仕となっていた。[42]これはおそらく天照大神と豊受気大神の座がある御饌殿に毎日御饌を奉仕するという外宮の祭祀構造に准じて、豊受気大神の荒御魂への御饌奉仕が形成されたために、変則的な形式をとるものとなったのではないだろうか。

外宮では神嘗祭における御饌祭の翌日の朝、懸税稲を玉垣に懸けるだけでなく「抜穂稲乎波内院持参入弖、正殿乃下奉置」（『止由気宮儀式帳』「九月例」）という内宮にはない所作が存在する。御饌祭の翌日でありながら、正殿内ではなく正殿の下に奉っており、三節祭朝大御饌・夕大御饌供進と同様の作法であった。おそらく豊受気大神が天照大神の御饌津神であること、御饌祭において御飯の供進が見えないことに起因して、新穀の抜穂を正殿下に奉ったのであろう。

また、「神祇令」祭祀である「神衣祭」は外宮を対象としてはいない点も注意される。神衣祭は四月・九月の十四日に執行されるが、『皇太神宮儀式帳』「四月例」「以二十四日一、神服織神麻績神部等造奉大神御服供奉時」によると、神服織氏・神麻績氏が織り造った「大神御服」は、神服織織女八人・神麻績織女八人が太玉串を給わって供奉し、御衣は東宝殿に奉られた。この儀式次第には太玉串の供進や大神宮司の告刀奏上も存在し、三節祭二日目の祭儀や神宮祈年祭と通底する形式によって行われていた。

神服織氏・神麻績氏は神宮の神部と記されているが、麻績氏は『皇太神宮儀式帳』「初二神郡度会多気飯野三箇郡一本記行事」によると孝徳天皇の御世に「竹村」に立てられた屯倉の督領に麻績連広背が任じられており、神服織氏・神麻績氏は伊勢地方における郡司レベルの存在として古くより神宮と関係をもっていたものと推測される(43)。『延喜伊勢大神宮式』によると神衣祭の祭料は「服織戸二十二烟、麻績戸二十二烟調庸及租」が用いられ、大神宮司が検校し、余りがある場合は神祇官に申上することとなっていた。神衣祭は神祇官・大神宮司が関与し、伊勢の氏族で神宮神部の神服織氏・神麻績氏が中核となる令制祭祀であった。そのためにその供奉の次第は祈年祭や奉幣祭と同様の形式を取るものとなったと考えられる。その成立時期はそれほど古いものではないだろう(44)。

この神衣祭は外宮には奉られず、内宮の正宮と荒祭宮（天照大神の荒御魂）のみを対象としており、神衣祭が天照大神に神衣を奉ることに特化した祭祀であったことがわかる。朝廷の関心はもっぱら天照大神にあったのであり、伊勢神宮の中核は内宮の正宮と荒祭宮であるという朝廷側の認識を見ることができる。

ただ、『延喜伊勢大神宮式』には神衣祭の前月（三月、八月）の晦日に祓除を行う規定があるが、『皇太神宮儀式帳』「三月例」には祓が行われた形跡を見ることができない。三節祭の前月である五月、八月、十一月の晦日には大祓が行われており、『延喜伊勢大神宮式』にも同様の規定が存在する。つまり、延暦のころ、神衣祭は前月晦日の大祓を必要とするような祭祀であると神宮側では受け止められておらず、三節祭に比して重要度が劣り、祈年祭のような国家機構によって執行される祭祀でしかないと考えられていたことが想定される。内宮の恒例祭儀においては三節祭と神嘗祭への例幣こそが、天照大神を祭る神宮祭祀（天皇祭祀）であり、それ以外の幣帛奉納儀はあくまでも国家側の関心に基づく祭祀でしかないと認識されていたのであろう。神衣祭の前月晦日に祓除を行う規定は、早くとも「弘仁式」成立以後であると考えられる。

小　結

三節祭二日目の祭儀は大神宮司を中核とし、斎内親王が参列するという朝廷側の関与が強い祭儀であったが、大神宮司の下で調進された赤引御調糸の奉献や、神郡・諸国神戸からの神酒・御贄の奉献（三節祭の翌日に行われる）は内人や物忌父等在地奉仕者の手で行われており、それは神嘗祭の例幣も同様であった。また、内宮において斎内親王の捧げる太玉串は天照大神へ御饌を直接奉る大物忌の手で奉置され、他の太玉串は物忌父等の手で置かれており、御饌奉仕の存在を前提として祭儀が成立していたことを窺わせる。

奉幣祭儀の構成は神宮祈年祭と同様であり、大神宮司が中核に立つ祭儀は朝廷における国家祭祀の成立と歩調を合わせるものと考えられる。孝徳朝難波宮の成立以後に形成された正殿を前にする儀礼空間の成立や、孝徳朝における神郡の設定を画期とし、天武天皇の時代における大来皇女の発遣（天武紀二、三年）や相嘗祭の成立（天武紀五年）、班幣祭祀の整備（天武紀四年「祭二幣諸社一」）などと連動しながら神宮における奉幣祭儀が整備されていったものと考えられる。持統紀六年には赤引糸奉献が成立していたことから、遷宮が開始されたとされる持統四年（『太神宮諸雑事記』）(45)ごろには一定程度の体制にまで整備されていたことは確実であろう。

神宮月次祭に朝廷からの幣帛奉納儀が連動せず、神衣祭の前月晦日の大祓は延暦のころ執行されていなかった点から、神宮側においては、三節祭と神嘗祭への例幣こそが天皇祭祀の延長線上にある神宮祭祀であり、それ以外の祈年祭・朝廷月次祭や神衣祭などの祭儀はあくまで国家側の祭祀であって、天皇祭祀とは一線を画すものであると考えられていたことがわかる。

三　古代における物忌と在地性

夜の朝大御饌・夕大御饌奉仕においては禰宜・物忌が中核に位置していたわけだが、彼らは忌火物を食し、潔斎生活を送る存在であった。

内宮の大物忌は御飯を炊飯して天照大神に奉仕するだけでなく、神嘗祭や遷宮にて正殿を開けるさいに最初に手を付ける存在でもあった。『皇太神宮儀式帳』「九月例」には「禰宜先立、御鎰大物忌子物弖、前率立弖内院参入」とあり、内院に参入するさいには禰宜と大物忌が先頭に立ち、正殿の鎰は大物忌が持つこととなっていた。同「皇太神御形新宮遷奉時儀式行事」には、まず新宮に入って御装束を供進するさいに「大物忌先参上、手付初、次禰宜参上天、正殿戸開奉天」とあり、正殿に入るさいには「大物忌御鎰被賜弖、正殿戸開奉、〈先大物忌戸手付初、次禰宜参上戸開。〉」と記され、正殿を開けるのは禰宜であっても、大物忌が最初に手を触れなければ正殿の戸を開けることはできなかった(46)。

『皇太神宮儀式帳』内宮大物忌職掌条によると、禰宜荒木田氏の先祖である「天見通命」（国摩大鹿島命孫）の孫「川姫命」が倭姫内親王（倭姫命）の時代に大物忌となったことが大物忌の起源であるという（延暦の時点でも禰宜と大物忌は荒木田氏である）。また「今従二斎内親王一、大物忌者於二太神一近傅奉、昼夜不避、迄二今世一尤重」とあり、大物忌は天照大神に斎戒・近侍して奉仕することがその本義であった。

外宮にも大物忌・御炊物忌が存在するが、彼らの奉仕は三節祭の御饌祭には記述されず、御饌殿において日ごと天照大神に御饌を奉仕することが彼らの最重要な責務であった。つまり、外宮の例から物忌の存在は天照大神に御饌を奉仕するために生まれたものであると想定されるのである。内宮の宮守物忌や地祭物忌、瀧祭物忌、高宮物忌（外宮）などは、大物忌に准じて相殿神や別宮に御饌を奉仕する存在であるが、他の物忌においても、酒作物忌・清酒作物忌・御塩焼物忌・根倉物忌も神酒や御塩を調進して御饌に奉仕する存在であった。土師器作物忌は御饌の器を作製することが職掌であるし、山向物忌と菅裁物忌は内外宮両社の御田耕作開始行事において、耕作を行う忌鍬の木を調達するために、最初に木を切り始める存在であった（その忌鍬を使用して耕作を始めるのは内宮では酒作物忌父で、外宮では菅裁物忌である）。延暦の時点で神宮の物忌は童女・童男であったから実際には物忌父の介添えが必須であったであろうし、正殿に幣帛を奉納することや、遷宮にて御正体を持つのは禰宜であった。しかし、正殿の開扉や耕作開始にあたってまず物忌が手を付けなければならず、また、物忌はすべて御饌奉仕に関わって存在することで通底しており、物忌の手を介さなければ天照大神に直接奉仕することはできなかったのである。

「物忌」という存在自体は伊勢神宮のみに限るものではなく、春日祭に「物忌」の奉仕が存在し（『貞観儀式』）、松尾社にも「物忌」が存在したことが知られる（『日本三代実録』貞観十二年〈八七〇〉六月二十七日）。『延喜内蔵寮式』によると、他にも鹿島・香取社、賀茂下・上社にも物忌が存在していたことがわかる。宮中にも御巫が存在し、斎戒して神に奉仕する存在は古代において一般的であったと考えられる。

『延喜臨時祭式』によると御巫は「庶女」から選定されるが、座摩御巫のみ「都下国造氏童女七歳已上者」が選ばれ、『延暦儀式帳』では物忌の多くは童女であり、宮守物忌と山向物忌のみ童男であった。神宮の奉仕者は度会郡人でなければならないという規定が存在し、基本的には大神の鎮座した地の居住者であることが重視され、実際には在地の荒木田氏、度会（磯部）氏から選任されていた。宮中の御巫のうち、年齢と氏族の縛りがあるのは座摩御巫のみであるが、「都下国造氏」でなければならないのは、伊勢神宮と同じく在地性（この場合は宮都の地）が重視された結果の可能性もある。

少なくとも宮中と神宮の例から、斎戒する奉仕者の中には男性よりも女性、成人よりも童であることが尊ばれる存在がいたことは確かであろう。その理由は、神宮の物忌は大神に近侍するために斎戒することが必須の存在であったことから考えて、女性であるほうが男性に比して、童女・童男であるほうが成人に比して清浄性が高いと考えられていたからではないだろうか(47)。物忌の原義は大物忌の職掌条に記された「於二太神一近傅奉、昼夜不避」という言葉に尽きる。童女・童男である物忌が斎戒して奉仕を行うという古代神宮祭祀の形式は、天照大神に近侍して御饌を奉ることをきわめて丁重に行うために生み出されたものであったと考えられる。

『皇太神宮儀式帳』には大物忌・宮守物忌・地祭物忌の三人は「宮後川不度。若誤度時波、更不㆓任用㆒即却」と記され、宮域内で生活することに限定するというきわめて厳格な生活範囲の規定が存在した。神に近侍することへの厳格な態度は、在地の物忌などに限らず、朝廷側の態度にも見ることができる。

『中右記』永久二年（一一一四）三日条によると、藤原宗忠が公卿勅使として神宮に奉幣した後、宮川を渡ろうとしたが雨脚が強く河水が溢れ川を渡ることができず、近くの下人の屋に宿した。そのさいには外宮禰宜の宿館に泊まることを先例がないとして拒否し、就寝せずに束帯を着しながら夜を過ごした。この点に鑑みて藤森馨氏は、朝廷関係者は宮川右岸の神宮鎮座地側には宿泊しないという慣例があったことを指摘し、「斎王や宮司以下の朝廷関係者には、禰宜以下の在地神職によって斎行される自己完結的な夜中の祭祀への参加はタブーであった」としている(48)。古代伊勢神宮祭祀にはきわめて強い在地性が存在していたことが看取される。

斎内親王は『延喜斎宮式』によると卜定されてから宮城内の便所を「初斎院」として明年の七月まで斎戒し、城外の浄野に「野宮」を造って約一年間さらに斎戒し、翌年の九月に伊勢の斎宮に参入する。これほどの斎戒を経たとしても斎内親王の祭儀への参加は三節祭二日目の祭儀にて太玉串を捧げるのみにとどまり、多くの時間を斎宮での忌籠りの生活に費やしている。天武朝における大来皇女のさいも、選ばれてから「泊瀬斎宮」に約一年間籠ってから伊勢へと向かっているが、『日本書紀』はこの「泊瀬斎宮」を「是先潔ㇾ身、稍近ㇾ神之所也」としている。斎王の伊勢へ向かうまでの斎戒は天照大神に近づくために行うものであった。内親王や女王であっても神宮に近づくには多くの斎戒が要請され、これは大神が伊勢の地に鎮座したことと、その鎮座地における祭祀に対する、きわめて丁重な態度であると考えられる。その斎内親王が内宮の三節祭に参加して捧げる太玉串も大物忌を介して奉置されていたのである。

古代伊勢神宮祭祀の基本は、天照大神が鎮座した地にて居住する者が斎戒して奉仕することにあった。このことから、その鎮座地における収穫物をその居住者が供進することや、鎮座地の居住者の斎戒奉仕を媒介とする祭祀によって、大神の恩恵がもたらされるという古代人の神観念を発見することができる。

神宮祭祀は天皇の皇祖神を伊勢で祭る行為である。『皇太神宮儀式帳』「天照坐皇大神宮儀式幷神宮院行事」の末尾には「禰宜之任日、忌火飯食忌慎、聖朝太御寿乎、手長乃太寿止、湯津如二石村一久、堅石爾常石爾、伊波比与佐志給比、伊加志御世爾佐岐波閇給比、阿礼坐皇子等乃大御寿乎慈備給比、百官仕奉人等、天下四方国乃人夫爾至麻弖長平久、作給倍留五穀物乎慈備給部止、朝夕祈申」と記されている。この文言は『延喜祝詞式』神宮月次祭（大神宮司奏上）とほぼ一致するが、「伊波比与佐志給比」という言葉のみ月次祭祝詞には見えない。この「与佐志」（よさし）という言葉は『古事記』『延喜祝詞式』『続日本紀宣命』などで天つ神から天皇へ天下統治などを委託するときに使用される言葉であった。[49] 荒木田氏が禰宜に任じられて天皇の御世の繁栄や天下の人々の安泰を祈る文言にこの言葉が挿入されているのである。文意としては「長く久しく大御命を授けたまえ」という意味で使用されているのであるが、[50] なぜ本来神や天皇からの委任・委託を意味する「よさし」という言葉が「禰宜之任日」の祈りの言葉にのみ使用されたのであろうか。この祈りの文言は禰宜を務める荒木田氏が伊勢の大神に対し、天皇に長久の命を「よさし」てもらうよう祈っている姿であると解され、禰宜以下在地奉仕者の祭祀は天皇のために天照大神を伊勢で祭っているものと捉えられる。大神と天皇が「よさし」という言葉で密接に結ばれていることを前提とし、その大神を伊勢でもてなし祭るのが神宮祭祀である、という認識を禰宜以下奉仕者がもっていたことの表れではないだろうか。

禰宜・物忌などの在地居住者が中核となって神宮祭祀を行うことは、天照大神を祭る天皇祭祀の一端が伊勢の奉仕者に任されていたことを示すものと捉えられ、禰宜や物忌、内人などは現地における祭祀の専門技術集団であった。天皇の皇祖神を祭る伊勢神宮において、天皇や朝廷側の人間が直接祭祀を行わずに、在地の生産共同体を背景とした奉仕集団に祭祀を任せ、さらにその在地性を丁重に扱っていたことは、神の鎮座地において祭祀がまかなわれることが古代祭祀の本義であったからに他ならないであろう。

おわりに

古代伊勢神宮における朝大御饌・夕大御饌は、在地の生産共同体を背景とした在地居住の奉仕者が斎戒して行うものであった。三節祭二日目以降の祭儀においても大神宮司を中核としながら実際の奉献は在地奉仕者の手によってしか行われなかった。

古代伊勢神宮において、三節祭と神嘗祭への例幣のみが天皇祭祀であり、それ以外の祈年祭や月次祭（班幣）幣帛の奉納、神衣祭などはあくまで国家側の祭祀と認識され、三節祭とは一線を画すものであったと考えられる。よって、神宮月次祭は本来、夜の御饌祭と翌日の赤引御調糸奉納儀、翌々日の諸国神戸からの貢納物の奉納（神宮廻神、別宮）などで完結するものであった。とくに月次祭二日目の祭儀における奉納品の中心である赤引御調糸は神郡百姓所進の糸を大神宮司の下で卜定する形式を取っており、孝徳朝以後の神郡や大神宮司の設定と直に連動するもので、その成立は天武朝を遡るかもしれない。祭祀構造の面から奉幣祭儀を考えると、まず大神宮司の下で行われる太玉串・幣帛奉納儀が形成され、それをベースとして斎内親王の太玉串奉納、朝廷からの幣帛使参入が加わって祭儀が形成・整備されたと分析でき、孝徳朝以後の律令国家の形成段階に合わせて形成されていったものと想定される。それに対して禰宜・物忌等による御饌奉仕は、律令国家形成より前から存在する在地共同体の自給的な祭祀を維持・継承したものであった。

大神宮司供出の幣物や朝廷幣帛、斎内親王の太玉串も在地奉仕者の手によってしか奉献がなされておらず、朝廷側の人間は大神への奉仕に対してあくまで間接的な立場を崩さなかった。大神宮司を介する財源は、神宮祭祀の初源に遡りうる在地奉仕者の御饌奉仕に助力し、神宮祭祀をさらに拡充させるために国家によって七世紀中ごろから設定されたものであり、御饌祭の翌日に行われる大神宮司を中核とする奉幣祭は、夜の御饌祭を本体とし、斎内親王の祭儀への参加を包み込んで三節祭を拡充するために中央の国家祭祀の形成・整備と連動して成立した祭儀であった。神郡が設定された孝徳朝は、当時における近代的な整備が神宮に行われた時期であり、大神宮司を介する財源による祭儀の淵源はここにある。そして「大宝令」につながる律令祭祀の基礎が形成されていった天武朝は、神宮祭儀においても大きな整備が始まった画期となる時代であったと想定される。その方針は持統朝も継承され、遷宮の開始に至るのであろう。

古代伊勢神宮祭祀の本体は禰宜以下在地奉仕者による朝大御饌・夕大御饌にあり、彼らの御饌奉仕を前提として全体の神宮祭儀が形成されていった。神の鎮座地に居住し斎戒を行う者が神に近侍することができるのであり、在地の生産共同体を背景とした自給的祭祀が古代祭祀の基本的なあり方であったと考えられる。

註

（1）『皇太神宮年中行事』や『豊受皇太神宮年中行事今式』などの儀式書の撰述はもちろん、荒木田経雅による『皇太神宮儀式帳』の全註釈である『大神宮儀式解』、薗田守良の『神宮典略』、御巫清直の各種論考などの近世における研究があって現在の神宮研究が存在する。様々に時代が変遷しながらも、神宮祠官とその周辺の人々によって神宮祭儀だけでなく古典が継承されてきたことの重要性は、卜部氏が『日本書紀』や『延喜式祝詞』を伝来してきたことの重要性と同義であろう。

（2）阪本広太郎『新校羣書類従　第一巻神祇部』（内外書籍、昭和六年十二月）、西田長男『群書解題　第一巻上』（続群書類従完成会、昭和三十七年四月）、田中卓『神宮儀式　中臣祓』（神宮古典籍影印叢刊3、八木書店、昭和五十八年十一月）な

どにおける解題。『延暦儀式帳』の最新の校訂に、佐野真人「『皇太神宮儀式帳』校訂試案」（『皇學館大学研究開発推進センター紀要』第二号、平成二十八年三月）、同「『止由気宮儀式帳』校訂試案」（『皇學館大学研究開発推進センター紀要』第三号、平成二十九年三月）がある。

（3）小谷博泰「皇太神宮・止由気宮儀式帳について」（『木簡と宣命の国語学的研究』〈『小谷博泰著作集』第一巻〉和泉書院、平成二十九年九月〈昭和六十一年十一月出版の増補版〉。初出『国語国文』第四〇巻第七号、昭和四十六年四月）、西宮一民「国語学より見たる皇太神宮儀式帳」・「皇太神宮儀式帳の古さについて」（『上代祭祀と言語』桜楓社、平成二年十月。初出は前者が『皇學館大學紀要』第七輯、昭和四十六年一月、後者が『神道大系月報』五三、昭和六十年十二月）。

（4）『延暦儀式帳』は『神道大系　神宮編一』（胡麻鶴醇之・西島一郎校注、神道大系編纂会、昭和五十四年三月）を、『延喜式』は虎尾俊哉編『訳注　日本史料　延喜式』（集英社、平成十二年五月）を用い、旧字体等は適宜常用漢字等に直して引用した。

（5）藤森馨「神官祭祀と天皇祭祀—神宮三節祭由貴大御饌神事と神今食・新嘗祭の祭祀構造—」（『古代の天皇祭祀と神宮祭祀』吉川弘文館、平成二十九年十二月。初出『國學院雜誌』第九一巻第七号、平成二年七月）。

（6）大関邦男「古代伊勢神宮の財政構造」（『國史學』第一二八号、昭和六十一年二月）。

（7）『止由気宮儀式帳』「木綿作内人」職掌条「三節祭供奉木綿作儲弖、二所太神宮奉進。惣二千二百五十枚。〈太神宮一千二百枚、度会宮一千五十枚、祭別三百五十枚。〉」。三節祭で内宮に各四百枚、外宮に各三百五十枚を供給している。

（8）榎村寛之氏はこの「由貴乃御酒御贄」を朝大御饌夕大御饌のことと解しているが（「『延喜式』の神宮祝詞について」『律令天皇祭祀の研究』塙書房、平成八年二月。初出『三重県史研究』第七号、平成三年）、この場合の「由貴」は清浄性を意味する修飾語であり、文章としては「御調糸」とともに「三郡国国処処尓寄奉礼留神戸人等能常毛進留」に係る言葉であろう。

（9）荒木田経雅も同様の見解（『大神宮儀式解』臨川書店、昭和五十一年九月）。また、建久の『皇太神宮年中行事』「九月」では東宝殿に納められていたが、寛正五年氏経神主の増補部分では正殿に奉納と変化している。

（10）このことは『皇太神宮儀式帳』などには見えない。いったん神宮に奉られて東宝殿に納められた御調は、翌年の神嘗祭が終了した時点で斎宮に貢進されるということであろうか。

（11）この点は、第二部第二章「古代神宮「日祈」行事の一考察」を参照。

(12) 菊地照夫「律令国家と相嘗祭—幣物の性格をてがかりに—」（虎尾俊哉編『律令国家の政務と儀礼』吉川弘文館、平成七年七月）。
(13) 相嘗祭に関しては、第一部第四章「相嘗祭の祭祀構造と古代神社祭祀の基本形態」を参照。
(14) 藤森馨「鎮花祭と三枝祭の祭祀構造」（『古代の天皇祭祀と神宮祭祀』吉川弘文館、平成二十九年十二月。初出『神道宗教』第二一一号、平成二十年七月）。
(15) 宮地直一「相嘗祭異見」（『国史学論集　植木博士還暦記念』植木博士還暦記念祝賀会、昭和十三年十二月）。
(16) 『皇太神宮儀式帳』「九月例」末尾には「朝大御饌夕大御饌御田二町四段。〈二町大神宮料、四段荒祭宮料。〉右御田者、毎年郡司専当、佃苅供進。即禰宜預勘積二御倉一供二奉御饌一尽」とある。
(17) 大関邦男註(6)前掲論文の他、同「神郡について—伊勢神郡を中心に—」（『日本歴史』第四七〇号、昭和六十二年七月）、同「古代伊勢神宮の殿舎と祭祀・財政—御酒殿院の機能を中心に—」（『國史學』第一三八号、平成元年五月）、熊田亮介「律令制下伊勢神宮の経済的基盤とその特質」（関晃教授還暦記念会編『関晃先生還暦記念　日本古代史研究』吉川弘文館、昭和五十五年十月）なども参照。
(18) 義江明子「物忌童女と「母」」（『日本古代の祭祀と女性』吉川弘文館、平成八年十一月）。
(19) 延暦の時点で内宮の奉仕者は、禰宜・大内人二名・大物忌（と父）・御塩焼物忌（と父）・日祈内人の計八名が神主家（荒木田氏）であり、宇治大内人・宮守物忌（と父）・地祭物忌（と父）・清酒作物忌（と父）・瀧祭物忌（と父）・御笥作内人・陶器作内人・御巫内人・山向物忌（と父）・御馬飼内人二名の計十六名が磯部氏であり、酒作物忌（と父）二名が山向部、土師器作物忌（と父）二名が麻績部、御笠縫内人が郡部であった。

外宮においては神主家（度会氏）が十五名、石部氏が六名である。度会氏は『続日本紀』和銅四年三月に伊勢国人磯部祖父高志二人に姓度相神主を賜っており、磯部（石部）氏と同祖であった。内外宮の奉仕者は荒木田氏と磯部氏を中心とした親族集団によって構成されていた。
(20) 『止由気宮儀式帳』「六月例」における奉幣祭の次第冒頭にも「以二十六日朝一、国国処処神戸人夫等所進神酒、幷御贄等乎、自二御厨一進入」とあり、奉幣祭にて祭庭に並べられる神戸等からの御贄が大神宮司に保管されていたことは、内外両宮とも同じであること、月次祭と神嘗祭でその点に異同はないことが知られる。

(21)『延喜伊勢大神宮式』「凡二所大神宮禰宜、大小内人、物忌、諸別宮内人、物忌等、並任二度会郡人一〈但伊雑宮内人二人、物忌、父等、任二志摩国神戸人一〉」。

(22)榎村寛之氏は、志摩国神戸は「普通の神戸」であり、令制下の志摩神戸からの贄は志摩と朝廷の関係に由来し、「志摩贄の供奉による「天皇と同体の神」の確認儀礼が内包されている」としている（「神宮の贄について」『律令天皇祭祀の研究』塙書房、平成八年二月、初出は直木孝次郎先生古稀記念会編『古代史論集』下、塙書房、平成元年正月）。しかし、もし志摩国の贄が朝廷との関わりで貢献されたのだとしたら、むしろ朝廷関与の強い三節祭二日目の祭儀に登場すべきであり、夜の御饌祭に奉られる志摩国の贄は令制前からの神宮と志摩との関係性に由縁をもって貢献されたと解するほうが自然であると考えられる。

(23)斎内親王の参入時刻を『皇太神宮儀式帳』では「午時」（十二時）とするが、『大神宮式』六月月次祭条では「平旦」（夜明け）とし、三節祭で大神宮司が読む祝詞（『延喜祝詞式』所収）に「朝日の豊栄登に」という朝を表現する言葉が見える。本澤雅史氏は、『神宮雑例集』では内宮月次祭祝詞奏上は夕刻となっているため、『皇太神宮儀式帳』の「午時」という語は『延喜式』より後、『神宮雑例集』より前の状況が本文に紛れ込んだとする（「延喜式祝詞の時間表現―「朝日の豊栄登に」をめぐって―」『神道史研究』第四四巻第四号、平成八年十月）。本澤氏の指摘通り「朝日の豊栄登に」という表現は祭祀の執行時間が朝であることを前提として使用される表現であり、「午時」という言葉は不審である。しかし延暦時の実態が「午時」であって、「式」の編纂を契機に「平旦」と再度規定された可能性もあり、後代の竄入であると俄には決しがたい。『皇太神宮儀式帳』神嘗祭奉幣祭において「辰時」に準備が始まった記述があり、延暦時の奉幣祭が朝より準備されていたことは間違いがなく、奉幣祭も基本は朝に行われるものであったことに間違いはないだろう。

(24)この点は、第一部第二章「月次祭・新嘗祭班幣の構造」を参照。

(25)『日本書紀』日本古典文学大系版（岩波書店、昭和四十年七月）、新編日本古典文学全集版（小学館、平成十年六月）ではこの「赤引糸参拾伍斤」を神衣祭のためと解しているが、熊田亮介氏はこの記事が五月にある点より月次祭のためと解している（「伊勢神宮神衣祭についての基礎的考察」『研究紀要』〈新潟大学教育学部長岡分校〉第二五集、昭和五十五年三月）。
　また、藤森馨氏は『令義解』神衣祭条にある「参河赤引神調糸」は神宮神衣祭には供されるものではなく、大嘗祭の神服料と神宮神衣祭の祭料とを中央法曹官人が誤解したと指摘している（「神衣祭と大嘗祭のニギタエ・アラタエ」『古代の天皇

祭祀と神宮祭祀』吉川弘文館、平成二十九年十二月。初出『延喜式研究』第三〇終刊号、平成二十七年二月)。

(26) 熊田亮介「伊勢神宮の月次祭と祭祀体系」(『文化』第四六巻第三・四号、昭和五十六年二月)。

(27) 例幣と祈年祭・月次祭奉幣の相違、また奉幣使の構成・変遷などは、藤森馨「神宮奉幣使考」(『改訂増補 平安時代の宮廷祭祀と神祇官人』原書房、平成二十年十二月。初出は『大倉山論集』第一九輯、昭和六十一年三月)、奉幣使に関しては、西宮秀紀「律令国家と奉幣の使」(『律令国家と神祇祭祀制度の研究』塙書房、平成十六年十一月。初出は岡田精司編『祭祀と国家の歴史学』塙書房、平成十三年四月)、奉幣儀に関しては、三宅和朗「古代奉幣儀の検討」(『古代国家の神祇と祭祀』吉川弘文館、平成七年九月)を参照。

(28) 同時に井上女王が斎王となっているため、そのことの報告として臨時に奉幣がなされたとも解されているが(三橋正「平安時代の神祇儀礼における伊勢神宮」『日本古代神祇制度の形成と展開』法蔵館、平成二十二年二月。初出は『明星大学研究紀要—日本文化学部—言語文化学科』一四、平成十八年三月)、日付が九月十一日であること、「官曹事類」では斎王関係の記事は天皇の出御・中臣忌部に幣帛を付す記事とは別に記述されていることから、恒例の神嘗奉幣制度を反映した記事と考えてよいであろう。

(29) この記事には王の存在が見えないが、王は中臣・忌部とは別の場で宣命を賜るものであり、このとき王が使として立っていないわけではなく、中臣・忌部とともに例幣使となっていた可能性があるとされている(藤森馨註(27)前掲論文)。

(30) 古代の祈年祭に関しては、第一部第一章「古代祈年祭の祭祀構造」を参照。また、神宮祈年祭に関しては、藤森馨「伊勢神宮祈年祭における御扉の開閉をめぐって」・「伊勢神宮祈年祭と御田種蒔下始行事」(『古代の天皇祭祀と神宮祭祀』吉川弘文館、平成二十九年十二月。初出、前者は「神宮祈年祭概観」『大倉山論集』第二一輯、昭和六十二年三月、後者は『椙山林継先生古稀記念論集 日本基層文化論叢』平成二十二年八月)など参照。

(31) 笹生衛「神の籬と神の宮—考古学からみた古代の神籬の実態—」(『神道宗教』第二三八号、平成二十七年四月)、同『神と死者の考古学 古代のまつりと信仰』(吉川弘文館、平成二十八年一月)。

(32) 小倉慈司「律令制成立期の神社政策—神郡(評)を中心に—」(『古代文化』第六五巻第三号、平成二十五年十二月)。

(33) 岡田莊司「古代出雲大社神殿の創建」(『神道文化』第一二号、平成十二年十月)、小林宣彦「律令制の成立と祭祀—出雲神郡の成立を中心に—」(『國學院雜誌』第一一六巻第九号、平成二十七年九月)。

（34）全国の「天社国社」を対象とする祭祀の形成は神郡神社を中心に行われたのであろう。岡田荘司「古代神祇祭祀体系の基本構想―「天社・国（地）社祭祀制」―」（『神道宗教』第二四三号、平成二十八年七月）を参照。

（35）『日本書紀』天武天皇六年（六七七）五月己丑（二十八日）「勅、天社地社神税者三分之、一為レ擬二供神一、二分二給神主一」。

（36）『日本書紀』持統天皇四年（六九〇）正月庚子（二十三日）「班二幣於畿内天神地祇一、及増二神戸・田地一」。神戸の設定など律令制度が整備されゆく中で前代的な神郡の制は伊勢を除いて有名無実なものとなっていったと想定されている（小林宣彦「日本古代の神事と神郡に関する基礎的考察」〈『國學院雜誌』第一一三巻第一一号、平成二十四年十一月〉など）。

（37）大神宮司奏上の『延喜祝詞式』神宮月次祭・神嘗祭祝詞に見える「大中臣、太玉串尓隠侍天」の「大中臣」を幣帛使としての中臣と解することもできる。しかし、太玉串行事は神宮祈年祭、神衣祭、三節祭（奉幣祭）、で行われ、延暦時ではすべて大神宮司の祝詞が存在する（延暦時、恒例祭祀中、使の中臣が祝詞を奏すのは例幣時のみ）。延暦時、神宮月次祭では幣帛使は奉幣祭に間に合っていないため、大神宮司の月次祭祝詞に登場する「大中臣」は大神宮司のことと解するべきと考えられる（延暦時と『延喜祝詞式』で祝詞が変化した可能性もあるが、『皇太神宮儀式帳』山向物忌・物忌父職掌条、太玉串起源譚にある「大中臣隠侍弖、天津告刀乃太告刀乃厚広事遠多々倍申」と同様の文言が『延喜祝詞式』神宮月次祭・神嘗祭祝詞に「天津祝詞乃太祝詞」「大中臣、太玉串尓隠侍天」とあることから、この表現に関する限り、延暦期と『延喜式』でさほど大きな違いはなく、どちらも大神宮司を指すものと解すべきであろう）。

（38）氏名としての「大中臣」自体は『続日本紀』神護景雲三年（七六九）六月乙卯（十九日）に清麻呂に対し賜姓されており、その記事では「神語有レ言二大中臣一」とある。この「神語」は『日本書紀』天智天皇十年（六七一）正月癸卯（五日）に「大錦上中臣金連命二宣神事一」、持統天皇三年（六八九）八月壬午（二日）「百官会二集於神祇官一、而奉二宣天神地祇之事一」などとあるのと同義であり、神代のこと、またそこに由来する祝詞などを意味するのであろう。実際に『延喜祝詞式』「大祓詞」に「天津宮事以弖、大中臣（中略）天津祝詞乃太祝詞事乎宣礼」という文言が見出される。また、『常陸国風土記』「香島郡」にも、崇神天皇の御代に下された神託の意味を答える中臣を「大中臣神聞勝命」としており、神護景雲三年以前から中臣のことを「大中臣」と美称で呼ぶことがあったのであろう。

大神宮司職は宝亀年間の中臣比登以降、中臣氏が独占することとなったが、それ以前においても中臣氏の一族が補任されていたと見られる（田中卓「神宮職制の整備」『伊勢神宮の創祀と発展』〈『田中卓著作集』四〉国書刊行会、昭和六十年六月。初出は昭和三十四年三月)。また、大神宮司自体は文武朝には国家的な整備が進んだものと解されている(井後政晏「「大神宮司」の成立の問題」(『皇學館大學神道研究所紀要』第八輯、平成四年三月)。延暦以前、奈良前期ごろにおいても大神宮司奏上の祝詞は存在していたであろう。

(39) 『延暦儀式帳』では太玉串を「進置」すると記述しており(『止由気宮儀式帳』「二月例」では「奉置」)、太玉串を「置く」ものとしている。また、『皇太神宮儀式帳』において太玉串は宮を飾る天八重榊と並列してその起源譚が語られており、少なくとも幣帛や御饌とは性質を異にする可能性がある。おそらく神を喜ばすための装飾品に准じた性質をもっていると想定される。しかしその淵源は『古事記』で「五百津真賢木」などの物を「布刀御幣」として太玉命(忌部の祖神)が取り持ったように、神への捧げ物とも解せられる。太玉串は、広義においては神への奉り物と解してよいであろう。

(40) 藤森馨「伊勢神宮内外両宮の祭祀構造―由貴大御饌神事に関する試論―」(『古代の天皇祭祀と神宮祭祀』吉川弘文館、平成二十九年十二月。初出『古代文化』第四三巻第四号、平成三年四月)。

(41) この点について詳しくは、第二部第三章「古代御饌殿祭祀の基礎的考察」を参照。

(42) おそらく十日ごとに二回、毎月計六回御饌を奉仕していたものと推測される。

(43) また、麻績氏関係の麻績部が内宮の土師器作物忌とその父に任じられている(『皇太神宮儀式帳』)。

(44) 神衣祭については、熊田亮介註(25)前掲論文、高森明勅「神衣祭の成立」(『神道宗教』第一七六号、平成十一年十月)、藤森馨註(25)前掲論文などの論考がある。高森氏は文武天皇二年に、藤森氏は「大宝令」によって成立したとの見解を取っている。

(45) 遷宮の制は天平宝字六年(七六二)八月以前に作成されたと考えられる「正倉院文書」における「正殿」の「銹金物注文」の存在により、奈良中期には成立していた(福山敏男「式年遷宮の起源」『伊勢神宮の建築と歴史』日本資料刊行会、昭和五十二年十一月。初出『神宮の建築に関する史的調査』造神宮使庁、昭和十五年三月)。しかしその開始時期に関する明確な史料は『太神宮諸雑事記』にしか存在しない。この書の史料性には問題も多いが、「持統女天皇　即位四年〈庚寅、〉太神宮御遷宮。同六年〈壬辰、〉豊受太神宮御遷宮。〈依二東御地一江始遷御也。〉」という簡略な記事は一定の信憑性があるものと想定され、伊勢神宮の遷宮は天武天皇によって企図され、持統朝で実現した、との見方が呈されている。田中卓「式年遷宮の起源」(『伊勢神宮の創祀と発展』田中卓註(38)前掲書。初出『神道史研究』第四巻第三号、昭和三十一年五月)、岡田

荘司「神宮式年遷宮と大嘗祭」（『大嘗の祭り』学生社、平成二年十月。初出『神宮式年遷宮の研究』第一輯、神道青年全国協議会、昭和六十三年九月）、中西正幸「古代の遷宮」（『神宮式年遷宮の歴史と祭儀』図書刊行会、平成七年十一月）など参照。

（46）古代伊勢神宮における「御鎰」に関しては、山口祐樹「古代伊勢神宮における「御鎰」の取扱いについて」（『神道研究集録』第三二輯、平成三十年三月）を参照。

（47）義江明子氏（註(18)前掲論文）は古代伊勢神宮の物忌童女の「童」には「服属の証としての弱小な「童」」の要素があったとするが、祭祀に奉仕する者が服属の証でなければならない理由はないであろう。古代一般において人的労働の供出が服属を背景としていることがあっても、祭祀に奉仕すること自体においては服属性ではなく清浄性が重視されたのではないだろうか。古代の神祇伝承や祭儀次第を見ると、古代祭祀においては神に服属することよりも、いかにして神の恩恵をもたらすかという点に古代人の思考が費やされたものと考えられる。

（48）小松（藤森）馨「禁河宮川小考―神宮祭祀と朝廷祭祀の境界―」（『大倉山論集』第二九輯、平成三年三月）。

（49）本書第三部第一章「「みこともちて」と「よさし」に関する基礎的考察」参照。

（50）荒木田経雅『大神宮儀式解』（臨川書店、昭和五十一年九月）。

第二章　古代神宮「日祈」行事の一考察

はじめに

古代の神宮に関する研究は古くより多数存在し、様々な視点によって研究が行われてきた。戦後における古代神宮の祭祀構造の研究に限って見ても、熊田亮介氏(1)、大関邦男氏(2)、藤森馨氏(3)等の研究が存在する。しかし、古代の「日祈」行事に着目しそれを構造論的に分析した論はほぼないと言ってよいだろう。本章は古代神宮の「日祈」行事を分析の対象とし、それをもって古代神宮祭祀の構造の一端を明らかにしたいと思う。「日祈」とは、「ひのみ」と読まれ、風雨災害など悪天候が無いように祈り、もって五穀の豊穣を期するものである(4)。

一　内宮における日祈行事

1　七月・八月における日祈

まず、内宮における日祈行事を見ていきたい。

史料①『皇太神宮儀式帳(5)』七月例

以二朔日一、受二司幣帛一、祈日申行事。

右禰宜率二日祈内人一、月一日起尽三十日、朝夕風雨旱災為二止停一祈申。

史料②『皇太神宮儀式帳』八月例

祈二八月風雨一、幣帛絹二丈五尺、麻八斤大、木綿八斤大。已上禰宜率二日祈内人一、為二風雨災鎮一祈申。

以上掲出した史料①②によると、七月・八月に禰宜と日祈内人が「日祈」という「行事」を行っていることがわかる。この両史料によると、「日祈」の祈りの目的は、風雨旱など災を止め鎮めるためであった。

この七月「日祈」に供出される幣帛は、史料①に「司幣帛」とあり、大神宮司より支給された幣帛を受けて、禰宜・日祈内人が行事を行うのであった。

史料③『皇太神宮儀式帳』五月例

四日、年祈料赤引調糸二絢。〈神郡度会郡。〉

右従二七月一日一始迄二八月三十日一、日祈内人、朝夕止二悪風一弖、天下百姓作食五穀平助給止祈申。

七月の日祈行事について、史料③「五月例」によると、五月四日に度会神郡より供進される「年祈料赤引調糸」が、七月一日より八月三十日まで行われる日祈内人の祈りのために捧げられるものであることがわかる。史料①にある七月の日祈のための「司幣帛」とは、史料③にある「年祈料赤引調糸」のことであると想定される。八月にはさらに史料②「八月例」に記述された幣帛が奉られた。

史料③によると、赤引調糸は「年祈料」と示され、七月一日より八月三十日まで行われる日祈内人の祈りとは、「天下百姓作食五穀平助給」ためのものであった。

史料④『延喜伊勢大神宮式』(6)日祈条

凡毎年七月、日祈内人為レ祈二平風雨一所レ須絹四丈、〈大神宮五尺、度会宮五尺、荒祭宮、月読宮、荒御玉、伊佐奈岐、伊佐奈彌、瀧原、小朝熊、多賀、久具、風神已上十座各三尺、〉木綿、麻各十五斤五両六分、〈大神宮三斤、度会宮二斤、十座神四斤、度会郡神四十座六斤五両六分、各二両二分、〉並神宮司充之、

『延喜伊勢大神宮式』には、七月の日祈の幣帛を神宮司が供進する規定が見える。史料②「八月例」に記述された幣帛は、史料④『延喜伊勢大神宮式』七月「日祈」に記された数量と異なるものの、その出所は同じく大神宮司であろう。

史料①②③によると、延暦年間（七八二～八〇六）に進上されたと考えられる『延暦儀式帳』からは、七月一日から八月三十日の毎日、大神宮司より幣帛を賜り日祈行事が行われていたと考えられるが、『延喜式』においてはそれが七月のみと変更されていたことがわかる。

2　六月における日祈

しかしこの七、八月の「日祈」とは別の「日祈」が六月に行われていた。

史料⑤『皇太神宮儀式帳』日祈内人職掌

職掌、己後家蚕養糸一斤、以六月祭日之夕御食進時、即禰宜宇治内人共、為悪風雨不吹祈申告刀申進。

史料⑥『皇太神宮儀式帳』禰宜職掌

又毎年六月祭爾、己之家爾養蚕乃糸一絇捧持弖、祭之日爾告刀申弖、祈年御調進、

史料⑦『皇太神宮儀式帳』六月例

禰宜、并宇治大内人、日祈内人、已上三人、己之家養蚕乃糸一絇乎備奉弖、祭乃日仁告刀申、天下百姓作食五穀、

平助給祈申。

「日祈内人」の職掌（史料⑤）から、禰宜・宇治内人・日祈内人が蚕の糸を天候順調のため六月に奉献していたことがわかり、禰宜の職掌（史料⑥）にも同様の行事が確認できる。この行事は「六月例」（史料⑦）にも確認される。六月例に記された蚕の糸を奉る「祭乃日」とは六月の祭り＝六月月次祭のことであり、これは史料⑥禰宜職掌条には「毎年六月祭爾」、史料⑤「日祈内人」の職掌条には「六月祭日之夕御食進時」と記されている。つまり禰宜・宇治内人・日祈内人の蚕の糸奉献は、六月十六日の夕御饌を奉るさいに行われており、六月月次祭に「日祈」（年祈）が組み込まれていることがわかる。この蚕の糸は禰宜と日祈内人が自らの家で養育したものであった。禰宜の職掌（史料⑥）には「祈年」、六月例（史料⑦）には「五穀」と書かれ、日祈内人の職掌に書かれた告刀（史料⑤）には「悪風不吹」とある。基本的に禰宜と日祈内人の祈りは同義の祈りであり、大きく祈年のための祈りに準じて日祈の祈りがあると考えられる。

また、この祈りの目的は史料⑦に「天下百姓作食五穀、平助給」と記述され、史料③に見た七月八月の日祈と同様の内容が祈願されている。

ここで、禰宜・内人の「告刀」文をまとめてみると、

・為悪風雨不吹祈申告刀申進（六月　日祈内人、禰宜宇治内人共）
・天下百姓作食五穀、平助給祈申（六月　禰宜、并宇治大内人、日祈内人、已上三人）
・朝夕風雨旱災為㆓止停㆒祈申（七月　日祈内人）
・為㆓風雨災鎮㆒祈申（八月　禰宜率㆓日祈内人㆒）
・朝夕止㆓悪風㆒弖、天下百姓作食五穀平助給止祈申（七・八月　日祈内人）

となる。これらの告刀は二つの祈願内容に分けられる。悪しき風雨を防ぐことと、五穀豊饒である。これらは時期（六月か七月か八月か）や主体（日祈内人か禰宜か）によって分別されているわけではないようである。むしろ総合的には、延暦のころは風雨を防ぎ五穀豊饒を祈る告刀を奉るものであったと見られる。六月には二種の内容の告刀が見えるが、どちらも主体は禰宜・宇治内人・日祈内人が共に、ないしは已上三人と記されている。七月には風雨を防ぐことと五穀豊饒の告刀を日祈内人が奉っており、八月には禰宜が日祈内人を率いて風雨を防ぐ告刀を奉り、日祈内人も風雨を防ぎ五穀豊饒を願う告刀を奉っている。どの月にもこの二種の内容の告刀が奉られている。当然のことではあるが、悪しき風雨を防ぐことと、五穀豊饒は連関しあうものであり、悪しき風雨を防ぎ、五穀豊饒を期する告刀を禰宜・日祈内人等が六・七・八月の日祈行事に奉っていたと概括してよいであろう。

この六月と七・八月の告刀のうち、風雨を防ぐことを祈る部分は、風雨を防ぐという一般的な意味であり、その文言に必ずしも統一性があるとは見えない。それに対し傍線部の告刀は意味内容も「天下百姓」という言葉が示すように単に風雨を防ぐこと以上の意味をもたせていると思われ、さらに全く同じ文言となっている。右記の告刀文のうち傍線部の文言は、ある段階・時期にある特定の影響下で一括して加えられた可能性があるのではないか。ちなみに禰宜以下が月次祭・神嘗祭に御饌を奉仕するさいに「告刀」の記載は見当たらない。本来、御饌奉仕に際しては祝詞（告刀）は必要なかった可能性がある。

右記の告刀文のうち、「天下百姓作食五穀、平助給祈申」という表現は、やや表現が異なるものの、以下の記事・祝詞と類似する。

・禰宜之任日、忌火飯食忌慎、聖朝太御寿乎、手長乃太寿止、湯津如二石村一久、堅石爾常石爾、伊波比与佐志給比、伊加志御世爾佐岐波閇給比、阿礼坐皇子等乃大御寿乎慈備給比、百官仕奉人等、天下四方国乃人夫爾至麻弖長平久、

作給倍留五穀物乎慈備給部止、朝夕祈申。（『皇太神宮儀式帳』天照坐皇大神宮儀式并神宮院行事）

・天皇我御命尓坐、御寿乎手長乃御寿止、湯津如二磐村一常磐堅磐尓、伊賀志御世尓幸倍給比、阿礼坐皇子等乎毛恵給比、百官人等天下四方国乃百姓尓至万天、長平久作食留五穀乎毛豊尓令レ栄給比、護恵比幸給止、（『延喜祝詞式』伊勢大神宮六月月次祭）

禰宜・内人の告刀文と、『皇太神宮儀式帳』における天照大神の御鎮座に関する伝承の最後の文句と、『延喜祝詞式』所収の神宮月次祭祝詞は類似した文句（「天下」「百姓」「作食」「五穀」）を使用している。同内容の表現を他の『延喜祝詞式』で見てみると、例えば祈年祭では「皇神等能依左志奉牟奥津御年」、広瀬大忌祭では「親王等王等臣等天下公民能取作奥都御歳」「天下乃公民乃取作礼留奥都御歳」、龍田風神祭では「天下乃公民乃作作物者、五穀乎始弖」となっている。禰宜・内人の告刀文と最も近い表現は龍田風神祭の祝詞であるが、「作食」「百姓」の文言は、神宮月次祭祝詞としか共通しておらず、禰宜・内人の告刀文は神宮月次祭祝詞と同系と言え、他の祝詞を見て作文したとは考えにくい。

右に挙げた『延喜式』所収の神宮月次祭祝詞は大神宮司が奏上するものであり、奉幣使の祝詞とはその表現が異なるものである。しかし、この祝詞の表現のうち、天皇の御寿・御世を言祝ぐ文言（「御寿乎手長乃御寿止、湯津如二磐村一常磐堅磐尓、伊賀志御世尓幸倍給比」）は祈年祭や平野祭など、他の『延喜式』所収祝詞と共通する慣用句である。となると、右に挙げた神宮月次祭祝詞は、他の『延喜式』に所収される朝廷で読まれる祝詞（祈年祭・月次祭等）と同一の影響下で形成されたものと考えられる。しかしそれに対して、禰宜・内人の告刀は大神宮司の奏上する祝詞（告刀）とのみ類似するのである。よって、大神宮司作成の祝詞（告刀）の影響下で禰宜・内人の告刀が形成され、それはある時期に一括して日祈行事に加えられたものと推察される。

右掲史料を比較して明らかなように、神宮月次祭祝詞は『皇太神宮儀式帳』「天照坐皇大神宮儀式并神宮院行事」の末尾にほぼ同じ文句が見える。(7)延暦のころも『延喜式』所収の神宮月次祭祝詞はほぼ同様の表現で奏上されていたのであろう。『皇太神宮儀式帳』において、上代特殊仮名遣いはほぼ正用されていると考えられるため、(8)この祝詞は奈良時代まで遡ることが可能ではないか。

禰宜・内人が日祈のために読む「天下百姓作食五穀、平助給祈申」といった簡潔な告刀文は、内宮における日を祈る行事が単純に天下の百姓のためであることを明瞭に示している。これは、神宮における祈りが天下に通じるものであることを前提としたものであり、皇祖神を祭ることは天下の人々のためでもあり、天皇の祖神の霊験は天下にもたらされるという認識のもと、神宮への奉仕が行われていたと言ってよいであろう。

3 四月における日祈

続いて、四月における御笠・御蓑を奉る行事を見ていきたい。

史料⑧『皇太神宮儀式帳』御笠縫内人職掌

職掌、御笠二十二蓋、御蓑二十二領。忌敬供奉。

史料⑨『同』四月例

同日（十四日※筆者注）以御笠縫内人造奉御蓑二十二領、御笠二十二蓋即散奉。大神宮三具、荒祭宮一具、大奈保見神社一具、伊加津知神社一具、風神社一具、瀧祭社一具、月読宮五具、小朝熊社二具、伊雑宮一具、瀧原宮二具、園相社一具、鴨社一具、田辺社一具、蚊野社一具。

史料⑩『延喜伊勢大神宮式』神衣祭条

四月九月神衣祭

大神宮、和妙衣二十四疋、〈八疋広一尺五寸、八疋広一尺二寸、八疋広一尺、並長四丈、〉髻糸、頸玉、手玉、足玉緒、帒襪緒等糸各十六条、縫糸六十四条、〈各長五尺、〉長刀子一枚、短刀子、錐、針、鉾鋒各十六枚、著レ糸玉串二枚、韓櫃二合、〈一合盛レ衣、一合盛二金物一、〉筥一合、〈盛二糸幷雑緒一、〉荒妙衣八十疋、〈四十疋広一尺六寸、四十疋広一尺、並長四丈、〉刀子、針各二十枚、韓櫃一合、〈盛二衣幷刀子一、〉

荒祭宮、和妙衣十二疋、髻糸、頸玉、手玉、足玉緒、帒襪緒等糸各八条、縫糸四十条、刀子、錐、針、鉾鋒各八枚、著レ糸玉串一枚、韓櫃二合、筥一合、荒妙衣四十疋、刀子、針各十二枚、韓櫃一合、

右和妙衣者服部氏、荒妙衣者麻績氏、各自潔斎、始レ従二祭月一日一織造、至二十四日一供レ祭、其儀、大神宮司、禰宜、内人等率二服織女八人一、並著二明衣一、各執二玉串一、陳二列御衣之後一入、大神宮司宣二祝詞一訖、共再拝両段、短拍手両段、膝退再拝両段、短拍手両段、一拝訖退出、即詣二荒祭宮一、供二御衣一如二大神宮儀一、但再拝両段、短拍手両段退出、是日笠縫内人等供二進蓑笠一、大神宮三具、荒祭宮一具、伊佐奈伎宮二具、月夜見宮二具、瀧原宮二具、瀧原並宮一具、伊雑宮一具、朝熊社二具、薗相社、鴨社、田乃家社、蚊野社、伊佐奈弥社各一具、度会宮八具、及所摂宮幷社各一具、

服部等造二二時神衣一機殿祭幷雑用料

（以下略）

以上の史料から、四月に「御笠縫内人」の造る「御笠」と「御蓑」が四月十四日に各宮に奉られていたことがわかる。

この「笠」と「蓑」については、荒木田経雅(9)が『日本書紀』神代巻(10)、また神武紀(11)を引いて「風雨を防《フセ》ぐ具《モノ》なれば、

それを奉て悪風雨無からんことを祈るなり」と言う通りであろう。この行事と同じく四月には国家祭祀として「龍田風神祭」が「欲㆑令㆓沴風不㆑吹。稼穡滋登㆒」（『令義解』）のために行われており、四月は農作物を風雨等の害から守る祭祀・行事が必要であったと考えられ、この四月に風雨を防ぐための笠と蓑が奉献される行事は、六月・七月・八月に行われていた日祈と同様に風雨を止め鎮めるための行事であろう。

『延喜伊勢大神宮式』「神衣祭」条（史料⑩）に「御笠縫内人」が「蓑笠」を奉る規定が書かれているが、本来日祈のためと考えられる蓑笠奉献が「神衣祭」の一環として記述されているのは朝廷側の誤認の可能性がある。「神衣祭」とは「神祇令」に規定された国家祭祀であり、服部氏・麻績氏が調進した神衣を奉献するものである。とくにその対象は大神宮と荒祭宮に限っている。それに対して四月に笠蓑を奉る行事は、神宮の内人が調進するものであり、その奉る対象は、大神宮と荒祭宮以外の諸宮や外宮にまで至っており、「神衣祭」とはその調進者と奉献対象に大きな違いがあり、根本的な質に差があると考えられる。これらの点においては『延暦儀式帳』と『延喜式』とで変わりはない。質の違いを考慮すれば、別の条に規定すべきではあろうが、朝廷側からすれば四月十四日に行われるという点では大差なく、同日に行われているのであるから神衣祭に連続して一括して記載されたのではないだろうか。

ただ、この四月に奉られる笠と蓑の材料がどこから来たかについては儀式帳には何も書かれていない。

4　『延喜伊勢大神宮式』と『延暦儀式帳』との共通性と非共通性

『延喜伊勢大神宮式』に規定されているということから、基本的に大神宮司が関与するものであることが想定されるが、この点に関して『式』と『儀式帳』に記述された祭料を比較してその共通するところを示したい。

『延喜伊勢大神宮式』六月月次祭の祭料を『皇太神宮儀式帳』と比較する。

史料⑪『延喜伊勢大神宮式』月次祭条

大神宮赤引糸四十絇、木綿大七斤、麻大十二斤、酒米十石、米三石三斗、神酒二十缶、〈缶別三斗、当国十五缶、伊賀国二缶、尾張、参河、遠江等国各一缶、並以二神税一醸造、〉雑贄二十荷、〈副レ酒所レ供、〉雑供料米十五石、塩一石四斗、鉄一廷、

（中略）

右、月十六日祭二度会宮一、十七日祭二大神宮一、其儀十五日黄昏以後、禰宜率二諸内人、物忌等一、陳二列神御雑物一、訖亥時供二夕膳一、丑時供二朝膳一、禰宜内人等奏二歌舞一、

史料⑫『皇太神宮儀式帳』「六月例」

供奉赤引御調糸四十絇。〈依レ例度会郡所レ進、占二食大神宮司一。〉

祭料大神宮司宛奉用物。酒作米十石、神祭料米三石三斗、木綿十斤、供給料米二十五石、塩一石、麻二十一斤六両、神酒二十缶、神御贄二十五荷、鉄一廷。

（中略）

以二同日夜一、此禰宜、内人、物忌等、従二湯貴御倉一下宛奉朝大御饌夕大御饌、二時之料御田苅稲乎以、是禰宜、内人四人、大物忌、幷物忌父引率、宮司所給明衣服縫服、又木綿蘰多須岐為之、件御饌稲乎大物忌子請弖、土師物忌作奉浄御碓、幷杵、箕持舂備奉之、大物忌忌竈仁炊奉、御笥作内人作進上御饌笥仁奉納備進、又禰宜、内人等以二祭之月十五日一、退二入志摩国神堺海一、雑貝物満生雑御贄漁、幷従二志摩国神戸百姓一進上干生贄、及度会郡進上贄乎、此御笥作内人作進上御贄机爾置之、忌鍛冶内人之作奉御贄小刀持切備奉、御塩焼物忌之焼備進上御塩乎

会備奉、土師物忌、陶内人作進上御坏仁奉納満備進。又酒作物忌、清酒作物忌、陶内人作進上御酒缶爾、酒醸備奉酒平、土師陶之御坏爾、奉納満備進之。此以二同十六日夜一、湯貴御饌祭供奉。

史料⑪で示した祭料（赤引糸四十絇、木綿大七斤、麻大十二斤、酒米十石、米三石三斗、神酒二十缶、雑贄二十荷、雑供料米十五石、塩一石四斗、鉄一廷）と、史料⑫に見える祭料（赤引御調糸四十絇、酒作米十石、神祭料米三石三斗、木綿十斤、供給料米二十五石、塩一石、麻二十一斤六両、神酒二十缶、神御贄二十五荷、鉄一廷）は、数量に一部違いはあるものの項目がすべて一致する。『延喜伊勢大神宮式』に規定された祭料は『皇太神宮儀式帳』で大神宮司からの用物とされているものとほぼ一致すると言ってよい。

しかし、史料⑪⑫に見える大神宮司からの用物には、実際の朝大御饌・夕大御饌で供される「従二湯貴御倉一下宛奉朝大御饌夕大御饌、二時之料御田苅稲」、「退二志摩国神堺海一、雑貝物満生雑御贄漁」などは規定されていない。大関邦男氏[12]が、儀式帳の分析から、実際に奉献される御饌に大神宮司が関わった形跡を見ることはできない、と指摘している通り、三節祭における大神宮司による財源は大部分が二日目以降の祭儀に用いられ、一日目夜の御饌祭には用いられていなかった。

藤森馨氏[13]はこの御饌奉仕を「在地社会の自給生産的経済機構に支えられ、自己完結的である」と結論している。

次に、外宮の御饌殿祭祀も同様に確認してみたい。

史料⑬『延喜伊勢大神宮式』御饌年料条

凡度会宮禰宜、内人等、依レ例供二進大神宮及度会宮朝夕御膳一、余宮不レ供、其御膳殿年料所レ須絹二疋、布八端、東席三枚、食単布二端、食薦三枚、神宮司充之、

史料⑭『止由気宮儀式帳』二所太神朝御饌夕御饌供奉行事

御饌殿壱宇。
　用物肆種。
調絹弐疋。〈御幌幷二所太神及相殿神御坐料。〉調布捌端。〈殿内天井壁代、二所太神及相殿神御坐下敷、幷敷布御巾布等料。〉麻席参枚。〈二所太神御床土代敷料、幷相殿神御坐料。〉麻簀参枚。〈二所太神御簀、相殿神御簀料。〉
　　右件用物、太神宮司、年別九月祭所㆓宛奉㆒。
供膳物。
天照坐皇太神御前。〈御水四毛比、御飯二八具、御塩四坏、御贄等。〉
等由気太神御前。〈御水四毛比、御飯二八具、御塩四坏、御贄等。〉
相殿神参前。〈御水六毛比、御飯三八具、御塩六坏、御贄等。〉
右大物忌父我佃奉抜穂乃御田稲乎、先穂乎波抜穂爾抜弖、九月神嘗祭八荷供奉。〈一荷懸㆓八把㆒。〉然所遺稲乎以弖、将来至㆓于九月十四日㆒、御炊物忌爾令㆓舂炊㆒弖、御塩焼物忌乃焼奉御塩、幷志摩国神戸人夫等奉進御贄等乎持氐、御炊物忌爾令㆓頂持㆒、大物忌御机副氐、禰宜、大内人等御前追氐、御饌殿乃前爾持登入氐、大物忌、御炊物忌乎奉入氐、日別二度奉。畢時三八遍拝奉罷退。〈此御饌器造奉土師物忌、幷度会郡傜丁。〉

史料⑬で神宮司が充てることになっている物品（絹二疋、布八端、東席三枚、食単布二端、食薦三枚）は史料⑬にある用物（絹二疋、調布八端、麻席三枚、麻簀三枚）と「食単布二端」以外は一致する。どちらも大神宮司が宛奉《あてまつ》るものとされている。『延喜伊勢大神宮式』ではこれらの規定のみで条文は終了しているが、儀式帳には続いて実際に奉献される御饌の規定が存在する。

つまり、『延喜伊勢大神宮式』に規定されているのは大神宮司が充奉る物品のみであり、実際に奉献される御饌である、物忌等が自ら調達し調理する稲、御塩焼物忌の造る塩、志摩国神戸より奉られる贄などは、『式』の規定には存在しない。

以上の考察から、『延喜伊勢大神宮式』に規定されている用物は、基本的に大神宮司が関与するものであると考えてよいのであり、史料⑧⑨に見える、四月十四日に奉られる「御笠」と「御蓑」は史料⑩の『延喜伊勢大神宮式』にその奉献の対象社と具数が規定されているのであるから、この笠蓑の材料は大神宮司より宛奉られたものと想定することができる。[14]

史料⑫⑭において、内外両宮で実際に奉られる御饌は在地奉仕者の手によって調整・調進され、その中にはその材料までも在地奉仕者の手によって調達されたものが存在した。例えば史料⑫には「退二志摩国神堺海一、雑貝物満生雑御贄漁」とあり、禰宜と内人が自らの手で御贄を採取している。また、史料⑭には「大物忌父我佃奉抜穂乃御田稲」とあり、大物忌父自らの手で耕した田の稲が使用されている。内外両宮の御饌奉仕には、いわば自給自足的な側面が強く看取されるのである。

史料⑤⑥⑦で指摘した、内宮月次祭御食進上のさいに奉られていた蚕の糸は禰宜・日祈内人が「己之家」「己後家」において養蚕したものであった。この六月に日祈（祈年）のために奉られた蚕の糸も、御饌と同様に伊勢在地奉仕者の手による自給自足的なものであった。

大神宮司・神郡財政は『皇太神宮儀式帳』「初二神郡度会多気飯野三箇郡一本記行事」[15]に従えば、孝徳朝以後に整備されたものであり、逆に言えば、孝徳朝以後の大神宮司・神郡の性質は孝徳朝より前には遡ることはできない。神宮祭祀自体は神宮鎮座よりまもなく機能していたと想定されるわけであるから、大神宮司や神郡等の財政によらないもの、とくに伊勢在地奉仕者自らの手による自給自足的な調達・調進が、神宮における祭祀の旧態を示すと考えられる。

　この日別朝夕御饌供進儀（史料⑭）が『延喜伊勢大神宮式』（史料⑬）にも規定されている点について、藤森馨氏は「日別朝夕の御饌殿祭祀は、奉幣祭と同様中央朝廷祭祀の延長線上に位置付けられる祭祀とは考えられないであろうか」(16)とした。

　しかし先に見たように、『延喜伊勢大神宮式』の規定からは御饌用物の規定が抜け落ちており、御饌奉仕そのものに大神宮司は基本的に関与しない。また、史料⑭より御饌殿祭祀で奉られる御飯は「物忌父我佃奉抜穂乃御田稲」であり、大物忌父自らが耕作した御田の稲が使用されていた。

史料⑮『皇太神宮儀式帳』九月例

　朝大御饌夕大御饌御田二町四段。〈二町大神宮料、四段荒祭宮料。〉

　右御田者、毎年郡司専当、佃苅供進。即禰宜預勘積二御倉一供二奉御饌一尽。

　史料⑮によると、外宮に対して内宮は、郡司が専当して耕作する、と記述されており、御田の耕作に関してはむしろ外宮のほうが自給自足的な側面を強く残していると言えるのである。おそらくは内宮も古くは奉仕者自らの手で耕作していたものが移り変わっていったのであろうが、この点は外宮が内宮の御饌津神であり、日別朝御饌・夕御饌を外宮奉仕者が執り行う、という性質により、朝御饌・夕御饌で奉る稲を作る田を自らの手で耕す、ということが残ったのであろう。

　以上の考察から、外宮の御饌殿祭祀も内宮三節祭の御饌奉仕と同じく伊勢在地奉仕者たちの手による自給自足的な祭祀であると言えるのであり、少なくとも奉幣祭と同様に考えるべきではないのではないか。

5　九月神嘗祭御衣奉献との性質の違い

禰宜が養蚕した糸は六月月次祭のみに使用されていたわけではない。

史料⑯『皇太神宮儀式帳』禰宜職掌

又毎年九月、己之家爾養蚕乃赤引生絁糸九絇織奉、太神御衣爾供奉。祭之日、其宛二度会郡丁九人之料一。

史料⑯によると、禰宜自身が養育した蚕の糸は御衣として九月神嘗祭のためにも奉られている。これは、次に掲げる史料⑰によると、九月十七日の奉幣儀に、忌部の奉る朝廷の幣帛とともに正殿に奉られる。

史料⑰『皇太神宮儀式帳』九月例

参持物波忌部乃進置留朝廷幣帛并御馬鞍具。然禰宜開二正殿一弖、幣帛物奉入畢。次織御衣服、此禰宜仕奉織御衣絹二匹、又宇治大内人織御衣絹一匹。

史料⑱『延喜伊勢大神宮式』大神宮神嘗祭条

大神宮御衣三疋、〈禰宜預五月収二封戸調糸一、潔斎所二織備一〉

史料⑱『延喜式』規定の御衣三疋は、史料⑯に「禰宜仕奉織御衣絹二匹、又宇治大内人織御衣絹一匹」とあり、『式』に規定された三疋のうち二疋を禰宜が、一疋を宇治大内人が織るものであることがわかる。が、史料⑯延暦の儀式帳の禰宜職掌には「己之家爾養蚕乃糸」と書かれているのに対し、史料⑱『延喜式』では「封戸調糸」(17)となっている。これは大関氏も指摘(18)している通り、延暦のころは禰宜自らの家で養育した蚕の糸を織り奉っていたのが、『延喜式』の規定が生まれたころにはそうではなくなっていたことを示すと考えられる。

しかし、内宮における六月月次祭蚕の糸奉献と九月神嘗祭の御衣奉献とは性質が違うものではないだろうか。六月は月次祭夕御饌奉仕のさいに糸を奉っていたのに対し、九月では神嘗祭の奉幣祭において朝廷幣帛とともに御衣を正殿に奉るのである。禰宜以下が自らの家で養育した蚕である点は変わらないものの、六月では蚕の糸そのものであるのに対し、九月では自ら織った御衣であって、とくにこの奉る時間と場所の質が違うことは重要であると考えられる。

先に指摘したように、禰宜以下伊勢の奉仕者たちによる御饌奉仕は自給自足的な祭祀の旧態を強く残したものであり、奉幣祭は大神宮司の財源によって多くがまかなわれるものであった。奉幣祭には、大神宮司・斎王が参列し、六月月次祭には神郡より奉られて大神宮司が卜定した赤引御調糸が奉献され、九月には朝廷の幣帛が正殿に奉献されるなど、奉幣祭は朝廷・大神宮司がより中心となって行われるものである。それに対して、御饌奉仕は禰宜以下の奉仕者たちが主体となって行われるものであった。また、蚕の糸は『延暦儀式帳』『延喜伊勢大神宮式』において五月に収取されており、内宮で六月に奉られる蚕の糸は初穂であろう。よって、内宮六月月次祭御食進上のさいの禰宜・内人による蚕の糸奉献はより旧態に近いものであって、そこから発展する形で神嘗祭に蚕の糸を織奉って御衣を奉献するようになったのではないだろうか。神嘗祭での御衣奉献は、その奉られる場所である神宮の正殿の成立や、同時に行われる奉幣儀の成立と関わっている可能性がある。

笹生衛氏は、御形を奉安する殿舎とその南の広い儀礼空間を中心に、南北の中軸線に沿って左右シンメトリーに配置される神宮の建物配置は、孝徳朝難波宮と同型であり、孝徳朝に神郡の設定や「大神の宮の司」の整備と並行して「神宮」が整備されたと論じた(19)。神嘗祭における禰宜の織る御衣の奉献が正殿に奉幣と合わせて行われていることから、孝徳朝における神宮建築の整備以後のある段階において、禰宜の御衣奉献も整備されたものと考えてよいのではないか。逆に考えれば、六月の夕御食を奉るさいに日祈（年祈）のために行われる蚕の糸奉献は、神宮建築の整備や奉幣儀とは直接連動するものではなく、この点からも、より原初的な祭祀形態に根ざしたものと言うことができる。

二　内宮と外宮の対応関係と時代の推移

1　外宮の日祈行事と内宮との比較

続いて、外宮における「日祈」を見ていきたい。

史料⑲『止由気宮儀式帳』八月例

祈㆓八月風㆒幣帛、絹一丈五尺、木綿一斤、麻一斤。

史料⑳『止由気宮儀式帳』五月例

月内取㆓吉日㆒、禰宜、内人等、養蚕乃糸先乎、神宮、幷高宮、及宮廻神奉進。次所管諸神社夏祭供奉。禰宜、内人等率㆓祝部㆒供奉。

次取㆓吉日㆒、郡内人夫乃所進年祈料、明曳糸壱絇乎捧持、天下百姓乃佃食五穀乎平慈備給部度禰宜告刀申弖供奉。

史料⑲によると、「八月の風を祈る」ための幣帛が供出されており、外宮においても八月には内宮と同様日祈行事が行われていたと見ることができる。しかし『止由気宮儀式帳』には七月に日祈と考えられる記事は見出せず、延暦のころは内宮では七月・八月に大神宮司の幣帛を受けて日祈が行われていたのに対して、外宮においては八月のみしか日祈行事は存在しなかった。

しかし内宮において五月に供進され、七月・八月の日祈のために奉献される赤引糸（史料③）は外宮においても存在する。史料⑳によると、五月の吉日に「郡内人夫」（内宮と同じく度会郡であろう）から所進され、五穀豊穣の告刀が奏上されている。が、内宮では五月四日に供出された赤引調糸が七月・八月の日祈に供進されると考えられるのに対し、外宮では五月にそのまま奉献されている。この五月に供出される赤引糸は内外両宮ともに「年祈料」と書かれ、奏上される告刀の内容も同じであるから、幣帛の奉献に関してはほぼ同質であると見てよい。

史料㉑『止由気宮儀式帳』四月例

以二十四日一、御笠縫内人作奉礼留御笠御蓑進二奉始大神宮高宮一、次諸所管神社二十四処奉進。

また、史料㉑によると、四月十四日の「御笠縫内人」による「御笠」「御蓑」の供進は内宮と同じく行われていた。外宮には「日祈内人」は存在せず、六月月次祭に日祈（祈年）のための蚕の糸の供進も行われていない。しかし、史料⑳によると、五月吉日に禰宜・内人等が養蚕の糸先を度会宮以下諸宮に奉り、「夏祭」を行っている。この養蚕の糸先（糸の初穂のこと）の奉献は、郡内の人夫より進られる明曳糸とは別に書かれており、熊田亮介氏が述べたように[20]、内宮で六月十六日に行われる、「日祈」（「祈年」）として禰宜・内人等の家々で生産した蚕の糸の奉献に対応するものと考えられる。

しかし、『止由気宮儀式帳』にはこの五月に禰宜・内人等によって奉献される蚕の糸を自身で作成したとは書かれておらず、また月次祭御饌奉仕に際しての奉献ではないため、内宮の六月月次祭御饌奉仕における禰宜自らの家で養育した蚕の糸供進とは質が異なる可能性が高い。

続いて、九月神嘗祭における御衣奉献も見ていきたい。

史料㉒『止由気宮儀式帳』「職掌禰宜内人物忌事」禰宜

又九月祭爾織乃大御衣弐疋織儲弖、正殿奉上。此度会郡調先糸織奉。

史料㉓『延喜式』度会宮月神嘗祭条

度会宮

御衣二疋。〈禰宜収二封戸糸 斎織、如レ上、〉

史料㉒によると、外宮では延暦のころ、神嘗祭に奉られる禰宜の織る糸は度会郡より奉られる調を材料としたものであった。内宮では史料⑮に禰宜自身の家で養蚕した糸を使用しており、この点、内外両宮で対蹠的である。この点から演繹すると、おそらく外宮五月に奉られる蚕の糸も、自身の家で養育されたものではないだろう。この九月神嘗祭の御衣の材料を『延喜式』では「封戸糸」と規定している（史料㉓）。

内宮では史料⑯や史料⑦にある通り、神嘗祭に際しては自身の家で養育された蚕の糸を織り奉り、月次祭に際しては日祈（祈年）のために自身の家で養育した蚕の糸を奉献していた。延暦の時点におけるこの六月月次祭・九月神嘗祭における蚕糸先・禰宜織奉御衣供献に関する限り、外宮より内宮のほうが、在地奉仕者が自らの手で材料を調達し調進するという祭祀の旧態を強く残していたと言えるであろう。おそらくは外宮においても、史料⑭における日別朝御饌・夕御饌に奉る飯の御田を大物忌父が自ら耕しているように、元々は在地奉仕者自らの家で養育した蚕の糸を奉献していたのではないだろうか。それが時が経つにつれ、内宮九月神嘗祭に奉る御衣の材料の拠出本が『延喜式』で「封戸」に変化したように、自身の家ではなく度会郡内の戸より奉られる調を在地奉仕者が織り奉るものになっていったのであろう。

藤森馨氏(21)は月次祭由貴大御饌神事を比較して、外宮のほうが内宮より「大神宮司の経済機構に負うところが多かった」ことを明らかにし、岡田精司氏等(22)の外宮が元来度会地方の在地太陽神であり、それを屈服させて内宮が鎮座した、といった見解を否定した。

延暦の時点での内外両宮の「日祈」や神嘗祭における御衣奉献の比較から考えると、内宮のほうがより祭祀の旧態を残していると看取されるのであり、妥当な見解であると考えられる。

2　『儀式帳』と『延喜式』における時代的な推移

史料⑯と史料⑱を比較すると、先にも指摘したように、内宮神嘗祭に際して禰宜・宇治大内人の織った御衣の材料の拠出元が自身の家から封戸に『儀式帳』から『延喜式』の間に変化した可能性が看取される。このような、時代が下るにつれ大神宮司が供する財政に依存していく傾向は他の項目にも見られる。

史料㉔『皇太神宮儀式帳』年中三節祭時供給儲備幷営作雑器事

造儲雑器事。

結机八具、板机十一前、机代折櫃八十合、中折櫃二百合、魚机十足、高机八足、中取十足、木杓二十柄、匏二十柄、交易土師雑器四千五百口。

右三節祭供給儲備、禰宜、大内人、幷物忌、物忌父、諸内人等、各戸人率以弖、営二造雑器明松薪一、処々山野海河散遣、於二志摩国一買二交易種々味物一、儲備仕奉。

史料㉕『延喜伊勢大神宮式』大神宮神嘗祭条

（前略）案十脚、著足折櫃八十合、折櫃二百合、切案十脚、高案八脚、大案十脚、杓二十柄、匏廿柄、雑土器四千五百口、

史料㉔と史料㉕における雑器を比較すると、「結机八具」以外の品目数量が一致している。『儀式帳』の記述（史料㉔）から、延暦の時点では右雑器は禰宜以下奉仕者が戸人を率いて自ら調達・作成していたことを窺わせる。しかし、その品目数量が『延喜伊勢大神宮式』に記載されていることから、延暦儀式帳が奉られて以降のある段階で、大神宮司より供出されるように移り変わった可能性を示唆させる。

以上、「日祈」行事に関する点を整理してみたい。

『皇太神宮儀式帳』

〈大神宮司（神郡等）より幣帛供進〉

○五月四日　年祈料赤引調糸（度会神郡より）

←

○七月一日～八月晦日　日祈行事（禰宜・日祈内人：「朝夕止二悪風一弖、天下百姓作食五穀平助給止祈申」）

○八月日祈↑神宮司幣帛（絹二丈五尺、麻八斤大、木綿八斤大）

〈大神宮司（神郡等）より材料供進↓在地奉仕者調進〉

○四月十四日　御笠縫内人、御蓑・御笠を散奉る

↓大神宮（三具）・荒祭宮・大奈保見神社・伊加津知神社・風神社・瀧祭社・月読宮（五具）・小朝熊社（二具）・伊雑宮・瀧原宮（二具）・園相社・鴨社・田辺社・蚊野社（※記載なしは皆一具）

〈在地奉仕者調達・調進幣帛供進〉

○六月十六日　禰宜・宇治大内人・日祈内人、己之家養蚕糸を備奉る（「祭乃日仁告刀申、天下百姓作食五穀、平助給祈申」）

『止由気宮儀式帳』

〈大神宮司（神郡等）より幣帛供進〉

○五月吉日　明曳糸（郡内の人夫の所進した祈年料）（禰宜告刀奏す「天下百姓乃佃食五穀平慈備給部」）

○八月　八月の風を祈る（絹一丈五尺、木綿一斤、麻一斤）

〈大神宮司（神郡等）より材料供進↓在地奉仕者調進〉

○四月十四日　御笠縫内人、御笠・御蓑を奉る（大神宮・高宮・諸所管神社二十四処）

○五月吉日　禰宜・内人等、養蚕の糸先を奉り（神宮・高宮・宮廻神）、夏祭に供奉す（所管の諸神社）

『延喜式』

○四月神衣祭条　笠縫内人等、蓑笠を供進

→大神宮（三具）・荒祭宮・伊佐奈伎宮（二具）・月夜宮（二具）・瀧原宮（二具）・瀧原並宮・伊雑宮・朝熊社（二具）・園相社・鴨社・田乃家社・蚊野社・伊佐奈弥社・度会宮（八具）・所摂宮幷社各一具

○七月　日祈内人、風雨を祈平

神宮司幣帛→絹四丈（大神宮五尺、荒祭宮・月読宮・荒御玉・伊佐奈岐・伊佐奈弥・瀧原・小朝熊・多賀・久具・風神各三尺）、木綿・麻各十五斤五両六分（大神宮三斤、度会宮二斤、十座神四斤、度会郡神四十座六斤五両六分、各二両二分）

延暦の『儀式帳』による「日祈」行事は、その幣帛の出所・作成者によって三形態に分別される。内宮においては奉仕者自らが幣帛を調達・調進するもの、大神宮司より材料を受けて奉仕者が調進するもの、大神宮司より受けた幣帛を奉るものという三つの形態による行事が存在した。それに対して外宮においては、大神宮司より材料を受けて奉仕者が調進するもの、大神宮司より受けた幣帛を奉るものの二種の形態による行事しか見出せなかった。『延喜式』においてはこれらのうち、四月の御笠・御蓑を奉献、七月の風雨の祈平しか記述されていない。どちらも大神宮司が材料、または幣帛そのものを供出する行事である。

結　論

延暦のころは七月・八月全日行われていた日祈行事は、『延喜式』では七月のみになっていた。この日祈行事の改変は、延暦二十三年（八〇四）以降〜『延喜式』規定条文成立までの間に起きたわけである。『儀式帳』と『延喜式』

において祭料の拠出元が変化している例は他にもいくつか見ることができた。これらの変化は格式編纂と連動していると考えてよいと思うが、とくに「弘仁式」編纂が重要な契機となっているのではないだろうか。この点は今後さらなる検討が必要であろう。

神宮四月の在地奉仕者の手による「御笠」「御蓑」奉献は『延喜式』においても規定されているが、「神衣祭」の条文に一括して規定されており、本来は神衣祭とは関係のない日祈のための行事であることを朝廷は考慮せずに、同日に行われるという点でひとまとめにして条文を作成した可能性が高い。

延暦のころは日祈行事のさいに禰宜・内人によって告刀が読まれていた。この告刀は大神宮司の奏上する月次祭祝詞の影響下で形成され、ある時期に日祈行事に一括して加えられたものと推測される。大神宮司の奏上する『延喜祝詞式』所収月次祭祝詞の文言が『皇太神宮儀式帳』「天照坐皇大神宮儀式幷神宮院行事」にほぼ同様に見えるため、神宮月次祭祝詞は延暦以前、奈良時代にまで遡りうるものである。

大神宮司が関与するところは『式』の規定と重なり合うものであり、『式』に見えない部分には、在地奉仕者自らその材料を調達するものが含まれていた。

内宮では日祈のために日祈内人・禰宜が自らの家で養育した蚕の糸を六月月次祭御食進上に際して奉っていた。この在地奉仕者が自らの手で幣帛を調達・調進することは、三節祭朝大御饌・夕大御饌や日別朝御饌夕御饌の基本的な構造と同じものであり、そこに大神宮司が関与することは基本的にはなく、いわば在地奉斎集団による自給自足的な祭祀であると言える。この点は内外両宮ともに共通した基本構造であった。

天照大神は『日本書紀』や『皇太神宮儀式帳』によると、元来宮中において祭られていたものが垂仁天皇の時代に伊勢に鎮座したとされる。この鎮座した地は『日本書紀』では「神風伊勢国則常世之浪重浪帰国也。傍国可怜国也」

とされ、『皇太神宮儀式帳』では「伊鈴河上之大山中」とも記述され、「朝日来向国、夕日来向国、浪音不聞国、風音不聞国、弓矢鞆音不聞国止、大御意鎮坐国」とされている。神宮祭祀の自給自足的な側面は、大神が鎮座した土地で採れた物を大神に直接奉ることが物理的・地理的にも自然で合理的であり、大神の意思に沿ったものであったからではないだろうか。

在地の奉仕者たちによる伊勢神宮御饌奉仕の構造とは、神郡や神戸などの国家によって設定された財源を必ずしも必要とするものではなく、自らの生業（養蚕や農漁業）によって成り立つものであった。おそらくそれは伊勢神宮だけでなく、全国の祭祀の元々のあり方を示すものではなかろうか。このあり方の中に古代祭祀の本義の一面を見ることができると思う。もちろん、伊勢神宮は天皇の皇祖神を祭る神社であり、神宮に奉仕する人々の氏神や伊勢の共同体の神を祭るものではない。禰宜以下の奉仕者たちによる三節祭の御饌奉仕は宮中における天皇祭祀と対応するものであるだろう(23)。しかし、その祭祀の構造を見ると、禰宜等が自らの生業の中で調達したものを自らの手で奉る祭祀が御饌奉仕の中核にあり、それは神郡等の国家による財源の設定が成立する以前からの旧態を継承した祭祀であると考えられるのである。この神が鎮座した土地で自給自足的に祭祀を行うあり方は、伊勢に鎮座した天照大神に対してのみの特殊な形態なのであろうか。祭祀の対象が伊勢に鎮座した皇祖神である点は非常に特別なものであるが、御饌奉仕の構造自体は普遍的なものと言うことができるのではないか。以上のことは神宮の祭祀を見るだけで確証できるものではない。が、最も朝廷の関心が強く、神郡等の財政も充実していたと考えられる神宮において、すべてを朝廷側でまかなわずに在地の神宮奉仕者たちに御饌奉仕等を任せていたということは、古代における祭祀の基本的なあり方が、実際に神を祭る現地で、実際に神に奉仕する在地の人々が、自らの手で幣帛・御饌を調達・調進するということであったことを示唆させるのである。

註

（1）熊田亮介「伊勢神宮神衣祭についての基礎的考察」（『研究紀要』〈新潟大学教育学部長岡分校〉第二五集、昭和五十五年三月）、「伊勢神宮の月次祭と祭祀体系」（『文化』第四六巻第三・四号、昭和五十六年二月）など。

（2）大関邦男「古代伊勢神宮の財政構造」（『國史學』第一二八号、昭和六十一年二月）、「神郡について―伊勢神郡を中心に―」（『日本歴史』第四七〇号、昭和六十二年七月）、「古代伊勢神宮の殿舎と祭祀・財政―御酒殿院の機能を中心に―」（『國史學』第一三八号、平成元年五月）など。

（3）藤森馨「神宮祈年祭概観」（『大倉山論集』第二一輯、昭和六十二年三月）、「神宮祭祀と天皇祭祀―神宮三節祭由貴大御饌神事と神今食・新嘗祭の祭祀構造―」（『國學院雑誌』第九一巻第七号、平成二年七月）、「伊勢神宮内外両宮の祭祀構造―由貴大御饌神事に関する試論―」（『古代文化』第四三巻第四号、平成三年四月）、「真名鶴神話と伊勢神宮の祭祀構造」（『国立歴史民俗博物館研究報告』第一四八集、平成二十年十二月）、「伊勢神宮祈年祭と御田種蒔下始行事」（『日本基層文化論叢 椙山林継先生古稀記念論集』雄山閣、平成二十二年八月）、「神衣祭と大嘗祭のニギタエ・アラタエ」（『延喜式研究』第三〇終刊号、平成二十七年二月）（すべて『古代の天皇祭祀と神宮祭祀』〈吉川弘文館、平成二十九年十二月〉に再録）。

（4）本章の土台となる史料は延暦二十三年進上と奥書に記された『皇太神宮儀式帳』・『止由気宮儀式帳』と『延喜式』である。両者は作成者とその立場、成立の時代を異にする。とくに前者は実際に神宮祭祀を行う者によって記録され、さらにそれが平安初期のものであるため、格式成立以前の古代祭祀の実態がわかる非常に重要で貴重な史料である。『延喜式』も古代祭祀を理解する上で大変重要で貴重なものであるが、史料を比較する場合、その作成者は朝廷の人間であること、『延喜式』は『弘仁式』『貞観式』を引き継ぐものであるものの、両宮儀式帳より時代を下った史料であることに留意する必要がある。その上で両史料を比較し、神宮「日祈」行事を考察したいと考える。

（5）本章引用の両宮儀式帳は『神道大系　神宮編一』（昭和五十四年三月）を使用し、適宜旧字体を常用漢字等に改めた。また、『皇太神宮儀式帳』は「延暦二十三年八月二十八日」、『止由気宮儀式帳』は「延暦二十三年三月十四日」に解文として進上されたことがそれぞれの奥書に記されている。

儀式帳の史料性について、小谷博泰氏は両儀式帳を表記・音韻・語法・語彙・訓法の面から見て古代語が残存し、奈良朝から平安朝への過渡期の重要な国語資料としている。氏はさらに儀式帳は原本に比較的忠実に書写された可能性があるともしている（「皇太神宮・止由気宮儀式帳について」『木簡と宣命の国語学的研究』〈『小谷博泰著作集』第一巻〉和泉書院、平成二十九年九月〈昭和六十一年十一月出版の増補版〉。初出『国語国文』第四〇巻第七号、昭和四十六年四月）。西宮一民氏は、『皇太神宮儀式帳』に微細な点で後世の補塡と竄入があるとしながらも、『延喜伊勢大神宮式』との比較や上代特殊仮名遣の適否から、『皇太神宮儀式帳』は延暦の時代に成立したものとしてよく、奈良時代の古態を残しており、『止由気宮儀式帳』もそれに准じて考えられる、と分析した（「国語学より見たる皇太神宮儀式帳」・「皇太神宮儀式帳の古さについて」『上代祭祀と言語』桜楓社、平成二年十月。初出は前者が『皇學館大學紀要』第七輯、昭和四十六年一月、後者が『神道大系月報』五三、昭和六十年十二月）。『皇太神宮儀式帳』『止由気宮儀式帳』はその奥書の通り延暦のころに作成されたものであり、延暦の時代の両宮神事を記録したものであるとみて間違いないであろう。

ちなみに、両儀式帳の写本は多くが近世のものであり、古い伝本としては『皇太神宮儀式帳』において、鎌倉時代の書写と考えられる薗田家旧蔵本（神宮文庫蔵）、『止由気宮儀式帳』においては、平安時代末か鎌倉時代初期の書写と考えられる前田尊経閣文庫本、鎌倉時代末か南北朝時代初期の書写と考えられる村松家旧蔵本（神宮文庫蔵）が存在する。しかしいずれも欠損が多い。阪本広太郎氏（『新校羣書類従　第一巻　神祇部』内外書籍、昭和六年十二月）、西田長男氏（『群書解題第一巻上』続群書類従完成会、昭和三十七年四月）、田中卓氏（『神宮儀式　中臣祓』〈神宮古典籍影印叢刊3〉八木書店、昭和五十八年十一月）、また『神道大系　神宮編一』（胡麻鶴醇之・西島一郎校注、神道大系編纂会、昭和五十四年三月）の解題が参考となる。

また、『延暦儀式帳』の最新の校訂に、佐野真人「『皇太神宮儀式帳』校訂試案」（『皇學館大学研究開発推進センター紀要』第二号、平成二十八年三月）、同「『止由気宮儀式帳』校訂試案」（『皇學館大学研究開発推進センター紀要』第三号、平成二十九年三月）がある。

（6）　虎尾俊哉編『訳注 日本史料　延喜式』（集英社、平成十二年五月）。

（7）　この両者の文句のうち、『皇太神宮儀式帳』にみえる「伊波比与佐志給比」という字句は『延喜祝詞式』では落ちている。『皇太神宮儀式帳』は禰宜が神宮に斎戒奉仕することを表現して締めくくるさいに『延喜祝詞式』神宮月次祭祝詞と共通した文言がみえるわけである。となると、単に時代的違いのために「伊波比与佐志」という語が落ちたとのみ考えるわけにはいかない。「イハヒ」は祝う（斎う）という言葉で、「ヨサシ」は通常、委任・委託の意であるが、ここでは「授与」の意で使用されているのだろう。この「イハヒ」は「ヨサシ」を修飾する語（厳粛に委任・授与する、という意になるか）とも考えられるだろう。しかし、この文言のみえる文脈は、天皇の御寿・御世を祈る中に挿入されたものであり、通常、委任の意である「ヨサシ」が挿入されているのは若干調子が合わない。おそらくは、「伊波比与佐志給比」という語がない文が本来の形であり、『皇太神宮儀式帳』が筆録されたときに付け加えられたのではないか。禰宜の奉仕と祈りを語る記事に付け加えられているのであるから、「イハヒヨサシ」という語は禰宜の奉仕・祈りと直接関わる語であろう。それは「ヨサシ」という語の意味・意義と深く関わっていると考えられる。ここでの「ヨサシ」は天照大神と天皇との密接で神聖な関係性を念頭に置いた意味があろう。それが禰宜の奉仕と祈りの文言に挿入されているのであるから、禰宜の神宮奉仕の意義の一端をここに垣間見ることができる。禰宜等在地奉仕者は伊勢の大神と天皇との強い結びつきを前提とし、その大神を天皇のために伊勢で祭っているものと解される。禰宜の祈りの対象は天皇を始め皇子、天下の人々の安泰まで広がっており、神宮祭祀は天皇と皇子、天下の人々に直結するものと考えられていた。その中でも唯一「ヨサシ」という語が天皇に使用されているのである。「ヨサシ」の語に関する解釈に関しては西田長男「祭りの根本義―『延喜式祝詞』を中心として―」（『日本神道史研究』第二巻古代編（上）、講談社、昭和五十三年四月）、および本書第三部「古代神祇伝承と古典解釈の研究」参照。

(8) 註(5)参照。

(9) 『大神宮儀式解』（臨川書店、昭和五十一年九月）。

(10) 第七段第三の一書「于レ時霖也。素戔嗚尊結二束青草一以為二笠蓑一而乞二宿於衆神一。衆神曰、汝是躬行濁悪而見二逐謫一者。如何乞二宿於我一、遂同距之。是以風雨雖レ甚、不レ得二留休一辛苦降矣。自レ爾以来、世諱下著二笠蓑一以入中他人屋内上。又諱下負二束草一以入中他人家内上。有レ犯レ此者必債二解除一。此太古之遺法也」。

(11) 神武天皇即位前紀戊午年九月「乃使下椎根津彦著二弊衣服及蓑笠一為中老父貌上、又使下弟猾被レ箕為中老嫗貌上、而勅之曰、宜下汝二人到二天香山一、潜取二其巓土一而可中来旋上矣。基業成否、当二以レ汝為レ占。努力慎歟」。

(12) 大関邦男註(2)前掲論文（「古代伊勢神宮の財政構造」）。大関氏は、「御饌は、専ら祢宜・内人・物忌たちによって調製されており、太神宮司が関与した形跡はほとんど見られない（中略）太神宮司は明衣服などを支給するに過ぎない。また、御饌奉献のために「内院」、すなわち、正殿をとり囲む玉垣の内側へ参入するのは、内宮の場合、祢宜・大内人・物忌・父の「合十四人」であり、太神宮司は御饌奉献に参列さえしなかった」と分析する。しかし氏は、御饌奉献があくまで禰宜を中核とする財政構造によって支えられていることを、「御饌奉献の服属儀礼としての性格に由来する」としているが、この点には従うことはできない。御饌奉献を禰宜等が自給自足的に行うことが祭祀の原初的な姿であり、三節祭朝大御饌・夕大御饌はそれを色濃く残したものであって、大神宮司は主に奉幣祭等に対して財政的に関与するものであった、と考えれば服属儀礼という発想をもたなくても十分理解できると思う。

(13) 藤森馨註(3)前掲論文（「伊勢神宮内外両宮の祭祀構造―由貴大御饌神事に関する試論―」）。

(14) 『皇太神宮年中行事』四月十四日に「抑件御笠御衣ノ菅ハ自二内瀬一兼日備進」とあり、鎌倉時代には笠蓑の材料である菅は、度会郡の「内瀬」より奉られていた。

(15) この行事の記事は、垂仁朝以後「有爾鳥墓村」に「造二神庤一弖、為二雑神政所一仕奉」、孝徳朝のときに屯倉を立て、「初二大神宮司所称一」と言う。「神庤」や「雑神政所」は具体的に何のことか不明であるが、孝徳天皇のときに屯倉といういわば神宮の直轄地が立てられ、大神宮司という呼称が成立したという記事は重要である。この記事は「大宝令」以前の郡の呼称である「評」という表記が使用されており、一定度の信頼性をもつ記事と考えられる。この記事は孝徳朝に神宮の財源が大幅に整備されたことを示し、おそらく孝徳朝以前と以後で神宮財政の規模は大きく変化したと考えられる。令制下における神宮財政の規模や質を孝徳朝以前に遡らせることは難しい。

　神郡に関して、小林宣彦氏は「神郡の本質は、大和政権による国家的な祭祀を、人的・経済的にバックアップするためのものであった」と述べる（「日本古代の神事と神郡に関する基礎的考察」『國學院雑誌』第一一三巻第一一号、平成二十四年十一月）。神郡の設定は大和朝廷にとって重要な神社の祭祀を充実させるために行われたものとするのが妥当な見解だと考えられる。

(16) 藤森馨註(3)前掲論文（「伊勢神宮内外両宮の祭祀構造―由貴大御饌神事に関する試論―」）。

(17) 川畑勝久氏は「どこの「封戸」かは不明であるが、おそらく、度会神郡の調荷前絲と思われ、禰宜は潔斎したのち織備することに重点がおかれている」と言う（「延暦儀式帳からみた伊勢神宮の神郡と神戸―神宮祭祀の重層性―」『神道史研究』第六二巻第一号、平成二十六年四月）。『止由気宮儀式帳』で九月に正殿に奉られる御衣が度会郡から奉られていた点からすると、度会神郡である可能性は高いと思われる。

(18) 大関邦男註(2)前掲論文（「古代伊勢神宮の財政構造」）、一九頁。

(19) 笹生衛「神の籬と神の宮─考古学からみた古代の神籬の実態─」(『神道宗教』第二三八号、平成二十七年四月)、同『神と死者の考古学　古代のまつりと信仰』(吉川弘文館、平成二十八年一月)。
(20) 熊田亮介註(1)前掲論文(「伊勢神宮神衣祭についての基礎的考察」)。熊田氏はさらに、「外宮ではそれが月次祭に先だって行なわれ、しかも宮廻神にも及ぶという点に注意する必要がある」と言う。
(21) 藤森馨註(3)前掲論文(「伊勢神宮内外両宮の祭祀構造─由貴大御饌神事に関する試論─」)。
(22) 岡田精司「伊勢神宮の起源─外宮と度会氏を中心に─」(『古代王権の祭祀と神話』塙書房、昭和四十五年四月)、藤谷俊雄・直木孝次郎『伊勢神宮』(三一書房、昭和三十五年七月)など。
(23) 藤森馨註(3)前掲論文(「神宮祭祀と天皇祭祀─神宮三節祭由貴大御饌神事と神今食・新嘗祭の祭祀構造─」)。

第三章　古代御饌殿祭祀の基礎的考察

はじめに

御饌殿とは外宮大宮院の東北角に存在し、延暦のころにおいては天照大神と豊受大神、外宮の相殿神（三神）に対して日別に朝大御饌・夕大御饌を奉っていた殿舎である。古代神宮において朝大御饌・夕大御饌を奉るのは年三回の三節祭が基本であるなか、外宮においては日別に朝大御饌・夕大御饌を、内宮に鎮座する天照大神に奉っていた点において特筆すべきものである。

御饌殿に関する主要な研究・見解として、御巫清直「御饌殿事類鈔」(1)、福山敏男「豊受大神の御饌殿」(2)、阪本広太郎『神宮祭祀概説』(3)、桜井勝之進「磯宮と外つ宮」(4)、吉川竜実「日別の祈り（上・下）―神宮常典御饌再考―」(5)などがあげられる。(6)

御巫清直は「御饌殿ハ、雄略天皇ノ御世、皇大神ノ神誨ニ、丹後国ニシテ奉供スル御饌ヲ吾許ニシテ進奉スヘク宣セサセ賜フニ依テ、度会ノ山田原ニ御殿ヲ造立シ、毎日朝夕ニ皇大神ノ御気ヲ供備スル所ト定メサセ賜ヘリ（中略）其殿ニシテ供備スル御気ノ報酬ノ為ニ、始祖豊受大神ヲ御饌殿ノ西南ノ地ニ宮殿ヲ造テ奉斎セシメ、其宮ヲ豊受大神宮、又度会宮ト称ス」と述べ、阪本広太郎氏は「豊受大神の御鎮座は全く皇祖大御神の祭祀の必要から起ったものとせられ、而してその祭祀は主として、皇祖大御神が日別朝夕の大御饌を聞食さるゝ場合、即ち今日も神宮に於て毎日朝夕の二度中祭として行ひつゝある「日別朝夕大御饌祭」にあつたことを伝へて居る」[7]と述べる。桜井勝之進氏は「何れの社殿をもって「外つ宮」としたかであるが、恐らくは度会の中心地に設けられたところの殿舎、すなわちのちに謂うところの「御饌殿」をさしたものに外ならないとするのである。この御饌殿の主祭神はいうまでもなく天照大神である」と言う。

これらの研究を概括すると、豊受大神宮はまず天照大神を祭るための殿舎である御饌殿が成立した上で豊受大神の坐す正宮が成立したとの見解に立ち、豊受大神宮における御饌殿の重要性・特質性を述べている、とまとめることができる。従うべき見解であるが、古代祭祀構造の分析から古代御饌殿祭祀を考察する余地は存在すると思われる。とくに、内外両宮の三節祭における朝大御饌・夕大御饌の奉仕に対して、それとは別に存在する外宮での日別朝夕大御饌奉仕をどのように位置づけできるのか、史料に即して考察することには意義があると考えられる。

本章は延暦年間（七八二〜八〇六）に成立した『皇太神宮儀式帳』『止由気宮儀式帳』[8]に見える古代の祭祀構造の分析より、古代神宮における御饌殿祭祀を基礎的に考察するものである。

一　外宮における日別御饌殿奉仕の位置づけ

まず両宮儀式帳にいかなる内容が記述され、それらが内宮と外宮でどういった対応関係にあるのかを見てみたい。そのため便宜的に儀式帳の冒頭に記された項目を比較する。

史料①「儀式帳冒頭の項目比較」

『皇太神宮儀式帳』

天照坐皇大神宮儀式幷神宮院行事壱条
供奉朝大御饌夕大御饌行事用物事壱条
新宮造奉時行事幷用物事壱条
新宮遷奉装束用物事壱条
皇大神御形新宮遷奉時儀式行事事壱条
造二奉所管大神宮四所神院一行事用物事肆条
同四所神宮遷奉時装束事肆条
管度会郡神社事弐条
禰宜内人物忌等職掌行事事壱条
年中三節祭時供給幷営作雑器事壱条
初二神郡度会多気飯野三箇郡一本記行事事壱条
供奉大御饌地本記事壱条
供奉神御田行事壱条
供奉御調荷前行事事壱条
供奉幣帛本記事壱条
供奉年中行事幷月記事壱条

『止由気宮儀式帳』

等由気大神宮院雑行事壱条
供奉二所大神朝御饌夕御饌幷雑行事壱条
造奉新宮時行事幷雑用物事壱条
新造宮御装束物幷雑行事壱条
供奉御形新宮遷奉時行事壱条

所管度会郡神社祭事壱条
供奉職掌禰宜内人物忌等年中雑行事壱条
年中三節祭時供給儲備事壱条

三節祭幷年中行事月記事壱条

史料①で掲出した両宮儀式帳の項目のうち、太字部分は重なり合う項目である。(9) 重なり合った項目の順序は、大神の鎮座伝承・神宮院のこと→御饌奉仕→遷宮用物→遷宮装束→遷宮儀式→所管神社事→禰宜以下職掌→三節祭供給儲備→月記といった順番になっており、両宮とも同じ順序で記載されていたことがわかる。両宮儀式帳の記載は基本的に同じ形式に則って行われたと思われる。

ここで注意すべきは、内宮二番目の項目である「供奉朝大御饌夕御饌行事用物事壱条」（三節祭大御饌奉仕に関すること）に相当する項目が外宮においては「供奉二所大神朝御饌夕御饌并雑行事壱条」（日別御饌殿奉仕）となっていることである。これらは各々御饌奉仕を行う場所（御橋・石畳／御饌殿）に付随して奉仕の詳細が記述されたものである。内宮儀式帳において大神の鎮座と神宮院に関する記述の次に三節祭御饌奉仕に関することが記載されているということは、内宮年中行事のなかでも三節祭御饌奉仕が最重要であったことを物語る。そして外宮においては等由気大神の鎮座と神宮院に続いて御饌殿奉仕に関する記述が存在するのである。ここから内宮における三節祭御饌奉仕の重要性と同程度に外宮において御饌殿祭祀が重視されていたと考えられる。

この点を念頭に置き、禰宜の職掌条を検討してみたい。

史料②「内宮禰宜職掌条」「外宮禰宜職掌条」

「内宮禰宜」

1 （補任・斎敬）卜食定補任之日、叙二従七位上一。後家之雑罪祓浄、忌火飯食弖、見目聞耳言辞斎敬、宮内雑行事管職掌、

2 （三節祭御饌）**諸内人物忌等乎率弖、明衣冠着弖、木綿多須岐懸弖**、度会郡司乃佃奉礼留御田稲乎物忌乃子

「外宮禰宜」

1 （補任・忌敬）補任之日、叙二正八位下一、後家之雑罪事祓浄天、他人火物不レ食、見目聞耳言語忌敬弖、宮内供奉、并雑行事管掌、

2 （奉幣祭）并**諸内人物忌等乎率弖、着二明衣一、木綿手次懸弖**、三節祭并時々幣帛使参入時爾、太玉串捧持

等爾令二舂炊奉一弖、志摩国神戸百姓乃進雑御贄乎三節祭乃朝夕御饌供奉。
3（六月祈年・告刀）又毎年六月祭爾、己之家爾養蚕乃糸一絇捧持弖、祭之日爾告刀申弖、祈年御調進、
4（九月織御衣）又毎年九月、己之家爾養蚕乃赤引生絁糸九絇織奉、太神御衣爾供奉。祭之日、其宛二度会郡丁九人之料一。
5又雑行事斎敬供奉。

斎敬仕奉。（※三節祭朝夕御饌を記載せず）

3（日別御饌）亦率二諸物忌等一、二所太神宮乃朝乃大御饌、夕乃大御饌、日別斎敬令二供奉一。

4（所管神社祭）又所管神社二十四社祭率二諸内人祝等一、毎年三度祭仕奉。

5（宿直）又率二諸内人等一、宮守護宿直仕奉。

6（告刀）又率二諸内人等一、聖朝庭常磐堅磐爾令二大御坐一、天下令レ有二泰平一止祈申。

7（九月織御衣）又九月祭爾織乃大御衣弐疋織儲弖、正殿奉上。此度会郡調先糸織奉。


史料②は内宮と外宮の禰宜の職掌条に記載された内容を対比したものである。その内容に順番に番号をふった。禰宜職掌条で明確に重なる項目は「内宮禰宜」1（補任・斎敬）、4（九月織御衣）と「外宮禰宜」1（補任・忌敬）、7（九月織御衣）である（職掌条に記載はないが、月記等に記載がある、またその逆のケースは多々存在する）。

ここで注意すべきは、外宮禰宜職掌条に記載された御饌奉仕は日別御饌奉仕のみであるということである。「内宮禰宜」2（三節祭御饌奉仕）では、「諸内人物忌等乎率弖、明衣冠着弖、木綿多須岐懸弖」に続いて物忌が稲を舂き炊ぐ等の三節祭御饌奉仕が記述されるのに対して、「外宮禰宜」2（奉幣祭）では、「諸内人物忌等乎率弖、着二明衣一、木綿手次懸弖」（「内宮禰宜」2と同様の文言）の続きに奉幣のさいの太玉串奉仕が記述されて終わっており、御饌奉仕の記載は「外宮禰宜」3（日別御饌）に記述されているのみである。

ここから、外宮日別御饌奉仕は内宮三節祭御饌奉仕に対応するものではないか、という推測が成り立つ。両宮禰宜職掌条で御饌の供奉に関する記述は、内宮＝三節祭朝夕大御饌、外宮＝日別朝夕大御饌、のみであった。内宮三節祭御饌奉仕に外宮三節祭御饌奉仕が対応するのであれば、「外宮禰宜」2（奉幣祭）に御饌奉仕が特記されてしかるべきであるのに対し、外宮禰宜職掌条における御饌奉仕の記述は日別御饌に関して述べられているのみなのである。もちろん実際に三節祭で禰宜以下が御饌を供することは月記に見えるわけであるが、外宮禰宜職掌条では外宮三節祭での御饌供進よりも日別御饌を特記しており、御饌供進に関して外宮では日別御饌奉仕のほうにより重い意識をもっていた可能性が高い。内外両宮の禰宜職掌条の対比から考えると、外宮における日別御饌の重要性とは、内宮における三節祭御饌奉仕と同等であると考えてよいのではないか。

続いて、大内人以下各外宮物忌の職掌条において御饌奉仕、またそれに関わる奉仕がどのように記載されているのか確認していきたい（内宮にも同じ名称の奉仕者がいる場合は付記した）。

史料③「内宮大内人職掌条」「外宮大内人職掌条」

「内宮宇治大内人」

1（補任）卜食定補任之日、後家之雑罪祓清、忌火飯食忌慎、

2（奉幣・神御衣祭奉仕）職掌、三節祭幷春秋神御衣祭、及時々幣帛駅使時、太玉串幷天八重榊儲備供奉。及内親王御坐及、陪従諸司鋪設散敷弖、

3（宿直）亦月別宮守護宿直番長忌敬供奉。

「外宮大内人三人」

1（補任）任日、後家雑罪事祓浄弖、見目聞耳言語忌弖、

2（宿直）率㆓諸小内人等㆒、毎月十日為㆓一番㆒、宮守護宿直仕奉。

3（日別御饌）又率㆓番小内人幷物忌等㆒、朝乃大御饌、夕乃大御饌乎番別催供奉。

「内人」

1 (補任)卜食定補任之日、後家雑罪事祓清、

2 (三節祭御贄検校)職掌、三節祭乃国々所々神戸百姓所進湯貴神贄神酒等検校散奉。

3 (宿直)又月別宮護宿直番長忌敬供奉。

4 (三節祭行事)又三節祭雑行事、与二禰宜一共副斎敬供奉。

5 (幣帛使参入時)又時時幣帛使参入時、忌部乃奉置幣帛乎侍受弖、内院持参入弖、正殿戸辺奉置。

「内人」

1 (補任)卜食定補任之日、後家雑罪事祓清、

2 (三節祭供給儲)職掌、三節祭、内親王及諸司供給儲備事為専当。

3 (宿直)又月別宿直番長忌敬供奉。

史料③は両宮の大内人の職掌条を対比したものである。「外宮大内人」3に御饌奉仕のことが記述されているが、この条には「番別」と記述されているため、御饌殿における日別御饌奉仕のことであると解される。「外宮大内人」4(三節祭行事)には御饌のことは特記されていない。

史料④「内宮大物忌・父職掌条」「外宮大物忌職掌条」「外宮大物忌父職掌条」

「内宮大物忌・父」

1 (補任)卜食定補任之日、後家之雑罪祓浄、斎慎供奉。

2 (御饌供奉)職掌、天照太神朝御饌夕御饌供奉。

「外宮大物忌」

1 (補任)卜定任日、後家雑罪事祓浄弖、他人火物不レ食、宮大垣内立二忌庤一造、不レ帰二後家一宮侍弖、

2 (日別御饌)抜穂御田稲乎、御炊物忌爾令二舂炊一弖、

3（大物忌の起源伝承）此初太神乎頂奉斎倭姫内親王、朝庭還参上時爾、今禰宜神主公成等先祖天見通命乃孫乃川姫命乎、倭姫乃御代爾、大物忌為弖、以二川姫命一、太神乎令二傳奉一弖従二其時一始弖、太神専手附奉弖傳奉。今従二斎内親王一、大物忌者於二太神一近傳奉、昼夜不避、迄二今世一尤重。仍大物忌元発由如レ件。亦父毛子共忌慎供奉。

御塩焼物忌焼仕奉留御塩、并志摩国神戸人夫進御贄乎、土師物忌造儲備奉雑器爾盛奉弖、着二明衣一木綿手次前垂懸弖、天押比蒙弖、洗手不レ干レ之天、二所大神乃朝大御饌夕乃大御饌乎、日別斎敬供奉。

3（幣帛使参入時）又三節祭并時時幣帛使参入時、率二諸物忌等一、第二御門斎敬侍。

「外宮大物忌父」

1（斎敬仕奉）与二物忌一共副、雑行事斎敬仕奉。

2（御饌）又明衣着、木綿手次懸弖、朝御饌夕御饌持参入御前追仕奉。

3（御炊殿掃浄）又御炊殿造改掃浄仕奉。

4（御田佃奉）又毎年抜穂御田乎、従二春時一至二于秋時一斎敬佃奉。

5（御炊殿御薪）又御炊殿爾御薪毎日奉進。

6（宿直）又毎月以二十箇日一為二一番一、宮守護宿直仕奉。

7（三節祭御箕）又三節祭湯貴爾、御箕編備奉進。

8（太玉串奉進）又三節祭、并時時幣帛使参入時、太神宮司、幷禰宜乃捧持在太玉串乎受取弖、第二御門内奉進。

史料④は両宮大物忌とその父の職掌条を対比したものである。両者を比較して一つ明瞭な点に、「内宮大物忌」3に記された大物忌の起源伝承が外宮大物忌職掌条には存在しないことがあげられる。外宮大物忌には独自の起源伝承は存在せず、内宮の大物忌になぞらえて外宮の大物忌が成立したと考えてよいのではないか[10]。

また、「外宮大物忌」2（日別御饌）には日別御饌のことが詳述されており、「二所大神乃朝大御饌夕乃大御饌」のために御田の稲を御炊物忌に舂炊しめて、御塩・御贄とともに御饌を日別供奉し、そのさいには「着二明衣一木綿手次前垂懸弖、天押比蒙弖、洗手不レ干レ之天」と記されている。

これに対し、「外宮大物忌」3（幣帛使参入時）には「三節祭幷時時幣帛使参入時」は第二御門に侍る、としか記述されていない。「三節祭幷時時幣帛使参入時」は三節祭の奉幣祭や二月の祈年祭等と考えられる。つまり、外宮大物忌職掌条には三節祭御饌奉仕は記述されていないのである。この外宮大物忌の三節祭朝御饌夕御饌における奉仕は月記にも全く記述が存在しない。

「外宮大物忌父」2（御饌）には「朝御饌夕御饌持参入御前追仕奉」とある。これが日別御饌奉仕なのか、三節祭の御饌奉仕なのか、あるいは両方を指しているのか判然とはしない。だが、『止由気宮儀式帳』において「御前追」という言葉は月記には使用されておらず、「二所太神朝御饌夕御饌供奉行事」（御饌殿条）にしか見えない。また「明衣着、木綿手次懸弖」という所作も同様に月記には記述されていない。また「外宮大物忌父」7（三節祭御贄）に「又三節祭湯貴爾、御贄編備奉進」とあるように、三節祭の「湯貴」については別に記載している。外宮大物忌職掌条に日別御饌奉仕しか記載していないことを合わせて考えれば（大物忌父は「与二物忌一共副」とその職掌条に記された通り、大物忌の奉仕に介添えする)、「外宮大物忌父」２（御饌）は日別御饌奉仕の記述であると考えるほうが自然であろう。

また、「外宮大物忌父」４（御田佃奉）には大物忌父が御田を耕すと記されているが、この御田の稲は、日別御饌に大物忌が御飯として奉ることが「二所太神朝御饌夕御饌供奉行事」に明記されている。そして、この御田の稲からは「火无浄酒」が三節祭御饌奉仕のさいに奉られることも月記に記されている。

他にも「外宮大物忌父」５（御炊殿御薪）には、日別御饌奉仕のために毎日御薪を大物忌父自ら調達することが明記されている。

史料⑤「御炊物忌職掌条」

１（卜定）卜定任日始弖後家雑罪事祓浄弖、立二忌館一造、

２（日別御饌）大物忌父佃奉礼留抜穂乃御田稲乎、舂奉炊奉弖、御塩焼物忌乃焼奉礼留御塩、幷志摩国神戸人夫進御贄乎、種種儲備奉弖、頂持弖、与二大物忌一共副、朝乃御饌夕乃御饌乎、毎日斎敬供奉。

３（幣帛使参入時）又三節祭、幷時時幣帛使参入時、第二御門与二大物忌一共斎敬侍。

史料⑤は外宮の御炊物忌の職掌条である。外宮には御饌を供える大物忌と別に「御炊物忌」が御田の稲を「舂奉炊奉」ために存在していたことがわかる。

内宮では「件御饌稲乎大物忌了請弖、土師物忌作奉浄御碓、幷杵、箕持舂備奉之、大物忌忌竈仁炊奉」（六月月記）と記述され、大物忌が炊飯した御飯を大物忌が天照大神へ、宮守物忌が相殿東方坐神へ、地祭物忌が相殿西方坐神へ三節祭の御饌を供奉している。

外宮では稲を炊飯することは大物忌の下で「御炊物忌」が行い、両物忌が御饌を供奉していた。外宮は日別御饌に供される御飯をとても丁重に奉仕していたと言うことができる。

史料⑥「御炊物忌父職掌条」

1（御饌）与二物忌一共副、御饌御前追仕奉。

2（日別御饌の御枚）又大御饌爾供奉御枚手五十六枚、日別奉進。

3（御井掃浄）又御井掃浄奉。

4（御井と御炊殿の間の道・橋の修理）又御井与二御炊殿一往還間道百二十丈、橋十五丈、此月毎修理掃浄仕奉。

5（三節祭用物奉仕）又三節祭湯貴進御筥三十具造進。〈祭別十具。〉又湯貴進御枚手合一千二百六十枚奉進。〈祭別四百二十枚。〉又湯貴供奉御箸造儲奉進。

6（宿直）又月別十箇日為二一番一、宮守護宿直仕奉。

史料⑥は外宮の御炊物忌父の職掌条であるが、ここに記された「御炊物忌父」1（御饌）が三節祭御饌か日別御饌の奉仕かは不明である。

ただ、「御炊物忌父」2（日別御饌の御枚）と5（三節祭用物奉仕）から、日別御饌の枚手と三節祭御饌の御枚は区別されていたことがわかる。基本的に三節祭御饌と日別御饌は区別して記述されているとして問題なく、三節祭御饌と日別御饌を統合して記述することはないと考えられる。

この御炊物忌父職掌条では、2（日別御饌の御枚）を5（三節祭用物奉仕）の条よりも優先して記述している。御炊物忌父の「御饌御前追仕奉」（「御炊物忌父」1〈御饌〉）は、三節祭でなく日別御饌奉仕を記述した御炊物忌職掌条に続いて記述された御炊物忌父の条であることを合わせて考え、外宮大物忌父職掌条と同様に、日別御饌奉仕の記述と考えるほうが無難であると考えられる。

史料⑦「内宮御塩焼物忌・父職掌条」「外宮御塩焼物忌職掌条」「外宮御塩焼物忌父職掌条」

「内宮御塩焼物忌・父」

1（補任）卜食定補任之日、後家之雑罪事祓清供奉。

2（御塩）職掌、朝夕御饌幷処々神宮御饌御塩焼備忌敬供奉。

3（父子共に供奉）亦父毛子共忌慎供奉。

「外宮御塩焼物忌」

1（卜定）卜定任日、後家雑罪事祓浄弖、立㆓忌館㆒造、

2（日別御饌の御塩）即御塩殿造奉弖、御塩焼儲弖、朝乃大御饌夕乃大御饌爾日毎供奉。

3（三節祭御饌の御塩）又三節祭時、湯貴乃御塩乎焼儲備供奉。

4（幣帛使参入時）又三節祭幷時時幣帛使参入時、第二御門与㆓大物忌㆒共忌敬侍。

「外宮御塩焼物忌父」

1（物忌と共副）与㆓物忌㆒共副仕奉。

2（日別御饌の御塩）又御塩山木乎御塩殿爾切運弖、荒塩爾焼儲弖、御塩堝作儲弖、物忌爾令㆑焼弖、朝御饌夕御饌爾日別奉進。

3（浜之御塩焼殿）又浜之御塩焼殿、幷廻垣修理掃浄仕奉。

4（宿直）又月別十箇日為㆓一番㆒、宮守護宿直仕奉。

史料⑦は両宮の御塩焼物忌とその父の職掌条である。外宮御塩焼物忌の職掌条2と3から、外宮御塩焼物忌の焼く御塩は、日別御饌に供されるが、三節祭の御饌にも供されたことがわかる。外宮御塩焼物忌の焼く御塩が三節祭の御

饌にも供されることは、職掌条だけでなく月記にも明確に記載されている。
御塩の供進に関して、まず日別御饌の供奉を記載し、続いて三節祭にも供することが記述されており、外宮御塩焼物忌職掌条は日別御饌に御塩を供することを優先して記載していたことがわかる。

史料⑧「菅裁物忌職掌条」

1（卜定）卜定任日、後家雑罪事祓浄弖、立二忌館一造、

2（御田佃始）年別春始、二所大神宮乃大御饌処爾佃奉、抜穂乃御田佃始奉時爾、禰宜率二菅裁物忌、并諸内人等乎一、湯鍬山爾参上時爾、山口祭供奉。（中略）木本祭供奉物如二山口祭一。其告刀申菅裁物忌父。申畢時、菅裁物忌浄斧以弖其木切始。（中略）二所太神乃御饌処乃御田爾下立弖、先菅裁物忌湯鍬持弖、東向耕佃、湯草湯種下始。

（後略）

3（新宮造奉時）又新宮造奉時、宮処草木苅裁始。又野山草苅裁始。又新宮正殿鏡形穿始。

4（幣帛使参入時）又三節祭時、并時時幣帛使参入時、与二大物忌一共、第二御門斎敬侍。

史料⑧は外宮の菅裁物忌の職掌条である。菅裁物忌は春の御田を作り始めるにあたってまず最初に奉仕する物忌である。「菅裁物忌」2に記された二所大神宮の御田の作り始めのことは二月月記にも「以二先子日一、二所太神乃朝御饌夕御饌供奉、御田種下始行事」として記載されている。

この菅裁物忌職掌条に言う「二所大神宮乃大御饌処（二所太神乃御饌処）」とは何を指すものであろうか。
『止由気宮儀式帳』正月例には「以二七日一、新蔬菜羹作奉、二所太神宮供奉。〈御饌殿。〉以二十五日一、御粥作奉、二所太神宮供奉。〈御饌殿。〉」と記され、三月例には「三日節、新草餅作奉弖、二所大神供奉。〈御饌殿。〉」と記されており、以上の例から「菅裁物忌」2（御田佃始）に言う「二所大神宮乃大御饌処」とは御饌殿を指すものと考えられ

る。(11)

つまり菅裁物忌職掌条には、菅裁物忌の手から耕作が開始される御田は、日別御饌殿において「二所大神」に供するためであるということが明記されていたのである。この御田の稲からは「火无浄酒」が作製され、三節祭御饌奉仕のさいに奉られることが月記に記されているのであるが、菅裁物忌職掌条からは、御饌殿で「二所大神」に供するための御田であることが強く意識されている。

以上の禰宜以下職掌条の検討から日別御饌奉仕に関して明瞭なことを列記すると以下の通りとなる。

・外宮の禰宜・大内人・大物忌・御炊物忌の職掌条における御饌奉仕の記述はすべて御饌殿における日別御饌奉仕である（大物忌父・御炊物忌父に関しては必ずしも判然とはしないが、日別御饌である可能性が高い）。

・日別と三節祭両方の御饌に御塩を供する御塩焼物忌の職掌条においては、まず日別御饌奉仕を記述し、次に三節祭の奉仕を記述している。

・菅裁物忌職掌条には、二月に作り始める御田は「二所大神宮乃大御饌処」（御饌殿）のためであると明記されている。

以上から、外宮の祭祀奉仕者において、日別御饌奉仕への意識は非常に強く、それは三節祭における御饌奉仕よりも重要度が高いものとして考えられていたと言うことができる。(12)

吉川竜実氏(13)は『延喜大神宮式』神戸条において、神田でとれる稲は「供二用太神宮三時幷度会宮朝夕之饌一」とあることに着目し、「内外両宮で斎行される祭祀の究極とするところを朝廷では　内宮（皇大神宮）は三節祭を執行する為の宮（→大神宮三時）　外宮（この場合御饌殿を指す）は常典御饌を執行する為の宮（→度会宮朝夕之饌）と認識し規定されたものと見られる」とする。

従うべき見解であり、『皇太神宮儀式帳』『止由気宮儀式帳』の職掌条等の検討からも、外宮祭祀において御饌殿奉仕が最重要と認識され、その重要度は内宮における三節祭朝夕御饌奉仕の重要性に匹敵するものであると言うことができる。

二　外宮三節祭朝大御饌・夕大御饌における御飯供進の有無

外宮大物忌の職掌条には「抜穂御田稲乎、御炊物忌爾令二舂炊一弖（中略）二所大神乃朝大御饌夕乃大御饌乎、日別斎敬供奉」とあり、御饌殿における日別朝御饌・夕御饌においては、明確に御飯の炊飯と物忌による御饌の供進が行われていることがわかる。が、ここで、外宮職掌条と月記において大物忌と御炊物忌の三節祭朝大御饌・夕大御饌への供奉（＝御飯の供進）が記載されていないということが問題となる。

この点は藤森馨氏が、内外両宮の湯貴大御饌神事を比較検討して指摘した[14]ところであり、加茂正典氏[15]、大野由之氏[16]によって反論がなされた（加茂氏の説には藤森氏により再反論がなされている[17]）。

外宮の職掌条の検討においても三節祭における大物忌・御炊物忌の奉仕（＝御飯の供進）は全く抜け落ちており、三節祭にて外宮奉仕者が御飯を炊飯し供進する所作は記述されていなかった。よって、延暦のころ、外宮三節祭において御飯は供されていなかった蓋然性は高いと言わざるをえない。

加茂正典氏は米を調理した「粢」（しとぎ）が供されていた可能性を提示するが、延暦成立の『止由気宮儀式帳』には「粢」の供進は記されておらず、時代の離れた近世の儀式書に見えるのみであり、「粢」の供進を古代に当てはめることは難しいのではないだろうか。また、近世の儀式次第において「粢」が物忌によって調理・供進されていることは確認できず、仮に古代において「粢」が供されていたとしても、大物忌・御炊物忌の手によるものではないと想定され、日別御饌奉仕とは質的に落差があることに変わりはないと考えられる。

大野由之氏は外宮の第一別宮（高宮）に御飯が供進されていることを正宮に御飯が奉られていたことの根拠としている。しかし『止由気宮儀式帳』に見える高宮物忌とその父の職掌条には、高宮のための「御刀代田」を高宮物忌父が耕作し、その田で採れた稲を高宮物忌が舂炊ぎ「毎月六度供奉。〈高宮。〉」と記述されており[18]、御饌殿や止由気宮の正宮への祭祀とはその祭祀構造が異なることが見受けられるのである。別宮と正宮の祭祀を同様に考えることはできないであろう。

また、大野氏は三節祭での御飯供進が外宮儀式帳全編にわたって省略されていたとするが、果たして三節祭という年三回の神宮祭祀における御饌奉仕における記述で、大物忌・御炊物忌の奉仕をあえて完全に省略する、ということがいかなる理由でありうるであろうか。

三節祭御饌に際して御塩焼物忌が御塩を供することは、その職掌条に「三節祭時、湯貴乃御塩乎焼儲備供奉」と省略せずに明記され、同様のことは月記にも記述されている。もし三節祭の御饌にも大物忌・御炊物忌による何らかの奉仕が存在するのだとしたら、御塩焼物忌と同様に省略せずにその奉仕の様を記述していたのではないか。外宮儀式帳を素直に読めば、御飯の供進＝大物忌・御炊物忌の奉仕は三節祭においては行われていなかったと捉えるほうが自然であるのではないか。

しかし、『止由気宮儀式帳』しか検討史料が存在しない中で、古代における御飯の有無を確証することは非常に困難である。むしろ、古代の朝御饌・夕御饌における御飯の奉仕は内外両宮とも物忌の職掌であることに留意し、何故外宮三節祭における御飯の供進（＝大物忌・御炊物忌の奉仕）の記載が存在しないのか、ということを問題にすべきであろう。

内外両宮儀式帳の項目記載の順序の検討や内外両宮奉仕者の職掌条の検討で指摘した通り、内宮における三節祭御饌奉仕と、外宮における御饌殿日別御饌奉仕は、それぞれの宮の恒例神事のなかで最大の重要度をもっていた。外宮の大物忌と御炊物忌の職掌条で明白なように、両者は日別御饌殿奉仕を詳述しながら、三節祭においては、時々の幣帛使が参入するときと同様に、第二御門で侍るという簡単な記述しかしていない。『止由気宮儀式帳』冒頭の等由気大神の鎮座伝承が、「御饌殿造奉氐、天照坐皇大神乃朝乃大御饌夕乃大御饌乎日別供奉」で締めくくられていることを合わせて考えれば、大物忌・御炊物忌両者は日別御饌を天照大神に奉仕するためにその存在が生まれたのであると考えられるのではないか。よって、古代において、三節祭の御饌を大物忌と御炊物忌が行う必要性は存在しなかったと考えられる。

三節祭で御飯が供されているか否かよりも、御饌殿にて大物忌と御炊物忌が天照大神の御饌を奉仕することの重要性を考慮すべきであろう。内宮も外宮も天照大神のためにその存在があるのであり、外宮御饌殿の祭祀構造はそのことを明瞭に示していると考えられる。

三　日別御饌殿祭祀の性質

ここで、外宮における日別朝御饌・夕御饌の性質を考えてみたい。

史料⑨「二所太神朝御饌夕御饌供奉行事」

御饌殿壱宇。

用物肆種。
調絹弐疋。〈御幌幷二所太神及相殿神御坐料。〉調布捌端。〈殿内天井壁代、二所太神及相殿神御坐下敷、幷敷布御巾布等料。〉麻席参枚。〈二所太神御床土代敷料、幷相殿神御坐料。〉麻簀参枚。〈二所太神御簀、相殿神御簀料。〉

右件用物、太神宮司、年別九月祭所二宛奉一。

供膳物。
天照坐皇太神御前。〈御水四毛比、御飯二八具、御塩四坏、御贄等。〉
等由気太神御前。〈御水四毛比、御飯二八具、御塩四坏、御贄等。〉
相殿神参前。〈御水六毛比、御飯三八具、御塩六坏、御贄等。〉
右大物忌父我佃奉抜穂乃御田稲乎、先穂乎波抜穂爾抜弖、九月神嘗祭八荷供奉。〈一荷懸二八把一。〉然所遺稲乎以弖、将来至二于九月十四日一、御炊物忌爾令二舂炊一弖、御塩焼物忌乃焼奉御塩、幷志摩国神戸人夫等奉進御贄等乎持氐、御炊物忌爾令二頂持一、大物忌御机副氐、禰宜、大内人等御前追氐、御饌殿乃前爾持登入氐、大物忌、御炊物忌乎奉入氐、日別二度奉。畢時二八遍拝奉罷退。〈此御饌器造奉土師物忌、幷度会郡傜丁。〉

史料⑨は『止由気宮儀式帳』における御饌殿の規定である。この条文から、御饌殿内の用物は太神宮司から毎年支給されるものであるが、神に供する御饌は大物忌父が耕作した御田の稲を御炊物忌が舂炊ぎ、御塩焼物忌の焼いた御塩、志摩国神戸所進の御贄を禰宜・大内人等が御前追いて、大物忌と御炊物忌が奉っていたことがわかる。日別御饌で使用される稲の田を、延暦のころは大物忌父が自ら耕作していたということは、史料④「外宮大物忌父職掌条」にも記述されていた。

また、この史料④には、外宮大物忌父は御炊殿で日別に使用する御薪も調達していたということが記されている。史料⑥からは、御炊物忌父が日別御饌の御枚五十六枚を毎日奉進し、御井と御炊殿の間の道・橋の修理と清掃を毎月行っていたことがわかる。また史料⑦から、御塩も御塩焼物忌父が調達した木・堝を使用して御塩焼物忌が焼いた塩であったことがわかる。そして史料⑧から、御饌殿に供される御飯の稲を作り始める行事は、禰宜が菅裁物忌・諸内人を率いて行い、菅裁物忌の手から「湯草湯種下始」等が行われる行事であったことがわかる。

以上から、御饌殿奉仕の様態は、大物忌と御炊物忌の手による御飯の炊飯と供進を中核にして、物忌とその父や内人等が共同で朝御饌夕御饌につながる様々な奉仕を行うものであると考えられる。これらは在地の奉仕者が自らの手で御饌の調達・調進を行う祭祀の旧態を示すものであり、外宮御饌殿祭祀にはそれが色濃く存在していた。

ちなみに、等由気大神の鎮座伝承には、雄略天皇の御夢に天照大神が晦え覚した後、等由気大神を「令二行幸一」と記述されている。この「令二行幸一」の主体は天皇であると考えられ、外宮の鎮座は天照大神の意思で、実際には天皇（朝廷）が主体となって行われたものであろうことが推察される。そのことは、御饌殿の用物を太神宮司が用意し、『大神宮式』「御饌年料条」にも「凡度会宮禰宜、内人等、依レ例供二進大神宮及度会宮朝夕御膳一、余宮不レ供、其御膳殿年料所レ須絹二疋、布八端、東席三枚、食単布二端、食薦三枚、神宮司充之」と規定されていることにつながっていると考えられる。

ここで大神宮司が用意するものは御饌殿内の装束のみであり、実際に奉られる御饌には一切関与していないことに注意すべきである。雄略天皇ないし朝廷側の意向で開始されたとも考えられる御饌殿祭祀が、実態としては在地の奉仕者の手でいわば自給自足的に行われていたのである。[19]

この御饌奉仕の自給自足的側面は内宮三節祭御饌奉仕にも見出されるもの[20]であり、在地の奉仕者が調達・調進したものを、大神の傍で斎敬む物忌の手で奉ることが古代神宮御饌奉仕の根本構造と言うことができる。

本来、皇祖神である天照大神を祭ることは天皇の専権であると考えられ、実際に宮中では天皇親祭として神今食が年二度、新嘗祭が十一月に一度行われている。この天皇祭祀と内宮祭祀（年三度）は対応関係にあるものと考えられ[21]、元々天皇と同じ殿内で祭られていた天照大神が伊勢へと鎮座したために、伊勢に居住する人々によって天照大神を祭ることが行われるようになったものと考えられる。本来天皇が祭る対象である皇祖神を伊勢在地奉仕者が直接祭っているということは、伊勢で天照大神を祭ることがいわば、天皇より各禰宜以下神宮奉仕者たちに任されていた、と表現することができよう。このことは内宮祭祀はもちろん、外宮の御饌殿における天照大神への日別御饌奉仕にもあてはまるものである。

在地の奉仕者の手による耕作で収穫された米をその奉仕者の親族が炊飯して奉ることなどの古代神宮における御饌弁備の形態は、奉幣祭のような国家による幣帛の弁備とは一線を画すものであると言うことができる。地域における生業のなかで祭祀（御饌奉仕）が営まれるということ自体は、必ずしも伊勢神宮にのみ限られたことではなく、古代社会一般にあてはまる祭祀の旧態ではないだろうか。

四　内外両宮の独立性

ここで、内宮と外宮の祭祀が独立して機能していた点について付言したいと思う。史料⑨「二所太神朝御饌夕御饌供奉行事」条の末尾に「此御饌器造奉土師物忌、并度会郡傜丁」という注記が見られる。ここから、御饌を盛る器には「土師物忌」（内宮の「土師器作物忌」）と「度会郡傜丁」の造るもの二種類があったことがわかる。

『皇太神宮儀式帳』土師器作物忌職掌条によると、内宮に対して「朝夕御食之湯貴之神祭物」や「供給料」「禰宜以下雑任物忌以上十三人給三節祭別忌竈料」を供進するだけでなく、外宮に対して「度会宮進御食神祭物」、「禰宜以下高宮物忌以上、合六人給」忌竈戸料などや、「供給料」、そして「月別一度進上一年料御食料」も供進している。

　この外宮に進上される「月別一度進上一年料御食料」は、「月別」と記されているので日別御饌奉仕に使用されるものであり、これが史料⑨外宮「二所太神朝御饌夕御饌供奉行事」条末尾の注記に記された「此御饌器造奉土師物忌」と符合するものであろう。とすると「度会宮進御食神祭物」は外宮三節祭御饌奉仕に際する器であると考えられる。内宮土師器作物忌が外宮にも器を供進していたことに関しては、外宮に土師器を作る物忌が存在しないことと関係していたのであろう。

　ここで注意すべきは、「月別一度進上一年料御食料」に見える料はすべて御食の器（御水戸、御高佐良、御片佐良、御水真利、御酒坏、御保止岐）であり、御食を調理する物（忌竈、御碓、御杵、御箕など）は含まれていないことである。外宮三節祭御饌奉仕に際する器であると思われる「度会宮進御食神祭物」には、忌竈・忌竈戸・御碓・御箕が見えるが、その数量は内宮「御食神祭物」と比べて半分以下であり、外宮御饌殿奉仕に際しての用物は含まれていないと考えられる。よって、外宮日別御饌奉仕で使用されるであろう御飯の調理器具等は外宮自身で用意した物を使用していた可能性が高い。

　また、外宮大物忌職掌条には「志摩国神戸人夫進御贄乎、土師物忌造儲備奉雑器爾盛奉弖」と記述され、御炊物忌父の職掌条には「大御饌爾供奉御枚手五十六枚、日別奉進」と記されていた。史料⑨御饌殿条末尾の注記「此御膳器造奉土師物忌、并度会郡傜丁」のうちの「度会郡傜丁」が造奉する器は、おそらく御炊物忌父が日別に奉進する御枚手のことではないだろうか。

外宮大物忌職掌条（史料④）の記載には、志摩国神戸の御贄を土師物忌作成の器に載せると明記しており、おそらく、外宮物忌によって調理された御飯・御塩等は、度会郡傜丁が作成し大物忌父が日別に奉進した枚手に盛っていたのではないだろうか。

土師器作物忌とは逆に、外宮の物忌作製のものが内宮に供される例も存在する。

外宮根倉物忌職掌条には、「年別従二春時一始、忌敬弖根倉乃御刀代御田乎佃奉弖、其御田稲乎神酒造奉弖、九月神嘗祭爾、二所太神湯貴乃大御饌爾仕奉」とある。根倉の御田（根倉物忌と父が耕作するもの）より造り奉った神酒は九月神嘗祭の二所の湯貴大御饌（内宮と外宮両方の神嘗祭の御饌奉仕のさい）に奉られていた[22]（九月月記に記載あり、月次祭と御饌殿には奉られていない）。

外宮神職が内宮の祭祀に関与するのはこの根倉物忌と木綿作内人のみである。御饌に使用される御田は内外両宮で別々の神田を使用しており（内宮九月月記・二月御田種蒔下始条、外宮御饌殿条・大物忌職掌条・菅裁物忌職掌条・二月月記）、御塩に関しても内外両宮両者でそれぞれの物忌が作成し、三節祭御饌に供される志摩国と伊勢国の神堺で漁る「雑御贄」も、内宮では禰宜・内人が調達し、外宮では「禰宜内人等我戸人夫」が調達している。

ここから、内外両宮のそれぞれの祭祀は基本的にそれぞれの奉仕者たちがそれぞれで独立して行うものであり、とくに御饌奉仕に関してはその用物・材料もそれぞれの奉仕者たちの手によるものであることが原則であったと考えられる。

その例外が、外宮根倉物忌が内外両宮神嘗祭御饌奉仕に際して供する神酒と、内宮土師器作物忌作成の「度会宮進御食神祭物」（外宮三節祭御饌奉仕に際する用物）、「禰宜以下高宮物忌以上、合六人給忌竈戸等」、「月別一度進上一年料御食料」（御饌殿奉仕に際する用物）であった。

内宮土師器作物忌や外宮根倉物忌・木綿作内人の内外宮祭祀両者への奉仕は、以上見たように限定的なものであると言うことが可能であり、基本的に内外宮両者の祭祀は独立して機能しており、とくに内宮朝御饌・夕御饌と外宮日別朝御饌・夕御饌は、それぞれの宮においていわば自給自足的な形で行うことが原則となっていたと言うことができる(23)。

ここから、古代において各神社はそれぞれが独立して互いに不干渉であり、自給自足的に祭祀を行うことが原則であった、という仮説を提示することが可能ではないだろうか。それは、各鎮座した神に対して、その鎮座した場所に住む者がその場所で採れた物を差し上げることが古代において自然で合理的であったからではないかと考えられる。

しかし、何故外宮御饌殿奉仕は内宮より離れた地で、内宮奉仕者とは別の奉仕者が自給自足的に行っていたのであろうか。今まで指摘してきた通り、内宮三節祭御饌奉仕と外宮御饌殿における日別御饌奉仕はその恒例神事中第一のものであり、両者は天照大神を祭るという共通の目的のために成立していたのであった。それが、それぞれ独立した組織によって別々の場所で行われていた理由を断片的にではあるが考えてみたい。

まず、古代において、日別に御饌奉仕を「大山中(24)」にある内宮で行うことは物理的に非常に困難であったと考えられる。そのため、阪本広太郎氏が述べているように(25)、「人文地理上便宜ある」外宮の鎮座地に御饌殿を建立することになったと思われる。

また、御巫清直は「其殿ハ宇治郷ノ内宮《ウチノミヤ》ノ内ニ在ラス、沼木郷ノ外ニ離レテ建テル宮ナルヲ以テ、天皇ノ離宮ヲ常《ト》都宮《ツミヤ》トイフニ准シ、内宮《ウチノミヤ》ニ対ヘテ外宮《トツミヤ》ト号シツラム(26)」と述べ、外宮を天皇の離宮に准えている。この内宮から離れた外の宮で日別に天照大神に対して御饌を供奉するために、内宮から独立した組織として外宮が成立し、そこでは天皇より祭祀を任された在地の奉仕者が自給自足的に祭祀を行っていたのではないか。

この外宮の鎮座は雄略天皇の時代であると『止由気宮儀式帳』では伝承されている。外宮の鎮座時期やその事情について歴史的に立証できる史料はほとんど存在していないため、実態的な鎮座の時期や事情を歴史的に論証することは困難である。ここでは、延暦年間（七八二〜八〇六）成立の『止由気宮儀式帳』の記述などから断片的に推測を加えてみるものとする。

外宮の鎮座した時代の天皇であるとされた雄略天皇は、稲荷山古墳出土鉄剣銘[27]に「獲加多支鹵大王寺在斯鬼宮時吾佐治天下」として記され、江田船山古墳出土鉄刀銘[28]にも「台（治）天下獲□□□鹵大王世」とみえる。ワカタケル大王と「治天下」がセットで用いられる例は東国と九州で見られるわけである。また、雄略天皇は『宋書』倭国伝における倭王「武」であると考えられ、中国の冊封体制下に入りながら中国の「天」とは違った日本独自の「天下」という発想が存在していたと推定される。雄略天皇の時代である五世紀末において天皇（大王）は「天下」を統治する存在として認識されており、天皇（大王）の力はそれ以前に比べてより大きくなっていたと想定してよいと思われる。

つまり雄略天皇の御世に成立したとされる外宮は、朝廷側の力がより大きくなった時代に成立したものとされているのである。少なくとも雄略天皇（＝五世紀末）の時代に一定の画期を迎え、その時代に外宮（御饌殿）の成立が同期するという歴史認識、ないしは伝承が延暦のころ存在していたと言うことは可能であろう。

内宮の鎮座に関しては雄略天皇よりさらに遡る垂仁天皇の御世に鎮座したとされており、少なくとも外宮の成立よりも古く遡った時代に内宮が鎮座し、祭祀が行われていたという歴史認識を、延暦の神宮奉仕者はもっていたと言える。また、外宮の日別朝御饌・夕御饌は御饌殿という殿舎内において御饌が奉られていた。それに対して内宮の三節祭朝御饌・夕御饌は正宮などの殿舎内に奉っているとは『皇太神宮儀式帳』には記述されておらず[29]、内宮と外宮ではその御饌奉仕の場所に違いが存在する。内宮御饌奉仕は年に三回（月次祭二回、神嘗祭一回）行われており、内宮祭祀と対応する天皇の宮中での祭祀も年三回である。いつ年三回に整えられたのかは不明であるが、天照大神への祭祀の始原にまで遡りうるであろう天皇祭祀と内宮祭祀（朝夕大御饌）は年三回で共通しているのに対し、外宮御饌殿では毎日行われているのである。つまり、内宮と外宮の御饌奉仕の様態には明確な相違が存在すると言える。以上から、外宮の祭祀は内宮よりは時代的に新しく設定されたものであり、内宮と外宮ではその成立の時代・背景、またその場所が明確に異なるものであると言うことができる。そのために、両者は二つで一体のものでありながら、それぞれが独立して機能することとなったのであろう。[30]

また最後に注記して言うと、古代神宮は在地奉仕者による自給自足的な側面が強く残っていたわけであるが、「自給自足」と言っても完全に国家や他地域と切り離されていたわけではもちろんない。『延暦儀式帳』には度会郡以外の地域からの物品も存在するし、国家によって設定された財源である神郡財政（大神宮司を介する）に多くを負っている。しかし様々な用物の中、御饌奉仕の中核には禰宜の下で物忌を中心にした奉仕者自身の手によって多くをまかなう様態が存在していたのである。これが旧来の御饌奉仕の根本として中核に存在し、古代御饌奉仕の原則の一つであったと考えられる。それを神宮では、その形を大きく崩さずに延暦の時代まで来たのである。祭祀の始原から『延暦儀式帳』までの間には外宮（御膳殿）の成立や神宮殿舎の整備、[31]律令国家祭祀（奉幣）の成立など何段階もの祭祀の整備があったと想定される。『延暦儀式帳』に見える神宮のあり方はその何段階もの整備を経た姿であるため、様々な要素が付随していると考えられる。禰宜以下物忌や内人を中心にした奉仕体制が実際いつの時代まで遡りうるものか論証することはできないが、その原初的な性質から考えれば、その基本的な形態は相当古くまで遡及しうるものであろう。

結　論

以上、両宮儀式帳から外宮における御饌殿祭祀の位置づけを考察してきた。考察の結果を列記すると以下のようになる。

・古代外宮において日別朝御饌・夕御饌奉仕が恒例神事中、最重要視されていた可能性が高い。御饌殿にて日別の奉仕を行うことへの意識はきわめて高かった。

・外宮の鎮座の目的は『止由気宮儀式帳』冒頭の鎮座伝承に明瞭なように、御饌殿を建立して毎日天照大神に奉仕することであった。外宮の禰宜以下、とくに各物忌は御饌殿にて御饌を奉仕するために成立した存在であったと考えられる。内宮も外宮も天照大神のために存在し、それぞれが機能していたのであり、これが古代神宮の祭祀構造の基本であった。

・御饌殿祭祀が外宮第一の目的であり、各物忌もそのために成立したのであるから、『止由気宮儀式帳』において三節祭朝大御饌・夕大御饌に大物忌・御炊物忌の奉仕（＝御飯の弁備）が存在しないと考えられる。

・古代御饌殿祭祀は物忌とその父を中心として御饌を自給自足的に奉ることにその特筆すべき点がある。これは内宮三節祭朝大御饌・夕大御饌と同じ性質をもち、祭祀の旧態を維持・継承したものと看取され、古代神宮御饌奉仕の基本構造を示すものである。

・古代内外両宮の御饌奉仕は、天皇の皇祖神を祭ることが、実際に大神が鎮座した場所に住み生業を営む人々に対して任されていたと考えられる。この生業を営むなかで生産され収穫されたものを神に奉ること自体は普遍性をもつものと思われ、古代神宮にみえる自給自足的な祭祀の旧態は、古代祭祀における基本的なあり方を示すものと推測される。

以上は必ずしも先学者たちの見解を大きく越えるものではないが、古代神宮における御饌殿祭祀の大変な重要度を、古代神宮の祭祀構造の側面から論証できたものと考える。

註

（1）御巫清直「御饌殿事類鈔」（『大神宮叢書』臨川書店、昭和五十一年九月）。「御饌殿事類鈔」は明治二十三年五月に述作。
（2）福山敏男「豊受大神の御饌殿」（『伊勢神宮の建築と歴史』日本資料刊行会、昭和五十一年十二月〈『神宮建築に関する史的調査』内務省造神宮使庁、昭和十五年刊の改題〉）。
（3）阪本広太郎『神宮祭祀概説』（神宮司庁教導部　昭和四十年三月）。
（4）桜井勝之進「磯宮と外つ宮」（『伊勢神宮の祖型と展開』国書刊行会、平成三年十一月）。桜井氏は他に「日々の祈り」（『伊勢神宮〈改訂新版〉』学生社、平成十年四月〈旧版は昭和四十四年〉）においても論じられている。
（5）吉川竜実「日別の祈り（上・下）―神宮常典御饌再考―」（『神道宗教』第一七一・一七二号、平成十年六・九月）。
（6）他にも、石巻良夫「伊勢神宮御饌殿考（上・下）」（『國學院雑誌』第一九巻第四・五号、大正二年四・五月）、阪本健一「神宮の御改革と御饌殿の祭祀」（『神道史研究』第二〇巻第五・六号、昭和四十七年十一月）、西牟田崇生「御饌殿小考」（『瑞垣』第一三二号、昭和五十九年四月）、林一馬『伊勢神宮・大嘗宮建築史論』（第Ⅰ部第四章第六節「外宮の創立と当初の性格」、第Ⅱ部第一章第五節「外宮の創立及び神宮祭祀体制の形成」、第Ⅱ部第二章第六節「外宮の御饌殿について」、中央公論美術出版、平成十三年一月）などがある。
（7）阪本広太郎註（3）前掲書、三六頁。
（8）『神道大系　神宮編一』（昭和五十四年三月）を使用し、適宜旧字体を常用漢字等に改めた。『延暦儀式帳』の最新の校訂に、佐野真人「『皇太神宮儀式帳』校訂試案」（『皇學館大学研究開発推進センター紀要』第二号、平成二十八年三月）、同「『止由気宮儀式帳』校訂試案」（『皇學館大学研究開発推進センター紀要』第三号、平成二十九年三月）がある。

（9）　内宮のみにしか記載のない項目がいくつか存在するが、「造二奉所管大神宮四所神院一行事用物事肆条」「同四所神宮遷奉時装束事肆条」は荒祭宮以下四院に関することを別に項目立てた条であり、外宮の別宮である高宮に関することは「等由気大神宮院雑行事壱条」と「新造宮御装束物并雑行事壱条」に記載されている。また、神郡に関する項目は内宮儀式帳に記述されていれば十分であったと思われる。「供奉大御饌地本記事壱条」（大御饌料地祭物本記）、「供奉神御田行事壱条」、「供奉御調荷前行事事壱条」、「供奉幣帛本記事壱条」も内宮儀式帳のみに立てられた項目であるが、これらの内容で外宮に相当するものが存在しなかったわけではなく、それぞれ職掌条や月記等に断片的な記述を見ることができる。

（10）　ちなみに、「御巫内人」は内外両宮に存在する内人であるが、内宮では「御琴」を請う儀が儀式帳に記述されているものの、外宮にはみられない。内宮「御巫内人」の御卜の儀は内宮のみに伝わった古儀であると考えられ、天照大神に直接奉仕する内宮三節祭の前に行われていればよく、外宮で斎行する必要はなかったのであろう。『延暦儀式帳』に見える両宮の奉仕者を比較すると、概ね内宮の奉仕者構成に準じて外宮の奉仕者が構成されたと考えてよいと思うが、内宮の行事・古儀をすべて外宮に引き写すことはせず、その必要もなかったと考えられる。

（11）　『止由気宮儀式帳』で「二所大神宮」と記す場合で、内宮と外宮両宮を指す場合も存在する。こちらは木綿作内人が三節祭において内宮と外宮に木綿を供進するさいと、正月条御厨における拝礼に見える。菅裁物忌が種を下ろし始める御田の稲は内宮に供されはしないので、菅裁物忌職掌条、二月月記の「二所太神宮」は内外両宮を指すものとは考えられない。

（12）　阪本広太郎氏は「御饌殿の祭祀は、三時の大祭とともに、皇大御神祭祀の根本的なものであるが故に、古く制度上にも重要視され、延暦の帳の如きは、止由気宮儀式帳に於て、その首書に日別朝夕大御饌供奉の行事を登録し、その宮の禰宜以下職掌にも、この行事の奉仕を第一義と定めて居る」と指摘している（註（3）前掲書、一六二頁）。

（13）　吉川竜美註（5）前掲論文。

（14）　藤森馨「伊勢神宮内外両宮の祭祀構造―由貴大御饌神事に関する試論―」（『古代の天皇祭祀と神宮祭祀』吉川弘文館、平成二十九年十二月。初出『古代文化』第四三巻第四号、平成三年四月）。

（15）　加茂正典「外宮三節祭由貴大御饌私注―「粢《しとぎ》」考―」（『皇學館大学神道研究所紀要』第一六輯、平成十二年三月）。

（16）　大野由之「神宮の抜穂と御饌と神嘗祭―夕の新米と外宮の御飯―」（『神道宗教』第二三五号、平成二十六年七月）、「止由気宮由貴大御饌の御飯について―稲の調達と御飯の供進―」（『神道宗教』第二四一号、平成二十八年一月）。

（17）　藤森馨「真名鶴神話と伊勢神宮の祭祀構造」（『古代の天皇祭祀と神宮祭祀』吉川弘文館、平成二十九年十二月。初出『国立歴史民俗博物館研究報告』第一四八集、平成二十年十二月）、同「古代における内外両宮の祭祀構造―年中行事も視野に入れて―」（〈平成二十六年皇學館大学研究開発推進センター神道研究所公開学術シンポジウム「古代の祭祀と伊勢神宮」における発題三〉『皇學館大学研究開発推進センター紀要』第三号、平成二十八年三月）。

（18）　近世の儀式書である『高宮年中行事』（増補大神宮叢書14『神宮年中行事大成』後篇、吉川弘文館、平成二十年一月）には、毎月の朔日、十日、十一日、二十日、二十一日、晦日の朝に御饌を調進することが見える（十二月には見えない）。古代にまでこの方式が遡るかは不明であるが、毎月六度御饌を奉ることは同じであり、おそらくは古代においても毎月を十日ごとに分けて御饌を供奉していたと推測できるのではないか。

（19）　この日別朝夕御饌供進のことが『大神宮式』にも規定されている点について、藤森馨氏は「日別朝夕の御饌殿祭祀は、奉幣祭と同様中央朝廷祭祀の延長線上に位置付けられる祭祀とは考えられないであろうか」としている（註(14)前掲論文）。しかし先に見たように、外宮の御饌殿祭祀は伊勢の祭祀奉仕者たちの手による自給自足的な祭祀であり、奉幣祭と同様に考えるべきではない。

（20）　三節祭の大御饌に太神宮司の財政がほとんど関わっておらず、実際の奉仕にも太神宮司が関与していない点に関しては、大関邦男「古代伊勢神宮の財政構造」（『國史學』第一二八号、昭和六十一年二月）を参照。

（21）　藤森馨「神宮祭祀と天皇祭祀―神宮三節祭由貴大御饌神事と神今食・新嘗祭の祭祀構造―」（『古代の天皇祭祀と神宮祭祀』吉川弘文館、平成二十九年十二月。初出『國學院雑誌』第九一巻第七号、平成二年七月）。

（22）　何故内宮神嘗祭に外宮物忌作成の神酒が奉られているのかは判然としないが、内宮の「酒作物忌」と「清酒作物忌」は神嘗祭において白酒黒酒を作成して奉っているが、それと根倉物忌作成の神酒は別種であることと関係するであろうか。外宮では神嘗祭でも白酒黒酒は奉られない。

（23）　ちなみに付言すると、元々豊受神宮にて御饌を調備して太神宮に運んでいたが、神亀六年正月十日にその御饌を運ぶ途中に死穢に遭い、そのために天皇に祟りが及び、よって太神宮に御饌を持ち運ぶことをやめ、新たに豊受神宮に御饌殿を建立した、との記事が『太神宮諸雑事記』等に存在する。が、橋村正兌（「外宮儀式解」『大神宮叢書』臨川書店、昭和五十一年九月）や御巫清直（註(1)前掲論文）らがこれを「妄説」として退け、福山敏男（註(2)前掲論文）が「皇大神への日毎の御饌が外宮の御饌殿内に於て供進される理由が解し難くなつた時代に、その起原を説明つけるためにかゝる所傳が生まれた」と考察しているように、この記事は『止由気宮儀式帳』の所伝や記述と矛盾し、用語文体も古代からの伝承とは言いがたく、後代に付会されたものと考えられる。

(24) 『皇太神宮儀式帳』には「五十鈴河上大山中」とあり、五十鈴川のほとりの山で囲まれた地として鎮座地を表現している。荒木田経雅は「古代當大宮地今《イマ》のごとく近きあたりに人の住家《スミカ》無《ナ》し、深山中なり。延暦年中より天皇《ミカド》十代《トツギ》年《トシ》間一百年余を経て延長年中の比すら深山なれば延暦の古《イニシヘ》思ひはかるべし」としている（増補大神宮叢書5『大神宮儀式解』前篇、吉川弘文館、平成十八年四月）。

(25) 阪本広太郎註(3)前掲書、一六三・二八五頁。

(26) 福山敏男註(2)前掲論文。

(27) 『稲荷山古墳出土鉄剣金象嵌銘概報』（埼玉県教育委員会、昭和五十四年二月）。

(28) 京都国立博物館『江田船山古墳出土　国宝　銀象嵌銘大刀』（吉川弘文館、平成五年八月）。

(29) 建久の『皇太神宮年中行事』には、六月十六日夜に「物忌父等御殿下ニ灯火三ヶ所、次供二御饌一之後」（『神道大系　神宮編二』昭和五十五年二月）と記述されており、三節祭の御饌は正宮殿舎の下に供えられていたと思われる。

(30) 両宮の鎮座時期を実証的に論じることは難しいが、笹生衛氏は「『儀式帳』祭式の伝統は5世紀まで遡る」としており、五世紀代に神宮祭祀が機能していたことは確実と思われ、その形式は延暦のころまでつながっていくと考えられる（「日本における古代祭祀研究と沖ノ島祭祀―主に祭祀遺跡研究の流れと沖ノ島祭祀遺跡の関係から―」『「宗像・沖ノ島と関連遺産群」研究報告Ⅱ―1』「宗像・沖ノ島と関連遺産群」世界遺産推進会議、平成二十四年三月。「古代の祭りと幣帛・神饌・神庫―古墳時代の祭祀遺跡・遺物から復元する祭具と祭式―」『延喜式研究』第二七号、平成二十三年三月）。

(31) 笹生衛氏は、御形を奉安する殿舎とその南の広い儀礼空間を中心に、南北の中軸線に沿って左右シンメトリーに配置される神宮の建物配置は、孝徳朝難波宮と同型であり、孝徳朝に神郡の設定や「大神の宮の司」の整備と平行して「神宮」が整備されたと論じている（「神の籬と神の宮―考古学からみた古代の神籬の実態―」『神道宗教』第二三八号、平成二十七年四月。同『神と死者の考古学　古代のまつりと信仰』吉川弘文館、平成二十八年一月）。

第三部　古代神祇伝承と古典解釈の研究

第一章「みこともちて」と「よさし」に関する基礎的考察

はじめに

「みこともちて」「よさし」とは神道古典に散見される語句である。例えば『古事記』(1)に、

於是、天神諸命以、詔四伊耶那岐命・伊耶那美命二柱神、「修二理固三成是多陀用弊流之国一」、賜二天沼矛一而、言依賜也。

とあり、「命以」は「みこともちて」、「言依」は「ことよさし」などと読まれてきた。この両語に関する本格的な研究は賀茂真淵・本居宣長らの古典注釈研究より始まった。本居宣長は『古事記伝』(2)で「みこともちて」を「命爾弖《ミコトニテ》と云むが如く」とし「ことよさし」については「事《コト》を其人《ノ》に依任《ヨセマカセ》て、執行《トリオコナ》はしむる意なり」と釈義した。

この後、多数の研究者によって様々な見解が提示されるようになるが、その研究の態度・方向性は大きく二つに分けられる。一つはこの両語をいわば思想的に、普遍的な意味・意義をもつものとして解釈する方向性である。例えば鈴木重胤は『延喜式祝詞講義』(3)で「みこともちて」を敷衍して日本国家の根本を述べ、「よさし」については「我が為す可き事を人をして代ら令る業なるが故に授とは別なり、授は我が任を総て人に附るにて、人に附託る上は我に預らぬを、依は然らず、何処迄も主客の相違こそ有れ依する方も依さるゝ方も相離れぬなり」とし、単なる語釈的理解

より踏み込んだ理論的・抽象的な解釈を施している。

この重胤の見解に折口信夫のみこともち論を取り込んで日本における普遍的な理論を提示したのが西田長男であった。折口は「みこともち」について「此みこともちに通有の、注意すべき特質は、如何なる小さなみこともちでも、最初に其みことを発したものと、尠くとも、同一の資格を有すると言ふ事である。其は、唱へ言自体の持つ威力であつて、唱へ言を宣り伝へてゐる瞬間だけは、其唱へ言を初めて言ひ出した神と、全く同じ神になつて了ふのである(4)」としているが、西田は重胤と折口の論を統合して「みこともちて―よさし」論とし、「依さしたものと依さされたものとの間には、主客の相違が甄別せられ、そうして主のほうが重く、客の方が軽いとせられるとはいえ、これらはあくまでも一体で、相離るまじきものである(5)」と述べる。

この西田長男の論は戦後の研究において多く引用され(6)、「みこともちて」「よさし」を論じた主要な研究の一つとなっている。しかし、いわば思想的にこの両語を論じた研究の多くは西田論がそうであるように、本質論を考える上で着目すべき点が多いが、普遍性が強すぎる嫌いがあり、具体的な古代の用例に基づいて両語の時代的・社会的背景を検討する必要があると思われる。

第二の方向性は、主に『古事記』を中心とした戦後の国文学的研究である(7)。具体的な『古事記』の用例に基づいて実証的に「みこともちて」「よさし」の意味・働きを論じたこれらの研究は、『古事記』という作品内における両語の意味・働きを考える上で大変有効であるが、『古事記』の成立した古代という時代において普遍的に通用するものであるのかは『古事記』以外の用例も含めて包括的な検討が必要であろうと考えられる。

そこで本章は『古事記』を始め『続日本紀』宣命（以下『続日本紀宣命』）『延喜祝詞式』といった古代の主要な古典における「みこともちて」「よさし」の用例を包括的かつ基礎的に検討することで、「みこともちて」「よさし」といった語がどのような歴史的・社会的背景の中で生まれてきたものなのかを考察してみたいと考える。七世紀以前に遡りうる文献史料はほとんど存在しないため古代の日本社会を実証的に考察することには限界があるが、「みこともちて」「よさし」という語の特性を検討することでおぼろげながら古代社会の基本的なあり方を描き出せればと考える。

一　用例の検討

本章では「みこともちて」「よさし」を『古事記』『日本書紀』『続日本紀宣命』『延喜祝詞式』を中心にして考察を行う。『古事記』『続日本紀宣命』(8)『延喜祝詞式』(9)の全用例を表2にまとめた。「みこともちて」と「よさし」それぞれの主体と客体、またその内容と思われるものを明示した。また、『延喜式』には所収されていないが、参考として「中臣寿詞」(10)の例も付した。

『古事記』において、「命以（みこともちて）」の使用は十二例あり、別に一例「以～之命」という形になっているものがある。その主体は一例ずつだけ「大御神」（伊耶那岐命）、「八十神」があるが、それ以外は天神（二例）、天照大御神・高御産巣日神（五例、それぞれ単独が一例ずつ）、天皇（二例）となっており、「命以」の主体はほぼ天つ神に限定されている。

『続日本紀宣命』に関しては五例「命以」が存在し、そのうち一例が「高天原神積坐皇親神魯棄神魯美命」、三例が天皇、一例が皇太后を主体としている。

『延喜祝詞式』と「中臣寿詞」においては十七例「命以」（一例「御言以」、寿詞では「命遠持天」）が存在し、その主体は六例が天皇（皇御孫）、一例が皇神（住吉の神）であり、残りの十例は「高天原尓神留坐皇睦神漏伎命、神漏弥命」

表2　「みこともちて」「よさし」用例

「みこともちて」

・『古事記』上巻

表　記	主　　　　体	客　　　　体	内　　　　容
命以	天神諸	伊耶那岐命・伊耶那美命二柱神	国の修理固成の言依
命以	天神	伊耶那岐命・伊耶那美命	伊耶那岐命・伊耶那美命への詔命
命以	大御神(伊耶那岐命)	速須佐之男命	須佐之男命への問い
命以	八十神	裸菟	菟への誨告
命以	天照大御神	正勝吾勝々速日天忍穂耳命	豊葦原水穂国の所知の言因
命以	高御産巣日神・天照大御神	八百万神，思金神，我御子	葦原中国は我御子の所知す国と言依したこと
命以	天照大御神・高木神	大国主神	葦原中国は我御子の所知す国と言依したこと
命以	天照大御神・高木神	太子正勝吾勝々速日天忍穂耳命	言依に随い天降り知らしめせ
命以	天照大御神・高木神	天宇受売神	天宇受売神への詔命
命以	天照大神・高木神二柱神	建御雷神	建御雷神への詔命

・『古事記』中巻

表　記	主　　　　体	客　　　　体	内　　　　容
命以	高木大神	天神御子	天神御子への覚し
命以	天神御子	八十膳夫	饗を八十建に賜う
以天皇之命	天皇	大久米命	伊須気余理比売に詔する

・『続日本紀宣命』

表　記	主　　体	客　　体	内　　　　容	年　　代
命以	高天原神積坐皇親神魯棄神魯美命	吾孫乃命	知食国天下(天下統治)の言依	孝謙天皇(第14詔)天平勝宝元年7月甲午(2日)
大命以	天皇	竪子卿等	朕の後に太后に能く仕え助けよとの詔	光明皇太后(第17詔)天平宝字元年7月戊申(2日)
御命以弖	太上天皇	卿等	卿等諸に語らえとの宣	孝謙太上天皇(第27詔)天平

表記	主体	客体	内容	年代
				宝字6年6月庚戌(3日)
御命以弖	朕御祖大皇后	朕(孝謙天皇)	岡宮御宇天皇の日継が絶えようとしている	同上
御命以天	天乃御門帝皇(聖武天皇)	諸臣等	太皇后に能く奉侍せよ	称徳天皇(第45詔)神護景雲3年10月乙未朔

・『延喜式祝詞』

表記	主体	客体	内容	祭祀
命以	高天原尓神留坐皇睦神漏伎命，神漏弥命	皇神等	天社国社の皇神等の前に皇御孫命宇豆の幣帛を称辞竟え奉る	祈年祭
命以	高天原尓神留坐皇睦神漏伎命，神漏弥命	皇神等	天社国社の皇神等の前に皇御孫命宇豆の幣帛を称辞竟え奉る	月次祭
命以弖	高天原尓神留坐須皇親神魯企神魯美之命	皇我宇都御子皇御孫之命	皇御孫之命は高御座に坐し大八洲豊葦原瑞穂之国を所知せよとの言寄	大殿祭
命以弖	高天原尓神留坐皇親神漏岐神漏美乃命	我皇御孫之命	八百万神等を神集えて神議り我皇御孫之命は豊葦原水穂之国を知所せよとの事依	晦大祓
命持弖	高天原尓神留坐，皇親神漏義神漏美能命	皇御孫命	皇御孫命は豊葦原水穂国を所知せよと天下し寄さす	鎮火祭
命以	高天原尓神留坐皇睦神漏伎神漏弥命	皇神等	天社国社の皇神等の前に皇御孫命宇豆の幣帛を称辞竟え奉る	大嘗祭
命乎以弖	高天之原尓神留坐須皇親神漏伎神漏美能命	皇孫之命	皇孫之命は豊葦原水穂国を安国と定め奉る	鎮御魂斎戸祭
御命以弖	天皇	祝詞申上者	皇大神の大前に大幣帛を捧げ持たしめて進る御命を申す	祈年・月次(内宮)
御命以弖	天皇	祝詞申上者	豊受皇神の前に大幣帛を捧げ持たしめて進る御命を申す	祈年・月次(豊受宮)
御命以	皇御孫	祝詞申上者	天照坐皇大神の大前に9月神嘗の大幣帛を捧げ持たしめて進る御命を申す	神嘗祭(内宮)

御命以弖	天皇	祝詞申上者	皇神の前に9月神嘗の大幣帛を捧げ持たしめて進る御命を申す	神嘗祭(豊受宮)
御命乎以弖	皇御孫	祝詞申上者	皇大御神の大前に雑御装束物54種，神宝21種を弁官を差使わせて進る状を申す	遷二奉大神宮一祝詞〈豊受宮准レ此〉
命以弖	高天之原尓神留坐弖，事始給志神漏伎神漏美能命	我皇御孫之尊	天之高市に八百万神等を神集え神議り我皇御孫之尊は豊葦原水穂之国を所知せよと天降し寄さす	遷二却祟神一詞
御言以弖	天津神	皇御孫之尊	経津主命健雷命2柱神等を天降し神攘い神和し皇御孫之尊を天降し寄さす	遷二却祟神一詞
御命以弖	皇御孫尊	祝詞申上者	住吉の皇神等前に幣帛を捧げ賷しめて進ると申す	遣唐使時奉幣
命以弖	皇神	皇御孫尊	船居は吾作らむと教え悟す	遣唐使時奉幣

・『中臣寿詞』

表　記	主　　　　体	客体	内　　　　容
命遠持天	高天原仁神留坐須皇親神漏岐・神漏美乃命	皇孫尊	八百万神等を集え皇孫尊は高天原に事始めて豊葦原瑞穂国を所知し瑞穂を所知せよと事依す

「よさし」

・『古事記』上巻

表記	主　　　　体	客　　　　体	内　　　　容
言依	天神諸	伊耶那岐命・伊耶那美命二柱神	国の修理固成
事依	伊耶那岐命	天照大御神	高天原の所知
事依	伊耶那岐命	月読命	夜之食国の所知
事依	伊耶那岐命	建速須佐之男命	海原の所知
依	伊耶那岐命	三貴子	三貴子への分治
命	伊耶那岐命	速須佐之男命	海原の所知
事依	伊耶那岐大御神	速須佐之男命	海原の所知
言因	天照大御神	我御子正勝吾勝々速日天忍穂耳命	豊葦原水穂国の所知
言依	高御産巣日神・天照大御神	我御子	葦原中国の所知
言依	天照大御神・高木神	我御子	葦原中国の所知
言依	天照大御神・高木神	太子正勝吾勝々速日天忍穂耳命	豊葦原水穂国の所知
言依	天照大御神・高木神	日子番能邇邇芸命	豊葦原水穂国の知(統治)

・『続日本紀宣命』

表記	主体	客体	内容	年代
依之	天坐神	天都神乃御子	大八嶋国の知次(統治)	(第1詔)文武天皇元年8月庚辰(17日)
与佐斯	高天原尓神留坐皇親神魯岐神魯美命	吾孫	知食国天下(天下統治)	聖武天皇(第5詔)神亀元年2月甲午(4日)
言依	高天原神積坐皇親神魯棄神魯美命	吾孫	知食国天下	孝謙天皇(第14詔)天平勝宝元年7月甲午(2日)
事依	高天原神積坐皇親神魯弃神魯美命	吾孫	知食国天下	孝謙天皇(第23詔)天平宝字2年8月庚子朔
依之	天皇	誰(藤原左大臣)	太政官之政	光仁天皇(第51詔)宝亀2年2月己酉(22日)(第51詔)

・『延喜式祝詞』

表記	主体	客体	内容	祭祀
依左志	皇神等	皇御孫命	奥津御年	祈年祭
依左志	皇神等	皇御孫命	奥津御年	祈年祭
依志	皇神等	皇御孫命	皇神の敷坐す八十嶋	祈年祭
寄	皇太御神	皇御孫命	皇神の見霽す四方国	祈年祭
寄志	皇神等	皇御孫命	奥津御年	祈年祭
寄志	皇神等	皇御孫命	奥津御年	祈年祭
寄志	皇神等	皇御孫命	皇神の敷坐す八十嶋	月次祭
寄志	皇太御神	皇御孫命	皇神の見霽す四方国	月次祭
依志	皇神等	皇御孫命	奥津御年	月次祭
依志	皇神等	皇御孫命	奥津御年	月次祭
言寄	高天原尓神留坐須皇親神魯企神魯美之命	皇我宇都御子皇御孫之命	大八洲豊葦原瑞穂之国の所知	大殿祭
事依	高天原尓神留坐皇親神漏岐神漏美乃命	我皇御孫之命	豊葦原水穂国の知所	晦大祓
依志	高天原尓神留坐皇親神漏岐神漏美乃命	我皇御孫之命	豊葦原水穂国の知所	晦大祓
依左志	高天原尓神留坐皇親神漏岐神漏美乃命	皇御孫之命	豊葦原水穂国の知所,天降し	晦大祓

依左志	高天原尓神留坐皇親神漏岐神漏美乃命	皇御孫之命	四方之国	晦大祓
所寄	高天原尓神留坐，皇親神漏義神漏美能命	皇御孫命	豊葦原水穂国の所知，天下し	鎮火祭
事寄	高天原尓神留坐，皇親神漏義神漏美能命	祝詞申上者	天都詞太詞事	鎮火祭
所寄	高天之原尓神留坐弖，事始給志神漏伎神漏美能命	我皇御孫之尊	豊葦原水穂之国の所知，天降し	遷㆓却崇神㆒詞
所寄	天津神	皇御孫之尊	天降し	遷㆓却崇神㆒詞
所寄	天津神	皇御孫之尊	天降し	遷㆓却崇神㆒詞

・『中臣寿詞』

表記	主　　体	客　体	内　　容
事依志	高天原仁神留坐須皇親神漏岐・神漏美乃命	皇孫尊	豊葦原瑞穂国の所知
事依	神漏岐・神漏美命	天忍雲根神	天乃天玉櫛
事依	神漏岐・神漏美命	天忍雲根神	出でる天の八井を天都水と聞食せ
依	神漏岐・神漏美命	天忍雲根神	天乃天玉櫛，出でる天の八井を天都水と聞食せ

である（一例「天津神」と言い替えている）。その十例のうちの六例は神話（天孫降臨）表現に絡んで使用されている特徴があり、天皇が主体となっているのは奉幣のさいの祝詞のみである。

以上から、「みこともちて」の主体は多く天つ神と天皇であり、神話表現に絡んではほぼ天つ神に集約されていると考えられる。また、天皇が「みこともちて」の主体となるのはその対象が天皇の臣下であるか、神に幣帛を捧げるために使いが宣読する祝詞においてのみである。

「よさし」は『古事記』には十一例あり、それぞれ「言依」「事依」「依」「言因」と表記されている。別に一例「命」と書いて「よさし」と訓じている例がある。その主体は伊邪那岐命が六例、四例が天照大御神・高御産巣日神、一例ずつ「天神」、天照大御神が存在する。「よさし」に関してはその内容に統一性が強く、国の修理固成、高天原・夜の食国・海原の統治、葦原水穂国の統治のみであり、いわば国土の統治に限定されて使用されている。『古事記』において、国の修理固成→高天原統治

↓葦原水穂国統治は天孫降臨以後、また神武天皇以降の歴代天皇の天下統治（「治天下」）に連続していくものとなっており、天皇の天下統治の由来、ないしは根源を示すさいに用いられると言ってよい。また『古事記』において注意すべきは、「みこともちて」の使用は上巻と神武記のみで、「よさし」に至っては上巻のみにしか見られないことである。『古事記』は「みこともちて」「よさし」の使用を神世界の中に限っていると言え、そこからこの両語が神との強い接近性をもっていることが看取される。[12]

『続日本紀宣命』における「よさし」においても、その内容は第五十一詔を除いて天皇の天下統治に関したものとなっている。しかも宣命に関しては「よさし」の主体が天の神、客体は天皇で統一され（第五十一詔を除く）、まさに天皇の天下統治の由来とその正統性を示すさいの文言となっている。

この傾向は『延喜祝詞式』においても顕著であると言える。祝詞における「よさし」の内容は、「御年」・「八十嶋」・「四方国」（祈年祭）、皇孫の天下統治・天降り（大殿祭・大祓・鎮火祭・遷却祟神詞）、「天都詞太詞事」（鎮火祭）、「天玉櫛」・「天都水」（中臣寿詞）などとなっている。祈年祭・月次祭以外の諸祭における「よさし」はほぼすべて天下統治ないしは天孫降臨神話と関連した表現に際して使用されている。

「みこともちて」と「よさし」の両者を伴うものは『古事記』に五例、『続日本紀宣命』に一例、『延喜祝詞式』と「中臣寿詞」に四例見ることができる。両者は必ずしも相伴って使用されるわけではないものの、両者が伴うさいは天下統治か天孫降臨神話に関連する表現、伊耶那岐命・伊耶那美命への修理固成、三貴子への分治のみであり、宣命と祝詞に限っては天皇の天下統治・天孫降臨神話に関連する表現のみである。

「みこともちて」の表記はほぼ「命以」で動かないが、「よさし」の表記に関しては、宣命は「依之」「与佐斯」「言依」「事依」「任之」、祝詞は「依左志」「依志」「寄」「寄志」「寄志」「依志」「言寄」「事依」「事寄」「所寄」「依」などとなっている。『古事記』では「ことよさし」でほぼ統一されているが、宣命、祝詞では「ことよさし」と「よさし」は混用され（大祓・鎮火祭・中臣寿詞では同一祝詞中に両例が見られる）、その「よさし」の主体・内容も「よさし」と「ことよさし」で違いは見受けられない。「ことよさし」の「こと」がどういった意味・働きをもっているのかについては諸説あるが、[13]用例の全体的な把握からすると「よさし」と「ことよさし」は同義の語であり、両者は基本的に通用されていたとみてよいだろう。

以上を総合すると、「よさし」は皇祖神である天つ神からの「豊葦原水穂国」などと称される天皇の天下統治ないしはそれに付随する表現（穀物、国）に限定されるが、「みこともちて」は「よさし」に比べればやや広い範囲で使用されている（天皇から臣下に対するものや奉幣）。しかし両者ともその主流となっているものは天皇の天下統治やその由来となる神話に関連したものであり、両者が相伴うものはその表現に限定される。つまり「みこともちて」「よさし」とは皇祖神から天皇への天下統治の委託・委任を表現する常套句であり、それは天皇の天下統治の正統性を示すものであるということが、『古事記』『続日本紀宣命』『延喜祝詞式』に通底していると言ってよい。

次に「みこともちて」「よさし」の文章の特徴であるが、多くの場合「Aのみことをもって、Aが〜よさす」という文章構成になっている点が注目される。

天照大御神・高木神之命以、詔二太子正勝吾勝々速日天忍穂耳命一、「今、平二訖葦原中国一之、白。故、随二言依賜一降坐而知看」。（『古事記』）

（天照大御神・高木神のみことをもって、〈天照大御神・高木神が〉天忍穂耳命に詔するには、〈天照大御神・高木神が〉ことよさしたように葦原中国を治めよ）

高天原神積坐皇親神魯棄神魯美命以吾孫乃命乃将知食国天下止言依奉乃随（『続日本紀宣命』第十四詔）

（天つ神のみことをもって、天つ神の孫に天下をおさめよと、〈天つ神が〉ことよさした）

高天原尓神留坐、皇親神漏義神漏美能命持弖、皇御孫命波、豊葦原能水穂国乎、安国止平久所知食止、（『延喜祝詞式』鎮火祭）

（天つ神のみことをもって、〈天つ神が言うには〉葦原水穂の国を治めよ）

例えば以上三例は概ね「天つ神の命を以て、御子・皇孫に天下統治を依任する」という意味だが、「よさし」に関してはとくに明示はしていないものの「みこともちて」「よさし」両者ともその主体は「天つ神」である。厳密に訳せば、「天つ神の命に従い、（天つ神が詔するには）天つ神が御子・皇孫に天下統治を委託する」ということになる。この傾向は『古事記』上巻の全用例と、中巻（神武記）の一例（高倉下の夢に天照大神・高木神が出てきたさいの「命以」）に通底しており、祝詞・宣命においても、天つ神の「命以」「よさし」の場合は、必ず以上のような語構成（主体が重複していく）になっている。

一般的に、「〜の命をもって……する」と言った場合、「〜の命」の主体者と、「……」の主体者とは、別々であることが多い。例えば、神武記の残る二例の場合、

天神御子之命以、饗賜㆓八十建㆒。

（天つ神の御子のみことをもって、〈八十膳夫が〉八十建に饗を賜わせた）

大久米命以㆓天皇之命㆒、詔㆓其伊須気余理比売㆒之時、

（天皇のみことをもって、大来目命がイスケヨリヒメに詔りしとき）

となっており、「Aの命をもって、Bが〜する」というように、天皇の命によってその配下が事を行う、という構成になっている。こちらのほうが「命」を与える主体者とその命を負い持つ「みこともち」が「命」「以」を挟んで

別々に一度ずつ登場するから、文章の構成的には筋が通る。これ以外の用例は概ね「Aの命をもって、Aが〜する（Aがよさす）」という構成になっている。ここでの「以」を「〜で」「〜によって」という意味にとると、「Aの命によってAが〜する」という意味になってしまう。この部分については、坂根誠氏が「即ち、ここには、その「仰せ」を伝達する存在が想定されているとは考えられないだろうか」(14)と指摘している通り、神の命を伝達する第三者の存在を暗に前提とした語構成となっているのではないか。「神の命は以下である、神は〜を依任なさった」と「みこと」の伝達者がその「みこと」を人に伝えている場においてこそ「命」と「よさし」の主体が同一の存在とする語構成になるのである。でなければ、「〜のみことをもって」実際に行動するのはその「〜」の命を受けた者なのだから、神武記の二例の通りの語構成になるであろう。とくに神武記最後の例は「以」と「命」が分離しており、『古事記』上巻の「命以」とはその語構成も性質も類似のものとは言いがたい。

神の命を「負い持つ」者は、「みこともち」と表現されるであろうが、その「みこともち」とは、まさに、口頭で唱えられた「みこと」を「負い持」って別の者に伝達する存在である。そのため『日本書紀』においては、「国司」や「宰」といった語が「みこともち」（この場合は天皇の命を負い持つ派遣官）と訓ぜられてきたのであり、その「みこともち」が「みこと」を負い持つ「場」が「命以（みこともちて）」の場として表現されてきた、と考えられるのではないか。(15)つまり「〜命以……」という構文は、「みこともち」である対象者に「みこと」を与えるさいの神事的・儀式的な「場」の表現をしたものであり、「みこともちて」「よさし」の章句を神の「みこともち」ないしは祭祀者が神の「みこと」を「みこと」の対象者に伝える場を想起したとき「神のみことをもって神がよさす」という文章構成は自然なものと理解される。「みこともちて」「よさし」は、その「命以」の文章構成の特質性から「みこと」を口頭で伝達する「場」から生まれてきたものと想定できる。

次に『日本書紀』の用例の検討を行いたい。

「みこともちて」という表現は『日本書紀』には出てこない。『日本書紀』で一番近い表現は大化元年（六四五）と三年の詔勅の「惟神」と「随天神之」であり、前者は『続日本紀宣命』に散見される。

『日本書紀』の古訓で「よさす」と読んでいる字は「任」「拝」「封」「寄」「命」などがあり、適宜「よさす」や「まける」などと読まれてきた。(16)以下、「委託・委任」の意味で使用され、「よさし」との和訓が付されたものの内訳をあげる。(17)

「任」は三十三例中十七例が「ヨサス」（うち四例が神代巻）、八例が「マク」、二例「メス」、一例「アック」、一例「タヘル」、一例「ツカサ」。

「封」は二十九例中二十二例（ほぼすべて）「ヨサス」と読む。

「拝」は二十一例中三例が「ヨサス」、「マク」が三例、「サダム」が一例、「メス」が十二例。

「寄」は四例中二例が「ヨサス」で、両者とも大化詔勅。

「命」は漢籍における「天命」の和訓で「アマツヨサシ」が二例。

別の和語の訓が併記されている箇所は「任」で四例、「封」で一例ある。

『日本書紀』において「よさし」と和訓されているものは様々なバリエーションで使用されており、舒明天皇即位前紀の「天下大任」（「あめのしたはおおいなるよさしなり」）などのように、天下統治を意味するものもあれば、皇子や臣下に地方統治や職などを委託、任命するものも多い。「マケ」という読みが「ヨサス」と混用されているのも大きな特徴である。『日本書紀』の和訓に従えば、「まけ」も「よさし」も似た意味で使用されていたとみてよいかもしれない。

だが『日本書紀』の訓は後代の人々が漢文につけたものであり、同時代、またはそれ以前からそう読まれていたことを保証するものではない。築島裕氏は、

『日本書紀』の撰述は、中国の『史記』などの歴史書を模倣して製作したもので、原則として正規の漢文で綴られた史書で、多分に対外的な意識の表現であったとされている。しかしその本文の読み方は、当初は、或る場合には漢字音で中国語として音読し、或る場合には国語として訓読したと推測される。「少女、此云烏等咩」のような注文が、本文の中に随所に注記されてゐて、「少女」は漢字音で「セウヂヨ」と読み、「此云烏等咩」を「ココ（日本）ニハ、ヲトメトイフ」と読んだことは、本文を字音で読んでゐたことを前提として初めて理解される（中略）『日本書紀』訓読の最大の特徴は、全文が殆ど和訓だけで読まれてゐることであって（中略）『日本書紀』の場合には、古事記とは全く状況が異なり、本来、正式の漢文で綴られた書を、後人が懸命に和風に訓読したといふのが真相であらう。[18]

と述べ、『日本書紀』は漢文として読まれることを念頭において撰述されたものであるが、撰述直後から日本語に訓読したと言う。『日本書紀』の古訓とは、いわば日本語への翻訳であり、字句をそのまま読んだものではないのではないだろうか。また、『日本書紀』に存在する多数の訓注は日本語を知っている読者でなければ理解できないものであり[19]、『日本書紀』は外国人が読んでも理解できる漢文（中国語）で書しながら、日本の人々が読むことも念頭において撰述されていた[20]。『日本書紀』は漢籍を用いて作文しながらも、日本で作成された様々な記録類を漢文に翻訳しなければならなかった。そして完成した『日本書紀』の漢文を再度日本語に翻訳しなおしたのが『日本書紀』の「訓」である。それは必ずしも原資料の読みであるとは言い切れないものであり、読み手の研究の質・方向性・時代性によって変化が生じる。「日本書紀私記」や古写本に付された訓が基本とはなろうが、「訓」が「翻訳」であるとする理解

が妥当なものであるならば、研究の系統、研究の進展によって複数の「訓」（＝読み、理解、解釈）が生まれることは避けようがない。

つまり、『日本書紀』の用例はほぼ総じて、必ず「よさす」「まける」などの訓に限定して訓まなければいけない、と文献そのものからは読み取ることはできず、訓み手の系統によって様々に訓が変化する可能性がある。例えば『日本書紀』の訓点がついた最古の写本（平安中期ごろ）である京都国立博物館蔵の東洋文庫岩崎文庫旧蔵本[21]には、平安中期・院政期・室町期の三つの時期に訓が加点されているが、巻二十四（皇極天皇）における平安中期と院政期の訓点が互いに異なっている箇所は百七十七ヵ所存在し、別系統の訓が一冊に付されたことが知られる[22]。また、同本における皇極天皇二年十月己酉条「遂詔二国司一如二前所勅一更無二改換一宜下之二厥任一慎中尓所上治」の「任」の訓は、「任」の字の右側に薄い朱筆で「マケ給ヘルトコロ」とあり、左側に太い墨筆で「マケタマヘルトコロ」とあって平安中期・院政期の加点で変化はない。しかし「任」の字と右側の朱仮名の間に細い墨筆で「ヨサシトコロニ」とあり、室町期の一条兼良による加点においては大きく訓が変化していることがわかる。古く訓が一定している語においても、時代によって訓が揺らぐことのあることが確認できる。『日本書紀』の訓の段階においては、マケもメスもヨサシも同列に任命という意味で扱われており、つまり、上代の任命一般の語としての「よさし」という普遍性をもった言語観念が『日本書紀』の訓には内在していると言える。つまり、任命するという意味での「任」「封」「拝」などという漢字の使用と、「よさす」という語の使用は別の場で生まれたものと考えたほうが妥当であり、それは漢字で表記する文字表現の場と、声に出して唱える語りの場である。語りとは祝詞などに代表され、漢字表現とは『日本書紀』であり、語りと文字とを混交させたのが『古事記』であったのである。

この視点は冒頭に引用した鈴木重胤のいう「よさし」と「授く」は違う、という指摘の検証に応用できる。「よさし」と「授く」は『日本書紀』と『続日本紀宣命』において混用されている。

『日本書紀』神武天皇即位前紀

昔我天神。高皇産霊尊。大日孁尊。挙二此豊葦原瑞穂国一而授二我天祖彦火瓊瓊杵尊一。

『続日本紀』文武天皇元年八月庚辰（第一詔）

天都神乃御子随母天坐神之依之奉之随此天津日嗣高御座之業止現御神止大八嶋国所知倭根子天皇命授賜比負賜布貴支高支広支厚支大命乎受賜利恐坐弖

ここで使われている「授」は、『古事記』や『延喜祝詞式』において「言依」「依」などの語で天下の国土統治などを「よさす」用例に相当する意味内容である。『続日本紀宣命』の文武元年（六九七）に至っては、明確に「よさし」と「授」（さずく）をほぼ同じ用法で混用している。このことは西田長男も、「中国思想の影響による言語情緒の変化によるものであろうか」とし、この先蹤が『日本書紀』に見えるとしている[23]。

この「よさし」と「授」の混用は、『古事記』『延喜祝詞式』には認められず、この二つの古典においては重胤の指摘は通用する。しかし、『日本書紀』と『続日本紀』においては、もはや「よさす」も「さずく」も「依」や「授」や「拝」などの漢字とともに、委任・任命の意でひとまとめに使用されているとみるべきだろう。これは漢字という文字（いわばより普遍性をもった「ことば」、それは実際に話された「ことば」という空間的に物理的に時間的に限定されたものとは違い、より概念的かつ観念的に物事を思考させる）の使用と声で話された和語との接合によって、「委任」という観念が先行し、その観念に文字をあてはめた結果なのではないだろうか。委任や任命という普遍的な意味からすれば、「よさし」も「さずく」も「依」や「拝」もほとんど違いはない。逆に実際に話されたことばとしての「よさし」は普遍的な任命という意味に必ずしも収斂せず、その実際に話された場や状況と不可離であり、その話された瞬間のみにしか存在せず、「よさし」と連関したことばと状況の記憶の中にしか残らない。この違いは「声の文化」から「文字の文化」への移行を背景にもつ。であるから、文字による歴史の表現である国史と声による言葉の語りである祝詞で、ことばの使用法に違いが生じるのである。宣命も基本は声による語りの文化ではあるが、「律令」という文字による国家統治を開始した七世紀末以降においては、声で唱えた言葉の記憶に加えて文字で書くという行為、また文字で書かれた文章を読みあげるという行為からの影響がその言葉づかいに質的変化をもたらしていたと想定される。それはもちろん祝詞にも影響を与えたはずであるが、『延喜祝詞式』において「よさし」と「さずく」が混用されなかったことは、祭祀の場における定型句の記憶の強さ、神祭りにおける「よさし」の神聖性、また強い口頭性を物語っているとも思われる。昔から今まで、祝詞は、まさに声による言葉の文化なのである。

二　「みこともちて」「よさし」の社会的背景

W－J・オングは、その著書『声の文化と文字の文化』[24]で、「声の文化」の特徴を的確に指摘している。「声の文化に属する〔人びとの〕認識世界 noetic world ないし思考の世界の全体が、そうしたきまり文句的な思考の組み立てに頼っていたからである。ことばがもっぱら声であるような文化においては、いったん獲得した知識は、忘れないように絶えず反復していなくてはならない。知恵をはたらかすためにも、そしてまた効果的にものごとを処理するためにも、固定し、型にしたがった思考パターンがどうしても欠かせなかった」。

「すべての音声、とりわけ口頭での発話は、生体の内部から発するのであるから、「力動的 dynamic」なのである」。ここではことばは魔術的で、名前は札のようなある種の記号などではなく、ものに力を吹き込むことである。逆に

「活字に深く毒されている人びと」は、ことばが力によって生み出されるものであることを忘れ、ことばを「ある平面上に「なげだされた」モノのように考える傾向」があり、そこではそういったモノは、「根本的な意味では、死んでいる」。

オングは主に西洋文化の枠の中で語っているが、これらのことは日本における『古事記』などに所収された古伝承や『延喜祝詞式』とに通底する特徴である。日本の神名は例えば「天邇岐志国邇岐志天津日高日子番能邇邇芸命」（『古事記』）のようにそれ自体で言祝ぎのことばである。「うけい」神話や天の石屋戸神話や歌謡、祝詞などは、韻律的で対句的で相似的なフレーズの連続によって構成されている。これは、これらの伝承や詞章が、声によってのみ伝えられてきた時代のあったことを物語っている。その表現は、語る時代や発話する人によって変化・変更してきたであろうが、それが文字となって記録されたときに、それらのことばは空間にとどめられ、記録されたときそのままの形で保存された。それが『古事記』や『延喜祝詞式』なのである。そしてそれは祭式においても同じことが言えよう。文字のなかった時代から祭儀は声と動作によって表現されてきた。その「式」は主に記憶のなかにあり、それは祭祀を斎行するたびに思い出され、再現されてきた。『貞観儀式』や『延喜式』でみられる祭祀や儀式は、ある一定の共通したやり方をもっており、祭祀それぞれの特徴はあるものの、祭式は祝詞式と同じく相似的で反復的で型にはまった動作によって秩序づけられ組織化されている。そこには文字がなかった時代からの人々の想いが込められているのである。

オングは、「話されることばは、音〔音声〕という物理的な状態においては、人間の内部から生じ、〔それゆえに〕人間どうしをたがいに意識をもった内部、つまり人格 person として現れさせる。そのゆえに、話されることばは、人びとをかたく結ばれた集団にかたちづくる。一人の話し手が聴衆に話しかけているとき、聴衆は、ふつう、かれらのあいだで、また、話し手とのあいだにおいても、一体となっている」と言う。

これはつまり、声によって発せられたことばでコミュニケーションをとる文化においては、その声という人格的・物理的なものが話し手と聴衆を集団化して一体化する、ということである。そしてそれは、その話し手の語る内容が集団を生み出すのでなく、話し手のことばに耳を傾ける聴衆の存在によって、その話し手のかたりのことばや内容が集団的で公共的なものとなるのである。これは、天皇や神の「みこと」を負い持った「みこともち」が在地の共同体の人々の前でその「みこと」を声によって語るという「場」において、「みこともち」とその面前の人々とを一体のものとし、互いを共同体化させると言い換えられる。つまりこの「みこともち」の場とでも言うべき祭儀の場が重要なのであり、そのなかで神や天皇の「みこと」に基づいて「よさす」という祭儀的任命が表現される。これが声の文化における「公共性」なのである。これは原則的に任命の儀が今日に至るまで口頭、対面で行われていることと軌を一にする。(25)

以上指摘してきたことを敷衍して神と人との関係性を考えると、神のみことを聞く、ないしは神の命を受ける、ということがその神と人とを一体的なものとして認識することを可能にする。例えば天皇は天つ神からの命を受けることで神ながら天下統治を行うことができるのであり、ここで天つ神から任命されることが天皇の正統性の根拠となる。これが天つ神からの「よさし」の論理である。そして「みこともちて」「よさし」の根源とは、神と人との対面性にあると言うことができる。神と神を祭る者が対面して直接神の言葉を聞いたと信ぜられるからこそ、神を祭る者がその神の「みこともち」とされるのである。この神との対面性の上に祭祀が成立しうるのではないか。「よさし」は『古事記』においては上巻にしか登場せず、神と強く結びついた言葉であった。『皇太神宮儀式帳』における伊勢在地奉仕者による由貴大御饌神事の式次第に祝詞は見られず、古代では御饌奉仕にあたって言葉は要らなかった。神に御饌を奉るという行為そのもので祭祀は完結し、言語によってその行為を表現することをしなかった。つまり、神と人との関係性自体は言語以前のものであると想定されるのである。しかし、その神と人との関係性や祭祀行為などを人に語るさいには言葉が必要である。その言葉が定型化されて「みこともちて」や「よさし」が生まれたのであろう。「みこともちて」「よさし」とは、神と人との対面性を前提として成立したやまとことばなのではないだろうか。ここでの日本（倭）という世界は、声による対面的な人的結合を核とした分節的な社会と表現されよう。

三　日本国家の歴史的発展段階における「みこともちて」「よさし」の根源

文書を介した伝達が主流となる以前は、「みこと」を負い持つ「みこともち」が独立した各共同体を話された「ことば」によって接合していたと考えられる。そうした古代社会のあり方と、国家の歴史的発展を考えたとき、画期となるのが雄略天皇であろう。稲荷山古墳出土鉄剣銘(26)には、

辛亥年七月中記乎獲居臣上祖名意富比垝其児多加利足尼其児名弖已加利獲居其児名多加利披次獲居其児名多沙鬼
獲居其児名半弖比
其児名加差披余其児名乎獲居臣世々為杖刀人首奉事来至今獲加多支鹵大王寺在斯鬼宮時吾左治天下令作此百練利
刀記吾奉事根原也

と記されている。この「獲加多支鹵大王」は「ワカタケ（キ）ル（ロ）大王」と読み、雄略天皇に比定されている。ここにみられる「治天下」は江田船山古墳出土鉄刀銘(27)にも「台（治）天下獲□□□鹵大王世」とみえ、ワカタケル大

王と「治天下」がセットで用いられることが通用していたと想定される。雄略天皇は『宋書』倭国伝における倭王「武」であると考えられ、中国の冊封体制下に入りながら中国の「天」とは違った日本独自の「天下」という発想が存在していたと推定される。順帝の昇明二年（四七八）を最後に中国への遣使が見えなくなることもあわせると、五世紀末のころには、日本は独自の意識をもって国家統治を進めていたことは確かだろう。

この「治天下」の「天」と、「天つ神」の「天」とは同じものであると考えてよいのではないだろうか。「天下」という語は中国からの輸入語であり[28]、当時において「天」を「あめ」と訓んでいたかは不明であるが、「天下」が指し示すのは当時の大王が治めていた天下＝大王の勢力範囲であり、それは後の文献で天つ神が天皇によさした天の下＝天皇の統治する大八嶋国と概念的には全く同じである。稲荷山鉄剣銘には「意富比垝」（オホヒコ）から始まる「乎獲居臣」（ヲワケのシン）の系譜が確認でき、おそらく東国から中央へ出仕し、地元に戻って葬られたヲワケという東国の一豪族に、伝説上の存在であろう「オホヒコ」（後に孝元天皇の皇子大彦命と記述される）からの系譜が存在していることは、ヲワケと同時代、さらにはそれ以前から大王の系譜も存在していたと想定すべきである[29]。当時において大王の系譜が何の神、もしくは何の王から始まるのかは不明ではあるが、日本独自の「天下」概念の成立をあわせれば、天の神から大王への系譜の存在を想定しても問題はないのではないか。「よさし」という語で語られていたかは不明だが、むしろ、天の神から大王への国家統治の委任という「かたり」ないしそれを示す系譜の語りがあってはじめて「治天下大王」の正統性が了承されるのではないだろうか。天の神から大王への委任のかたり、またそれを示す系譜がなければ、「治天下」という語はひどく観念的なものとなって宙に浮いてしまい、国内社会において通用しなかっただろう。律令前代における王や氏族の正統性は系譜によって明示され、それが語られることで共同性をもつ。文字による明示や伝達がとても特殊ものであった当時の時代においては、人と人が対面し実際に話されることばをやりとりすることで社会の共同性が生まれる。「みこともちて」「よさし」の原義とは、この直接的対面性＝「命以」＝「みこともちの場」にあり、そこで話されることばによる正統性の確立と共同性の獲得にある。

限られた史料から時間軸を設定すると、まず、「治天下大王」（五世紀末）のころには、大王の素朴な系譜が想定される。「天下」＝大王の勢力範囲＝大王の始祖神より委託（倭の王という地位の継承）された世界、であり、「みこともちて―よさし」の言説の原型（大王の系譜の語り）の形成が想定される。

「倭王姓阿毎、字多利思比弧」（アメタリシヒコ）（『隋書』倭国伝、開皇二十年〈六〇〇〉）から、推古朝では確実に「アメ」と大王が直接的に結びついていると言える。天つ神からの系譜の言説が推古朝で一度体系化された[30]可能性を示唆する。

七世紀末より形成された文献には、「現御神」・「食国天下」（『続日本紀宣命』）・「坐畝火之白檮原宮、治天下也」（『古事記』）などの言葉が見え、天皇の「治天下」の正統性の根源である始祖神が「天坐神」「高天原尓神留坐皇親神魯岐神魯美命」（『続日本紀宣命』）などの天つ神として明示された。『古事記』『日本書紀』においては天つ神の神話世界が形成されており、七世紀末以降天皇は「アキツミカミ」と呼称され天つ神との一体性が強固となる。これは「治天下大王」から数段先に進んだものである。

日本の国家形成は、ある時期に一気に進んだものではなくて、段階的に進展してきたと考えるべきであろう。この発展段階の中で、七世紀末以降の文字化され体系化された言説よりも、それ以前の素朴な世界の対面的な人的結合にこそ「みこともちて」「よさし」の根源が発見されるのではないだろうか[31]。『稲荷山古墳出土鉄剣銘』より、大王の系譜が傍証されるなら、その系譜の上祖と大王との対面的関係も想定される。この祖との対面的関係とはつまり大王の祖先祭祀であり、それは外部に向かっては自らの正統性を系譜の語りとして表現し、それは大王の地位継承を示す。

これは大王の祭祀対象である祖の重大性を前提とし、それが「治天下大王」を正統化する。これは大王の治める「天下」の正統性が大王の祖に由来するということであり、大王の上祖とは「治天下」を正統化しうる存在である。それはまさに「天」の神として示されるべきものであると考えられる。

おわりに

稲荷山鉄剣銘は、ヲワケの系譜がオホヒコから始まることを第一に掲げ、ヲワケは大王の系譜に連なってはおらず、それでいて大王への奉事の根源を示している、という点に注意したい。(32)これは、古代の氏や共同体が基本的にはそれぞれが独立し不介入であるという古代社会の基層を指し示す。元来別々であった個々の氏がそれぞれの利害に基づいて共同化していくなかで、系譜や上祖が集合され、共有されていく。こういった氏々の政治的なグループ化は最終的に王統譜への編入に向かっていく。それぞれ独立していた氏族が集まってクニとしての共同性をもつには大王が必要であった。その大王の正統性とは、大王の系譜と天つ神からの天下統治の委託のかたりとして表れるようになり、この文節的な社会を結合していたのは実際に話されたことばを負い持つ「みこともち」であった。「みこともちて」「よさし」の根源とは、「命以」の文章構造が指し示すように、実際にことばが話される場にあった。その場とは「みこともち」の場とも祭儀の場とも言いえられよう。つまりは神と人との対面性を前提にし、そこから人と人とが対面して祭祀・儀式を行い、ことばをかたる、ということのなかに「みこともちて」「よさし」の淵源が発見される。そして「みこともちて」や「よさし」の具体的な言説が国家の正統性を指し示すものとして天つ神と天皇に集約されていくのである。現在披見できる文献においては、「みこともちて」と「よさし」はほぼすべて天皇と国家統治に集約されているが、その原義から考えれば、それは天つ神と天皇との関係だけでなく、各氏族や共同体における神と人との関係にもあてはまるものである。日本社会の共同性の根源とは、何らかの観念に従属するものではなく、神と人、人と人との対面的で人間的な結合関係にあり、それが積み重なって古代社会を形成し、今日まで続く日本という国の基礎となったと考える。

註

（1）西宮一民編『古事記　修訂版』（おうふう、平成二十四年三月）。
（2）『本居宣長全集』第九巻（筑摩書房、昭和四十三年七月）。
（3）『鈴木重胤全集』第十（鈴木重胤先生学徳顕揚会、昭和十四年五月）。
（4）『折口信夫全集』第三巻（中央公論社、平成七年四月。初出「神道に現れた民族論理」『神道学雑誌』第五号、昭和三年十月）。
（5）西田長男「祭りの根本義—『延喜式祝詞』を中心として—」（『日本神道史研究　第二巻古代編（上）』〈講談社、昭和五十三年四月〉より。初出は「神の「よさし」」〈『日本宗教思想史の研究』理想社、昭和三十一年九月〉。原型は『神道論』〈『大倉精神文化研究所紀要』第四冊、昭和十八年七月の「第二三節」「第三章」〉にあり）。
（6）三橋健「近代化と神道—職業倫理を中心にして—」（『神道宗教』第七五〜七九号、昭和五十年三月）、入江湑「コトヨサシの解義」（『皇學館論叢』第一八巻第二号、昭和六十年四月）、梅田徹「『古事記』の神代—根本原理としての「コトヨサシ」—」（『国語と国文学』第六二巻第八号、昭和六十年八月）、鈴木啓之「古事記神話における「ミコトモチテ」「コトヨサシ」の意義」（『國學院大學大学院紀要　文学研究科』第二〇輯、昭和六十三年三月）、坂根誠「「ミコトモチ」の意義—「コトヨサシ」の役割とともに—」（『日本文学論究』六四、平成十七年五月）、同「「古事記」国譲り段冒頭部の解釈—「言因賜而」の訓読を中心として—」（『古事記年報』第五〇号、平成二十年一月）、同「『古事記』八咫烏の先導段における発話文」（『古事記年報』第五三号、平成二十二年一月）など。
（7）註(6)前掲論文他、倉野憲司『古事記全註釈　第二巻上巻編（上）』（三省堂、昭和四十九年八月）、西郷信綱『古事記注釈』（平凡社、昭和五十年一・三月）、土井忠生「言依考」（『国語史論攷』三省堂、昭和五十二年九月）など。
(8) 北川和秀編『続日本紀宣命　校本・総索引』（吉川弘文館、昭和五十七年十月）。
(9) 虎尾俊哉編『延喜式』（集英社、平成十二年五月）。
(10) 青木紀元『祝詞全評釈　延喜式祝詞・中臣寿詞』（右文書院、平成十二年六月）。
(11) この三度の「ことよさし」に関しては、大国隆正『本學擧要』（『増補 大国隆正全集』第一巻、国書刊行会、平成十三年九月）、「ことよさし」による子々孫々の継承に関して、武田秀章「『古事記』神話の一管見―コトヨサシ・オヤ・コ―」（『明治聖徳記念学会紀要』第三六号）などがある。
(12) 倉野憲司氏は『古事記全註釈　第二巻上巻編（上）』（註(7)前掲）で「命以」を「この語は古事記にはしばしば出て来るのに対し、書紀には見えない独特のものである。それは随神の思想に裏付けられた表現であって、すべて神の命令に随つて事が行なはれるといふのが古事記を一貫してゐる思想である」と言う。
(13) 「こと」は「事」であるという宣長の見解（『古事記伝』）の他、「言」であるという見解（賀茂真淵『祝詞考』、金子武雄『延喜式祝詞講』昭和二十六年九月、青木紀元『祝詞全評釈』平成十二年六月）、事を言でもってする見解（鈴木重胤『延喜式祝詞講義』、倉野憲司氏『古事記全註釈　第二巻上巻編（上）』）などがある。宣長の見解には石坂正蔵氏（「言向考」『国語と国文学』第二〇巻第七号、昭和十八年七月）、鈴木啓之氏（註(6)前掲論文）からの批判がある。鈴木氏は『古事記』において「言依」と「事依」は書き分けられていると指摘しているが、祝詞や宣命において「言依」と「事依」が別種の言葉として機能している例証は見出しがたく、『古事記』における「ことよさし」の「こと」の意味は他の史料とは別に考究される必要があるかもしれない。
「よさし」と「ことよさし」の差異に関しては、土井忠生氏（註(7)前掲論文）が「コトヨサシ」という複合語の中で語の中心は「ヨサシ」にあり「コト」は軽い役割しかもっていないとの見解に立っている。また、梅田徹氏（註(6)前掲論文）は宣命において「コトヨサシ」があらわれるのが第二十三詔であるため「ヨサシ」から「コトヨサシ」への時代的変化があり、『古事記』において「コトヨサシ」が創出されたとしている。しかしその視点に立つと『延喜祝詞式』において両語が混用されている理由の説明が難しくなる。
(14) 坂根誠「『古事記』国譲り段・天孫降臨段における命令の主体」（『青木周平先生追悼　古代文芸論叢』おうふう、平成二十一年十一月）。

（15）例えば『延喜祝詞式』に所収された神宮と住吉に対する奉幣のさいの祝詞は、天皇（皇孫命）の「みこともちて」、祝詞申上者である奉幣使が神の前に祝詞を申す構成になっている。この使が申す内容は、例えば神宮祈年・月次祭においては「大幣帛乎、其官位姓名乎為レ使天、令二捧持一弖進給布御命」となっており、このうちの「令二捧持一」という語が使に対する命令形になっていることから、この「御命」は天皇の発した「御命」であることが看取される。つまり使が申上する言葉は天皇の発する言葉であると想定され、この天皇の「みこと」を使が負い持ち、神宮等の神の前で使がその天皇の「みこと」を申上することが奉幣のさいの祝詞であると考えられる。この奉幣使はいわば天皇の「みこともち」であり、律令前代から天皇の命を負い持って派遣されたであろう「みこともち」と同型の要素を持っていると考えられる。

（16）『日本書紀私記』（乙本）神代上に、「勅任〈古止与左世天〉」とあり、『日本書紀』における「よさし」の最古の訓を確認できる。

（17）便宜的に『国史大系　日本書紀　前篇』（吉川弘文館、昭和六十二年五月）、『同　後編』（昭和四十二年二月）を使用した。

（18）築島裕『訓點語彙集成』第一巻（汲古書院、平成十九年二月）。

（19）西宮一民「日本書紀「訓注」論」（『明治聖徳記念学会紀要』復刊第八号、平成五年七月）。

（20）渡邉卓「上代文献の訓読と『日本書紀』研究」（『『日本書紀』受容史研究——国学における方法』笠間書院、平成二十四年二月。初出『万葉集と東アジア』一、平成十八年三月）、木田章義・大槻信「熱田本『日本書紀』の訓点」（『熱田本　日本書紀』第三冊、八木書店、平成二十九年十二月）、是澤範三・原克明・遠藤慶太・大島信生「日本書紀の受容をめぐって」（〈平成二十八年度皇學館大学研究開発推進センター神道研究所公開学術シンポジウム〉『皇學館大学研究開発推進センター紀要』第四号、平成三十年三月）など参照。

（21）京都国立博物館編『国宝　岩崎本　日本書紀』（勉誠出版、平成二十五年十二月）。

（22）石塚晴通「岩崎本日本書紀の訓点」（註(21)前掲書）。

（23）『日本神道史研究』（註(5)前掲）に「祝禱の文学」（『古代文学の周辺』南雲堂桜風社、昭和三十九年十二月）を再録したさいに新たに付けられた注における指摘。

（24）桜井直文他訳、藤原書店、平成三年十月。原書は、Walter Jackson Ong, *Orality and Literacy, The Technologizing of the Word*, Methuen,1982 である。本引用中の〔　〕部分は訳者による補足ないし注記である。

(25) 早川庄八氏は儀式・政務の口頭伝達に関して重要な考察を行っている。例えば「前期難波宮と古代官僚制」（『日本古代官僚制の研究』岩波書店、昭和六十一年十一月。初出は『思想』第七〇三号、昭和五十八年）において「文書・公文書があふれていたようにみられる八世紀においても、国家的な行事・儀式・政務は大極殿とその前庭すなわち「朝庭」において行われ、重要な命令の伝達はまず口頭で行われたのであった（中略）叙位・任官の口頭伝達のような場合には、それがプリミティヴな様態であればあるだけ、そうすることが君臣関係を保つうえで、より親近性のあるものと考えられていた」と言う。

(26) 『稲荷山古墳出土鉄剣金象嵌銘概報』（埼玉県教育委員会、昭和五十四年二月）。

(27) 京都国立博物館『江田船山古墳出土　国宝　銀象嵌銘大刀』（吉川弘文館、平成五年八月）。

(28) 栗原朋信氏によると「中国文献によると、「治天下」は古く『孟子』（公孫丑、上）にみえており、以後最高君主に用いられ、皇帝時代となっても使用されたが、発生的には「王」を対象とするもので、中国古代の封建制に立つ「聖王」を理想とした用語であった」という（「東アジア史からみた「天皇」号の成立」『上代日本対外関係の研究』吉川弘文館、昭和五十三年九月）。

(29) 義江明子氏は「氏の側での「世々」の王への奉仕が一般的主張として成り立つ前提として、奉事対象たる倭王の継承ラインの存在が想定されるのである。その継承ラインは、血縁・非血縁、直系・非直系をとわず次代の王を「児（子）＊＊」で語りつぐ王統譜の形で社会的に示されていたろう」と言う（「系譜様式論からみた大王と氏」『日本史研究』第四七四号、平成十四年二月）。

(30) 推古紀二十八年「是歳。皇太子・嶋大臣共議之録二天皇記及国記・臣連伴造国造百八十部幷公民等本記一」。

(31) 熊谷公男氏は「大化前代においては、大王の地位はもちろんのこと、大王と天との関係も、君臣関係も、生身の大王の存在と不可分であったのである」と指摘している（「持統の即位儀と「治天下大王」の即位儀礼」『日本史研究』第四七四号、平成十四年二月）。

(32) 義江明子氏は「ヲワケは権威の第一の淵源を「大王」ではなく自らの「上祖オホヒコ」にもとめている」とし、氏族系譜を「氏族の側の意識・欲求にもとづいて、矛盾を含みつつ、おぼろげに下から形成されていくものである」と指摘した（「鉄剣銘「上祖」考　氏族系譜よりみた王統譜形成への一視角」『国立歴史民俗博物館研究報告』第一五二集、国立歴史民俗博物館、平成二十一年三月)。

第二章　「高橋氏文」にみえる「よさし」の論理

はじめに

「高橋氏文」とは、『本朝月令』『政事要略』『年中行事秘抄』に引用された逸文である。伴信友は、『本朝月令』六月「朔日内膳司供忌火御飯事」所引を第一章、『政事要略』巻二十六「十一月　中卯新嘗祭事」所引を第二章、『本朝月令』六月「同日神今食祭事」所引を第三章とし、『高橋氏文考注』[1]を著した。この伴信友が第一章とした『本朝月令』六月「朔日内膳司供忌火御飯事」の「高橋氏文云」で始まる箇所に「依賜岐」「依賜」という文字がそれぞれ二例ずつあり、「依」を「よさし」と読むことが可能である。古典における「よさし」の解釈については鈴木重胤とその説を継受した西田長男によって詳述されている。[2]しかし、「高橋氏文」についての研究は、伴信友以来、一定の蓄積をみせてはいるものの、筆者の見る限りこの「高橋氏文」にみえる「よさし」について詳述したものは両氏の著作を含めてほとんど存在しない。本章ではこの「高橋氏文」逸文にみえる「よさし」について考察し、天皇からの「よさし」を受けた高橋氏が、天皇祭祀に供奉することをどのように捉えていたのかを明らかにしたいと考える。それによって、天皇祭祀に供奉するとはどういうことか、その供奉の精神の一側面がわかるのではないかと思う。ただその前に、「高橋氏文」逸文の史料性についての確認と、「高橋氏文」を著した高橋氏について、とくに内膳司長官二名という令の規定、奉膳職と高橋氏の関係について検討してから、「高橋氏文」に「よさし」がどのように見え、どういった意味合いで使用されているかを論じたい。

一　「高橋氏文」の史料性

「高橋氏文」の現存する逸文は、三種に分けられる。第一は、『本朝月令』六月「朔日内膳司供忌火御飯事」引用の古伝承であり、景行天皇東国行幸に際しての、膳氏の祖とされる「磐鹿六鴈命」の事績、また膳氏が天皇の御膳に奉仕する由来が説かれる。第二は、『政事要略』巻二十六「十一月　中卯新嘗祭事」引用のものであり、「六鴈命」の死に際しての、景行天皇の宣命である。これらは『年中行事秘抄』にも引かれている。第三は、『本朝月令』六月「同日神今食祭事」引用の、延暦十一年（七九二）三月の太政官符であり、高橋氏と安曇氏との争いの経過がみえるものである。

『本朝月令』六月「朔日内膳司供忌火御飯事」の特徴は、漢文体を基調としながら宣命書きを交えた独特の文体となっており、『古事記』『日本書紀』『延喜祝詞式』と通用する古語や表現がみられるところにある。宣命書きにするということは、口に出して語ることを意識したものであり、氏文の文体の背景には、口承された語りの存在を見出すことができる。

この第一の氏文に見える語句と記紀・『延喜式』とを比較すると、例えば、「高橋氏文」において、磐鹿六鴈命等が調理をするさいの文言に、

見二阿西山梔葉一天。高次八枚刺作。見二真木葉一天枚次八刺作天。取二日影一為レ縵。以二蒲葉一天美頭良乎巻。採二麻佐

気葛一天。多須岐尓加気為レ帯。足纏乎結天。[3]

とあるのに対し、『日本書紀』[4]神代巻第九段第四の一書には、

干レ時大伴連遠祖天忍日命、帥二来目部遠祖天槵津大来目一、背負二天磐靫一、臂著二稜威高鞆一、手捉二天梔弓・天羽羽矢一（中略）梔、此云二波茸一。音之移反。

とあって「梔」（はじ）の語が見え、『延喜式』[5]「践祚大嘗祭」辰日には、

宮内引二大膳職造酒司一、所レ備多賀須伎、比良須伎等物進二見於庭一、

とあり、「高次」（「多賀須伎」）、「枚次」（「比良須伎」）と祭器具が共通する。『古事記』仲哀天皇には、

今寔思レ求二其国一者、於二天神地祇、亦山神及河海之諸神一、悉奉二幣帛一、我之御魂、坐レ于二船上一而、真木灰納レ瓠、亦箸及比羅伝〈此三字以レ音。〉多作、皆皆散二浮大海一以可レ度。

とあって「真木」の語が共通して見える。『古事記』には「箸及比羅伝」として箸と器が見えるため、おそらくこの『古事記』における所作は、神への食物供献と同義のものであろう。『古事記』上巻には、

天宇受売命、手二次繋天香山之天之日影一而、為レ縵二天之真析一而、手二草結天香山之小竹葉一而、〈訓二小竹一云二佐々一。〉

と見え、『日本書紀』神代巻第七段本書には、

又猿女君遠祖天鈿女命、則手持二茅纏之矟一、立二於天石窟戸之前一、巧作二俳優一。亦以二天香山之真坂樹一為レ鬘、以レ蘿〈蘿、此云二比舸礙一。〉為二手繦一、〈手繦、此云二多須枳一。〉

とあり、「日影」（記：「日影」、紀：「蘿」）、「麻佐気」（記：「真析」）、「多須岐」（紀：「手繦」）と共通した言葉が使用されている。先に掲出した氏文の、磐鹿六鴈が堅魚と白蛤を調理するさいの所作の記述と、記紀のアメノウズメノミコト

の所作を比較すると両者はほぼ同じ所作を行っていると言ってよい（氏文ではヒカゲを鬘にし、マサキを襷にしているが、記紀ではヒカゲを襷に、マサキを鬘にしているという違いはある）。

また氏文には、

山野海河者多邇久々乃佐和多流岐波美加弊良乃加用布岐波美。波多乃広物波多乃狭物。毛乃荒物毛乃和物。供二御雑物等一。兼摂取持天仕奉止依賜。

といった文言があるのに対し、『延喜祝詞式』には、

谷蟆能狭度極（祈年祭）

山野尓住物者毛乃和物毛乃荒物青海原尓住物者鰭乃広物鰭狭物（道饗祭）

などとある。後掲した氏文の記事は、天皇の御食に磐鹿六鴈が仕えることを命じられたさいに添えられた文言で、後代の『延喜祝詞式』にみられる慣用句と共通した語句が確認される（「加弊良乃加用布岐波美」は祝詞に見られない）。以上の比較から、第一の氏文に見られる表現は、記紀や祝詞に見られる祭祀の言語と共通し、令制以前とされる祭祀の伝承を反映した記述であるとみてよいだろう。これは、高橋氏側における令制以前の古い祭祀伝承の存在を推測させるものであるだけでなく、膳氏が古くから大王の祭祀に仕えてきたことの反映として、朝廷側の史料と文言が共通することになったとも考えられる。

この第一の氏文の記事は、景行天皇五十三年八月に天皇が伊勢より東国上総国に入り、そこで膳氏の祖である磐鹿六鴈命が御膳を調理する内容であるが、『日本書紀』景行天皇五十三年八月条と内容を同じくしている。内容的には『日本書紀』の記事を詳述したものが氏文となっており、『日本書紀』の原史料に膳氏の伝承が使用された可能性を窺わせる。この点に関して、『日本書紀』持統五年（六九一）八月辛亥条に、

詔二十八氏一〈大三輪・雀部・石上・藤原・石川・巨勢・膳部・春日・上毛野・大伴・紀伊・平群・羽田・阿倍・佐伯・采女・穂積・阿曇。〉上二進其祖等墓記一。

とある「墓記」が『日本書紀』に取り入れられたと考えられている。[6] しかし、氏文冒頭部は、

詔二群卿一曰。朕顧二愛子一何日止乎。欲レ巡二狩小碓王〈又名倭武王。〉所レ平之国一。是月。行二幸於伊勢一。転入二東国一。冬十月。到二于上総国安房浮嶋宮一。

とあるのに対し『景行紀』五十三年秋八月では、

天皇詔二群卿一曰、朕顧二愛子一何日止乎。冀欲レ巡二狩小碓王所レ平之国一。是月、乗輿幸二伊勢一、転入二東海一。冬十月、至二上総国一、従二海路一渡二淡水門一。

とあり、言葉も文章も非常に酷似しているため、実際に氏文を撰述するさいに『日本書紀』を参照した可能性は高い。氏文には、他に「掛畏」という『続日本紀宣命』に散見される慣用句や、「乗輿」といった令制の言葉が使用されており、氏文の原史料の存在は別として、実際の氏文の筆録年代はどれだけ古くても奈良前期〜中期ごろまでしか遡ることはできないだろう。

第一と第二の氏文の国語に関しては、小谷博泰氏[7]の論が参考になる。氏は上代特殊仮名遣いが第一のほうではほぼ正用されているが、第二では全く失われ、用字が九世紀中ごろのものと酷似しているとし、第一の氏文は八世紀中ごろ以降、延暦八年までに筆録されたものであり、第二のものはそれ以後の補筆が考えられるとする。

この指摘は重要であり、氏の指摘に従えば、第一の氏文（磐鹿六鴈の説話）は奈良以前の古い伝承の存在をも推測させうるものであるが、第二の氏文である景行天皇の宣命は平安時代に創作されたものとなる。この第二の氏文の宣命には、「膳職乃長」「上総国乃長」「淡路国乃長」「和加佐乃国」は磐鹿六鴈の子孫のものと定める、という記述がある

が、これは令制以前からの定めであるどころか、奈良時代の実態すら反映していない可能性がある。事実、国史よると、若狭に関しては、高橋朝臣人足が天平宝字五年（七六一）正月に、高橋朝臣子老が天平宝字七年正月に守に任じられているものの、安曇宿禰石成も若狭守に神護景雲二年（七六八）六月に任じられており、高橋氏のみが任じられているわけではない(8)。この宣命の内容は高橋氏の政治的主張が強く反映されている。

第三の氏文は、延暦十一年三月十九日の太政官符と記されており、霊亀二年（七一六）十二月の神今食から延暦十年までの高橋氏と安曇氏の争いの経緯が記されている。氏文の官符は文面上不自然な点が少なくなく(9)、高橋氏の手が加わったものであるとみるべきであろう。

しかし『類聚国史』に延暦十一年三月、

壬申。流二内膳奉膳正六位上安曇宿禰継成於佐渡国一。初安曇高橋二氏常争下供二奉神事一行立前後上。是以去年十一月新嘗之日。有レ勅以二高橋氏一為レ前。而継成不レ遵二詔旨一。背レ職出去。憲司請レ誅レ之、特有二恩旨一以減レ死。

とあるのであるから、両氏の争いと、この官符の存在自体は確かであり、この官符に記された事実関係までも述作されたものとは考えられない(10)。

この「高橋氏文」所収の延暦十一年太政官符には、

至二于宝亀六年六月一。神今食之日。安曇宿禰広吉強進レ前立。与二高橋波麻呂一相争。挽二却広吉一。事畢之後。所司科レ祓。（中略）其後広吉等。妄以二偽辞一。加二附氏記一。以レ此申聞。自得レ為レ先。去延暦八年。為レ有二私事一。各進二記文一。即喚二二氏一。勘二問事由一。兼捜二検日本紀及二氏私記一。乃知二高橋氏之可一レ先。

とあり、宝亀六年（七七五）の高橋氏・安曇氏の争いの後、安曇氏は偽りを加えた「氏記」を上申した、とされている。この後、延暦八年に高橋氏と安曇氏両氏から「記文」が上進され、その「記文」とは別に両氏の「私記」が存在し、両者と『日本書紀』が両氏の争いの判定に使用された。またこの延暦十一年太政官符には、延暦八年の後にも、「私記文」「家記」という文書が『日本書紀』と合わせて検討に使用されており、これら「氏記」「記文」「私記」「私記文」「家記」は、名称は違えどほぼ同じような意味合いで使用されており、基本的には氏側に存在していた史料ないし伝承をまとめたものであろう。そしてそれらが『日本書紀』と整合性がとれているかどうかが争いの判定に決定的な意味をもったとされている。そのために、高橋氏は「記文」「私記」等を『日本書紀』を参照して筆述したのであろう。

以上のことから、「高橋氏文」の成立をまとめると次のようになる。

口頭所伝もしくはそれを筆録したもの（磐鹿六鴈の事績など）

← 「墓記」（持統五年八月）

← 『日本書紀』

← 「記文」（延暦八年上進）・「私記」（延暦八年以前に筆述・上進か）・「家記」

延暦十一年太政官符

← 「高橋氏文」（延暦十一年以降に成立）(11)

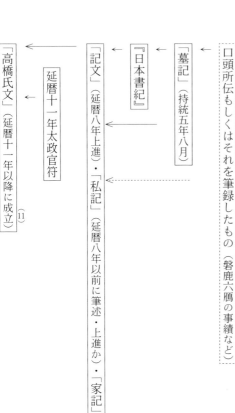

結論としては、「高橋氏文」は奈良時代以降に筆録されたものであるが、一部、言葉や内容に令制以前の伝承を含む。「高橋氏文」は大化前代の膳氏の記憶と、奈良時代の高橋氏の立場と思いが反映されたものである。

二　高橋氏と内膳奉膳

令の内膳司の規定によると、長官は「奉膳」と称し、二名となっており、この長官二名という規定は日本律令官制の中では他に見えないものである。この点について、大化前代からの伝統を反映して成立した規定であるという見解が存在する。吉村茂樹氏(12)、後藤四郎氏(13)、多田一臣氏(14)、景山尚之氏(15)、瀧川政次郎氏(16)、坂本太郎氏(17)、早川万年氏(18)らは、長官二名という令の規定はその職務の重大性によるものである、としている。高橋・安曇の二氏が大化前代から御膳の調進や貢納を担い大王に仕えてきたことは確かである。しかしこの二氏が内膳奉膳に就くことを前提として令の規定が成立したとは考えられないのではないか。以下、この点について検討し、高橋氏の律令官制下における意識について述べたい。

国史等における内膳司任官を一覧してみると（表3「内膳司任官一覧表」を参照）、奈良時代に高橋・安曇氏が内膳司に任官される例を確認できるものの、持統元年（六八七）正月に紀氏、天平十七年（七四五）四月に采女氏が奉膳職に就いているという反例が存在し、典膳ではあるものの、雀部、栗前氏が任官されている例があり、必ずしも高橋・安曇氏が内膳奉膳、また内膳司の職を独占していたとは言えない。持統紀の紀氏の例は、大膳・内膳未分化の「膳職」の長官であったためであると言うことも可能ではある。しかし「奉膳」という語は潤色であるだろうが、『書紀』編者が「奉膳」と潤色したのは、この紀氏の就いた職が「大宝令」における内膳司の長官に相当するものであるという

表3　内膳司任官一覧表

位階	人名	職名	出典	年時	西暦
直広肆	紀朝臣真人	奉膳	日本書紀	持統元年正月朔	687
正六位上	安曇宿禰刀	奉膳	高橋氏文	霊亀2年12月	716
従七位上	(高橋朝臣乎具須比)	(典膳)	〃	〃	〃
外従五位下	高橋朝臣国足	奉膳	大日本古文書2	天平17年4月17日	745
正六位上	采女朝臣比等	奉膳	〃	〃	〃
正八位上	(雀部朝臣真人)	(典膳)	〃	〃	〃
正八位下	(栗前連東麻呂)	(典膳)	〃	〃	〃
正六位下	(雀部朝臣真人)	(典膳)	続日本紀	天平勝宝3年2月己卯	751
	(高橋朝臣広道)	(典膳)	大日本古文書15	(天平宝字2年8月)	758
従五位下	高橋朝臣子老	奉膳	続日本紀	天平宝字3年11月丁卯	759
〃	高橋朝臣老麻呂	奉膳	〃	天平宝字6年4月朔	762
〃	布勢王	正	〃	神護景雲2年2月癸巳	768
〃	阿曇宿禰諸継	典膳→奉膳	〃	宝亀元年11月丁丑	770
〃	山辺王	正→駿河守	〃	宝亀5年3月甲辰	774
〃	阿曇宿禰浄成	奉膳	〃	宝亀7年3月癸巳	776
〃	高橋朝臣祖麻呂	奉膳	〃	宝亀10年6月辛亥	779
正六位上	安曇宿禰継成	奉膳	類聚国史	延暦11年3月壬申	792
従五位上	小倉王	正	日本後紀	延暦18年12月辛卯	799
従五位下	安倍朝臣兄雄	中衛少将→権正	〃	大同元年4月乙巳	806
	(紀朝臣最弟)	(典膳)	文徳実録	弘仁11年(仁寿2年2月甲子条)	820
従五位下	岡於王	正	続日本後紀	承和5年11月甲戌	838
〃	愛宕王	正	〃	承和6年2月庚午	839
〃	安棟王	正	〃	承和10年2月己巳	843
〃	並山王	正	〃	承和12年8月辛巳	845
〃	高叡王	正	〃	承和15年2月甲辰	848
〃	高橋朝臣浄野	奉膳	文徳実録	斉衡3年正月丙辰	856

従五位下	清原真人真貞	正	文徳実録	天安2年7月甲子	858
〃	高橋朝臣浄野	奉膳	〃	天安2年11月25日	〃
〃	清原真人真貞	正→上総介	三代実録	貞観元年1月13日	859
〃	連扶王	正	〃	貞観元年2月13日	〃
〃	正峯王	大監物→正	〃	貞観3年5月20日	861
〃	連扶王	正→右兵庫頭	〃	〃	〃
正六位上	(高橋朝臣藤野)	(典膳)	〃	貞観4年2月28日	862
従五位下	高橋朝臣浄野	奉膳→筑前権守	〃	貞観4年4月7日	〃
〃	連扶王	右兵庫頭→正	〃	貞観6年3月8日	864
正六位上	(丈部谷直平雄)	(典膳)	〃	貞観6年8月10日	〃
正七位下	(雀部朝臣祖道)	(典膳)	〃	貞観7年8月11日	865
従五位下	高橋朝臣枝並	奉膳	〃	貞観8年正月7日	866
〃	連扶王	正→次侍従	〃	元慶2年4月2日	878
〃	高橋朝臣秋雄	奉膳→相模権介	〃	元慶8年5月26日	884
〃	(宍人朝臣浄雄)	(典膳)	〃	仁和3年正月7日	887
〃	今扶王	正→少納言	〃	仁和3年6月13日	〃
従五位上	弘道王	正	〃	〃	〃

※後藤四郎氏作成表を基に延暦18年以降を加えて作成。

認識をもっていたとも考えられる。内膳司に相当する官の長官に高橋・安曇二氏が就任することが大化以来の伝統であれば、この紀氏の記事は矛盾となる。

　高橋氏が奉膳職を世襲したことを確認できるのは天平宝字三年（七五九）の高橋子老から天平宝字六年の高橋老麻呂の例が最初であり、それ以前は安曇氏が霊亀二年（七一六）（「高橋氏文」による）に、高橋氏が天平十七年に確認できる二例のみしか見えず、この両氏が令制下で奉膳職に必ず就任していたと断じることは不可能である。この両氏は、令制下で内膳司のみに任官していたわけではなく、国司[19]や弁官[20]、大宰府[21]、大舎人寮[22]などにも任官していた。天平十七年四月に采女氏が奉膳となっている例は、高橋氏・安曇氏が奉膳を独占していたわけではない根拠となる。

『続日本紀』神護景雲二年（七六八）二月の勅に「勅。准レ令以二高橋。安曇二氏一任二内膳司一者為二奉膳一。其以二他氏一任レ之者。宜二名為レ正」とあり、この勅以降、両氏が奉膳に就任することが公的に明確化された。これは天平宝字三年と六年の高橋氏世襲の事例などの実態を受けてのものであろう。[23]この勅以後、高橋氏と安曇氏と王氏のみしか内膳司長官に任命された例はなく、この勅以前は、内膳司の長官職は特定の氏に限定されたものではなかったと考えられる。

後藤氏は、王氏が内膳正に任用されるようになった理由を、「高橋、安曇二氏とは別格の家柄の者を起用することによって、二氏の何れとも新しい対立を惹き起こすことを避けようとする慎重な用意に基くもの」と推測されたが、おそらくはそれに加えて、天皇の口に直接入る食事を掌るという職務の特性が、王氏任用の理由にあったのではないだろうか。

『唐六典』巻十一、殿中省の尚食局に「奉御二人」[24]とみえ、「尚食奉御掌レ供二天子之常膳一。随二四時之禁一。適二五味之宜一。当レ進レ食必先嘗。凡天下諸州進二甘滋珍異一。皆弁二其名数一。而謹二其儲供一。直長為二之弐一。凡元正冬至大朝会饗二百官一。与二光禄一視二其品秩一。分二其等差一而供焉。其賜二王公已下及外方賓客一亦如レ之。若諸陵月享。則於二陵所一視レ膳而献レ之」とある。

日本令の規定には「奉膳二人。掌。惣二知御膳一。進食先嘗事。典膳六人。掌。造二供御膳一。調二和庶味寒温之節一。令史一人。膳部四十人。掌。造二御食一。使部十人。直丁一人。駈使丁二十人」とあり、瀧川政次郎氏等の言う通り、内膳奉膳二名という規定はその職務の特質によるものであり、基本的には唐の制度に倣ったものであるとみるべきであろう。

高橋・安曇氏が内膳司の職に就くことは、令制以前からの二氏の職掌と通じるものが強いが、両氏は必ず膳職に就

いていたわけではなく、令の規定は二氏が奉膳職に就くことを前提としたものではなかった。となると、

次内膳司高橋朝臣一人、〈執二鰒汁漬一〉次安曇宿禰一人、〈執二海藻汁漬一〉

との規定が、『貞観儀式』神今食、『延喜式』践祚大嘗祭に見えることをどう考えればよいのか。

『本朝月令』六月「同日神今食祭事」引用の第三の氏文に、

先代所レ行。神事之日。高橋朝臣等立レ前供奉。安曇宿禰等。更无レ所レ争。但至二于飯高天皇御世一。霊亀二年十二月。神今食之日。奉膳従五位下安曇宿禰刀語二典膳従七位上高橋朝臣乎具須比一曰。刀者官長年老。請二立レ前供奉一。此時。乎具須比答云。神事之日。供二奉御膳一者。膳臣等之職。非二他氏之事一。而刀猶強論。乎具須比不レ肯。如レ此相論。聞二於内裏一。有二勅判一。累世神事。不レ可二更改一。宜依レ例行レ之。

とあり、霊亀二年に二氏が前後して行立していたことが確認され、さらに安曇氏は奉膳であるが高橋氏は典膳であってこの二氏が祭祀に行立することは奉膳就任とは連動しておらず、氏文の記述からして神今食は少なくとも霊亀二年以前から連続して行われていたことが窺えるのであるから(25)、霊亀二年以前からこの二氏が行立するのが慣例化していたと推察される。おそらくそれは大化前代からの二氏の功績、伝承によるものであろう。

ここにおいて、安曇宿禰刀が「官長年老」を理由に高橋氏よりも前に出ようとしたという記述に関して、安曇氏が令制の論理を盾にして前に出ようとしたのに対し、高橋氏が令制以前の論理で対峙した、という重要な指摘を後藤四郎氏、早川万年氏(26)が行っている。つまり、安曇宿禰刀が官長で年も上であるから前に出ようとしたのに対し、高橋朝臣乎具須比は位階も上であり内膳司の上司である安曇宿禰刀を遮った、と氏文に記述されているのである。

安曇宿禰継成が延暦十一年（七九二）に配流となって以降、安曇氏が内膳奉膳に就いた記事は一例もない。延暦十一年の太政官符によって高橋氏が奉膳を独占する結果がもたらされた。しかしそれでも『貞観儀式』と『延喜式』に

は高橋氏と安曇氏の行立が規定されている。安曇氏は継成が配流となって後、奉膳に就任しなくなっても、天皇祭祀に供奉し続けてきたのだと考えられる。今まで指摘してきたことと合わせると、高橋・安曇両氏が神今食、大嘗に参列するという規定ないし慣例は、律令の規定や官職の就任とは原則的に無関係であり、両氏は天皇の御食等に奉仕してきたという伝統でもって天皇祭祀とつながっているのである。高橋・安曇氏が奉膳となることが公的な慣例となったのは神護景雲二年の勅のころ以降でありながら、両氏の天皇祭祀への供奉は少なくとも霊亀二年から『延喜式』のころまで続くのである。

『本朝月令』六月「同日神今食祭事」（「高橋氏文」第三）には、両氏の争いは神事のさいの前後を巡るものとしか記述されておらず、両氏は権力闘争を背景としながらも、あくまで神事のさいの前後を争ったのである。氏文には、延暦八年にそれぞれ「記文」を進ったと書かれ、また両氏の「私記」「家記」等と『日本書紀』が検討されており、神事の行立の前後の根拠は位階でも官職でもなく令制以前の伝承に求められた。

祭祀の規定において両氏は「内膳司」と記され、いわば内膳司の官人として祭祀の場に立つのであるが、両氏の意識においては、内膳司の官人であること以上に、自分が古来より天皇に奉仕してきた高橋氏であること、安曇氏であることが先に立ち、その思いを胸に天皇祭祀に供奉してきたのだと想定できる。

三　「高橋氏文」にみえる「よさし」の論理

最後に、「高橋氏文」にみえる「よさし」について分析したい。

「よさし」とは、『古事記』に「言依」「事依」「依」（すべて上巻）などと表記され、『続日本紀宣命』に「依之」（文武天皇元年〈六九七〉）、「与佐斯」（神亀元年〈七二四〉二月）、「言依」（天平勝宝元年〈七四九〉）などとみえ、『延喜祝詞式』に「依左志」「依志」「寄」「寄志」（すべて祈年祭）などとある。

『古事記』に見える「よさし」について本居宣長は、(27)

さて与佐須《ヨサス》とは、任字《ノ》をも書て、事《コト》を其人《ノ》に依任《ヨセマカセ》て、執行《トリオコナ》はしむる意なり

として「よさし」とは「ヨセマカス」意であるとした。「よさし」という語自体は宣長の言う通り、人に事を執り行わさせる意、つまり何かを委任するという意味としてよいであろう。

「高橋氏文」においては、『本朝月令』六月「朔日内膳司供忌火御飯事」引用の第一の氏文に見える。

又諸氏人及東方諸国造十七氏乃枕子各一人令レ進天。平次比例給天依賜支。山野海河者多邇久々乃佐和多流岐波美加弊良乃加用布岐波美。波多乃広物波多乃狭物。毛乃荒物毛乃和物。供二御雑物等一。兼摂取持天仕奉止依賜。如レ是依賜事波朕我独心耳非矣。是天坐神乃命叙。朕我王子磐鹿六獦命諸友諸人等乎催率天。慎勤仕奉止仰賜誓賜天依賜岐。

この節は、天皇が磐鹿六鴈に調理のことを「よさし」、山野海河のものを持って仕えよと「よさし」、こうして「よさし」たことは天皇一人の心によるのでなく天に坐す神の命である。磐鹿六鴈は諸々の人等を率いて仕えよ、と言い誓って「よさし」た、と解せられ、この四つの「よさし」は委託、委任、任命などの意味で使用されている。この四つの「依」は天皇から臣下の磐鹿六鴈へのもので、その対象は天皇の御膳に奉仕することとまとめられる。つまり「高橋氏文」は天皇が膳氏の祖に御食の奉仕を命ずるのを「依」として表記した。

『古事記』『続日本紀宣命』『延喜祝詞式』といったいわゆる「神道古典」における「よさし」の用例は、例えば『古事記』「天照大御神・高木神之命以、詔二太子正勝吾勝々速日天忍穂耳命一、「今、平二訖葦原中国一之、白。故、随二言依一賜、降坐而知看。」」や『続日本紀宣命』天平勝宝元年七月甲午「高天原神積坐皇親神魯棄神魯美命以吾孫乃命乃

将知食国天下止言依奉乃随」や『延喜祝詞式』「高天原尓神留坐皇親神漏岐神漏美乃命以弖、八百万神等乎神集集賜比、神議議賜弖、我皇御孫之命波、豊葦原乃水穂之国乎安国止平久知所食止、事依奉岐」のように、天つ神から皇孫・天皇に対して使われているのが標準であり、天皇から臣下に使われている例は宝亀二年（七七一）二月の宣命（「藤原左大臣尓詔大命乎宣〈中略〉仕奉之太政官之政乎波誰任之加母」）のみである。あとは「中臣寿詞」に神漏岐・神漏美命が中臣の祖神である天忍雲根神に天玉櫛・天都水を事依さした例(28)があり、氏文の用例はこちらと親近性が高い。

ここで注意したいのが「如レ是依賜事波朕我独心耳非矣。是天坐神乃命叙」という独特の表現である。これと同じ表現がこれより少し前の箇所、景行天皇が六鴈の調理した御膳を誰が作ったのかと問う場面にある。

尓時大后奏。此者磐鹿六獦命所レ献之者也。即歓給比誉賜天勅久。此者磐鹿六獦命独我心耳波非矣。斯天坐神乃行賜倍留物也。

これは、六鴈が献じた御食は六鴈が一人で作ったものではなく、天に坐す神の行為なのだ、と言うのである。膳氏には膳氏の祭る神が存在し、その神との関係がまずあるはずであるが、ここではもはや天皇の祖神との関係が明記され、天つ神の恩恵と天つ神の命として表れている。天皇だけでなく皇祖神が出てくるというのは、その対象が皇孫ではなくて天皇の臣下の膳氏であるだけに異様である。おそらく膳氏は王権にかなり近い存在で、天皇が実際に召し上がる御食事を用意するのであるから、天皇が祭祀を行う天つ神への意識が強いとも考えられる。しかしここは、天皇にとって御食とは天つ神から与えられたもの(29)であるという観念を第一に窺うべきだろう。その御食を調進する膳氏は、その自分の調進する御食事は天皇が天つ神からよさしを受けたものであると意識していたのではないか。であるから「高橋氏文」の膳氏が御食に奉仕する由来を説く場面で、「天坐神」と「よさし」が表れたのだと考えられる。天皇が六鴈に食膳の調理を委任したさいには「如レ是依賜事波朕我独心耳非矣。是天坐神乃命叙」と記され、天皇は自分一人で「よさし」たのではなく、天に坐す神とともに命じたのだとしている。膳氏に委任を行う主体はあくまで天皇であるが、その天皇の向こう側に天皇の祖神である天に坐す神が存在しているのである。天皇と天に坐す神との一体性・密接な関係性が天皇への奉仕において大きな位置づけを持っていたことが窺える。

景行天皇に供献された食事は、上総国安房で獲れた食材であるにもかかわらず、安房大神によるものではなく、「天坐神」の行ったものとされていることに注意したい。天皇の六鴈への「よさし」の続きには、

是時上総国安房大神乎御食都神止坐奉天。若湯坐連等始祖意富売布連之子豊日連乎令二火鑽一天。此乎忌火止為天伊波比由麻閉天供御食。幷大八州尓像天。八乎止古八乎止咩定天。神嘗大嘗等供奉始支。

と記述され、膳氏が「是時」（天皇からの「よさし」が下ったとき）より「神斎大嘗等供奉始」のを語るときに、初めて安房大神を「御食都神止坐奉」のである。これ以前に安房大神は全く出てこず、六鴈が漁業をして調理をするさいにはむしろ天に坐す神の存在が強調されるのである。氏文の伝承上からは安房大神は後追い的に「坐奉」ったものと考えられる。つまり、天の神と天皇との直接的関係（それはつまり天皇による祭祀と表裏一体である）がまずあって、御食つ神の用意するものは副次的に存在してきたと考えるべきなのではないか。

この氏文の伝承から、天皇の食事に奉仕するということは、その天皇と天の神との直接的関係性に技術でもって介添えするということだと解せられ、それは高橋氏（膳氏）が天皇祭祀に供奉することにつながり、その淵源が六鴈の伝説的説話に示されたと考えられる。

この説話は、持統朝の「墓記」までは遡りうるものと想定され、高橋氏（膳氏）の天皇祭祀への供奉もそこまでは十分遡りうるものであろう。

この氏文の「よさし」の意味について伴信友は、「天上に坐す皇神たちの御慮もて、行はせたまへるものぞ」とし

ている。しかし西田長男は「よさし」について顕幽一致とも言われる論理が表れていると考えている。西田は「よさし」の意味を以下のように記述する。

「よさし」とは、我が為すべき業を他に委任して代行せしめるの謂《い》いであるが、しかしその委任せられたものの為す業は、どこまでもこれを委任したもの自らのなす業であるという意味を離れることがないのである。依さしたものと依さされたものとの間には、主客の相違が甄別せられ、そうして主のほうが重く、客の方が軽いとせられるとはいえ、これらはあくまでも一体で、相離るまじきものである。

（中略）

第三者の立場から、人びとの農業を保護されるのではなく、実に神こそは、当事者そのものなのである。かのいわゆる超越神のごとくに、人間のなす業《わざ》を傍らより護り助けるのではなく、人間とは常に生業を通じて一体であると考えられているのである。（中略）その神人一体・神人融合の神道なりの仕方がよくうかがいえられるように思う。神道においては、これを顕幽一体・顕幽一致ともいう(30)。

この西田が重胤より継受した「よさし」の意味とは、単なる「与える」という意味以上の意味が「よさし」にはある、という考えであり、それは「よさし」を行う主体と客体の関係が密接している結果として表れるものであろう。重胤・西田が考えた「よさし」とは、その主体と客体の間で委任された内容や物品等がただやり取りされるのではなく、あくまで「よさし」の主体が行うはずのものを「よさし」の客体が行う、という形で委任・委託が行われる、ということと解される。この、委託された内容は、本来「よさし」の主体が行うものである、という考えが重要であり、その発想があるから、「よさし」の客体が委任された業を行うさいには、「よさし」の主体が行っているものとして、または「よさし」の主体とともに行っているものとして認識されるのである。であるから、その「よさし」の主体が神であるさいには、神より委任された生業を人が行うことは、人が神と共に、一体となって行うものとして認識される、ということになる。

以上が西田長男が提示した「よさし」の論理であるが、この論理は「高橋氏文」にみえる論理と一致していることがわかる。氏文において六鴈が献じた料理は「磐鹿六獦命独我心耳波非矣。斯天坐神乃行賜倍留物也」と記述され、つまり六鴈がひとりで作ったものではなく、天つ神が行い賜えるものとして認識されていた。それはつまり、六鴈は天に坐す神とともに調理したということである。神は六鴈のなす「生業」(漁業・調理)とともに存在していたのであった。そして天皇の六鴈に対する「よさし」も「如レ是依賜事波朕我独心耳非矣。是天坐神乃命叙」として記述され、つまり天皇の「よさし」は天に坐す神と一体となって行われたものであった。氏文においては神と人との間に天皇と臣下との関係が挿入されているため複雑化しているが、ここでは天つ神と天皇との関係、天つ神と六鴈との関係、天皇と六鴈との関係という三つの関係性に分けられ、それぞれが「よさし」によって結ばれていると考えられる。であるから天皇の六鴈に対する「よさし」は天つ神の「命」とされ、六鴈の行った調理は天つ神の行ったものとされ、六鴈の子孫とされる膳氏は天皇が皇祖神に御饌奉る大嘗(新嘗)・神今食に供奉するのである。「高橋氏文」における「よさし」は六鴈が天皇の御膳に奉仕することの正統性を示す論理の中に存在し、結果として高橋氏の天皇祭祀供奉の正統性につながっている。

氏文において「よさし」と直接表記されているのは天皇と六鴈との間だけであるが、天皇の「よさし」が天つ神の「命」であるとされているため、ここで天つ神と天皇との間の関係性が暗示される。天つ神と天皇とが「よさし」で結ばれているのは、例えば『続日本紀宣命』文武天皇元年「天坐神之依之奉之随此天津日嗣高御座之業止現御神止大八嶋国所知倭根子天皇命」といった用例等で明らかなことである。天つ神と六鴈との関係性も、先の天皇の「よさし」が天つ神の「命」である、という点と、六鴈の行った調理が天つ神の行いであると認識されたことから、直接「よさし」と表記はされていないものの、「よさし」に準じた関係性と認識できる。これは、神と人が「よさし」によって結ばれるという基本的な形がまずあり、それが天つ神と天皇との間の「よさし」の関係として表現され、それに準じて天皇と臣下の関係、そして天皇の祭祀に関わるという点で天つ神と天皇の臣下の関係へと広がっていったものと推察される。

氏文の伝承において重要なことは、天皇の「よさし」も六鴈の調理も、天に坐す神の行うものであるとする点であり、それが天皇祭祀への供奉の正統性につながって認識されたことである。氏文に見える「依」は、神と人とが「生業を通じて一体である」と認識されるような関係の密接性を示し、それが祭祀奉仕者の祭祀への意識につながる。神との直接的な関係性をもつ伝承は祭祀供奉の正統性として周囲に認識されることとなっていく。「高橋氏文」は高橋氏によって筆述されたものであるが、高橋氏が天皇祭祀に供奉することは高橋氏の祖神のためではなく、天皇の祖神のために奉仕するという構造になっており、それは高橋氏が御膳に供奉することで天皇が天皇の皇祖神を祭る天皇祭祀の中に組み入れられたことを意味している。

そして神に奉る御饌がその神によってもたらされたものであるという「高橋氏文」における認識は、古代祭祀において神への貢納と神からの恩恵が循環的に人々の生業（漁業や農業など）の中で機能していることを示し、神を祭ることと生業を務めることが表裏一体で不可分の構造となっていることが看取されるのである。

おわりに

「高橋氏文」は安曇氏との神事の行立の前後を巡る争いを契機として生み出されたものであったが、奈良時代における高橋氏側の主張が反映されたものであった。そしてそれは令制の論理に准じたものでは必ずしもなく、令制以前からの伝統と慣例を奈良時代の高橋氏にとって有利なように主張するものであった。であるから、ここには高橋氏にとって何を令制以前からの伝統と慣例として意識していたかを読み取ることができる。その中心は大化前代に天皇から「よさし」を受けたとされる御食の奉仕と、それに従って慣例化された天皇祭祀への供奉であった。大化前代に膳氏に委任されたと言われる御食への奉仕とは、天皇が御食を供献する対象である皇祖神の天つ神と一体となって奉仕することと記述された。これは「よさし」の論理とでも呼ぶべきものであり、この令制以前からの精神をもって高橋氏は天皇祭祀に供奉してきたのである。この「よさし」の論理や「よさし」を受ける意識は、神の恩恵によってもたらされた収穫物をその神に奉献する生業と祭祀の循環的構造の中で生成されたものと考えられる。

また、天皇祭祀とは天皇と天つ神との関係がまずあって、そこに介添えする人々や、奉られる物品等が、そこから副次的に広がっていったものであろう。「高橋氏文」の記述からは、天皇にとってはあくまで天つ神が最重要なのだと読み取ることができる。そこにおける関係性は、基本的には両者の間で完結しており、天皇祭祀に供奉する人々は、その関係性を副次的に補助する存在と言うことができよう。

註

(1)『伴信友全集』巻三(国書刊行会、昭和五十二年八月)。

(2) 鈴木重胤『延喜式祝詞講義』(『鈴木重胤全集』第十、鈴木重胤先生学徳顕揚会、昭和十四年五月)、西田長男「祭りの根本義―『延喜式祝詞』を中心として―」(『日本神道史研究 第二巻古代編(上)』講談社、昭和五十三年四月)。「よさし」については他に、本居宣長『古事記伝』(『本居宣長全集』第九巻、筑摩書房、昭和四十三年七月)、大国隆正『本學擧要』(『増補 大国隆正全集』第一巻、国書刊行会、平成十三年九月)などがふれている。他にも保田與重郎「事依佐志論」(『鳥見のひかり』昭和十九年十一月。のちに『保田与重郎選集』第五巻、講談社、昭和四十七年一月）や、戦後の研究においては、倉野憲司『古事記全註釈』第二巻上巻編（上）（三省堂、昭和四十九年八月）、西郷信綱『古事記注釈』（平凡社、昭和五十年一月）、三橋健「近代化と神道―職業倫理を中心にして―」（『神道宗教』第七五～七九号、昭和五十年三月）、土井忠生「言依考」（『国語史論攷』三省堂、昭和五十二年九月）、入江湑「コトヨサシの解義」（『皇學館論叢』第一八巻第二号、昭和六十年四月）、梅田徹「『古事記』の神代―根本原理としての「コトヨサシ」―」（『国語と国文学』第六二巻第八号、昭和六十年八月）、鈴木啓之「古事記神話における「ミコトモチテ」「コトヨサシ」の意義」（『國學院大學大学院紀要　文学研究科』第二〇輯、昭和六十三年三月）、武田秀章「『古事記』神話の一管見―コトヨサシ・オヤ・コ―」（『明治聖徳記念学会紀要』第三六号、平成十四年十二月）、坂根誠「「ミコトモチ」の意義―「コトヨサシ」の役割とともに―」（『日本文学論究』六四、平成十七年五月）、同「「古事記」国譲り段冒頭部の解釈―「言因賜而」の訓読を中心として―」（『古事記年報』第五〇号、平成二十年一月）、同「『古事記』国譲り段・天孫降臨段における命令の主体」（『青木周平先生追悼　古代文芸論叢』おうふう、平成二十一年十一月）、同「『古事記』八咫烏の先導段における発話文」（『古事記年報』第五三号、平成二十二年一月）などがある。戦後の「よさし」研究は主に『古事記』の国文学研究が中心となっていたことが看取される。

（3）清水潔編『新校　本朝月令』（皇學館大學神道研究所、平成十四年三月）。本章の『本朝月令』引用はこの校本により、適宜旧字体を常用漢字等に直した。

（4）新編日本古典文学全集『日本書紀』（小学館、平成六年四月）。

（5）虎尾俊哉編『訳注　日本史料　延喜式』（集英社、平成十二年五月）。

（6）坂本太郎「纂記と日本書紀」（『日本古代史の基礎的研究　上　文献篇』東京大学出版会、昭和三十九年五月）。

（7）小谷博泰「高橋氏文の万葉仮名と筆録年代」（『木簡と宣命の国語学的研究』〈『小谷博泰著作集』第一巻〉和泉書院、平成二十九年九月〈昭和六十一年十一月出版の増補版〉。初出『甲南大学紀要　文学編』昭和五十年三月）。

（8）しかし、平安時代以降の志摩守は高橋氏が世襲していたと考えられる。吉村茂樹「國司制度に於ける志摩守の特殊性」（『國司制度崩壊に関する研究』昭和三十二年九月）などを参照。

（9）黒崎輝人「月次祭試論―神今食の成立を巡って―」（『日本思想史研究』第一〇号、昭和五十三年三月）。

（10）藤森馨「神官祭祀と天皇祭祀―神宮三節祭由貴大御饌神事と神今食・新嘗祭の祭祀構造―」（『古代の天皇祭祀と神宮祭

祀』吉川弘文館、平成二十九年十二月)、岡田莊司「天皇祭祀と国制機構—神今食と新嘗祭・大嘗祭—」(『平安時代の国家と祭祀』続群書類従完成会、平成四年一月)。藤森・岡田論文とも初出は『國學院雑誌』第九一巻第七号(平成二年七月)に所収。早川万年「高橋氏文成立の背景」(『日本歴史』第五三二号、吉川弘文館、平成六年九月)。早川氏は、「根拠のない記事の造作は、当然、争論の一方の当事者である安曇氏の指弾を受けるはずである。氏文は安曇氏との争論を前提として筆述されていることからすれば、奈良時代におけるその争論の事実をも高橋氏が一方的に造作してしまうとは考えられない。加筆を考えるとしても、これらの事実に高橋氏側の理解を盛り込むといった程度であろう」という。妥当な見解であると考える。

(11) 第一の氏文の末に「自二纏向朝廷歳次癸亥一。(中略)迄二于今朝廷歳次壬戌一。拼卅九代。積レ年六百六十九歳。〈延暦十九年。〉」とあり、「纏向朝廷歳次癸亥」つまり景行天皇五十三年癸亥から六六九年足すと延暦十一年(壬申、西暦七九二年)となる(伴信友はこの考えから第一の氏文の末の割注を延暦十一年に直している)。しかし、『日本後紀』延暦十八年十二月に、来年八月三十日までに『本系帳』を上進せよと命じる記事があり、延暦十九年のままで問題ないとする考えがある(上代文献を読む会編『高橋氏文注釈』〈翰林書房、平成十八年三月〉の注解篇一三五頁)。

(12) 吉村茂樹註(8)前掲論文。「令制内膳司に長官二名といふ規定の設けられた所以が、ここに明らかになる様である。即ちこの両氏が相互に内膳奉膳として奉仕し来ったので、かく神護景雲二年に両氏に奉膳の場合を規定されるに至った」。

(13) 後藤四郎「内膳奉膳について—高橋安曇二氏の関係を中心として—」(『書陵部紀要』第一一号、昭和三十四年十月)。「内膳司の長官たる奉膳の定員が二名と規定せられたことも、供御の調製、共進の上における、この二氏の立場を考慮したからであろう」。

(14) 多田一臣「高橋氏文—その成立の背景について—」(『古代文学』第二一号、昭和五十七年三月)。「かかる異例な制度が定められた理由は、律令官制以前の段階において、高橋・安曇両氏が天皇との私的な関係の中で(換言すれば氏の職掌として)その食膳に奉仕してきた歴史と不可分なかかわりを有するものであった」。

(15) 景山尚之「解題『高橋氏文』」(上代文献を読む会編『高橋氏文注釈』翰林書房、平成十八年三月)。「内膳司における高橋・安曇二氏の他氏に対する優位は大化以来の伝統であろう。令制において内膳司長官である奉膳の定員を二名と定めるのも両氏の奉仕の伝統に配慮してのことであり、それを承けて『延喜式』神祇・践祚大嘗祭ほかには高橋氏と安曇氏がともに神事に供奉することの規定がある」。

(16) 瀧川政次郎「律と竈」(『法制史論叢　第四冊　律令諸制及び令外官の研究』角川書店、昭和四十二年十月)、瀧川氏は、尚食奉御二名に倣って奉膳二名を定めたとし、「奉膳が高橋、安曇二氏の世襲するところであったことは、前節に述べたが、この制が定ったのは、称徳天皇の御代のことであって、それまでは二氏の人が多くこれに任ぜられる慣例であったに過ぎない」とする。がしかし、同氏は「上代の隅田川両岸地帯」(『國學院雑誌』第五六巻第五号、昭和三十一年二月)において「いづれの官司も長官は一人であるのに、この司のみがそれが二人とあるのは、大化前代からの例によって、高橋・安曇の二氏が、相並んでこの司の長官に任ぜられたが故である」と断定しており、注意が必要である。

(17) 坂本太郎「安曇氏と内膳司」(『律令制度』〈『坂本太郎著作集』第七巻〉吉川弘文館、平成元年三月。初出『信濃』第二七巻第一〇号、昭和五十年十月)。

(18) 早川万年註(10)前掲論文。

(19) 安曇宿禰石成が若狭守(神護景雲二年六月)、高橋朝臣嶋麻呂が伊勢守(文武二年七月)など。国司任官例は比較的多い。また、『日本書紀』大化二年三月の記事ではあるが、東国国司に「阿曇連」、「介膳部臣百依」の名が見える。

(20) 左大弁→遣唐大使に高橋朝臣笠間(大宝元年正月)、右中弁に高橋朝臣安麻呂(天平七年九月)。

(21) 高橋朝臣安麻呂が大宰大弐(天平十年十二月)。

(22) 安曇宿禰大丘が大舎人助(延暦十八年十二月)。

(23) このことは吉村茂樹氏も指摘している(註(8)前掲論文)。

(24) 「奉御二人　直長五人　書令史二人　書吏四人　食医八人　主食十六人　主膳七百人　掌固八人」。

(25) 註(10)前掲論文参照。

(26) 早川万年註(10)・後藤四郎註(13)前掲論文。

(27) 本居宣長『古事記伝』(註(2)前掲書)。

(28) 「天降坐之後仁中臣乃遠都祖天児屋根命皇御孫尊乃御前仁奉仕弖天忍雲根神遠天乃二上仁奉上弖神漏岐神漏美命乃前仁受給波里申弖皇御孫尊乃御膳都水波宇都志国乃水遠天都水止成立奉牟止申遠里事教給志仁依弖天忍雲根神天乃浮雲仁乗弖天乃二上仁上坐弖神漏岐神漏美命乃前仁申世波天乃天玉櫛遠事依奉弖此玉櫛遠刺立弖自夕日至朝日照万弖天都詔戸太諸刀言遠以弖告礼如此告波麻知波

弱韮仁由都五百篁生出牟自其下天乃八井出牟此遠持天天都水止所聞食止事依奉支如此依奉志任々仁」（青木紀元編『祝詞』〈桜風社、平成五年四月〉より）。

（29）『日本書紀』第九段第二の一書「以㆓吾高天原所御斎庭之穂㆒、亦当㆑御㆓於吾児㆒」。

（30）西田長男註（2）前掲論文。

補論　西田長男の「みこともちて―よさし」論

はじめに

本論は、國學院大學の名誉教授であった西田長男博士（以下、敬称略）の「みこともちて」と「よさし」に関する論理とその変遷を中心に、その学問研究の一端を考えてみようとするものである。

西田長男は明治四十二年（一九〇九）三月、三重県松阪市に生まれ、昭和四年（一九二九）四月、國學院大學神道部に入学し、昭和七年三月に卒業。同年四月、國學院大學道義学科倫理科に入学、昭和十年三月に卒業。同年四月に國學院大學研究科に入学、昭和十三年三月に卒業した。昭和十一年四月、大倉精神文化研究所に入所し、昭和十七年四月に國學院大學講師、昭和十九年四月には東京帝国大学文学部講師となり、宮地直一が初代教授であった神道講座の講義を委嘱せられた。敗戦を機に國學院大學を辞した後、昭和二十七年、東洋大学文学部講師となり、昭和二十九年四月より再度國學院大學講師となった。昭和三十年には「日本宗教の発生に関する一試論」で國學院大學より文学博士の学位を授与され、昭和三十三年に國學院大學教授となった。昭和五十四年三月、定年により退職、國學院大學名誉教授となり、昭和五十六年三月二十八日に帰幽した。

西田の研究の対象は多岐にわたり、豊富な文献に基づく歴史的、宗教史的研究であったと言える。三橋健氏はその

功績を以下の六つに分けている。(1)

一、神道史及び神社史の研究
二、日本宗教史の研究
三、日本古典の史的研究
四、神道の文献学的研究
五、吉田神道の基礎的研究
六、その他

「みこともちて」と「よさし」に関する研究は「六、その他」に分類され、西田の他の文献学的・歴史的研究に比して、より文学的・思想的な分析に基づく論となっている点に特色がある。この研究は「祭りの根本義—『延喜式祝詞』を中心として—」と題し、西田の著作集『日本神道史研究』第二巻古代編(上)(講談社、昭和五十三年四月)の巻頭に収録された。この論文は「みこともちて」と「よさし」に関する西田の神学論とでも呼びうる内容となっており、西田の学問や西田自身の思想を考察する上で一つの重要な視角をもたらすものである。

一 「みこともちて」と「よさし」の研究と西田長男の理論

まず西田の「みこともちて」と「よさし」に関する理論の概要を紹介し、続いて西田の学問研究の推移とその特徴を考えたい。(2)

「みこともちて」「よさし」という語句は、『古事記』『続日本紀宣命』『延喜祝詞式』などのいわゆる神道古典に散

見される言葉であり、例えば『古事記』上巻には、

於是、天神諸命以、詔四伊耶那岐命・伊耶那美命二柱神、「修二理固三成是多陀用弊流之国二」、賜二天沼矛一而、言依賜也。(3)

とあり、それぞれ「みこともちて」「ことよさし」などと読まれてきた。

この両語に関する本格的な研究は賀茂真淵・本居宣長らの古典注釈研究より始まった。本居宣長は『古事記伝』(4)で「みこともちて」を「命《ミコトニ》爾弖《テ》と云むが如く」とし「ことよさし」については「事《コト》を其人《ノ》に依任《ヨセマカセ》て、執行《トリオコナ》はしむる意なり」と釈義している。

この後、様々な研究・解釈が行われるようになるが、その態度・方向性は大きく二つに分けられる。一つはこの両語をいわば思想的に、普遍的な意味・意義をもつものとして解釈する方向であり、もう一つは『古事記』という作品内における両語の意味・働きを考える研究である。前者の方向性は宣長以後、国学や神道の立場からの研究に見出され、後者の方向性は『古事記』の用例に基づいた戦後の実証的国文研究に見ることができる。

西田の「みこともちて」「よさし」の解釈（「みこともちて—よさし」論）は前者の方向性に属するものである。西田の解釈に関しては戦後の研究史において、三橋健氏(5)、入江湑氏(6)、梅田徹氏(7)、鈴木啓之氏(8)、坂根誠氏(9)、などが西田の論を引用し言及を行っており、一定の影響力をもっていたと見てよいであろう。西田の「みこともちて—よさし」論は基本的に鈴木重胤と折口信夫の論を継受したものと考えられるが、その点を確認しながら論述を進めていきたい。

重胤は『延喜式祝詞講義　一之巻』(10)における「皇神等能依左志奉牟奥津御年乎」の部分の註釈で、

依は我が任を人に附与て能く為令るを云なり、其依《ヨサシ》は、今云ふ事の如く我が為す可き事を人をして代ら令る業なるが故に授とは別なり、授は我が任を総て人に附るにて、人に附託る上は我に預らぬを、依は然らず、何処迄も

主客の相違こそ有れ依する方も依さるゝ方も相離れぬなり、然れば農作の事は御年神の業ながら公民をして代ら令め乍も其意は神の為給ふ由なり、

という。

重胤は「ヨサシ」は単なる「授」とは違い、「ヨサシ」によって結ばれた者同士は主客の相違や立場の高低はあっても相離れない。同じ「任」をもつものとなる。よって農作は公民の仕事でありながらも、それを「ヨサシ」た御年神、または天皇のなす業でもあるという。(11)

西田長男は重胤を引用し、重胤の論をほぼそのまま引き継ぐ形で以下のように述べる。

「よさし」とは、我が為すべき業を他に委任して代行せしめるの謂《い》いであるが、しかしその委任せられたものの為す業は、どこまでもこれを委任したもの自らのなす業であるという意味を離れることがないのである。依さしたものと依さされたものとの間には、主客の相違が甄別せられ、そうして主のほうが重く、客の方が軽いとせられるとはいえ、これらはあくまでも一体で、相離るまじきものである。

(中略)

(「よさし」は※筆者注)これを預け託して単に保存せしめる意味でも、又は我が有を他に与えてその有たらしめる意味でもない。あるいはかの使用・収益・処分の排他的権利を賦与するところの物の永久的占有たる所有権を他に絶対的に譲渡する意味でももとよりない。

傍線で示した部分は西田長男の見解としてよく引用される箇所であるが、その論理の骨格は鈴木重胤の注釈を踏襲したものであることは明らかである。

次に「みこともちて」についてであるが、西田長男は折口信夫の「みこともち」論を継承している。以下確認して

みたい。

折口は昭和三年（一九二八）十月発表の「神道に現れた民族論理」（『神道学雑誌』第五号）[12]において、

まづ祝詞の中で、根本的に日本人の思想を左右してゐる事実は、みこともちの思想である。**みこともちとは、お言葉を伝達するもの、意味であるが、其お言葉とは、畢竟、初めて其宣を発した神のお言葉、即「神言」で、神言の伝達者、即みこともちなのである。**祝詞を唱へる人自身の言葉其ものが、決してみことではないのである。みこともちは、後世に「宰」などの字を以て表されてゐるが、太夫をみこともちと訓む例もある。何れにしても、みことを持ち伝へる役の謂であるが、太夫の方は稍低級なみこともちである。此に対して、最高位のみこともちは、天皇陛下であらせられる。即、天皇陛下は、天神のみこともちでおいであそばすのである。だから、天皇陛下のお言葉をも、みことと称したのであるが、後世それが分裂して、天皇陛下の御代りとしてのみこともちが出来た。それが中臣氏である。（中略）広い意味に於ては、外部に対して、みことを発表伝達する人は、皆みこともちである。諸国へ分遣されて、地方行政を預る帥・国司もみこともちなれば、其下役の人たちも亦、みこともちとして、優遇せられた。又、男のみこともちに対して、別に、女のみこともちもある。かういふ風に、**最高至上のみこともちは、天皇陛下御自身であらせられるが、其が段々分裂すると、幾多の小さいみこともちが、順々下りに出来て来るのである。**（中略）**此みこともちに通有の、注意すべき特質は、如何なる小さなみこともちでも、最初に其みことを発したものと、尠くとも、同一の資格を有すると言ふ事である。**其は、**唱へ言自体の持つ威力であって、唱へ言を宣り伝へてゐる瞬間だけは、其唱へ言を初めて言ひ出した神と、全く同じ神になつて了ふのである。**だから、神言を伝へさせ給ふ天皇陛下が、神であらせられるのは勿論のこと、更に、其勅を奉じて伝達する中臣、その他の上達部—上達部は元来、神庤部であって、神庤に詰めてゐる団体人の意である—は、何れも皆、みこともちたる事によって、天皇陛下どころか直ちに、神の威力を享けるのである。つまり、段々上りに、上級のものと同格になるのである。（文中傍線部ママ）

とある。

折口の考えを簡単にまとめると、尊い神がいて、その神の「みこと」を伝えるためにその「みこと」をもつ者が「みこともち」である。「みこともち」の「みこと」を伝える者も「みこともち」である。よって「みこともち」は順々に小さくなりながらも延々とできていく。その「みこともち」のなかで最高至貴のみこともちが「すめらみこと」である。そして、みこともちの伝える「みこと」が尊い故にみこともち自身も貴くなる。「みこともち」になる者は「その最初の発言者と同一の聖なる資格を持つ(13)」。

西田は、折口の「みこともち」論を自身の論のうちに接収して述べていく。

「みこともちて」の意義いかんというに、周知のように、古典においては、しばしば「よさし」と連関して用いられている。すなわち、「みこともちて」と「よさし」とは密接・不可離の関係があるといってよいのである。

（中略）

「みこともち」とは、神聖なるなんらかの使命を帯した神とか人とかを斥していうのであるが、この神とか人とかはさらに他の神とか人とかにその与えられた使命を伝達するので、「みこともちて―よさす」は、上は神より下は公民《おおみたから》に至るまで次々に及んでいくのである。（中略）「みこともち」とは、「命を承はりて負持こころ」であるとせられるが、この神聖なる「命」を負い持つものは、上は最高の神たる天神から、「すめみまのみこと」・「すめらみこと」たる天皇をはじめ、下は公民に及び、かくすべてのものが同一の神聖なる使命を帯しているのである。

（中略）

「命」を発するものは「命」を発せられたものであり、「命」を発せられたものは「命」を発するものであって、これらは循環してとどまることがないのである。「みこともちて―よさし」は、次の「みこともちて―よさし」となるので、ここに「みこともちて」と「よさし」とは重なり合うのである。

西田長男は、折口の「みこともち」論、「みこと」の発言者と「みこと」の伝達者が同じくらい貴い存在となる、という考えを「よさし」論に接合し、それらを統一して「みこともちて―よさし」論を展開した。西田は、「みこともちて」と「よさし」の本義を同一視しているとみてよく、両者を合一的にまとめていると思われる。

折口信夫は鈴木重胤を、

宣長以上の組織力を示した唯一人の国学者鈴木重胤（以下略）[14]。

鈴木重胤などは、ある点では、国学者中最大の人の感さへある人で、尊敬せずには居られぬ立派な学者である（以下略）[15]。

とし、「みこともち」論の中でも、

其詞を唱へると、時間に於て、最初其が唱へられた時と同じおなじ「時」となり、空間に於て、最初其が唱へられた処とおなじ「場処」となる（中略）さすがに鈴木重胤翁は、早くから幾分此点に注意を払つてゐる。私が、神道学者の意義に於ける国学者の第一位に置きたいのは、此の為である[16]。

として、重胤への尊敬心と自身の論との同調性を明らかにしている。

しかし、不思議と折口の論説において「よさし」論に着目したものは見当たらない。折口の万葉集研究の中で「よす」に言及したものは存在する。例えば『万葉集』巻第一、五十番の「よりてあれこそ」の注釈では、

「よりて」（依・因・縁）をすべて、「よして」と考へても、訓・釈両倶に不都合はない。「山川もよして仕ふる」と言へば、山霊・川霊も、天子に物を寄与し奉るからと訳することが出来る。私は寧此方が古風だと思うてゐる。(17)

として「よす」の宗教的・古代的意味を意識はしている。がしかし、『万葉集』巻第十四、三三八四番の「よす」の注釈では、

よすは、神が人に命じて或事をあづける意味から、多く授ける或は、くれるの敬語と考へられてゐた。(18)

と言い、重胤の「よさし」は単なる「授」とは違う、という論を継受してはいないとみられる。

だが、折口の「みこともち」論の特質は「如何なる小さなみこともちでも、最初に其みことを発したものと、尠くとも、同一の資格を有すると言ふ事である。其は、唱へ言自体の持つ威力であって、唱へ言を宣り伝へてゐる瞬間だけは、其唱へ言を初めて言ひ出した神と、全く同じ神になつて了ふのである」(19)に示されているように、立場の高低はあっても、神や天皇の「みこと」を負い持つ者はその「みこと」を発した者と同一視されるということにある。それは「よさし」によって結ばれた主体と客体が相離れないという重胤の「よさし」論と同型であると言える。むしろ折口は「よさす」とか「まけ」とかまたは「依」とか「任」とか「拝」とか「授」とかの「任命する」という意味の言語にとらわれず、「みこと」という実際に唱えられる「ことば」に普遍性を見出している。つまり実際に唱えられた「ことば」を負い持てば、その「ことば」に「よさし」がなくても「みこともち」論は成立する、ということである。

西田はむろん「よさし」という言葉自体を重胤と同じく重視したわけだが、西田が折口の論を継受したさいに特筆すべきは、折口の「みこともち」論と重胤の「よさし」論が同型であることを見抜いて、両者を合一して「みこともちて—よさし」論としたところにある。

続いて、西田の「みこともちて—よさし」の神学的側面に踏み込んでいくが、ここでまず、重胤の「よさし」神学

に言及しておきたい。

重胤は『延喜式祝詞講義　四之巻』水分詞章「皇神等能寄志奉牟奥都御年乎、八束穂能伊加志穂尓寄志奉者」の注釈で、

偖雨水はこそは人力の及ばぬ事なりけれ、田に灌く水を引《マカ》する事は農作る民の事業なるを、皇神等能寄志奉牟と云るは、顕にこそ人の引する水なれ、幽より水分神の相預はして其事を善く為令め給へるが、其即水分神の天皇に奉らせ給ふ由なり、是を以て寄志奉牟云々、寄志奉者とは云り、然れば第二詞の下に云る如く、古語に事依奉と多く見えたる与佐須は与須にて、其任を人に寄る意なる事は云も更なれど尚深く此を考ふるに、古来より依《ヨサス》と授《サック》との差別を知らずして混同せり、与佐須は令《ス》レ為《サ》レ善《ヨ》にて、我事業を人に附託《ユダネ》て善く為《ナ》さ令むるにて、人に為令むれども何処迄も依せたる方も寄《ヨセ》られたる方も相離るまじきを、授《サック》は真附《サツク》にて、彼に委ねたる上は授たる事無くして、授りたる一方に落着く義有り、然れば依すは主の方重く授くは客の方重きなり、神等の人に事を依《ヨ》せ給へるも然にて、凡て神等の各自に殊異なる功徳を保ち坐るは、天壌と共に其窮り御在し坐すまじき御業なり、然れば顕世に在と有ゆる物も事も悉くに人草の物と為り事と為れる若き物から、其は神等の成し給ふ表向《アラハ》なる方をこそ、人に依せて其の人々の事業として善く為さ令め給ふには有けれ、其実は幽冥より預鎔造らせ給ふ事にて、授けて神の傍より守護せ給ふには非ず、依して神の幽より共に成し給ふにぞ有ける、

という。

この、神が幽冥から顕世の人々とともに業をなす、という神学の沿革を簡単にまとめておく。『日本書紀伝　二之巻』(20)に、

古語に、高天原爾神留坐と云て、凡て此天中は、天御中主神の神随《カムナガラ》なる奇霊《クシビ》に微妙《タヘ》なる大御霊の、天地に先立て

御在坐《オハシ》す甚大御霊に資て、二柱産霊《ムスビノ》神の成出給へりしより、万の神も人も、其産霊に因て成出る物なる事、誰も知れるが如し、然して隠身の神は、天地を身体として、天地即ち神の御身なる事、猶現身《ウツシミ》の人の骨肉を身体として、其神は体中に在が如し、心行かむと欲すれば、足此《コレ》に随ひて行き、心止らむと欲すれば、足此に従て止まるに同じく、天地は隠身の神の身体なるが故に、其動静共に神の御心の随《マヽ》に神随《カムナガラ》にして、行ひ給ふ事を知べし、

とあり、ムスビ神学から顕幽論へと論を進めている。この論における要点は、しばしば重胤が引用する顕宗天皇紀三年二月「月神著人謂之曰、我祖高皇産霊、有預鎔造天地之功。宜以民地、奉我月神。若依請献我、当福慶」という記事の、とくに「預」の訓を「ソヒ」として注意し、「預鎔造」を「ソヒアヒイタセル」と訓んで語ったところにある。

此は其天地を相造らしゝ神のみには限らず、伊弉諾伊弉冊二神の、国を孕み神を生み給ふより始めて、凡天地の底際《ソコヒ》の内に在りと有ゆる八百万千万神は更なり、世中に生きとし活ける人皆の上にも、幸魂奇魂神として幽より預鎔造《ソヒアヒイタ》し給ふ御事になむ有りける[21]、

つまり、重胤の神学、「よさし」によって結ばれた神と人は相離れないものになる、ということの本質は、実際には隠れた存在である神は幽冥から人と「そひ」て共に顕世の様々な業をなしている、というところにあるわけである。

西田はこの重胤の神学を踏襲して語る。

われわれは、宗教にいわゆる救済の、神道なりのありかたをうかがうことができようと思う。けだし、稲穀《いね》の耕作の業というものは、もと「高天原に神留り坐す皇睦神漏伎命・神漏美命」たる皇祖の天神や「御年の皇神等」や「水分に坐す皇神等」やが天皇に「よさし」たまい、これをさらに天皇が天下の公民、すなわち農民に「よさし」たもうたものである。したがって、この農耕の業は、農民の業であるとともに、天皇の大御業であり、また皇祖の天神や御年の皇神等やの神業でもあるのである。

西田は公民（農民）のなす生業は天皇の皇祖神や穀物の神のなす業でもあると述べる。この論理の背景には重胤の顕幽論が存在することは明らかである。

またここで、西田が使用した「救済」という語について言及しておきたい。西田は、「宗教にいわゆる救済の、神道なりのありかたをうかがうことができようと思う」と述べている。ここから推察されることは、西田は「救済」というものは宗教一般に普遍的に備わっているもので、それは、宗教の一つである神道においても何らかのかたちで存在しているのだ、と考えていたということである。救済というからには何からの救済であるかが問題ともなるだろうが、この論文において西田はとくに何からの救済とは言及しておらず、罪とか原罪という言葉も一切この論文には見えない。西田がなぜ「救済」ということを神道において考えたのか、ということは別で詳細に論じる必要があるかもしれないが、ここでは、西田のいう「救済」は、神道の神祭りによる神の恩恵であったり、共同体の秩序維持・秩序形成とほぼ同意義である、と推察するにとどめておきたい。

農業を初め《（ママ）》として、あらゆる職業はこれまた天皇の御依さしでないものはないので、官職ならずとも、人民の家業・職業は極まるところ天皇の大御業を預りなすことにほかならないのである。その分内を守り、その職分を尽くすにおいては、一身一家の家業・職業が天皇の公の御事業に任奉する意となるので、そこでは一身一家の私のものは一つも無いわけとなるのである。

西田は以上のように述べ、この世のすべては神、天皇の「よさし」であるという。この論理は、公民の生業は天皇や神のなす業と一体的なものであるから、それは「公」（天皇、神と同義としていると思われる）と「私」（公民、農民、万民、つまり日本国家内の人々一般）が一体のものであり、一体化しているのだから「私」は「公」と合一化して「私」だけのものは存在しないものとなる、と解される。言い方を変えれば「私」が「公」に昇華するとも言い得られる。

また、右に掲出した西田の引用からも察せられるように、西田は「よさし」をもはや神道古典における一用例というよりも日本における普遍的な任命のあり方としていることが看取される。この点は重胤も同じであった。重胤は『日本書紀』第五段第六の一書において、伊弉諾尊が三貴子に分治をするさいに、『古事記』では「事依」（コトヨサス）としながら、『日本書紀』では「勅任」としたことについて、

事依《コトヨサシ》の字を被用たるに同じ、又此正書に、故其父母二神勅素戔嗚尊と有る勅字をも、瑞珠盟約章にも、夫父母既任諸子と所見たる任字も、此の勅任《コトヨサシ》と同じく訓み来れる事なり、（又、応神天皇二十二年御紀に、天皇於是看御友別謹惶侍奉之状而有悦情、因以割吉備国封《コトヨサス》其子等也と有る、封《コトヨサスノ》字は、其国政を寄任する意を以て用《ツカ》へるなり、其四十年の下に、任大山守命令掌山川林野とも有り、此又山川林野を掌《ツカサド》る、即ち其事依され奉りし職なる謂なり、偖此なる勅任字は選叙令に、凡任官大納言以上、云々、勅任、余官奏任、云々等判任、と三等の差別有る、其字を取られたる者なるべし）[22]

と述べており、『日本書紀』において使用されている「勅任」「任」「封」などの任命するという語も「コトヨサス」と同義であるといい、さらに重胤は、

偖大国主神の此青海原潮之八百重たる、国の八十国島の八十島は、谷蟆の狭度る極み潮沫の留る限り、狭国は広く岐国は平けく、修理固成て皇御孫命に其顕露事を授給へれば、[23]

としており、本来「よさし」もしくはそれに準じた語が使用されるべきところに「授」という語が使用されていることが見て取れる。重胤は一方で「ヨサシ」と「授く」は違う、と定義しながら、神ないしは天皇が与える・任命するものはどういう語を使用していてもその本義は同じである、という理解に立っていたのではないだろうか。

西田長男は、『日本書紀』神代巻第五段本書の、伊弉諾・伊弉冉の二神が大日孁貴に「自当早送于天、而授以天

上之事上」としたことなど、『日本書紀』で「授」という漢字が使用されていることについて、「依さす」を「授く」に書き改めているのは、同書の編者が、その文体をできうるかぎり純漢文のそれに修字しようとしたあまりに、ついに固有思想を喪失してしまったところであるといってよかろう。

と述べている。

では、西田が述べる「みこともちて—よさし」の普遍的論理としての展開を見ておこう。

万民の業がそのまま天皇の大御業・神々の神業であり、天皇の大御業・神々の神業がそのままに万民の業であって、万民の生産はことごとく天皇の御物または神々の神物となるところに、万民の私は公となるのである。公となるとは真実性を得ること、生産即実相、資生産業即神業であるということである。万民はその生業そのものにおいてすでに救済せられてあるので、その生業に勤しむほかに別に救済の道を探ね求める要を認めぬのである。

つまり、西田は「みこともちて—よさし」が天皇と人の業を、神と人の業を一体化させると述べている。そしてそれは人間の私というものが公となるということであった。西田は「みこともちて—よさし」を通して人が神や天皇と一体的に生業を務めることのうちに人は救済されている、と言う。人々のなす生業は「公」に昇華する（神、天皇と一体化する）ものであり、生業を務めることが神道における「救済」（神道を含めた宗教一般に普遍的に備わっているもの）であると西田は解していると思われる）であると解される。

以上から、西田長男の「みこともちて—よさし」論とは以下にまとめることができる。人間の生業とは、人間ただ一人が行っているものではなく、神や天皇とともに行っているものである。であるからこそ、この世のあらゆる職や業は神と天皇から拝命したものである。この拝命を象徴的に言い表している言葉が「みこともちて」「よさし」である。この「みこともちて—よさし」を通して天皇は神ながら天下をしろしめし、人民は「よさされた」生業を務めることで公となる。言い換えれば『みこともち」になるのである。「みこともちて―よさし」とは、「みこと」を通して、神と天皇と、神と人と、天皇と人とを、一体的で共同的な相離れない集団とするものである。

他にも西田は、天皇が治める意で天皇に代わって治めるべく委任されたのが「封地・封民」であるとし、この「委任政治」は幕府政治も同様であって、「わが国史を一貫してある顕著な事実」としている。この点は「委託・委任」祭祀(24)や日本国家の統治構造とも関わってくる問題であり、この点に関しては古代からの祭祀や国家統治の権限ないしは構造の論理を研究していくことが必要であろう。(25)

また、西田の「みこともちて―よさし」論の大きな特徴は、『延喜祝詞式』や『古事記』の用例を神学的・思想的に考察し、神道ないしは日本における「救済」の論理にまで発展させて論述したところにある。これは、重胤や折口の論を継受している点からも、近世以降積み重ねられてきた国学研究や神道研究を背景にするといえる。

二 「みこともちて―よさし」論の各論考における推移と変化

西田の「みこともちて―よさし」論はいくつかの論文の述作を経ている。まず全体的な変遷から確認しておきたい。『神道論』(『大倉精神文化研究所紀要』第四冊、昭和十八年〈一九四三〉七月)の第二三節(第三章)が「みこともちて―よさし論」の原型である。この論考を大幅に書き直して戦後上梓されたのが「神の「よさし」」(『日本宗教思想史の研究』理想社、昭和三十一年九月)であり、さらにこれに改訂を加えたものが「祝禱の文学」(『古代文学の周辺』南雲堂桜楓社、昭和三十九年十二月)、続いて「「依さし」論理と危機の超克」(『日本及日本人』第一五二九号、昭和五十年五月)が上梓されている。この論考は「祝禱の文学」を一般向けにコンパクトにまとめ、時代的な危機意識に合わせて、日本共同体の構造的問題にも触れたもので、昭和五十年ごろの保守層向けの論文となっている。この論考と先の「祝禱の文学」とを統合したものが『日本神道史研究』（昭和五十三年）所収「祭りの根本義―『延喜式祝詞』を中心として―」であった。

昭和十八年『神道論』の第二三節は、まず「君父は一体であり、忠孝は一本である。我が父母は我が親であると共に、我が天皇は我が大御親であらせられるのである」とし、「神道即人道」であり、「神道の基底にはどこまでも系譜的・列序的関係が横はってゐるのである」といった文言から始まる。続いて『古事記』『日本書紀』における「みこと」に着目し、鈴木重胤『日本書紀伝』を引用して、「記に於て伊邪那岐・伊邪那美二柱の神が、神であると同時に命でもあらせられるといふのは、天神の「みこともち」としての「命」であると共に、一方三貴子などに命を発せられる「神」そのものであらせられるからであると考へられる」と言い、神道における列序的・系譜的関係の絶対性を主張する。そして「みこともち」と「よさし」に言及していく流れとなっている。ここで西田は「よさし」の意義について、戦後上梓される「神の「よさし」」や「祝禱の文学」と同じく、重胤の『延喜式祝詞講義』を引用して論述している。『神道論』には以下のように記述されている。

「依さし」の意義は或る事を何人かに委任してそれを代行せしめるものの、その主宰者としての地位は根本的に他に移譲されるのでないが、「授く」は之に反し、授くるものの所有権・支配権は授けられるものに絶対的に譲渡されるのであるといふことを知り得られる。

戦後の論考と同じく、西田は重胤と同様に「よさし」という語が単なる「授く」とは違う特殊な意味をもっているとするのである。

「みこともち」についても、折口信夫を引用して論じる点は戦中の『神道論』と戦後の論考とで変わらないが、列序的関係や、「相対」が「絶対」に転化する点を強調する。以下は先と同様『神道論』からの引用である。

「みこと」が「すめらみこと」として最高の「みこと」であらせられる天皇の外、神・大夫・宰・国司等の神聖なる何等かの使命を帯するものに悉くに用ゐられてゐるといふのは、畢竟、その根底に、系譜的・列序的関係が存し、相対は絶対に等しいとの考へが横はってゐるからであると思はれる。

戦後における西田の「みこともちて―よさし」論は、「よさし」という神や天皇からの命に対して、公民の「かえりごとまをし」という覆奏・復命が対応する神道の循環的構造論に言及しているが、この点に関してもすでに『神道論』において見出すことができる。しかし、戦後の論考と矛盾する点も見出される。例えば、神の恩恵を受けることと人々の努力との関係が予定調和なものであるか、そうではないか、という点について、西田は戦中の『神道論』では以下のように述べている。

「手肘に水沫画き垂り、向股に泥画き寄せて」といふ人民の努力が伴ふので、かくの如く懸命の努力を為すところに「八束穂の伊加志穂に皇神の依さし奉」られる神の御稜威が垂れ加はってくるのである。そこには神の予定調和といふ如きは存しない。

この傍線部で示した部分に関して、昭和五十年「「依さし」論理と危機の超克」では、人びとはそれぞれに与えられた任務、また、職業に、一意専心、脇目も振らず勤めることそのことのなかに絶対的な意義がある、すなわち〝救い〟がある、という観念は、「予定調和」を予想してはじめて成立し得るものではなかろうかとも思われる。

としており、「よさし」を受けた職務や人々の努力と神の恩恵が予定調和であるか否かで明確な論の推移を発見することができる。

また、時代的（昭和十八年刊行）な影響があったと考えられるが、日本国家を絶対的な天皇を頂点としたものである点を強調するような言説が多く見出される。『神道論』には以下のような論述が存在する。

農業を中心とし、工商等諸産業は、実に天皇の御依さしに基づくものであって、民に絶対私有の権利はないのである。今日法律によって所有権を認められてゐるが、それは欽定憲法によるので、法は天皇の中にあり、天皇の御依さしによって所有権が認められてゐるのである（中略）我が国に於ては宗教・道徳・政治・産業等万般は「よさし」に基づくので、それ自身は何等権利の主体でないのである（中略）即個人は神聖及び自由の主体でない。ただ個人が、神聖であり自由であるのは、現御神の御依さしによつてである（中略）我が国に於ては「ことよさし」により「みこともち」となるが故に、神聖であり自由であるので、そこには「私」といふものがないのである（中略）個人の生命が尊いのは「上」たる神又は天皇の神聖性を背景としてゐるがために外ならない。

西田の最初期の「よさし」論は、鈴木重胤・折口信夫の考えに基づき、「みこともち」「よさし」を神道の重要な論点としており、この点は戦後初めて「よさし」に言及した「神の「よさし」」と変わらない。しかし、日本を、天皇を絶対的な頂点とした列序的共同体であることを強く主張し、個人のすべてを天皇に帰依しようとする点は大きく異なっている。この点は、「神の「よさし」」以降、西田の「みこともちて―よさし」論に散見される「救済」という語、観念が見出されないことと関わっているものと考えられる。先に引用した「祭りの根本義―『延喜式祝詞』を中心として―」においては、「万民はその生業そのものにおいてすでに救済せられてある」としており、『神道論』では「個人の生命が尊いのは「上」たる神又は天皇の神聖性を背景としてゐる」と述べていたところから論調が大きく変化していることが看取されるからである。

戦後の昭和三十一年に「神の「よさし」」が上梓されるが、『神道論』から「神の「よさし」」へは「みこともちて

―よさし」論の変遷の中で最も大きく変化している。まず、天皇を頂点とした列序的関係の強調や、すべてを天皇の所有とし、「私」を認めないことを主張している部分が大きく修正されている。すべてが「公」で「私」がない、とする「よさし」の特徴は戦後も引き継がれているのだが、戦前のそれは国家規範、国家倫理の維持といった文意であったのが、逆に救済、つまり人々を神の「よさし」で救う論理の中で言及されるものとなっている。基本的に西田は自身の戦中の論調を後で振り返って良く思わなくなったものと考えられる。それは、戦中の論考である『神道論』や『神々と国家』（明世堂書店、昭和十九年）を、西田の学問の最終成果と言ってよい著作集『日本神道史研究』（西田の生前に編集、出版）に収録しなかったことによく表れている。戦後早くの論考で戦中の論調を大きく変化させていることが「よさし」論の推移からよくわかる。

西田は戦後、「神の「よさし」」に「救済」という観念を初めて叙述しているわけであるが、これは単に戦中から戦後への時代的変化だけでなく、西晋一郎の影響が存在すると考えられる。西晋一郎は「祝詞と国体」(26)で、

天皇の徳に光被せられる所に万象各々其の真実性を得、天皇のヨサシを承けて其の職を務める所に万民各々真実性を得る、即ち始めて「人」となるのである。これは各自の私を天皇に投げ入れた純然たる「公」になり切るからである。公民の真意義はこゝにある。天皇は形は一箇生身《いきみ》にましまして其の実は無私の当体であり、只万民をして真実生命を得させる為のみで己私として一切無く、一切を実有たらしめる、即ち天皇の国土万民たらしめる為のみの皇位に在ますのである。これは天皇御自身皇祖天神のヨサシの故に天皇たらせられるからである（中略）つまる所は皇祖天神のヨサシにカヘリゴトマヲスのが全国家即全人生であつて、更に何事も無い（中略）公的となるは真実性を得ることで、即ち生業即実相の意である。

と述べた。ここは西田の「神の「よさし」」の以下の部分と同調する。

万民の業がそのままで天皇の大御業、神々の神業であり、天皇の大御業、神々の神業がそのままに万民の業であって、万民の生産は悉く天皇の御物又は神々の神物となるところに、万民の私は公となるのである。公となるとは真実性を得ること、生産即実相、資生産業即神業であるといふことである。万民はその生業そのものに於て既に救済せられてあるので、その生業に勤しむ外に別に救済の道を探ね求める要を認めぬのである。

傍線で示した箇所などはきわめて類似している。「実相」「真実性」といった言葉は昭和十八年の『神道論』にはなく、戦後の「神の「よさし」」から使用され始めたものである。西田の神道における救済が「よさし」の論理から生まれるのである、という観念と、それに付随する表現は、西晋一郎の影響を強く受けて形成されたものであると言ってよいのではないか。

西田の『神道論』は、西田が大倉精神文化研究所に所属していた関係で、西晋一郎（倫理学者）・新見吉治（歴史学者）の校閲を受けたようである。西晋一郎はこの書のうちの「みこともちて」と「よさし」にふれた部分に着目したようで、その西の示教に基づいて書き改めたのが「祭りの根本義—『延喜式祝詞』を中心として—」（「祝禱の文学」を改題）であった、と西田は後に回想している。(28)また西は「古来、わが国を神国といっているが、そのゆえんはまことにここにあるのではなかろうか」と、西田の「みこともちて—よさし」論を評価していた。(29)そのため、西の「祝詞と国体」は西田の「よさし」論を西流に発展させたものであると言えよう。そしてこの西の論文を西田が逆に取り込むことで、戦後の「みこともちて—よさし」論の発展、とくに「よさし」による「救済」の論理が生成したと考えられる。

昭和十八年『神道論』から昭和三十一年「神の「よさし」」への変化は、西晋一郎の論考を参考にしたこと、そして敗戦を機に自身の論調を大きく変化させたところにあったとまとめられる。西の論を参考にしたことの背景には大倉精神文化研究所という環境があるであろう。西田は昭和十一年に同所に入所、昭和十八年に退職しているが、戦後昭和二十八年、大倉精神文化研究所が所内に学院を設置して東洋思想の研究を推進することとなり、中村元主任等に続いて指導員となっている。西田にとって大倉精神文化研究所に所属していたことが、西晋一郎を始めとする國學院大學外の他分野の碩学と関係性をもった理由であると考えられ、西田は昭和前期の大倉精神文化研究所での研究環境に大きく影響を受けていたと考えてよい。

次に、「神の「よさし」」から「祝禱の文学」への変化を見てみたい。「神の「よさし」」以降は、論そのものの基調的変化はほぼなくなる。「神の「よさし」」は四つの節からなっているが、「祝禱の文学」はその一、二、三節をすべて所収している。小さな変更点は、句点・簡単な追記・漢字とひらがなの変更・旧字から新字体への変更が多岐にわたること、鈴木重胤の引用部分の増加、などがあり、論を補説する大きな追記が何点か施され、一部前論文の順序を入れ替えているところもある。大きな追記は、論の更なる説明と、稲荷神が農民の姿をして現れる史料などを用いて「神と人とは常に生業を通じて一体である」ことを論証している部分である。この点は、昭和三十年代ごろから取り入れたと考えられる民俗学の手法の影響がある。

「祝禱の文学」は「神の「よさし」」をベースに、その論をすべて残しながら新たに書き直したもの、とまとめることができる。「祝禱の文学」に収録されなかった「神の「よさし」」の第四節はウィットフォーゲルの論を引用して日本共同体の独自性、優位性を主張する論文であるが、『日本神道史研究』「祭りの根本義―『延喜式祝詞』を中心として―」でそのまま変更なしに復活している。昭和三十九年に出された「祝禱の文学」において西田の「みこともちて―よさし」論は完成されたと言える。

昭和五十年「「依さし」論理と危機の超克」は、保守層向けの小論として執筆された。そのためもあり、戦後日本経済の構造的問題への批判的態度が見られる点が新しい。この論文では小室直樹を引用しその社会科学的視点を日本共同体への問題意識に利用し、「よさし」論理によってその危機の克服を目指す論旨となっている。小室『危機の構造』の単著はダイヤモンド社から昭和五十一年十月より出されているが、西田論文における小室の引用元は「毎日新聞、昭和50年2月16日号所収」となっており、比較的早い時期から小室の論に接近していたことがわかる。

先に述べた通り、『神道論』で「予定調和といふ如きは存しない」と述べていたのに対し「依さし」論理と危機の超克」では「「予定調和」を予想」すると変化していたわけだが、おそらく『神道論』で予定調和がないとしたのは、臣民個々人が努力しなければ神の御稜威は垂れ加わらない、そのために、ただ「よさし」を受けただけでは必ずしも神の御稜威は予定されない、ということを言いたかったのであろう。それが「予定調和を予想する」ものとなったのは、戦争における日本国家の無責任体制が日本共同体の特質に根差したものである、とする西田の反省によるもので、「よさし」論理が日本共同体の大本であるのなら、日本共同体の悪弊も、「よさし」に根差している、と考えたと推察される。「「依さし」論理と危機の超克」は、最終的に、天皇を国民統合の象徴とすることで、戦中に猛威をふるったセクショナリズムの問題を乗り越えよう、という論旨になっている。

「祝禱の文学」と「祭りの根本義―『延喜式祝詞』を中心として―」は、注の追記や、漢字のひらがなへの変換などの、論文集である『日本神道史研究』に再録するにあたっての編集上の細かい変更、「「依さし」論理と危機の超克」を論文の第二節に合わせて載せたこと、「祝禱の文学」には載せなかった「神の「よさし」」の第四節を復活させたこと以外は、全く変わっていない。

以上から、西田の「みこともちて―よさし」論の推移において、敗戦以前と以後における変化が最も大きなものであったことが了解される。この点は単に「みこともちて―よさし」論だけでなく、西田の学問研究にも多大な影響を与えていたと考えられる。また、その変化の中でも、鈴木重胤と折口信夫の論を継受して構築した「みこともちて―よさし」論の核心部分は変わっていなかったことが注意される。その核心部分とは、「みこともちて」や「よさし」によって神と人、天皇と人が一体的な関係性をもつことであり、西田はそれが日本国家や神道の根本であると考えていた。西田の「みこともちて―よさし」論は時代的変化や周囲の影響によって論調が変化していながらも、その核心部分に関しては必ずしもぶれていたとは言えない。この点は西田の学問研究の中に西田なりの信念が存在していたことを窺わせる。これらのことは西田の学問を考える上で重要な視角となる。続いて、西田の学問の来歴を振り返り、その中における「みこともちて―よさし」論の位置づけを考えてみたい。

三　西田長男の学問形成と「みこともちて―よさし」論の位置づけ

「みこともちて―よさし」論が西田の学問研究の中でいかなるものに根差して形成されたのかを考えるために、西田の学問の始まりとその初期における形成を考えてみたい。

西田の学問の出発は「本居宣長のものの理会のしかた」[30]という論考であった。西田はこの論文のことを後に振り返り、「わたくしの学生時代の習作であって、人前に出せるようなしろものではない。しかし、これはわたくしの学問の出発点となったもの」と語っている[31]。

この論考は、思想史的な視点で本居宣長の意義を考えるもので、西田は「存在論の立場から考へてみたい」としている。アリストテレス、ハイデッガー、デカルト、などの西洋の哲学者や、宣長はもちろん近世の国学者たち、島崎藤村「夜明け前」の長文の引用などを基に考察を行っている。西田は宣長にかなり傾倒していたようで、学生時代には宣長の吉川弘文館版『本居宣長全集』を精読していた。[32]また、宣長の主著の『直毘霊』（有精堂出版、昭和十九年〈一九四四〉四月）の註釈を行っている。

西田の理論的・思想的な方向性は、戦前・戦中において他にも多数存在する。例えば「古代日本人の善概念」（昭和八年）[33]などがあり、とくに「神道史の理念」（昭和十四年）[34]は京都学派の哲学者、高坂正顕の『歴史的世界』[35]を参考にして、哲学的な視点で歴史認識の問題を考えている。また、『神道論』は西田の最初の単行本であり、西田はこの著書を「神道に関する理論的方面」[36]が著されたものであると述べている。

だが西田は、『神道論』のあとがきなどで「恩師」と慕う宮地直一に師事し、文献考証学的な論考も執筆していく。「吉川神道の道統について」（昭和十二年）[37]、「慶長勅版中臣祓と吉田家における新書の開版」（昭和十三年）[38]、「神道の死の観念と仏教との関係―三種大祓の成立を通路として―」（昭和十五年）[39]、などの論考も存在する。

西田は昭和七年に國學院大學道義学科倫理科に入学したころより宮地直一の指導を受けていたという。[40]宮地直一は実証的に神道、神社の歴史を考察した最初の人物であると考えられ、「凡ゆる文献を渉漁し、近代史学の眼光で焦照し、幾万の史料を自由に駆使された手腕は、たしかに神道史界の雄峰であった」[41]と評される、近代学問的な神道史学の第一人者にしてその源であった。

西田は宮地直一の指導を仰ぎ始めたころ、宮地が吉田家文庫所蔵資料の調査を長く行っていることを知っており、宮地直一の指導を仰いで吉田神道の研究に専念しようと考えていた。[42]昭和十一年七・八月には宮地直一の紹介で鈴鹿家文庫の調査に入り、後に西田はそれが自身の「吉田神道研究のしはじめであった」と述べている。[43]西田の吉田神道研究の成果は『吉田叢書』や『日本神道史研究』第五巻中世編（下）に表れている。昭和十一年ごろは西田が國學院大學道義学科倫理科を卒業し、大倉精神文化研究所に入所したころであり、いわば本格的な学問研究の開始時期にあたる。その頃合いで宮地の指導の下、吉田神道の実地調査を行った経験は西田の学問形成に多大な影響を与えたものと推測される。

後に西田は昭和四十年に「宮地直一博士」という論文で、

「神道」なるものは、いかなる方法で把捉することができるのであろうか（中略）宮地博士がその最も確実な方法として選取せられたものは、ほかでもない、国史の事実の上にこれを把捉するという方法であった。[44]

と宮地直一の研究方法について的確に述べ、また『神道史研究』の「総序」では、

「神道」を把捉するに（中略）あるときは、もっぱら論理的斉合をむねとする把捉を試みたが、よしそれが仮に合理的で、かつ真理そのものであるとしても、わたくしのような凡愚には、かえって、実証的な歴史的事実にこそ、不合理ではあるものの、いわば真実があるのではないかと思われるのであった。つまり、「神道史」の特色は、神学もしくはdogmatik[45]としてのheilgeschichte[46]にあるのではなく、それよりも政治や経済や文学・芸術などを含めた世俗の歴史、すなわちweltgeschichte[47]にあるのではないかというのが、わたくしの到達しえた一つの結論でもあったのである。そこで、わたくしは、主として歴史学的方法によって、日本史学の一分野である「神道史学」の研究に従事してきたのである。いうなれば、それは旧態依然たる考証学に過ぎないであろう。しかし、「神道」のなんであるかを把捉するオーソドックスな方法としては、これ以外によいてだてがあるとも思われないのである。[48]

と神道史研究の要点を語っている。ここから、西田は論理的側面から神道の把捉を行っていたが、実証的、考証学的な歴史学研究の優位性を認め、そちらの研究に従事するようになったことが読み取れる。ここには宮地直一の影響の重大なものがあった。

西田が宮地の指導を受けるようになったと考えられる昭和七年には、「本居宣長の神概念」[49]が上梓されている。この論文はカントやホイエルバッハといった西洋哲学者を引合いに出して本居宣長の認識を考察するものである。国学への傾倒や西洋思想への関心[50]は宮地に師事する以前から醸成されていたものと考えたほうがよい。何故なら、宣長と国学に関して西田は後に「私の家の分家に本居姓を称するものがある（中略）この本居家が本居宣長の家と一族であることは、宣長じしんも記している。そういうことがあって、わたくしは國學院大学にはあこがれてもいたのである。当時大学には、河野省三・植木直一郎・佐伯有義・折口信夫・武田祐吉・松尾捨治郎・松下大三郎・岩橋小彌太等々、一代の碩学がおられて、次第に国学するおもしろさを知るに至った[51]」と述べており、宣長への関心は自身の家環境の影響があり（西田長男の出身地は三重県松阪市）、國學院大学の環境がそれをさらに後押ししたと捉えてよい。つまり、西田の学問の出発は国学の理論的研究にあり、宮地直一に師事してから文献考証に根ざした実証的な歴史学研究を基盤とするようになったと考えられる。

西田の門下生である岡田莊司氏が「西田博士の学問は、精緻な実証的神道史・神社史研究で知られている。その論証の根拠となったのは、質の高い文献史料の収集である[52]」と述べるように、西田の学問の根幹は宮地直一の下で培われた文献実証的歴史学研究であった。しかし、西田の「みこともちて―よさし」論は、先に触れた通り、重胤や折口の論を接収して自身の理論をいわば神学的に構築していた点に特徴があった。それは宮地に師事する以前から培われてきた理論的な国学、神道研究に根ざした部分が多かったものと推測される。西田は宮地の指導を仰いで以降、西田の宣長研究等に見出されるような、神道の理論的把捉を捨て去ったわけではなく、それは宮地流の神道史研究と同居して存在していたのではないだろうか。

四　西田長男の戦中から戦後への変化

西田の「みこともちて―よさし」論において、戦中から戦後への変化が最も大きかったわけだが、ここで西田の戦中から戦後への学問態度の推移に着目してみたい。「神道史の理念　三、仏家神道の成立―罪の概念を通路として―」を『日本神道史研究』に収めるさいに、この論文の最後の部分に注を新たに付け加えている点が着目される。(53)

わが国の神は、人間すべての生みの親であり、子たる人間の罪は既に生前に於いて自らこれを贖はれてゐる神である。そこに特にキリストの如き贖罪を必要とすることはない。原始的人間観は我が国本来の思想にはない。それ故に創世記にある如き、神が自らの創造したアダムとエバの罪を、これらの人間の祖にのみ帰し、キリストを媒介とするを不可欠とする如き原罪的宿命者としてそれを追放し去る如きことはあり得ぬし、従つてまた全智全能の神が、何故に罪を犯すが如き不完全なる人間を創造したかなどといふ問題も生ぜない。既に神の懐の中にあつて、「祈る」ことなく、たゞ感恩報謝のみある神の子にとつては、神への怨訴を意味する如き問題はあり得ない。我が国の神は神自らに於いても折々に失敗せられることもあるので、神自ら言立て直し、或いは見直し聞直し詔り直しされることによつて、刻々の完全を人間に期待されるだけである。苛酷なる神の審判の如きは我が国にはあり得ないし、地獄極楽といふが如きエスカトロギイも存せない。罪穢によつて時に人間の神性は暗まされることはあるが、それは禊祓によつて清められるのである。神は神にしてまた人間であり、人間は人間にしてまた神である。「神は人の敬に依つて威を増し、人は神の徳に依つて運を添ふ。」神の愛と人間の敬とによりもともと一体たるところに審判はあり得ない。

（高階順治氏「日本思想の人間観」《人間学講座》第一所収参看）

注

（1）本章において、山田博士や高階氏の所説を援用して結論に導いているところのごときは、問題であろうと思う。少なくとも一面を強調し過ぎた欠点はなんとしてもこれを覆いえないであろう。本巻に収めた「贖罪の文学」は、その反省による所産であるが、一読をたまわらば、幸甚である。わたくしといえども、また、時代の子であって、この時代の過矯な思想の影響は、とうてい、まぬがれることができなかったのである。思えば、それは一種狂気の時代であった。

注によると、「贖罪の文学」[54]は敗戦以前の論考を反省して生まれたものであるという。この注に言う「この時代の過矯な思想の影響」は、先の「仏家神道の成立」のみに関するわけでなく、西田の敗戦以前の著作の多くにあてはまる可能性がある。先に触れた通り、『神道論』や『神々と国家』を著作集『日本神道史研究』に全く所収しなかったのはその証左であろう。

西田は、先に引用した「神道史の理念」を昭和十四年に『新講 大日本史』（雄山閣）に載せたさいには内務省警保局の検閲に触れ、あわや発禁処分に付せられようとしたと後に回想している[55]。そのさいに西田はこの論文を「今日からすれば、超国家主義ではないかと疑われるような見解がところどころにうかがわれなくもない」と述べており、そういった論考でさえも検閲の対象になりかねない当時の時代の中で、自身の学問を社会の中に位置づけていくことの大変な困難さが看取される。

また、『日本神道史研究』第七巻近世編（下）「第七巻　近世編（下）のために」において、「本居宣長のものの理会のしかた」を『日本神道史研究』に収めるにあたり、述べている箇所も先と同様に着目すべき箇所である。

わたくしはふたたび読みなおしてみたのであるが、いかにも隔世の感に耐えなかった、というよりは、なんとしても挫折の思いを禁ずることができなかったのを告白せざるをえないのである。（中略）それは巨視的にいえば、「明治ナショナリズム」の挫折である。今次大戦におけるわが国の敗戦は、そうしたものを根底から無価値としてしまった観がある。ひたすらに永遠なるものを把捉しようとして精進している学者の営みも、はかないものであると思う。（中略）しかしながらこうした挫折の思いをとどめることができないものの、たとえば、神道がわが日本の近代化について貢献したところがいかに著大であったか（中略）近代国家の仲間入りをした明治政府は、『大日本帝国憲法』を基本とする、国家神道なるものを構想するのであるが、これが帝国主義時代における欧米列強の侵略よりわが国をまぬがれしめるべく国民をして一致団結せしめた精神的紐帯であったことは、いささかの疑問もいれないように思われる。「明治ナショナリズム」が堕落・頽廃して超国家主義《ウルトラ・ナショナリズム》となるとともに、国家神道もその影響を受けて極右化《ソアッショ》していったことは、はなはだ遺憾であるが、かつての国家神道に取り上げるべき価値がぜんぜんなかったとは、けっしていいえられないのである。

西田は、ここで明確に「挫折」という言葉を使って戦前の自分の論考を振り返っている。『日本神道史研究』の「総序」では、自身を「戦前派ではなく、戦中派である。今次の戦争中に青春の日を送ったものである」として國學院大學講師、東京帝国大学文学部講師でありながら、戦中に軍務に服したことを振り返っている。そして敗戦と「神道指令」によって、

茫然自失、なにをなす気力もなくなってしまったのである。このわたくしの著作集は、てんでんばらばらの、相互に矛盾・撞着のいちじるしいものの寄せ集めであるが、それにいっそう拍車を加えたものが、この敗戦のもたらしたわが神道界の激変にほかならない。戦前―詳しくは戦中―にしたためたものと戦後に記したものとの間には、しばしば一貫した論理を欠いているところのあるのは、一にそのためであるといってよい。

と述べ、敗戦以前と敗戦以後で自身の論が変調したことを自ら認めている。敗戦以後に執筆した論考には敗戦を機にした自身の反省に基づいたものが存在し、その代表が「贖罪の文学」であると思われる。しかし、西田が先に述べた通り、「明治ナショナリズム」の価値観がすべて誤っていたわけはない、との思いも存在していた。この点は西田の「みこともちて―よさし」論が敗戦を機に論調を変化させながら、その論理の中核部分は何ら変わっていなかった点にも見出すことができる。西田にとっての敗戦は、簡単に言葉では言い表せないものがあったと思われる。とくに自身を「戦前派ではなく、戦中派」と称する点などは西田が戦時中に青年時代を過ごし、東京帝国大学で神道講座を宮地直一より委嘱されるなど、宮地門下の気鋭の若手であり、その学問の最初の発展期を戦時下で過ごしたことを考慮に入れなければその奥側にある真意は理解できないかもしれない。

また、西田は戦時下での態度について以下のようにも述べている。

わたくし世代のものは、いつ招集せられて、戦地に赴かなければならないかわからなかった。常に生死の岩頭に立たされていたのである。したがって、平素から、それぞれに、なにがしかの死生観を確立しておく必要にせまられていた。それも忠君愛国という至上の命題の範囲を脱するものであってはならなかった。その範囲内で自己の存在の意義を確認しておく必要があったのである。(56)

西田は当時の時代意識、時流の流れに多大な影響を受け、自身の学問もそれと密接に関わって成育されていったものと考えられる。この点は戦時下という一種の極限状態においてのみの態度、と言うより、西田の学問が、敗戦以前においても、敗戦以後においても、当代の時流の影響、当代の様々な論考の影響を多分に受けていた点と同期するものかもしれない。この点は第二節で指摘した「みこともちて―よさし」論への西晋一郎の影響も重ねて考えてよく、他にも、「天神にさえ、なおその背後に「命」を発する不定の神の存する」とする論点が和辻哲郎「上代に於ける『神』

の意義の特殊性」[57]の論を取り入れたものであり、「『延喜式祝詞』は、その中に「祈る」ということばが一つもみいだされない」とする点は、山田孝雄「古代の祝詞に現れたる思想」[58]の主張である。同時代、もしくはそれ以前の著名な学者や思想家の論点を参考にし、取り入れて自身の論を深めていくところが西田の学問における特徴の一つであったと言えよう。

敗戦後、西田は昭和三十年代ぐらいから民俗学を取り入れ、神社の史的研究を行っていくようになる。民俗学への接近に関して西田は、昭和三十二年発表の「安曇磯良」[59]と昭和三十五年発表の「安曇磯良続編」[60]をまとめた「神楽歌の源流―安曇磯良を中心として―」[61]を後に振り返り、「折口先生およびその第一の高弟西角井正慶先生の樹立された民俗学的方法を模したもの」[62]と述べている。神社研究に関しては、「それぞれの神社には、かくされぬ一つのりっぱな宗教の理論の体系をもっているように思われる。これらを自覚的に再発見ないしは再認識することが、新しい時代に即した、神道の再生・蘇りにも大変役立つ」[63]と後に述べており、ここから、敗戦の影響から神道が再生するための戦後神道学の道として神社研究を捉えていることがわかる。西田の学問研究は、意識的に同時代の流れの中でこれを確立していこうとするものであった。

五　西田長男の「実証」と「信」

西田の「みこともちて―よさし」論は敗戦以前と以後でその論調に変化が存在したが、西田論の中核部分（鈴木重胤や折口信夫の論を接収して構築した部分）は変わっていなかった。また、宮地直一の実証的な歴史学的神道研究を自身の学問研究の基本的方法論としながらも、宮地に師事する以前から培われていた神道の理論的把捉を捨て去ったわけではなかった。ここに西田の学問研究に対する態度の一端を窺うことができると考えられる。

西田は『日本古典の史的研究』（理想社、昭和三十一年〈一九五六〉）の第一章「古事記・日本書紀の歴史的信憑性」の結びにおいて、

蓋し我々は実証主義的方法を飽迄も押し通すとき、之に耐え得る歴史的事実を如何程有してゐるであらうか（中略）歴史的事実は常に唯一のものである、一回起的なものである。厳密にいふならば、この唯一のもの、一回起的なものは、実証主義的方法を以てのみするときは、如何にしてその歴史的事実たることを証明することが出来るであらうか（中略）実証主義といふことは、最も確実なる事実を把捉しようとする態度であるかのやうに思はれもするが、実はさうでない。そこにはただ永遠の疑問が残るのみである。

と述べている。西田は宮地直一に師事し「実証的な歴史的事実にこそ、不合理ではあるものの、いわば真実があるのではないかと思われる」と『日本神道史研究』を上梓するさいに述べていたわけだが、実証的研究の限界を悟っていたことが看取される。

右に引用した箇所は早く直木孝次郎氏によって批判がなされている。(64) 直木氏は以下のように西田を批判している。右のような西田氏の発言には同意することができない。確実な事実が残らなかったならば、疑問としておく外はない。それが物足りぬからといって、疑わしい史料や牽強付会の説を以て推論を重ねたり、後代の史料で記紀を解釈したりして何の意義があろうか。西田氏の記紀研究がそうだというのではないが、右の発言は結局そういうことになるであろう。

直木氏の見解は歴史学研究の視点からきわめて妥当なものであり、実証された歴史的事実の上から論理を形成しなくては実証的歴史学研究とは呼べないであろう。しかしこの点は宮地に師事した西田は当然了解していたはずであり、

むしろ実証的文献考証を彼自身の基本的学問態度としていたはずである。

西田の『日本古典の史的研究』に関して、昭和三十一年三月発行の『史学雑誌』に坂本太郎の「批評と紹介」が掲載されている。坂本太郎は西田の著作を「文献研究のすぐれた業績の一つ」とし、同書第一章を「記紀以外の確実な史料から、記紀の記事の信憑性を立証し日本上代史の基準を立てようとする野心的な労作である」と評している。当時においても西田の学問は博覧強識な文献考証に根ざした歴史学研究であると認められていたことは間違いないであろう。ではいかなる理由で西田は実証主義の限界を指摘したのであろうか。

西田は「古典について──一つの自己批判──」(65)において、直木氏の批判に以下のように答えている。

私は、ただ、哲学史の常識にしたがって、歴史研究においても単に実証主義におわってはならぬ、それのみに堕してはならぬことを注意しておいたのに過ぎないのである。実証主義は、たかだか相対的な歴史的事実の断片の把捉に役立つものでしかないであろうというのが、この哲学史における何びとも知るところの帰結なのであった。

おそらく西田は単なる事実確認のような実証主義を超えた、普遍的真理とでも言うべきものに抵触しなければならないと考えていたと思われる。西田はまた同論文において以下のように述べている。

およそ真理は信から開けてくるものではないか。まず真理であると判断して、後にこれを信ずるのではない。真理そのものを越えて絶対に信ずべきものが真理となるのである。真妄の批判を絶するところに、真理はまことに真理となるのである。しかして、この信には愛が籠っているのである。愛なくして信は起こってこないのである。(中略)信はやがて「証明《あかし》」せられねばならぬ。この「証明」こそ、私は、「実証」ということの本質的意味であると思う。

西田は、実証された事実を踏まえて真理を探究するのではなく、自らの信じる真理がまず存在し、その「信」を実証することが本当の「実証」であると考えていた。ここにおいて、西田は客観的な事実を論証する実証主義から一歩踏み出していた。

確かに文献実証には文献的制約がつきまとい、実証的歴史学がこの世界のすべてを明らかにするわけではないことは言うまでもないだろう。しかし、実証化された事実を基に論じるのでなければ、その論がいかに真理そのものであったとしても、第三者から妄説と疑われて反論することはできない。この点において、西田が右のように考えた「実証」は歴史学、文献学等において妥当性をもちにくいのではないか。

先に引用した坂本太郎の「批評と紹介」において、先の引用と同時に「記紀の記事の信憑性を証明しようとするのであるから、証明の方法としては記紀に関係のない資料を用いるのが望ましいのに、屢々記紀またはそれと同類の文献を証明の資料とするという、循環論的の弊が見られる」と西田の研究方法の一端を批判している。西田の実証は西田の信じる真理が存在した上で行われるのであるから、その信じられた真理を実証するために研究の無理が一端において生じていたのではないだろうか。

西田は宮地直一に師事し、実証的歴史学の上に神道を把捉するよう努めてきたわけだが、西田は単に実証主義の枠におさまらない普遍的真理を探求していたと考えられ、それを自身の学問の内に実証しようとしていたと言うことができる。そしてその真理は西田の「信」から開けてくるものであった。その「信」は具体的には、「みこともちて―よさし」論の中核部分である鈴木重胤と折口信夫の論を継受した箇所などが該当しよう。この「信」を上代の文献などを使用して実証し、論理を展開させたのが「みこともちて―よさし」による救済の論理であった。「みこともちて―よさし」論の中核部分は戦中から戦後と変わりはなかったのであり、西田の心の内には、自身の学問の始まりからずっと、神道が普遍的真理・理論を持つものであるとする「信」が存在していたと考えられるのではないだろうか。

おわりに

以上、「みこともちて―よさし」論とその変遷を中心に西田長男の学問の一端を垣間見てきた。西田の学問にとって大きな転機となったのが宮地直一への師事と、敗戦であったと考えられる。西田は元々、國學院大學の学問である国学研究などを通して、神道の理論的把捉を目指していたが、宮地との出逢いにより、実証的な歴史的事実の上に神道を把捉することを自身の学問研究の基本的態度とした。

「みこともちて―よさし」論の変遷においては、敗戦による論調の変化が大きく確認される。西田はその敗戦による時代の変化を「挫折」とも表現しており、敗戦は西田の学問へ大きな影を落とすこととなった。戦中においては現在のような学問的自由などには制約が存在し、ある程度時流に合わせて論考を執筆しなければならなかったことを考慮に入れなければならない。戦中に神道の理論的方面を著した西田の『神道論』を、西田は戦後大いに反省していた。敗戦によって西田の学問は大きく変化していく。その表れの一つに、「みこともちて―よさし」論が人々の「救済」へと展開していったことがあげられる。しかしその中にあっても変わりのない西田の「信」が存在していた。それは戦後においても「みこともちて―よさし」論の中核として存在し続けていったのである。

西田の学問の功績は、文献考証や歴史的事実の把捉から神道を考える神道史学を、宮地直一より継承し次代へつなげていったことである。西田の学問研究には現在においても通用するものが少なくない。数多の文献を網羅的に引用して事実を探求していく研究は大きな成果を残してきた。しかし西田の学問は同時に自らの信じた真理を実証しようとするものでもあったことも看取される。この面は西田の「みこともちて―よさし」論の展開や「贖罪の文学」等に見ることができる。西田の学問には単なる実証主義を超えようとした側面があることに留意する必要があるだろう。この点は客観的事実の把捉を重視する立場からは批判されるべきものであり、いわゆる歴史学研究とはまた別の思想的・哲学的な学問研究として考察していく必要があると考えられる。

西田の著作には膨大なものがあり、本論ではその一部を取り扱ったに過ぎない。西田の学問には他にも多くの論点が存在している。これまで國學院大學において行われてきた学問研究を振り返りながら、時代に左右されない文献実証研究を行っていくことは、西田が宮地直一より継承し、その火を絶やさなかった神道史学の発展を意味するものと考えられる。

註

（1）三橋健「西田長男先生の御略歴と御功績」（『西田長男博士追悼論文集　神道及び神道史』名著普及会、昭和六十二年六月）。
（2）西田は論文内で「みこともちて」と「よさし」を合一して「みこともちて―よさし」としており、本論では西田の「みこともちて」と「よさし」に関する考察・理論を「みこともちて―よさし」ないしは「「みこともちて―よさし」論」と呼称する。西田の「みこともちて―よさし」論には数段階の変化が存在するが、基本的なテキストはとくに断りがなければ、西田の晩年に上梓された著作集である『日本神道史研究』（昭和五十三年）所収の「祭りの根本義―『延喜式祝詞』を中心として―」を使用する。
（3）西宮一民編『古事記　修訂版』（おうふう、平成二十四年三月）。
（4）『本居宣長全集』第九巻（筑摩書房、昭和四十三年七月）。
（5）三橋健「近代化と神道―職業倫理を中心にして―」（『神道宗教』第七五～七九号、昭和五十年三月）。
（6）入江湑「コトヨサシの解義」（『皇學館論叢』第一八巻第一二号、昭和六十年四月）。
（7）梅田徹「『古事記』の神代―根本原理としての「コトヨサシ」―」（『国語と国文学』第六二巻第八号、昭和六十年八月）。

（8）鈴木啓之「古事記神話における「ミコトモチテ」「コトヨサシ」の意義」（『國學院大學大学院紀要　文学研究科』第二〇輯、昭和六十三年三月）。

（9）坂根誠「「ミコトモチ」の意義―「コトヨサシ」の役割とともに―」（『日本文学論究』六四、平成十七年五月）、同「「古事記」国譲り段冒頭部の解釈―「言因賜而」の訓読を中心として―」（『古事記年報』第五〇号、平成二十年一月）、同「『古事記』国譲り段・天孫降臨段における命令の主体」（『青木周平先生追悼　古代文芸論叢』おうふう、平成二十一年十一月）、同「『古事記』八咫烏の先導段における発話文」（『古事記年報』第五三号、平成二十二年一月）。

（10）『鈴木重胤全集』第十（鈴木重胤先生学徳顕揚会、昭和十四年五月）。

（11）『延喜式祝詞講義』一之巻における祈年祭祝詞の「御年初将賜登為而」の注釈で「此大地は天皇の御国と皇祖天神の附与し給ふ中にも、殊に此瑞穂国は天皇の御食国と定め給へれば、山川田野悉皆く天皇の御有なるを天下の百姓に頒ち預しめ給ひ、（中略）各々伝承る所の家業は我か私の家業に非ず、朝廷より預奉る家業なり」としており、ここでは「よさし」の語は使われていないが、皇祖天神→天皇→公民という構図に「よさす」と同義の意味があてはめられている。

（12）のち、『折口信夫全集』第三巻（中央公論社、昭和四十一年一月）に所収。

（13）「日本古代の国民思想」（『日本精神講座』十二、昭和十年六月。のちに『折口信夫全集』第二十巻、中央公論社、昭和四十二年六月）。

（14）「水の女」（『折口信夫全集』第二巻、中央公論社、昭和四十年十二月）。

（15）註(12)前掲書所収「神道に現れた民族論理」。

（16）註(15)と同じ。

（17）「万葉集講義（三）」（『折口信夫全集』第七巻、中央公論社、平成七年八月）。

（18）「東歌」（『折口信夫全集』第八巻、中央公論社、平成七年九月）。

（19）註(15)前掲論文。

（20）『鈴木重胤全集』第一（鈴木重胤先生学徳顕揚会、昭和十二年十一月）。

（21）『日本書紀伝』三之巻、『日本書紀』第二段本書の注釈。註(20)前掲書に所収。

（22）『日本書紀伝』八之巻（『鈴木重胤全集』第三、鈴木重胤先生学徳顕揚会、昭和十三年五月）。

(23)『延喜式祝詞講義』一二之巻、祈年祭祝詞生島御巫詞章「潮沫能留限」の注釈。註(10)前掲書に所収。
(24)いわゆる「委託祭祀」に関しては、黒崎輝人「相嘗祭班幣の成立」(『日本思想史研究』一三、昭和五十六年三月)、三橋正「仏教公伝と委託祭祀」(『日本古代の神祇制度の形成と展開』法蔵館、平成二十二年二月。初出『宗教研究』第八一巻第二輯、平成十九年九月)、藤森馨「鎮花祭と三枝祭の祭祀構造」(『古代の天皇祭祀と神宮祭祀』吉川弘文館、平成二十九年十二月。初出『神道宗教』第二一一号、平成二十年七月)などの論考が存在する。
(25)本書第一部「古代国家祭祀の構造」、同第二部「古代伊勢神宮の祭祀構造」を参照。
(26)西晋一郎『人間即家国の説』(明世堂出版、昭和十九年)。
(27)『古代文学の周辺』(桜楓社、昭和三十九年十二月)。
(28)「第二巻　古代編(上)のために」(『日本神道史研究』第二巻、講談社、昭和五十三年四月)。
(29)註(28)前掲記文。
(30)國學院大学道義学会編『本居宣長研究』(青年教育普及会、昭和十一年四月)。のちに『神道史の研究』(雄山閣、昭和十八年十一月)に収録。
(31)「第七巻　近世編(下)のために」(『日本神道史研究』第七巻、講談社、昭和五十三年十二月)。
(32)註(31)前掲記文。
(33)『神社協会雑誌』第三二年第七・八号(昭和八年七・八月)。
(34)『新講　大日本史』第十三巻(昭和十四年五月)。
(35)高坂正顕『歴史的世界　現象学的試論』(岩波書店、昭和十二年十月。序章「歴史的なるもの」は昭和七年に『思想』で発表)。
(36)「自序」(『神道史の研究』雄山閣、昭和十八年十一月)。
(37)『國學院雑誌』第四三巻第一・二号(昭和十二年一・二月)。
(38)『書誌学』一・二月号(昭和十三年一・二月)。
(39)『仏教研究』四―一(昭和十五年三月)。
(40)「わたくしの半生」(『西田長男博士追悼論文集　神道及び神道史』名著普及会、昭和六十二年六月)。

(41) 中村直勝「「八幡宮の研究」を紹介す―宮地博士の偉業―」(『神道史研究』第六巻第三号、昭和三十三年五月)。
(42) 「第五巻 中世編(下)のために」(『日本神道史研究』第五巻、講談社、昭和五十四年五月)。
(43) 註(42)前掲記文。
(44) 「宮地直一博士」(『神道宗教』第四二号、昭和四十年十月。のちに『日本神道史研究』第七巻、講談社、昭和五十三年十二月)。
(45) ドイツ語で「教義学」。
(46) 「救済史(救済の歴史)」。
(47) 「世界史」。
(48) 「総序」(『日本神道史研究』第一巻、講談社、昭和五十三年三月)。
(49) 『神道』第八号(昭和七年十二月)。
(50) 西洋哲学への関心については後に「もともとから、学者の神道説、いわゆる思想神道なるものにはさして感心しない一人であった。そういうものを求めるなら、むしろ西洋哲学の古典を読んだほうがましではないかと」と『日本神道史研究』第一巻「第一巻 総論編のために」(昭和五十三年)で述べている。
(51) 註(40)前掲記文。
(52) 「神道大系と西田長男博士」(『神道大系編纂会 記念誌』平成二十年九月)。
(53) 『神道史の研究』(雄山閣、昭和十八年十一月)。初出は『新講 大日本史』第十三巻(雄山閣、昭和十四年五月)、のちに『日本神道史研究』第一巻(講談社、昭和五十三年三月)に収録。
(54) 『古代文学の周辺』(桜楓社、昭和三十九年十二月)。のちに『日本神道史研究』(昭和五十三年三月)に収録。初出は「古代人の神―神道よりみた―」(『古事記大成』第五巻、昭和三十三年十二月)。
(55) 「第一巻 総論編のために」(『日本神道史研究』第一巻、講談社、昭和五十三年三月)。
(56) 註(55)前掲記文。
(57) 和辻哲郎『思想』第一六九号(昭和十一年六月)。西田は「古代神道の成立」(『神道史の研究』雄山閣、昭和十八年十一月)で和辻論を対象化している。

(58) 山田孝雄『改造』二月号（昭和十一年二月）、「仏家神道の成立―罪の概念を通路として―」で山田論文に強く言及している。
(59) 『神道史研究』第五巻第六号（昭和三十二年十一月）。
(60) 『國學院雑誌』第六一巻第五、六、八・九号（昭和三十五年五、六、九月）。
(61) 『古代文学の周辺』（桜楓社、昭和三十九年十二月）所収。
(62) 「第十巻　古典編のために」（『日本神道史研究』第十巻、集英社、昭和五十三年八月）。
(63) 「第八巻　神社編（上）のために」（『日本神道史研究』第八巻、集英社、昭和五十三年五月）。
(64) 直木孝次郎「日本古代史の再検討」（『日本古代国家の構造』昭和三十三年十一月。初出は『理想』第二八三号、昭和三十一年十二月）。
(65) 『東洋文化』二三七（昭和三十七年十月）。のちに『日本神道史研究』第十巻（講談社、昭和五十三年八月）に収録。

終章　古代祭祀の基本構造

一　古代国家祭祀と神社祭祀との二重構造

古代における祭祀構造とはいかなるものであったのか。本書では「神祇令」記載の国家祭祀と、古代の伊勢神宮祭祀を中心に考察してきた。

古代国家祭祀の代表的祭祀とされる祈年祭は朝廷の神祇官に全官社の祝部を参集させて幣帛を一斉に頒布するものであったが、実態としては神祇官における班幣のみに重点が置かれた、朝廷側の理念が先行した祭祀であった。各官社への幣帛奉献に関してとくに規定は存在せず、神祇官が管掌する祝部に幣帛奉献の責務が課せられたものの、神社側の祭祀はあくまで神社側に委ねられていた。

古代の伊勢神宮では祈年祭の幣帛奉献儀礼とは別に、御田の耕作開始行事が在地居住の奉仕者たちによって行われていた。この御田の耕作開始行事は日程的にも行事の構造からも祈年祭幣帛奉納儀礼と連動するものではなく、あくまで伊勢神宮側における既存の農耕儀礼であった。御田から収穫された稲は三節祭の朝大御饌・夕大御饌（御饌祭）に供されるが、朝廷から奉られた祈年祭幣帛は正殿には奉納されなかった。この点は朝廷で頒布される月次祭幣帛も同様であり、月次祭幣帛の奉納は神宮月次祭には組み込まれず、神嘗祭の例幣奉納が神宮神嘗祭の祭儀に組み込まれてその幣帛が正殿に奉られることと対蹠的なものであった。皇祖神を祭る伊勢神宮は古代において最も朝廷からの関心や崇敬が高い神社であったが、その伊勢神宮ですら祈年祭・月次祭の幣帛奉納が在地の既存の祭祀・行事と連動していなかったのであるから、他の各地の神社においても同様な状況であったであろう。

七世紀末から形成された班幣祭祀（祈年祭・月次祭・新嘗祭班幣）は国家側の自己完結的な祭祀であって、在地における既存の祭祀・行事とは別構造で併存するものであった。これは各神社の祭祀権は互いに不可侵のものであり、天皇や国家であっても容易に介入してはならないという古くからの不文律の存在を背景とする。神祇官が管掌する祝部も各神社の神戸から選ばれるのを基本とするため、各神社のことは在地側に委ねるというのが古代の神社政策の基本であったと考えられる。

各神社を奉斎する氏族を神主として、彼らに祭祀を委ねる国家祭祀に相嘗祭が存在する。相嘗祭は、伊勢神宮で行われる神嘗祭と天皇親ら行う宮中新嘗祭に准じて、大和中心の有力古社に設定された諸社の「嘗」祭であったと考えられるが、その祭祀が「奉幣」でもなく「班幣」でもなく、各対象社において各神社の奉仕者が神主として執行する祭祀形態をとったことは、各神社とその奉斎者の直接的な結びつきに国家が介入することはしないという古代祭祀の基本に則ったものと考えられる。

相嘗祭の祭祀構造は神社側の奉仕体制に国家の幣帛（荷前物）が供出されるものであり、それは伊勢神宮において御饌祭と朝廷側の祭儀（大神宮司が中核となり斎王が参列する祭儀）が二重構造で存在する神宮神嘗祭と同型の要素をもっていた。それは在地神社側で旧来から執行されてきた祭祀形態に幣物が付加される構造であり、相嘗祭は各神社における伝統的奉仕者による祭祀を本体として形成されたものといえ、国家祭祀でありながら国家の幣帛は各神社祭祀を拡充するものとして機能していたのであった。古代において各祭神の祭祀は、伝統的奉斎者が祭神の坐す在地の中で執行されることで初めて祭祀の恩恵が得られるという観念に基づいており、これは古代祭祀のきわめて重要な性質であると考えられる。

古代においては各地の祭祀は必ずしも一つに束ねられずにそれぞれが別々のものとして併存する構造となっていたと想定される。古代の伊勢神宮において朝廷から奉られる月次祭幣帛の奉納が神宮月次祭と連動しておらず、神宮月次祭に月次祭幣帛の奉納が組み込まれるのが「弘仁式」以後であることは、右の点を補強するものであろう。朝廷側の祭儀は朝廷側のものとして別構造となっており、また朝廷の祭儀は天皇自らが行う天皇祭祀ともまた別構造であったであろう。いわば国家祭祀と各神社の祭祀は二重構造として併存していたのであった。天皇祭祀の延長線上に神宮祭祀は存在し、天皇祭祀も各地の神社祭祀と同じく、国家祭祀と二重構造となって併存していた。律令国家祭祀が必ずしも天皇祭祀と一体化せず、また、天皇や国家が各地の神社祭祀に対して基本的に介入することはなかったことは、律令国家が実質的に解体しても天皇祭祀や神社祭祀が律令国家と運命を共にすることはなく、時代の移り変わりによる変化・変遷がありながら現代まで残り続けてきたことの要因の一つであったのではないだろうか。

二　古代国家祭祀の淵源とその目的

しかし、朝廷側が直接に在地祭祀に介入することはなかったものの、貴重品や供献品の分与を通じて間接的に各地の祭祀に関与していたことが想定される。それは祈年祭幣帛の品目が五世紀代の祭祀遺跡から出土した遺物と一致すること、また古代伊勢神宮における在地奉仕者の自給的祭祀において、鉄などといった在地ではまかなえない貴重品が大神宮司を介して供給されている点から推測することができる。おそらく古代において朝廷側は貴重品などの供給を通じて在地側の祭祀に間接的に助力する形式をとっていたのではないだろうか。古代伊勢神宮において大神宮司成立以後も幣帛奉献は在地奉仕者が行うことで一貫していたことからも、朝廷側から幣帛や貴重品がもたらされても実際の調進・奉献は在地側が行うことが基本であったのであろう。崇神朝の祭祀記事などからも、大和朝廷の祭祀形式の基本は幣帛を作成して奉献することにあり、朝廷側が自ら祭祀を直接行うものではなかったことが分析できる。班幣といった朝廷側で作成した幣帛を各地に頒布することは、五世紀代以降の貴重品や供献品の分配に淵源をもち、七世紀末以降の律令国家形成とともに国家祭祀として整備されていったものであろう。

この律令国家形成期にあたる天武朝に創始された広瀬龍田祭は、大和地方の豊穣のために開始された祭祀であった。広瀬社、龍田社は天武朝において初めて創建された神社であったと考えられ、既存の奉斎者が存在しなかったことは、広瀬龍田祭に朝廷から神主（中臣）が祝詞師として発遣されることからも論証される。いわば広瀬龍田祭は朝廷直轄の神社祭祀であり、神社側の奉斎者（氏族）に執行を委ねる相嘗祭とは一線を画すものであった。

しかし、その広瀬龍田祭の祝詞において「天下公民」の語が頻出することは注目される。広瀬龍田祭は「公民」の作る作物の豊穣のために執行されることが祝詞に明記されており、大和国の公民の生産が豊穣となることが公民の生活を潤すだけでなく、国家の安寧と直接相関するという発想に基づいて広瀬龍田祭が国家によって開始されたと考えられる。律令国家を形成するにあたり、都が位置して基盤となる大和の地の豊穣が必須とされ、そこに特化した祭祀が始まったと想定される。

また、龍田風神祭の祝詞においては、崇神天皇の夢に直接龍田の神が出現して意思を示したとされており、このことは崇神朝における三輪山祭祀ときわめて類似しており、天皇が天下の災害に責任を負うという天皇観の確立が天武朝にあり、それに基づいて崇神天皇の伝承が再構成された可能性を示唆する。龍田の神を祭ることが臣下の占いによるのではなく、天皇が直接夢を見て開始されたという祝詞の伝承は、天武天皇の強い意志で祭祀が開始されたことを物語り、そのことが王・臣発遣という丁重な祭祀形式や、天武・持統紀においてほぼ毎年祭祀記事が見出されることに反映されたのではないだろうか。

広瀬龍田祭の目的は公民の作る穀物の豊穣に特化しており、祭祀を行うこと自体は、その形式・構造や背景がいかなるものであったとしても、実際に営まれる生業のために行われるものであったことが明白であると言える。

三　古代伊勢神宮祭祀の基本構造と祭祀の旧態

広瀬龍田祭が創始された天武朝においては既述した相嘗祭の成立や班幣祭祀の整備の他、大来皇女が伊勢へと発遣されている。天武朝は律令祭祀の基礎が形成された時期であることに異論は存在していない。古代伊勢神宮との関わりで考えると、国家供進の幣帛の整備（相嘗祭や班幣など）や、大来皇女の伊勢への発遣（「泊瀬斎宮」に約一年間籠っており、後代の斎王制度につながる存在であった）などは、伊勢神宮側の祭儀へと一定程度以上の影響を与えたものと考えられる。

伊勢神宮の三節祭においては在地居住の奉仕者による御饌祭と、その翌日に執行される大神宮司が中心となる祭儀の二段構成となっていたが、大神宮司や斎内親王、また神嘗祭奉幣など朝廷側の関与は三節祭二日目の祭儀に集中していた。朝大御饌・夕大御饌は度会郡居住者による自給的な祭祀であり、それは在地の生産共同体を背景とする祭祀の初源的形態を強く留めたものであった。この御饌祭の祭祀構造に対して、三節祭二日目の祭儀は大神宮司を介する財源によって多くがまかなわれ、大神宮司が祝詞を奏上し、斎内親王が太玉串を奉り、神嘗祭では中臣の祝詞と忌部の捧げ持つ朝廷幣帛の正殿への奉納が存在した。

神宮月次祭は延暦のころは夜の御饌祭と翌日における赤引御調糸（大神宮司の直接関与で調進される）の奉納と斎内親王の参加で完結するものであった。この赤引御調糸は神郡百姓供出の糸を大神宮司が卜定して調進するものであり、神郡と大神宮司の成立を待たなければ成立しえない性格の幣帛であった。神郡は孝徳朝に設定されたと考えられ、また正殿を前にした儀礼空間と左右対称の社殿構造は孝徳朝難波宮がモデルであったと想定され、正殿を前にした儀礼空間における三節祭二日目の祭儀も孝徳朝以後にしか成立しえないものと考えられる。よって、三節祭二日目の祭儀は神郡の設定と神郡財政を管理する大神宮司の成立を画期として形成されたものと考えられ、孝徳朝以後、とくに天武朝において整備が進展し、「飛鳥浄御原令」、「大宝令」と律令国家の形成と歩みを同じくしたものと考えられる。

そういった流れの中であっても、夜半に行われる朝大御饌・夕大御饌は度会郡居住の在地奉仕者の手で自給的に執行され、また翌日の祭儀などにおいても、実際に御調糸や太玉串、朝廷からの幣帛を奉納するのは在地奉仕者でしかなされなかった。斎内親王ですら三節祭には太玉串の奉納のみに関わり、その太玉串も内宮では大物忌を介して奉られたのであった。朝大御饌・夕大御饌も斎戒して宮域内に籠り続ける物忌の手によって供進されるのであり、朝廷側の関与は常に間接的なもので、神宮における実際の奉仕は斎戒した禰宜・物忌を中心に執行されていた。そういった意味では、神宮行政の長たる大神宮司や、大神宮司を介する神郡、諸国神戸などの財源は、在地奉仕者の神宮祭祀に助力し、神宮祭祀の拡充を目指したものと考えられる。斎内親王の発遣も伊勢の地に鎮座した天照大神に対する丁重な配慮の下に行われ、幾段階もの潔斎を経なければ伊勢の地に辿り着くことはできなかった。

古代伊勢神宮祭祀の本体は在地奉仕者による御饌祭にあった。神に近侍して直接奉仕が行えるのは斎戒潔斎した禰宜・物忌たちであり、彼らの背景には内人も含め、在地の親族集団が存在していた。御饌祭は神郡や大神宮司成立以前に遡る要素を多くもち、それは自家で養蚕した蚕の糸の奉献や、禰宜や内人が自ら漁をして得た海産物の奉献に示されている。伊勢神宮祭祀の基本は、大神の鎮座した地に居住する者がその奉仕者として、鎮座地で収穫された食物や物品を奉献することにあった。こうした祭祀の旧態を維持・継承した御饌奉仕は、朝廷側によって神宮の財源が拡充された後も継続して残存したのであった。そしてこの御饌奉仕には朝廷側はきわめて間接的な関与しか行っていない。伊勢神宮のような朝廷側の関与が強く財源も豊富な神社ですら、祭祀の旧態を色濃く残した御饌奉仕が残存し続けたことは、神の鎮座地においてその土地の収穫物を奉納することが古代祭祀の本質であったことを物語っている。

四　古代祭祀の基本構造

古代祭祀構造の大きな特徴は、国家祭祀と各地の祭祀とが二重構造で併存していたこと、各地の祭祀は在地側に任せることが基本であったこと、の二点に集約される。この二点は、各神の祭祀権は各神の伝統的奉斎者がもつとされたことと表裏の関係にあり、その奉斎者は各神の鎮座地に居住する者や神の子孫とされる者、もしくは適任者を朝廷側で設定した者などが存在するが、基本は神の鎮座地に居住する者が行うものとされたと考えられる。つまり古代の神社にはきわめて強い在地性があり、その在地性を尊重することは古代祭祀を成功させるための大きな要素であったと推測される。とくに天皇の皇祖神を祭る伊勢神宮においては、徹頭徹尾、在地居住の奉仕者の手を介して祭祀が執行されており、このことは伊勢神宮祭祀が丁重に行われていたことを反映していると考えられる。古代においては朝廷側が直接的に行う祭祀のほうが特殊であったのではないだろうか。

各地の祭祀に対して国家や天皇が直接的な関与を行わず、各地の祭祀が各地の奉斎者に委ねられていたことは、日本における古代祭祀が複数の構造に分かれてそれぞれが併存していたことを示す。各神社祭祀や天皇祭祀のすべてが国家の下に集合して同化せずに、それぞれが別構造となっていたことは、国家形態が時代によって変容する中でも天皇や各神社が消滅せずに残り続けたことの要因の一つに数えられる。日本の古代祭祀においては古くより存在した構造がそのまま引き継がれて存続しており、「律令」という古代における先進的な制度の下で祭祀が再構成されても、その律令祭祀に各地の既存の祭祀は同化せず、そのまま存続し続けていったと想定される。律令祭祀は各地の祭祀や奉仕集団の上に覆いかぶさるように存在し、各地の祭祀は実態としては各奉仕集団に委ねるしかなかった。この点は単に古代祭祀のみに特有のものではなく、日本の古代国家構造にもあてはまる特徴であると考えられる。国家内の集団が国家に同化せずにそれぞれが別構造で存続するという日本古代の社会構造の基本は、時代によって姿・形を変えながらも現代にまで引き継がれていることが想定される。日本国家はその様相がどれほど近代的なものであっても、その内部においてはきわめて前近代的な要素が存続し続け、そのことに多くの日本人が気付かないことは、この点に原因があるものと推測される。

古代祭祀の根本構造を明瞭に残した伊勢神宮朝大御饌・夕大御饌は、在地居住者がその生業（農耕・漁業・養蚕）によって得られた物品を直接神に奉ることがその基本構造であった。そして古代における祭祀は、広瀬龍田祭が人々の作る作物の豊穣のために執行され、国家の理念が先行した祈年祭においてもその祝詞が単なる国家の理念を表明するものではなく、実際の生活にとって不可欠な井戸、農耕地、水源といった具体的なものを掌る神々へ幣帛を奉る文言によって多くを構成していたように、実際の人間集団の生活のために行われることが基本であったと考えられる。むろん、それが国家の祭祀として執行される場合は、その人々の生産の豊穣が国家の安定や国家収入につながるものであったことは否定できない。しかし、祭祀そのものの基本は実際の人々の生活に密着して存在するものであったことは明白であろう。

古代伊勢神宮に見られた在地における自給的生産を背景とした御饌奉仕は、神によってもたらされた生業の豊穣の結果として収穫された生産物を神に奉るというきわめて初源的で本質的な古代祭祀の構造に立脚していた。また、「高橋氏文」では、六鴈が天皇に献じた食膳は天皇に天下統治を委託した(「よさし」によって表現される)天つ神によってもたらされたものであると記述された。いわば神に奉仕するということはその神のもたらした物を奉るということによって具体化しており、祭祀と生業とが表裏一体の関係として循環的に機能することが古代社会における祭祀と生業の基本構造であったと言うことができる。祭祀と生業は相関関係にあり、どちらも欠けることなく行われなければならなかった。そこでは生業を阻む災害は神の祟りと認識され、神を正しい(と観念される)形で祭ることは災害を克服し生業の豊穣をもたらすために行われていたのである。祭祀と生業を安定的に営むことは在地共同体の形成・維持と同義であったと考えられる。そこにおいて祭祀を行う者は生業を行う者であり、祭祀のたびに俗人が斎戒潔斎して奉仕者となることが古代一般における実状であったと推測される。神に近づくために斎戒潔斎が必要となるということはその奉仕者は元々斎戒潔斎が必要な俗人であったことを意味し、古代祭祀の担い手は多くこのような一般に生業を務める俗人であったと想定される。

在地における祭祀と生業の循環的構造といった古代祭祀の基本が律令祭祀形成後も維持されたことは、神の鎮座した地の収穫物を奉献することが祭祀の原形であり、それが伝統的な奉斎者や鎮座地居住の集団によって行われることが神の意志に沿うものであったと古代において観念されていたことを示す。神の鎮座は神の意志か人間にとって所与の前提であるから、鎮座地の収穫物の豊穣と奉献は神の鎮座と直接に相関し、きわめて自然なあり方・行為であったと想定される。遠隔地からの貴重品や供献品も現地の奉仕者によって調進・奉献されるものであったと考えられ、それらは現地における祭祀を充実させ、神の恩恵をさらに高める機能を果たしていた。祭祀における様々な形式や儀礼、奉献品は神の力をいかにして人間社会の維持・繁栄に転化させるかに古代人の思考が費やされた結果である。神の鎮座地における自給的祭祀が古代祭祀の基本形であり、この基本形を原点として日本の神祇祭祀は展開していったものと考えられる。

あとがき

本書は平成二十九年九月に國學院大學に提出した博士論文（宗教学、主査：岡田莊司、副査：藤森馨・笹生衛）を、國學院大學出版助成金の交付を受けて出版したものである。

各章の初出は以下のとおりである。

序章　本書の目的と方法（新稿）

第一部　古代国家の祭祀構造

第一章　古代祈年祭の祭祀構造（「古代祈年祭の祭祀構造に関する一考察」『神道宗教』第二四七号、平成二十九年七月）

第二章　月次祭・新嘗祭班幣の構造（「月次祭・新嘗祭班幣に関する一試論」『國學院雜誌』第一一九巻第五号、平成三十年五月）

第三章　広瀬龍田祭の祭祀構造（新稿）

第四章　相嘗祭の祭祀構造と古代神社祭祀の基本形態（新稿）

第二部　古代伊勢神宮の祭祀構造

第一章　古代伊勢神宮祭祀の基本構造（「古代伊勢神宮祭祀の基本構造」神道宗教学会第七十一回学術大会於國學院大學〈個人研究発表〉平成二十九年十二月三日）

第二章　古代神宮「日祈」行事の一考察（「古代神宮「日祈」行事の一考察」『神道宗教』第二四三号、平成二十八年七月）
第三章　古代御饌殿祭祀に関する基礎的考察（「古代御饌殿祭祀に関する基礎的考察」『神道史研究』第六五巻第一号、平成二十九年四月）
第三部　古代神祇伝承と古典解釈の研究
第一章「みこともちて」と「よさし」に関する基礎的考察（「「みこともちて」と「よさし」に関する基礎的考察」『國學院大學大學院紀要—文学研究科—』第四八輯、平成二十九年二月）
第二章『高橋氏文』にみえる「よさし」の論理（「『高橋氏文』にみえる「よさし」の論理」『神道研究集録』第三〇輯、平成二十八年三月）
補論　西田長男の「みこともちて—よさし」論（「西田長男の「みこともちて—よさし」論」『校史学術資産研究（紀要）』第九号、平成二十九年三月／「「みこともちて—よさし」論とは何か—西田長男著「祭りの根本義—『延喜式祝詞』を中心として—」の考察—」『神道研究集録』第三一輯、平成二十九年三月）
終章　古代祭祀の基本構造（新稿）

私が國學院大學の門を叩いたのは東日本大震災の年だった。より深く、本質的なものを考え表現するために、自身の勉学を深めることが目的だった。たんに理論と批判を先行させるだけでなく、直接人の役には立たないが、人間存在を考える上で基盤となる大事な問題を考えようと思っていた。まず私は岡田莊司先生の講義を聴講することとした。そこに特別な理由はなく、ただ歴史的視座で「神道」と呼ばれるものを見ておく必要があると思っていただけだった。しかし、岡田先生の講義は既存の考えや思想に必ずしも捉われず、祭祀とか信仰という実体として摑みにくいものを歴史史料に跡付けながら実証的に把握していくものであった。講義を聴講しながら私はその学問のあり方に本質めいたものを感じていた。私の大学院での方向性が決定した瞬間であった。

大学院での研究は紆余曲折し、当初の計画や考えは何度も頓挫し変化を余儀なくされた。しかし既存の思想・観念に捉われるのではなく、文献の精読から歴史的事実を積み上げる基本的な方向性は変わることはなかった。そして、人間の本質が決まりきった観念のなかにあるのではなく、実態的な生活の中で形成されるという予感が、史料の読解を通じて確信に変わっていった。祈ること、踊ること、歌うことは、論理を超越したものであり、それがいかに社会や国家の中に位置付けられようとも、その本質は人間存在の初源にある。本書は拙いながらも自分なりに試行錯誤しながら文献と向き合ってきた成果である。史料を検証し事実を一つ一つ積み重ねていくことで各時代や事象の体系的な展開を見通す研究のスタート地点にようやく立てたのではないかと思う。

本書を出版するにあたり、未熟な私の研究を御指導して頂き、学問の楽しさ、厳しさを教えて頂いた岡田莊司先生に心より厚く御礼申し上げたい。そして古代の伊勢神宮祭祀や儀式書についてさまざまな御指導を頂いた藤森馨先生、考古学的知見からたくさんの御教示を頂いた笹生衛先生に心より厚く御礼申し上げます。また、本書は岡田ゼミや、各研究会での議論や御助言の恩恵を受けている。ゼミの内外でいろいろとお世話になった諸先輩方、研究開発推進機構の諸先生方、木村大樹氏をはじめとする同期の方々、大学院でともに学んだ後輩の皆様に、厚く感謝申し上げたい。

最後に、本書の出版に当たって大変お世話になった吉川弘文館の並木隆氏、私の拙い原稿の編集作業に携わって頂いた歴史の森の関昌弘氏に厚く御礼申し上げます。

平成三十年十月九日

塩川哲朗

著者略歴
一九八二年　静岡県に生まれる
二〇一八年　國學院大學大学院文学研究科博士課程後期修了
現在　國學院大學研究開発推進機構ＰＤ研究員

〔主要論文〕
「古代神宮「日祈」行事の一考察」（『神道宗教』二四三、二〇一六年）
「古代御饌殿祭祀に関する基礎的考察」（『神道史研究』六五―一、二〇一七年）

古代の祭祀構造と伊勢神宮

二〇一八年（平成三十）十二月十日　第一刷発行

著者　塩《しお》川《かわ》哲《てつ》朗《ろう》

発行者　吉川道郎

発行所　株式会社　吉川弘文館
郵便番号一一三―〇〇三三
東京都文京区本郷七丁目二番八号
電話〇三―三八一三―九一五一〈代〉
振替口座〇〇一〇〇―五―二四四番
http://www.yoshikawa-k.co.jp/

印刷＝株式会社 理想社
製本＝誠製本株式会社
装幀＝山崎　登

ISBN978-4-642-04651-0

索　　引

I 事　　項

あ 行

か　行

さ 行

た　行

な　行

は　行

ま　行

や　行

ら　行

わ　行

II 著者名

あ 行

か 行

さ 行

た 行

な 行

は 行

ま 行

や 行

わ 行